自生与设计

小城镇风貌协同优化研究

Spontaneity and Design

Research on Townscape Collaborative Optimization

王敏 著

科学出版社

北 京

图书在版编目(CIP)数据

自生与设计：小城镇风貌协同优化研究 / 王敏著. —北京：科学出版社. 2017.3

ISBN 978-7-03-052288-7

Ⅰ.①自… Ⅱ.①王… Ⅲ.①小城镇-城市风貌-研究-中国 Ⅳ. ①TU984.2

中国版本图书馆 CIP 数据核字（2017）第053027号

责任编辑：杨婵娟　吴春花 / 责任校对：王　瑞
责任印制：张　伟 / 封面设计：楠竹文化
编辑部电话：010-64035853
E-mail:houjunlin@mail. sciencep.com

科学出版社 出版
北京东黄城根北街 16 号
邮政编码：100717
http://www.sciencep.com
北京凌奇印刷有限责任公司印刷
科学出版社发行　各地新华书店经销
*
2017 年 3 月第　一　版　开本：B5（720 × 1000）
2025 年 2 月第四次印刷　印张：19 1/4　插页：8
字数：367 000
定价：118.00元

前　言

Preface

小城镇风貌是自然山水、建筑群落、文化艺术共同呈现的空间样态。它是展示城镇形象、体现文化特色、反映环境品质的重要窗口。小城镇风貌优化是新型城镇化战略的重要内容。中国共产党第十八次全国代表大会报告提出，城镇化的推进需要集约利用资源、保护自然生态和文化特征，走大中小城市和小城镇并举的可持续发展之路。大城市的城镇化留下的风貌异化问题已引起了关注。我国有近两万建制镇，这些小城镇大多生态本底优良、文化基质独特，是营造中国特色城镇的重要阵地。它们同样需要避免重蹈大城市资源损害型城镇化发展的旧辙，需要修正和避免“千镇一面”的问题。

我国小城镇发展面临的主要问题，是快速的现代化建设与文化、环境、资源的保护之间存在矛盾。反映在小城镇风貌上，即人文传统丧失、空间无序蔓延、生态环境破坏，产生了“千镇一面”、风貌趋同等问题。其最重要的原因就在于无视小城镇风貌规划中设计与自生的协调与优化。小城镇风貌要与环境共生，既应适应地域环境长期积淀而形成的自生规律，又要满足现代化发展的需求。当小城镇风貌设计与自生机制相耦合时，可促进、加速小城镇风貌的可持续发展；当小城镇风貌设计与自生机制相背离时，则阻碍小城镇风貌的健康发展。

本书提出的核心理念是协同。基于小城镇风貌的系统性、动态性和复杂性，解释小城镇风貌演化中的规划设计与自生机制的复合联动机制，探索小城镇风貌的协同优化理论与规划方法。内容组织按照小城镇风貌是什么、小城镇风貌怎样形成与发展、小城镇风貌形成中的自生与设计联动效应、小城镇风貌如何优化这一逻辑思路，对风貌对象的认知和概念界定、小城镇风貌的协同演化过程与自生规律、小城镇风貌协同优化理论、小城镇风貌协同优化规划方法四个主要内容展开讨论。全书分为七章：第一章，小城镇风貌问题与优化思路。阐述提出选题的背景，梳理城乡风貌的理论与实践研究现状，建构本书研究框架和研究内容。第二章，小城镇风貌解析。包括概念、属性、构成与判读。第三章，小城镇风貌演化的实证研究。以平原城镇、历史文化名城、城乡结合部城镇为案例，通过分析它们的风貌形成与演化过程，总结小城镇风貌演化的自生系统与嬗变特征。第四章，自生与设计：小城镇风貌的协同进化机制。借鉴系统协同学理念，剖析小城镇风貌演化的协同进化机制和组织规律。第五章，小城镇风貌的协同优化观。根据小城镇风貌演化的协同进化规律，提出协同优化的系统理念。第六章，小城镇风貌的协同优化理论。提出条件优化、结构优化、要素优化和动力优化的基本观点。第七章，小城镇风貌协同优化设计。从优化目标、原则、模式与策略等方面建构小城镇风貌规划的优化框架。

本书提出以下结论：第一，小城镇风貌协同优化的实质是建构一种风貌“秩序”，即协调风貌空间要素的组织秩序与城镇运行秩序。第二，小城镇风貌的形成与演化是一种系统协同的运动存在。这种协同不仅指风貌物质要素之间的相互合作，还包括物质要素与自然、社会、经济、文化等地域环境的协同，也包括风貌样态与主体认知模式的协同，甚至包括风貌营造模式与城镇发展客观规律的协同。第三，小城镇风貌的形成是动态协同的进化过程。竞争、涨落、适应性选择、反馈、演替与进化是这个运动过程的组织机制，也是小城镇风貌营造中需要重视的客观规律。第四，小城镇风貌协同优化方法遵循协同支配原理。导入序参量、刺激正反馈、顺应支配律是实现风貌协同优化的关键步骤。第五，小城镇风貌协同优化并不是一种规划类型，也不是一步到位的规划蓝图。它是一种风貌发展理念，以小城镇风貌与它相关因素的协调发展为原则，通过适当的引导与控制，使小城镇在不断的发展中建构良好的人居环境，并且形成可持续的、优化生长的风貌特色。

作　者

2016 年 9 月

目　录

Contents

第一章 小城镇风貌问题与优化思路

第一节 选题意义与学术定位

风貌是城镇建设质量的标志。可持续的城镇风貌与环境共生，既应适应地域环境长期积淀而形成的空间秩序和演化规律，又要满足现代化发展的各种需求。小城镇规划与设计对它的风貌形成与演化起到了相当大的组织作用，而规划设计中对于风貌的自生演化机制缺少相应的理论研究和剖析。为此，基于小城镇风貌演化规律和优化方法的理论和实证探索，就显得尤为必要。

小城镇风貌的优化是新型城镇化战略的重要内容。中国共产党第十八次全国代表大会报告提出了新型城镇化战略，明确要求城镇化建设要集约利用资源、保护自然生态和文化特征，走大中小城市和小城镇并举的可持续发展之路。大城市的城镇化已经造成了环境与效益冲突的现实问题。我国有近两万建制镇，这些小城镇大多生态本底优良、文化基质独特，是营造中国特色城镇的重要阵地。当前，要着力突出小城镇的特色发展，所面临的主要问题是，快速的现代化建设与文化、环境、资源的保护之间存在极大的矛盾。尤其表现在小城镇的风貌上，出现了人文传统丧失、空间无序蔓延、生态环境破坏等“千镇（城）一面”“千镇（城）千面”的风貌问题。其最重要的原因就在于，无视小城镇风貌建设中设计与自生的协调与优化。探索小城镇风貌优化理论与方法，一方面，可以避免小城镇建设重蹈大城市资源损害型城镇化发展的旧辙，修正和避免小城镇“千镇一面”的问题；另一方面，也可以丰富我国小城镇的可持续发展研究，为小城镇的健康城镇化发展道路奠定基础。

一、小城镇建设中的风貌问题

（一）小城镇风貌的秩序感缺失

“在履行任何组合系统的功能的时候，无论其功能是物质的还是精神的，秩序必须被认为是不可缺少的。……无论在何种复杂程度上，秩序都是可以做到的：无论是复活节岛上的简单雕像，还是伯尼尼所作的复杂雕塑，抑或是一栋农舍、一座博洛米尼教堂。然而，如果没有秩序，就无法表达作品要说明什么[1:319]。

秩序感缺失是小城镇风貌问题的突出表现，体现在两个层面上。一是小城镇风貌的物质环境要素的组织无序，呈现为城镇空间在视觉上的杂乱无章。空间规划不够严谨，建筑设计主观随意，不考虑与环境的协调，把不同风格、形态各异、文化属性相悖的风貌要素随意组合，久而久之，就造成了小城镇风貌样态的混杂。二是小城镇风貌的叙事意义表达混乱。具体表现为小城镇风貌的叙事意义给人带来的认知障碍，出现不可读、不易识别、容易误读错解等风貌认知的不良结果。每个城镇都是会讲故事的，可以把城镇作为叙事的视觉文本，从读者视角去解读它的叙事性。小城镇风貌叙事的要素可以归纳为主题、场景与结构。自然、人文都是小城镇风貌故事的素材，建筑、景观、山水自然等的形态及在时间轴系上的历史轨迹，都是构成风貌故事的情节。将空间组织与建筑、景观、场所环境等语汇按照一定的语法规则组合形成句、段、篇章后，形成具有吸引力的完整叙事，并表达出风貌系统的主题意义。但在城乡规划和空间设计过程中，对城镇风貌空间结构的建构并非从尊重人的阅读习惯出发，而是采用功能分区的简单化块带划分，割裂了风貌叙事组织的序列和整体结构。应该在整体视角下，把城镇风貌涉及的人、事、物等诸多要素复合为叙事系统，合理统筹它们的系统构成关系。对小城镇风貌的空间、界面、节点等构成元素，按照叙事的起承转合和情节推进建构起风貌表意文本的引导框架。梳理风貌系统各部分的协作机制，以激发整体在空间、时间、功能、结构及意义上的协同有序状态。在整体叙事的要求下，有主题、有节奏地处理重点区段与一般场景的相互构成关系。要善于组织空间悬念、发展冲突高潮来推进情节发展，以叙事结构引导读者的阅读兴趣。

小城镇风貌秩序源自艺术形式法则。艺术学原理指出，艺术来源于有机自然界，但并非是对自然形式的盲目模仿，而是延续自然界的形式组合法则，如平衡法则、审美尺度法则、色彩均衡法则。这些法则深深根植于我们的审美本能——一种尽力在艺术创作中再现自然造物的秩序、对称、完形和优美的愿景。小城镇风貌是人类对城镇空间进行文明创造与艺术创作的美好图景，这种美好图景最基本的构成规则就是形体要素的组织秩序。当小城镇表现出空间形态怪异、尺度失常，建筑单体及群体组合无章法，景观小品与环境标识物粗制滥造等状况时，就会对公众造成风貌意向感知阻碍。就如同辨识一幅景画一样，复杂的图案使我们的视线找不到落脚点，因而得不到整洁与宁静的感知映像，而秩序化的图案可以给我们完整、恬静的感觉（图 1-1）。现代格式塔心理学也阐释了同样的观点，通过研究人类对形式秩序的感知与反应机制，发现人类感知与形式组织秩序密切相关，印证了小城镇风貌的物质形态秩序对公众认知与体验效果的重要影响作用。

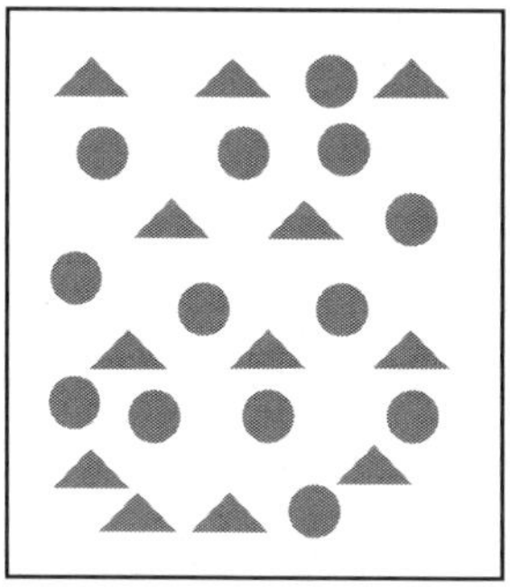

（a）不宁静的图案

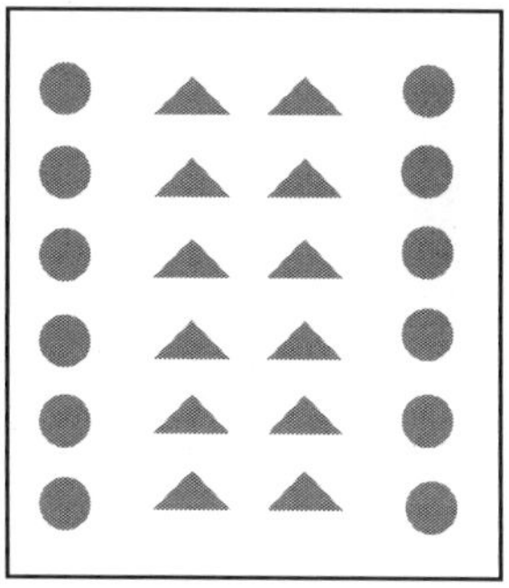

（b）规则化的图案

图 1-1　秩序与感知 [1:132]

小城镇风貌秩序是形式法则与叙事意义的协调。“秩序的创造要以几何法则为基础”[1:132]。但是，“秩序不单单是指几何规律性，也指一种状态，即整体之中的每个部分与其他部分的关系，以及每个部分所要表达的意图都处理得当，直至产生一个和谐的结果”[1: 320]。也就是说，关注小城镇风貌物质形式的构成秩序只是基础，真正的本质是，通过形式表达一个完整的意义，而完成一个完整叙事需要各组成部分按某种叙事脉络通力合作。小城镇风貌的秩序感不仅来自空间形式集合的艺术构成秩序，还要考虑公众对风貌的知觉认同，让风貌的物质形式传递某种认知意义。艺术形式与审美情趣的深度结合，形态与意义的深层契合，功能与结构的深度匹配，以及样态与演进的有机整合，是建构小城镇风貌秩序感的现实要求。

辩证地看，秩序统一无变化，结果是单调的；而变化太多淹没了秩序，结果则是杂乱无章的。理想的状态是统一下的协调变化。对于小城镇风貌的叙事意义来说，不仅仅是审美意义，还代表了城镇空间与物质形态反映出的社会属性和文化规则，如小城镇的空间模式、文化图景和经济状态等。风貌形式与风貌意义两者中的任何一方出现问题，都会造成风貌的秩序感缺失。事实上，小城镇建设中，对形式与意义的追求往往是二元分立的，更加注重形式的功能性，对形式的文化意义表现较弱。这两者不能统一，小城镇风貌与空间环境的特殊映射关系就不能鲜明地反映出来；市民自然无法对城镇空间产生情感认知，这个城镇自然无法带给人们熟悉感与亲近感。风貌作为小城镇最直观的艺术样态，也就无法给人最起码的结构秩序与认知感觉；我们会迷路，感觉不到城市的美，也无法识别城市的文化与特色，这些都是小城镇风貌秩序感缺失的连带表现。

（二）小城镇风貌的自明性缺失

小城镇风貌的自明性缺失导致产生了风貌趋同问题，尤其表现在那些正处于高速城镇化阶段的中小城镇中。小城镇建设的盲从和速成，使得能体现其自身价值的地域特征逐渐消失。中国城镇与西方城市类似，南方城镇与北方城市不分，小城镇与大城市一样，出现了许多“趋同城镇”“匿名城镇”。这并不利于凸显小城镇的形象，也不利于形成小城镇的品牌效应。在区域竞争中，如果小城镇无法根据自身的资源特质明确定位，那将会在快速发展的浪潮中迷失方向。

与小城镇风貌“趋同”对应的是风貌的“自明”性。自明可以理解为自我定位（identity）。小城镇的身份定位是对自身特征的精准把握和凸显。小城镇风貌的自明性与城镇形成与发展的时空背景息息相关，是长期积淀而形成的小城镇文化、地方特色与精神意蕴的综合体现。风貌正是体现小城镇物质形态与空间特征的载体，而大多数城镇却忽视了自身的地域条件与特色价值，建成环境的视觉形象雷同，风貌的艺术特色与文化意蕴也不能适应市民的心理价值和满足其情感诉求。具体而言，小城镇风貌建设不仅仅是视觉对象的优化，也不只是关于美感与形态秩序的表现，而是涵盖了这个小城镇形成与发展的全部历程。它与特定的地理环境和自然条件相匹配，通过小城镇的物质环境要素表现出市民的生活方式、城镇空间的组织模式和城镇文化的内涵特色。相应地，小城镇风貌的自明性至少要表现在四个层面上。第一，与地域环境特征相适应；第二，与小城镇发展的时间脉络和历史进程相映射；第三，与小城镇的社会属性和文化基因相匹配；第四，与小城镇的发展现状与战略愿景相符合。针对当前小城镇风貌趋同的问题，在风貌优化中，既需要关联历史的情境，也需要正视时代的需要；既需要因地制宜，也需要应对时代发展要求而积极创新；既需要梳理时间轴向的成长脉络，也需要有空间系统的延展格局。因此，小城镇风貌的自明表达将是一个时空统筹、动静结合的系统协同过程。

（三）小城镇风貌的包含性缺失

小城镇风貌的包含性缺失体现为风貌要素组织的碎片化。“碎片化”，意为完整的事物被破解为诸多片块。城镇化过程中，小城镇的空间频繁重组，建筑不断更替，风貌样态也相应地处于快速的新陈代谢过程中。于是，时间的延续性、空间的肌理性在快速更替过程中被压缩、被割裂，风貌的物质形态就表现为“碎片化”。“拼贴城市”也是对此现象的一种解释。从系统视角去理解，碎片是对整体、有机的消解，大量风貌碎片无组织的存在并不能产生鲜明的叙事意义，无法形成风貌的主题和风貌结构的主次秩序，也就无法产生相互关联的有机整体。

小城镇风貌的碎片化，首先是物质要素构成的碎片化，其次是文脉意义的碎片化。任何城镇空间的营造必须考虑与周边环境的互动关系。然而，现实的建设行为很迅速，并不积极地探索设计要素与场所的相互适应关系，甚至在规划构思阶段就缺乏对周边场地适应性的考虑，却过多地关注局部地段，试图通过某几个示范街区或者标志性建筑来“凸显”城镇的全部风貌价值。结果就是割裂了小城镇风貌的时空肌理，迫使完整的风貌故事碎片化。另外，小城镇风貌的表意系统也是一个有机的结构，仅依托某片历史街区或者某一栋地标建筑，显然以偏概全。城镇本是一个多面体，它的风貌也是由不同时代的构成要素，以某种主题引领不同子题，最终落影在不同功能与特征的物质空间上，通过系统结构组织成为一个有机整体。小城镇风貌叙事意义的表达依托空间联系与时空转折而不断推进和完善，因此，应该提倡保护小城镇风貌的多样性。但多样并不意味庞杂，应该是多样化的风貌要素与系统之间相互配合，主次分明、时空耦合而自成有机的整体。这也是小城镇风貌包含性的基本内涵。

对碎片化的消解是网络化。网络是相互联系的个体共同组成的有机整体，网络的基本规则是信息、物质、能量的流通。因为流通，所以产生适应和进化。小城镇风貌的构成要素之间不相互联系，又不能形成一个有组织的网络整体，那么风貌的信息、能量、物质就不能相互适应与协调。自主适应的协调机制是小城镇风貌包含性的前提，将成为小城镇风貌优化设计的战略性理念，需要真正做到从整体出发，统筹组织各部分的风貌要素。

（四）小城镇风貌的适应性缺失

风貌是表征小城镇自身状态与显著特征的方式。小城镇的空间形式、建筑风格、景观标志等物质要素在长期的发展演进中与自然、社会、经济、文化等外部条件不断磨合，从而显现出小城镇风貌在形式、结构、样态上的自身特质。从生态学角度来看，小城镇风貌与环境是共生关系。当一个城镇在各个层面上表现出与环境条件高度的契合时，其各种要素与组成部分就能以一种相互协调、互动合作的机制完成发展演进的历程。当要素与环境基质不适应时，小城镇风貌的发展就会出现这样或那样的问题，直到淘汰那些不适因子。小城镇风貌的适应性缺失表现为空间活力减弱、建筑形式与场所基质不匹配、建成环境与公众认知模式不对称等具体问题。久而久之，小城镇风貌系统会逐渐丧失演化活力，造成风貌的无序、异化、失衡甚至走向死亡。因此，小城镇风貌的适应性是风貌构成要素的系统协调运作的结果，是系统保持与外部环境的可持续性发展的状态。

事实上，大部分小城镇出现风貌适应性缺失和不可持续发展的问题，主要在于两方面的原因。

（1）小城镇风貌要素与地域环境条件不适应。小城镇风貌的发展不是静态的，它总是在接收来自外界环境的信息、物质与能量，如外来文化的冲击、外来建筑形式的介入、现代生活方式的新要求。面对这些环境刺激，小城镇风貌系统自然产生应激反应，吸纳新的物质形式或者变异自身的形态与结构，最终呈现出多样性拼贴状态。在小城镇风貌设计中，传承与创新是一个重要课题。创新与传统并不是完全对立的，对传统的延续并不是简单的形式复制，而是对内生结构和原型图式在新条件下的再创造。例如，近现代类型学提出了基于环境适应性的原型提取与设计创新的理念，在大规模的小城镇建设中值得应用。原型的延续来自向环境学习，环境本身代表了小城镇风貌发展中需要与之高度适应的外部条件。

（2）小城镇风貌的建设节奏与城镇化步调不适应。小城镇风貌的建设不应该也无法按“蓝图”索骥而一步到位，它将是一个不断调整和优化的长期过程。小城镇风貌更新与优化应该秉承循序渐进的、主次有序的理性原则。为适应快速城镇化的要求，许多城镇进行了大规模的新区开发、快速的旧城更新项目。从风貌的可持续性角度来看这些建设行为，我们不禁反思，如此高能耗、大建设量、高大体量的建筑充斥小城镇的各个角落，城镇面貌日新月异了，小城镇的环境品质与特色还在吗？未来的小城镇值得留恋与保存的印记有多少？

上述这些小城镇建设中比较典型的风貌问题，说明了风貌样态与小城镇发展状态的不匹配现状。探索更深层次的原因是，不能以理性态度对待小城镇建设的现代化发展要求，不能珍视并遵守小城镇风貌形成与演化的客观规律。小城镇空间的无序蔓延造成人地关系的失调，小城镇物质要素与社会、文化、功能、意义的相互解构与对立，造成城镇特色丧失。面对新型城镇化的发展要求，亟须加强小城镇规划及风貌优化的理论积累和基本规律探索。规划设计照搬大城市模式，就会脱离小城镇实际，达不到因地制宜的效果。风貌优化只注重物质形态更新，而忽视传统社会、乡土文化、绿色生态等非物质内涵的传承，就会丧失特色。这就需要从小城镇风貌衍生与进化的内在机理入手，系统地探索其客观规律。

二、建构秩序是小城镇风貌优化的基础

小城镇风貌研究不能回避一个基本问题：风貌营造的本质所在？只有深刻了解我们为之改造建设的环境能给我们带来什么时，才能清楚知晓我们自己想要什么。亚里士多德对城市的本质有这样的描述：“人们之所以居留在城市里，是因为城市中可以生活得更好”。小城镇的发展不在于其多么繁华与光怪陆离，而在于其能提供更好的工作机会、更便捷的生活场所、更高品质的城镇

生活。汤因比在阐述城市的“灵妙化”与“物质化”时，也曾表示，城市的生命不在于权力的扩大和物质财富极大的丰富，真正重要的是，城市在追求这些目标时，不能丧失了美、欢乐和亲情的享受[2:117-120]。

在新型城镇化及社会转型背景下，我国的小城镇建设速度在不断加快，各项衡量小城镇发展水平的计量指标在不断攀升。经济指数提高、空间拓展、规模壮大、建筑现代化……小城镇的环境质量和风貌特征却不能与自身规模和地位匹配。城镇化浪潮中，小城镇风貌的美感、艺术、意蕴、地域性和特色都在失去，小城镇的物质体量壮大与风貌品质的不平衡问题越来越突出。与此同时，市民对人居环境品质与城镇风貌的关注程度却在不断提高。因为我们越来越感觉到城镇的生态环境在恶化，城镇的生活空间在紧缩，城镇的文化艺术在凋敝，而城镇给我们创造的生活也日渐丧失情感与关爱。因此，从建设一个适宜人居住、生活的城镇为目标出发，小城镇在实现物质空间的现代化目标后，更应该关注文化意义的特色化。塑造小城镇风貌，保持小城镇健康发展，是以物质满足和精神皈依为基础，促进小城镇的精神与物质实体的统一。这样的小城镇，会由内而外地弥散出和谐的气氛和使人熟悉的气息，这是形式美学规则、社会文化精髓和道德精神规范高度协调的结果，也是不可回避的时代要求。

（一）小城镇风貌的自生秩序与建构秩序

小城镇风貌的演化遵循一定的组织规则。无论是风貌的规划设计，还是风貌的感知判读，都是以试图寻找适合这个城镇特征的组织规律为线索的。这些规律使小城镇风貌具有适应性与可读性，直接影响小城镇风貌样态的规则称为风貌秩序。

秩序，是事物组织并形成有机整体的共性规则，是描述复杂系统与复杂过程的一种语言，是对变化的连续性表达。小城镇风貌的叙事本质是一种秩序的表达。小城镇风貌的秩序，首先对应的是结构层次，然后才是整体样态。每一种形态的发生与形成都来自于界定它的结构规则与运动模式的养成，一种结构界定了一种秩序，一种秩序反映了一种样态模式。诺伯特·舒尔茨用场所感说明了环境给人的情感意义大于物质空间本身。“如果事物变化太快了，历史就变得难以定形。因此，人们为了发展自身，发展他们的社会生活和变化，就需要一种相对稳定的场所体系。这种需要给形体空间带来情感上的重要内容——一种超出物质性质、边缘或界定周界的内容——也就是所谓的场所感”[3:202]。事实上，场所感也是人们对风貌秩序感性认知的另一种表达。小城镇风貌同样依托空间、建筑、景观构成的场域来传达一个特定城镇的环境样态和文化情感。

进一步探究“秩序”与小城镇风貌的关系，可以说，风貌是小城镇物质要素的结构秩序与环境适应规则两者共同作用的表现物。“描述事物的空间（几何）形状与结构，是认识客观世界的一项重要内容。”[4:110] 研究一个城镇的风貌特征，必然先观察这个城镇的风貌表现样态，再分析它的构成要素及要素的构成方式，接下来探寻风貌形成与发展的影响因子与影响效果，最终形成这个城镇的风貌特征与嬗变机制。

秩序是小城镇风貌优化的基础。小城镇风貌研究首先要探究它的形成与演化的秩序。显而易见，小城镇是在特定的自然、社会、经济、文化等多个环境因素共同作用下发展形成的，是由“形态秩序”与“社会秩序”共同构成的活性的有机系统。小城镇风貌是对这个有机系统由表及里的深刻描述。小城镇风貌不可孤立于城镇物质要素而独立存在，它以一定的外在形式为载体；小城镇风貌也不会独立于社会、经济、文化等环境背景而自我发展，它受这些环境条件影响并且在物质形式上有所映射。于是，小城镇风貌与物质要素、环境条件发生关联与互动。小城镇风貌与形式要素、环境基质的互动联系就是风貌“秩序”的来源。体现在物质空间形态上，是我们常说的“结构”，即各种物质要素在空间布局和功能表现的构成方式；映射在环境背景与制约条件上，即“规则”“规律”或者“文脉”，指在历史、传统、文化、地域性等非物质性特征的价值关联与生长法则。

通过考察传统聚落与现代城镇两种不同类型的案例，发现小城镇风貌的秩序可分为两种类型：环境适应性主导的自生秩序和规划干预主导的建构秩序。漫长岁月累积了城镇风貌千姿百态的生动样态，是什么力量引导那些传统古镇生长出契合环境条件的形体秩序？俨然存在着某种客观的作用机制。外部的干预又是如何与内生规则发生联动？它们怎样才能有效作用于小城镇风貌的空间结构与时间行为？这些问题的解答构成了小城镇风貌优化理论研究与优化设计的基础。从本质上说，这些问题的解答触及的是小城镇风貌之于时空系统下的组织规律，包括自生组织规律与外在干预性规则两个方面的秩序建构与协调。

建构小城镇风貌秩序应兼顾两个层面，自生适应性演进规则与规划设计建构秩序。自生秩序是地域生活群体在长期适应环境后形成的隐形规则，如对空间的利用方式、建筑物的形体风格、市民对小城镇风貌形式语言的认知模式；外部设计秩序是小城镇风貌物质要素为满足功能、性质、社会经济发展等要求而主动组织的方式，城乡规划与风貌设计是实现这些建构秩序的主要途径。建构小城镇风貌秩序，要考虑以下主要内容：①小城镇风貌的自然、人文特征与模式；②小城镇的空间形式与结构；③建构小城镇风貌要素系统；④小城镇风貌的感知空间系统；⑤小城镇风貌界面与轮廓线；⑥重点风貌区片；⑦小城镇环境标示系统与景观系统；⑧小城镇风貌核心地段及要素建设与管理要求。小城镇风貌研究了空间、建筑、景观等一系列参与环境营造的要素，以及这些要素的相互作用关系。统领要素的规则是秩序，研究对风貌系统的功能、意义、时空关系起到关键影响力的规则有哪些？小城镇风貌形成的共性规律是什么？如何在现代城镇化发展中建构合理的城镇风貌秩序？回答这些问题，我们必须思考小城镇风貌对象、风貌演进规律、风貌结构、风貌系统的各种内容，而贯穿小城镇风貌研究的核心词就是秩序。

（二）小城镇风貌秩序的形成机理与优化方法

小城镇发展过程中特色的丧失，引发了一系列关于城镇形象、城镇环境、城镇品质的问题。究其原因，在于忽视了对小城镇新陈代谢过程中风貌演进规律的认识与研究。虽然小城镇的研究是从整体出发，继而剖析结构、深入局部，最终保持整体的协调性。但是，小城镇空间的演化规律并不一定能说明小城镇风貌的演进特点。我们需要以风貌观赏者与体验者的视角去探究小城镇风貌在演化过程中的规律与动力机制，要把风貌优化纳入城乡规划与管理中，要有效塑造宜人与亲人、特质与品质共有的优美的小城镇人居环境。

小城镇风貌是风貌要素与环境互动共生的产物。基于对小城镇风貌秩序的认知，建构风貌秩序将是小城镇风貌优化的切入点。如何发现小城镇风貌的秩序规则？要研究小城镇风貌的形成机理，总结发展规律，以此为基础建构小城镇风貌秩序。具体来说，要关注如何在小城镇建设条件下，营造具有地域特征和可持续发展价值的城镇风貌。制定小城镇风貌优化方法的前提是，要了解优化的对象是什么，要解读小城镇风貌现象，以及小城镇风貌的演进规则。小城镇风貌的演进规律是对风貌形成过程与动力机理的规律性概括，小城镇风貌的形成与演化规律是建构风貌优化设计理论的基础。小城镇风貌的协同优化理论回答了“用什么”的问题，小城镇风貌的优化理论是对建构风貌演化秩序的方法论转化。当然，理论指导思想不能停留在空泛的概念上，需要落实到应用实践。本书通过小城镇风貌协同优化方法说明风貌优化理论如何应用在风貌设计实践中，提出主题战略机制与空间调控策略，建构以小城镇风貌协同优化为设计理念的城乡规划与设计方法框架。综合地说，本书是在城乡规划领域内对小城镇风貌设计与优化这一命题的系统探讨。小城镇风貌不仅仅是一个规划内容，更是一种规划理念，本书希望在小城镇风貌系统的研究框架下对提升空间环境品质与特色进行更深入的探索。

三、学术定位：小城镇风貌自生秩序与设计秩序的适应性

（一）研究对象

本书是对小城镇风貌的系统研究，研究范畴包括小城镇风貌的有形要素与无形因素。小城镇风貌的有形要素主要指构成风貌的物质空间要素，即空间形态，建（构）筑物、景观、环境标示实体，以及美学艺术要素。把风貌作为审美对象、艺术对象和表意对象，因此，在物质空间层面上，小城镇风貌的构成涉及空间形态、建筑样态、景观形体、构筑物设计，甚至路牌、路标、座椅等环境标识要素系统。从人类认知与审美心理看，艺术形式的判读是抽象为点、线、面、体、色、质等要素，小城镇风貌的判读最终也落实在这些艺术要素上。风貌的有形对象按照空间要素、单体要素和艺术要素由大到小的层层深入。同时，小城镇风貌研究也不仅仅是单纯的艺术形式分析。社会、经济、文化等无形因素作为风貌的属性特征，对小城镇风貌的叙事意义和特色定位具有重要作用。因此，小城镇风貌的研究对象还包括经济、社会、人文、自然等环境基质条件。环境与物质形态的互动关系研究，是小城镇风貌形成与协同优化规律的关键内容，也是在小城镇风貌研究理念与研究方法方面的一种新视角。

另外，本书采取形式与意义统筹的系统研究视角。小城镇风貌是小城镇

的空间组织与环境优化的视觉体现，它的理论价值与现实意义仍然落实到空间利用、功能设计、要素组织与建筑、景观形体表现上。从四个层面来考虑小城镇风貌系统：要素体系、结构体系、功能体系和意义体系。要素体系指小城镇风貌的物质要素系统，主要有空间要素、（建筑等）实体要素体系、（景观）艺术要素体系。其中，空间要素体系包括绿色空间、功能区片、特征风貌区、重要公共空间、公共绿地、广场、街道等重要的风貌展示场所。实体要素体系包括建筑体系、景观体系和环境标识体系。其中，建筑作为小城镇风貌的重要表现载体，它的形体、色彩、组织方式、界面、风格等，对小城镇风貌具有决定意义。景观体系并不是广义的景观含义，指作为表现小城镇的文化主题、城镇特色及烘托环境意义的公共环境艺术要素，有构筑物和雕塑、景观小品等构成要素。环境标识体系指环境标志物与标识物的环境艺术系统。艺术要素体系从点、线、面、体、色、质表达城镇物质系统的艺术性。结构体系、功能体系、意义体系分别从不同的层面探讨小城镇风貌物质要素的相互联系与作用关系。为了更好地描述小城镇风貌的自生机制与外显样态的互动关系，以时空结构、功能区划结构和叙事表意结构表现小城镇风貌的物质、信息、能量的流通途径。

（二）研究目的

2008年出版的《和谐城市：世界城市状况报告》指出，“综合推动城市层面的和谐发展，着重关注于三个关键领域：空间与区域的和谐，社会经济的和谐，以及环境的和谐。其中，对城市和谐做出贡献的各种无形资产，如文化遗产、场所、记忆、复杂的社会与象征性关系等，这些赋予城市意义的要素，代表了城市灵魂的无形资产与有形资产同样重要。”[5] 城镇不和谐问题的矛盾在于，发展中的不平等状况，以及由此产生的一系列城镇危机。讨论城镇环境与人居生活之间的协调，主要内容包括城镇的环境质量危机与优化。而城镇环境质量危机表现为城镇建成环境与自然环境的发展关系、城镇环境营造与气候变化的关系、城镇生态环境与能源消耗的关系，以及最为基本的城镇风貌样态与城镇主体的适应关系。探讨的小城镇风貌的协同优化课题，是从市民群体对小城镇环境的感知、认知、判读入手，优化小城镇的生活条件，综合协调城镇化进程中小城镇开发与地域性认同及群体情感共鸣的基本依存关系，建构小城镇主体与城镇环境客体和谐共生的健康环境。

本书是为了回答一个基本问题：一个小城镇的风貌是否足以显示，以及如何表达这个城镇自身的存在特点与行为方式？

小城镇风貌，是对小城镇的历史、人文和自然的深刻表达。它首先是这个城镇存在的状态，更为本质的，它是小城镇表达自身的方式。小城镇风貌研究，包括以小城镇物质环境整体及形体样态要素为主的视觉形态研究，以及小城镇的地域环境、文化传统、社会生活模式为主导的自生演化机制研究。也就是说，本书探讨的小城镇风貌是一个“内外兼修”的艺术物象，它涵盖的空间范围是小城镇外显的物质环境，表达的是公众对城镇物质环境的特征化认知。我们不仅需要在小城镇空间设计中体现它的风貌艺术美感，重要的是，我们也要努力保证小城镇风貌与公众的叙事表达的顺利完成，让市民在欣赏小城镇风貌艺术美的同时，也读懂小城镇的风格与主题。所以说，小城镇风貌是凸显小城镇形体环境特征的方式，由表相到内在地显示出它的地域性精神与性格。通过设计方法与构造法则，我们可以营造出不同类型的城镇艺术物象，然而它们是否能被其创造者所了解，同时也能为公众所辨识？我们希望优化设计的小城镇风貌是被公众理解与欣赏的艺术物象。我们需要探索的答案是：通过挖掘小城镇最基本的文化来源和公众的审美取向，主动地创造能适应地域文化理念和市民审美共性的风貌样态。

小城镇风貌研究还没有形成完整的理论体系与实践程序。为了进一步完善小城镇风貌优化理论，为小城镇风貌的规划与设计实践提供有效的理论支持，本书提出小城镇风貌协同优化理论。拟运用协同学原理，从研究小城镇风貌的概念、构成、特征入手，在实践案例中，分析小城镇风貌的演化机理和组织规律，为小城镇风貌优化理论的建构与实践操作提供现实基础。本书的核心在于小城镇风貌秩序的动力学建构：把小城镇作为一个生命运动机体，基于小城镇风貌形成与演进的过程研究，提出协同演进的动力机制。小城镇风貌的协同演进动力机制阐述了风貌秩序的建构规则，继而提出的小城镇风貌的协同优化理论作为风貌优化设计的切入点介入城乡规划的设计与管理中。小城镇风貌的自生机制与外显样态的适应性优化是“协同”理念的具体体现，从系统协同的整体视角，对小城镇风貌的形成与演化进行动态管理。

（三）研究意义

小城镇风貌的规划与设计，是新出现并且日渐发展的一种规划设计类型。它所关注的，是小城镇的经济、社会、文化、功能、意义、人情、风土的综观面貌，也是小城镇风貌与市民交流互动的方式；更是全球化中小城镇美感、情感与环境品质的价值回归……从完善小城镇研究的学科体系角度来说，小城镇风貌研究对城乡规划的内容和范式都提出了更高的要求。基于对城乡规划理论与实践的深层次追问，本书具有如下理论意义与现实意义。

1. 理论意义——完善城乡风貌理论，探索小城镇风貌优化的规划策略

城乡风貌将是城乡规划的重要组成内容。现阶段，小城镇风貌研究所关注的焦点主要集中在风貌保护、风貌感知、风貌规划与设计等内容，缺少对小城镇风貌演化机制的系统研究，也没有形成完整的城乡风貌优化理论。探讨小城镇风貌形成和发展的共性规律，需要关注风貌组成要素与发展环境之间的互动关系。本书提出小城镇风貌的协同演进机制，认为协同机制是小城镇风貌生长的动力规则，是对小城镇风貌实行规划引导与设计优化的基础；从协同动力学视角探索解决我国小城镇风貌问题的优化模式与方法，提出小城镇风貌的协同优化设计理念；把建构风貌系统的合作秩序作为小城镇风貌优化设计的关键途径，研究协同机制下小城镇风貌动态演进的过程，建立小城镇风貌协同优化理论和设计方法。本书有以下特点：第一，研究视角为小城镇风貌的动态演化机制，提出小城镇风貌形成演化过程中的序参量概念，研究序参量的反馈机制，介入协同支配律以保持小城镇风貌的可持续性有序演进过程。第二，借鉴协同学基本原理，归纳小城镇风貌的竞争、涨落、适应性选择、反馈、演替及进化的协同演化规律。第三，从实证案例研究总结归纳，对小城镇风貌的演化与现象做出系统解读，在此基础上提出小城镇风貌的协同优化理论。第四，在小城镇风貌协同优化理论的基础上，提出小城镇风貌优化的规划方法与设计策略，为小城镇风貌优化的理论探讨与实践策略提供基础框架。

2. 现实意义——应对特色危机，引导小城镇风貌系统优化

为应对全球化带来的文化趋同困境和城镇特色危机，重新重视本土文化资源价值成为小城镇发展的应变之道。社会文化价值唤醒了全民的寻根意识和

文化认同感，市民对城市的功能与意义、生活与审美、形态与秩序提出了更高的要求。管理者与规划师绘制的城市必须向市民的生活回归：它的空间功能、形态秩序、审美意象、文化意义需要高度统一，以满足居民的生活需求，同时也回应群体深层的城市记忆与生命情感。城市中所有这一切，最终会拼绘出市民认知中城市的风貌。在实现这一目标的前提下，城市呈现给市民的将不仅是一个生存空间，而是一个完整的、有情感、有意义的栖居家园。小城镇的风貌，它不是单纯的城镇空间与物质环境，它是被赋予了城镇文化、城镇精神与城镇性格的艺术物象。因此，不能单纯地从功能、形态、体块、结构、空间的角度去看待小城镇的人居环境，而应该注入情感、意义、传统、记忆等人文要素，在物质与意义两者之间建立起艺术的、美学的、情感的对接。小城镇的物、事、人，以及空间、功能、意义，两者的有机协调是“小城镇风貌”有别于其他规划形式的独特视角。协同优化小城镇的风貌，深层次地挖掘小城镇的文化与市民情感，也成为最应该关注的重要内容。

具体来说，小城镇风貌的协同优化理论和规划设计对塑造城镇的多样性、彰显城镇人文特色、体现城镇地域特征有重要的现实意义。开发商希望地块开发获得最大的经济效益，政府管理者则希望在高效益的同时要有利于城镇环境管理。这两种价值诉求带来的规划要求是：功能专门化和区划规模化。统一性和规模化能满足小城镇开发的经济效益，也同时给城镇管理带来便利。然而，在这种条件下，小城镇的多样性势必会降低。功能单一、形式单调，城镇风貌就会简化。雷同的风貌要素被大规模复制，小城镇的风貌组织被简单机械处理，也就谈不上风貌结构的有序性和独特的叙事意义。组织并辨认环境是所有生命的重要本领。凯文·林奇强调城镇形态的“可读性”。他认为，一个高度可意象的城市，是可读的，它应该看起来适宜、独特，应该能够吸引视觉的注意与参与。小城镇风貌，除了表现物质空间的功能性，更重要的是，叙述小城镇的文化、形制、符号、风俗、艺术等内涵意蕴。小城镇风貌要求呈现出一个城镇优美的体态，更要求表现出城镇深厚的底蕴。因此，在小城镇风貌优化中，始终要包含“城镇情感”，并把它通过城镇风貌传递给公众。地域特色是小城镇风貌特色的重要来源。“衡量一个城市是否有魅力，最重要的标准是，当地人在当地文化历史背景下，对空间是否感觉舒适惬意。需要在城市的不同地段，要有不同的中心，在这些中心里，打造标志性的空间、构筑物或者街区，通过这些标志性的点，把整个城市新的面貌和结构勾勒出来”[6]。小城镇风貌的协同优化将实现物质要素体系与非物质要素属性的协调，将建构起小城镇风貌生长的可持续演进秩序。从长远看，小城镇将实现良性运转，且能够自主适应环境变化，有效缓解风貌样态的无序化、趋同性、碎片化等问题的继续恶化。

第二节 国内外研究现状与趋势

一、我国城镇风貌研究进展

（一）我国城镇风貌研究的兴起

我国的城镇风貌研究历经约 30 年发展，可以归纳为三个阶段（表 1-1）。

1. 20 世纪 80 年代：初期阶段

20 世纪 80 年代起，我国城镇建设中的“风貌特色淡化”现象逐渐显现，学界开始重视“城镇风貌”的研究。1988 年，“城市风貌特色”议题被提出，在“建设中国特色的城市”目标下，研究中国城市的独特面貌形象。“规划过程中过于强调城市功能分区的重要性，造成了城市风貌的千篇一律。如何使城市的土地能更有机、更高效的使用，使住宅的设计更具特色，形成中国城市的特有风貌”[7]，是此时城镇风貌问题所关注的主要内容之一。例如，“首都风貌的定位思考”引起了学界的高度关注和积极讨论，建筑高度引导与控制、北京传统风貌保护、首都文化特色问题、古都风貌与现代发展等内容被广泛探讨。

2. 20 世纪 90 年代：发展阶段

20 世纪 90 年代，城镇风貌研究主要表现在两个方面。

（1）学习借鉴国外建设经验。北美、新加坡、匈牙利等国家（地区）的城市风貌保护理念被引入国内，提出保护城市历史文化遗产保护课题。“历史人文环境成为最能展现城市风貌的最富有特色与吸引力的部分”[8]，通过保护历史建筑、历史街区、传统面貌，来营造城镇特色。

（2）开展城市风貌专题研究与规划实践。青岛、天津、上海是较早开展城市风貌专项规划的城市，如青岛市城市风貌保护规划（1990 年）、威海市城市风貌规划（1993 年）、成都市城市风貌特色规划（1996 年）、天津城市风貌与地域性建筑风格的专题研究（1999 年）、洛阳市城市风貌专家研讨（1999 年）。在这些城市的实践中，注重因地制宜的原则，根据自身特点采取适宜的风貌定位与建设调控方法。青岛、威海是较为成功的典型案例，其主要从城市建筑、山水格局、文化传统三个方面，实现城市风貌的保护与建设工作。建筑是城市风貌的重要表达界面，山水格局是城市风貌的本底与骨架，文化底蕴是城市风貌特色之源。

3. 2000 年以后：繁盛阶段

这一阶段城镇风貌课题研究系统深入展开。理论层面，围绕“城镇风貌”的基本问题，包括“城市风貌”概念、含义、范畴、地位、作用的界定，以及“城镇风貌规划”的实践理论研究，包括城镇风貌规划的编制内容与方法、城镇风貌规划的引导与管控、城镇风貌规划的评价等。实践应用层面，越来越多的城镇开展了城镇风貌的专项规划或专题研究，提出的代表性理念是，“城市风貌规划是能够实施的非法定规划，对城市建设和规划管理具有重要的指导意义。核心内容是城市风貌的定位、风貌影响要素的引导与控制，对城市风貌影响要素的规划设计提出指导性建议，对破坏或影响城市风貌的行为提出控制性规定”[9]。

表 1-1　20 世纪 80 年代以来城镇风貌的研究范畴

时期	城市风貌研究范畴
20世纪80年代	①城镇形象建设；②中国特色下的城镇风貌定位；③城镇风貌与城镇建筑、自然环境等内容之间的关系；④单独城市的风貌定位与特色提炼
20世纪90年代	①城镇风貌的定义、内涵、方法与目标；②借鉴与创新，对欧洲国家城市风貌保护经验的考察与借鉴，立足本土，因地制宜地提出我国城市风貌建设的原则和方法；③城镇建筑，作为城镇风貌的重要表达界面；④传统文化保护，凸显城镇风貌特色；⑤系统的理论架构，涵盖空间、文化、历史、自然、人、事、物等诸多构成要素，建构城镇风貌的系统理论；⑥实践，摸索践行城镇风貌规划项目，针对城镇发展问题，开展城镇风貌的专题研究
2000年以后	①专门领域，在城镇风貌理念下形成专项的理论探讨；②技术与成果，城镇风貌规划与设计的成果编制与要求规范；③城镇风貌演化，新容旧貌协调；④调控，城市建设活动中的引导与控制内容；⑤评价，城镇风貌的评价因子与标准；⑥扩展视角，城镇风貌的保护与营建，作为城镇发展的理念与指导思想

资料来源：作者整理绘制

（二）城镇风貌理论与实践的主要内容

城镇风貌的理论与实践可以归纳为以下五个主要研究方向。

1. 以城镇形象为核心的综合式风貌规划

城镇形象与城镇文化的整体经营，是当下城镇建设的重要方向。"形象策划是城市风貌规划的首要环节,对促进城市物质与精神文明建设，创建优质的、有地域特色的城市环境，都具有现实意义"[10]。研究并践行"城镇风貌"的本质是为了建设更美好的城镇环境面貌，并使城镇形象特征更鲜明。以城镇形象为核心的综合式风貌规划，关注的是城镇的经济、社会、文化、功能、意义、人情、风土的综观面貌，对城镇的人、事、物等风貌构成要素进行系统规划设计和特色营造，是目前城镇经营的一个重要的工作思路。

2. 以城镇特色发展为核心的转型式风貌规划

城镇风貌特色，"是以城镇物质环境为载体的，区别于其他城镇的形意特质和气象"[11:217-223]。以特色为核心的转型规划，首先是观念的转型。处理好城市新容旧貌的协调，处理好继承与发展的关系，使城镇的风貌具有历史文化传统气息，同时又有鲜明的现代发展特色。其次，是规划设计手法的转型。城镇风貌的文化特征在设计成果中进行转化，表达城镇文化与物质空间形式的协调效果。

3. 以城镇文化经营为核心的保护式风貌规划

在强烈的民族文化危机意识的刺激下，寻求一种不同于西方工业化主导的城镇化道路成为当下社会思潮的一种价值取向。文化资源成为城市建设立足于世界的要件；如何立足本土文化传统，且切实协调传统与现代化的关系，是关键问题。传统与现代博弈中，既不迷失于现当代多元文化，又吸收传统文化精髓并使之发扬光大，对城镇风貌的营造也意义重大。

4. 以系统演化为核心的动态式风貌研究

小城镇因为历史演进而累积形成生动的风貌。"文明是一种运动，而不是一种状态，是航行而不是停泊。"[12:47] 城镇风貌在新旧交替，它的构成要素与时空结构处于演化过程中，这是城镇风貌的时空运动属性。研究城镇风貌的演化规律，以此为基础处理好城市的历史、现代、未来的关系，提出城镇风貌的系统优化理念，正是顺应城镇系统性、有序发展的体现。

5. 以建筑风貌为核心的专项式风貌研究与设计

专项的风貌研究，包括建筑风貌保护与更新规划、城镇色彩规划与设计、历史街区风貌更新规划等。其中，城镇建筑是城镇风貌的重要表达界面，按建筑布局、功能、立面、风格、高度、色彩等多层面去引导城镇建筑形象构建，并拓展到城镇界面的实施管控。另外，还包括以城镇色彩、城镇文化表达、城镇山水生态架构等为主要内容的城镇风貌专题规划。

（三）我国城镇风貌研究的深入方向

1. 存在问题

我国城镇风貌研究存在问题表现在理论与实践两个层面。理论层面主要表现如下：

（1）城镇风貌研究对象的基本内容定位不明。包括概念、研究对象、研究范畴、研究内容、规划编制方法、基本理论体系、成果编制内容与规范等基本内容，都处于定位不明、多元发散的状态。

（2）动态性研究不够。主要是指对城镇风貌的演化机制和规律性的研究不够。城镇风貌的形成与演化并不是“一蹴而就”的。探索城镇风貌在形成与发展过程中的变化特征与状态，研究对城镇风貌样态起决定性作用的影响因子，以及它们如何影响和控制城镇风貌的演化过程。如何对演化的城镇风貌建构优化机制，这是城镇风貌课题的前提内容之一。

（3）体系框架不明确。城镇风貌的思想与应用两个层面的理论体系都没有建立，立足城乡规划和设计领域，引入系统科学、控制论、复杂网络分析等学科理论来分析解读城镇风貌，可以丰富城乡规划与设计的理论和实践研究。

实践层面需要注意的主要方面如下：

（1）务实性。从系统优化的角度，切实理清城镇风貌要素的相互关系，建构合理的城镇风貌结构体系，从系统到要素，从空间结构到空间片、段、点，制定层序又系统的城镇风貌建设的指导性文件。

（2）可操作性。城镇风貌规划与设计还属于非法定规划，由于规划内容和范式无明确界定，相应的技术成果、理念手法、内容诉求也呈现多元、非定性的状态。同时，城镇风貌规划的成果难以在项目实施中去落实和评定，如与相关规划的衔接，文化表达、市民认知、城镇情感等因素在城镇风貌成果中的体现，成果对城镇建设活动的调控保障。

（3）科学评测性。城镇风貌定位、结构、空间设计等内容，以定性方法居多，难免有主观成分，甚至难以真正应对城镇理性发展的需要。可以适当进行定量研究或者社会调查活动。定性分析为定量研究提供基础信息与目标方向，定量研究则通过因子量化、特征赋值、结构网络化，用数理模型来评价和预测分析对象的现状与优化目标。

2. 创新方向

城镇风貌将是城乡规划的重要组成内容，现阶段城镇风貌研究所关注的焦点主要集中在城镇风貌保护、城镇风貌感知、城镇风貌规划与设计等，缺少系统的演化机制和优化的理论与方法。笔者认为，以下四个方面的深入探讨具有一定的创新性。

（1）城镇的时－空四维研究。以城镇空间为主体，辅助城镇风貌的时间演化动态脉络，使城镇的外在物象在空间与时间两个轴向上实现映射关联，凸显变化中城镇风貌的系统协同效应。

（2）拓展城镇风貌研究范畴。从“存在空间”向“知觉空间”（图 1-2）转变。存在空间，指有机体生活的环境，是城镇风貌的外在表现物象。知觉空间，“它具有非常复杂的性质，包含所有不同类型的感官经验的成分——视觉的、触觉的、听觉的及动觉的成分在内”[13:54-56]。注重空间社会性，把人对城镇风貌的认知与感受纳入研究范围。从城镇风貌的空间、功能、意义三个方面，剖析它的功能、社会及精神属性。

（3）城镇风貌动态演化的协同规律。以此为基础，建构城镇风貌的系统优化理论与方法。

（4）网络分析。从定量分析角度，进行城镇风貌网络结构分析，使城镇风貌研究从侧重定性描述向数理分析发展。

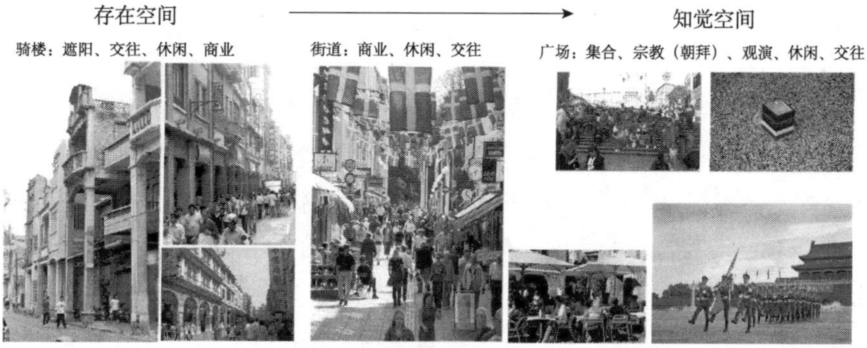

图 1-2　存在空间与知觉空间

资料来源：作者整理绘制

整体来说，城乡风貌规划与设计是一个年轻的课题，多元的研究现状是一个过程。未来城乡风貌将是城乡规划学科的重要内容之一，为系统建构城乡风貌理论与方法，从概念到理念，方法到目标、理论与现实都具有研究创新的重要意义。

二、国外城镇风貌研究概况

在国际经验中，城镇风貌是一种公共资源。对城镇美观有影响力的建筑、景观、构筑物等城镇风貌构成要素，大多以详细的条例或者法律条文的形式，从体量、形态、新旧协调关系等不同层面与深度，做出有效的引导与控制。

（一）美国

美国的城镇风貌设计与管理主要依托城市设计政策的实施。城市设计策略之所以具有积极有效的引导调控作用，在于它在城市规划体系中具备了法律地位。“美国联邦最高法院于 1954 年以判例的方式确定了城市美观作为公共福利的法律地位”[14:11]。关于城镇风貌的针对性控制与引导策略，城市设计指南具有值得借鉴的价值。这种设计实践用做执行规划设计与城市管理中的控制与监督制度，成为一种有效的操作方式，“使得城镇开发具有一种品质，既尊重地方特点而且在环境方面是可持续的”[15:1]。

（二）日本

“自20世纪80年代起，城市景观整治问题成为政府课题。日本于2004年颁布了《景观法》”[14:12]。与《景观法》同时制定的，还有《都市绿地法》（修正案）和《屋外广告物法》（修订案），这三部法律通称“景观绿三法”[17]，成为日本景观建设与管理的制度依据。与城镇风貌内容相类似的规划类型，包括城镇风景规划和“景观总体规划、景观整治规划等专项规划”[17:7]。这些规划中，“景观主要针对建筑、桥梁等人工建筑物和构筑物而言，风景则是指目所能及的所有自然环境”[18:2]。与之相对应的，保证全国性的景观建设和保护工作的规划法制体系包括全国性景观法及由地方政府和公共团体自主制定的“景观条例”。依据景观法制定的景观规划包括以下内容[19]：①景观规划的目的、必要性；②良好景观的形成方针；③景观规划范围和对象；④区域景观特征；⑤公共设施景观设计；⑥历史建筑保护；⑦重要建筑、重要树木的景观设计原则；⑧景观建设、引导与控制；⑨景观营造公众参与系统。

日本城镇景观规划与管理制度（图1-3）较为成熟，不仅在技术上形成较完善的可操作性内容，而且在实施与监管制度上，具备有效的奖惩条例。一方面，通过积极吸收公众的景观需求并适当保护居民的环境权益，尊重市民的自主意识；另一方面，以法律制度为依据，设定引导与控制相结合的指导方针，保护景观形成的有效性。这种城镇景观保护与营造的总体规程，对于高速城镇化进程中的城镇风貌管理，具有一定的积极作用。

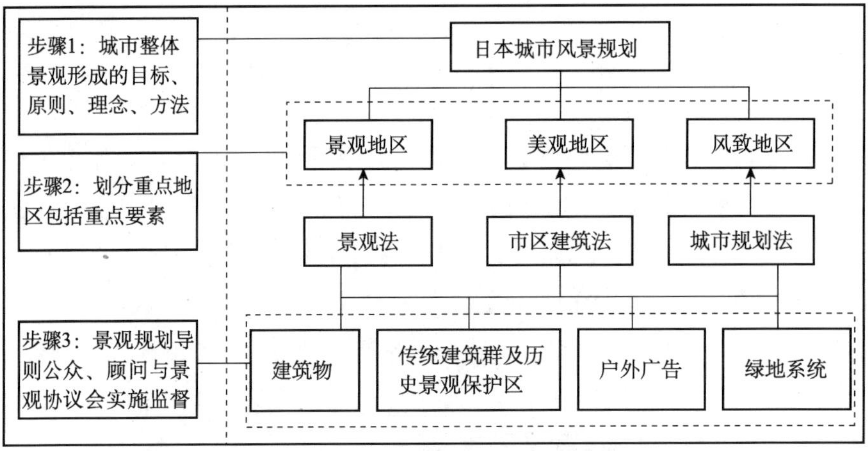

图1-3　日本城镇风景规划基本构成

资料来源：作者整理绘制

（三）法国

法国将城镇的历史环境和景观资源的保护作为城镇规划的一个重要环节来对待。城镇风貌的保护与传承由专项法律法条和相应的风貌保护区划来保障执行。法国是最早立法保护历史街区的国家。1887 年就通过了第一部历史建筑保护法，1943 年以法令形式规定了历史建筑周边 500 米范围的历史环境保护区划，1962 年正式制定了《马尔罗法》，它也是世界上最早的历史街区保护法令。法国建筑法明确指出："建筑是一种文化的表达。建筑创作和建造品质，它们在环境中的和谐整合，以及对于自然或城市美观与遗产的尊重，都是公众利益所在。"并于 1993 年颁布了《景观法》[14:12]，设立了近 300 处城市建筑、景观风貌保护区。

对城镇风貌的营造与管理，仅有历史街区与历史景观的环境保护显然不够，要充分利用法定性规划，对城镇开发用地的风貌建设进行主动干预。在城镇土地利用规划（POS）基础上制定的景观地的分区管理法规（zoning），对城镇风貌的设计管理也产生了积极的引导作用（图 1-4）[20:10-20]。景观地在法语中称为 site，指具有一定审美、历史、风景价值的特征地区。分区管理法规对城镇土地利用进行法规化管理，其中维护城镇景观环境及限定建筑形体、外观和容量的内容条款，对城镇风貌起到控制和引导作用。具体内容包括"景观管理"条例，对建筑外轮廓控制，对建筑的材料、涂料、色彩等做出规定，对街道景观界面的营造直接产生影响；"高度分区管理"对城镇建筑高度的组合节奏、协调做出统一安排；其他的条例，如"庭园设计标准""特别优美景色和视野的保护措施""建筑外形要求"，对城镇风貌的引导和控制作用很显著。

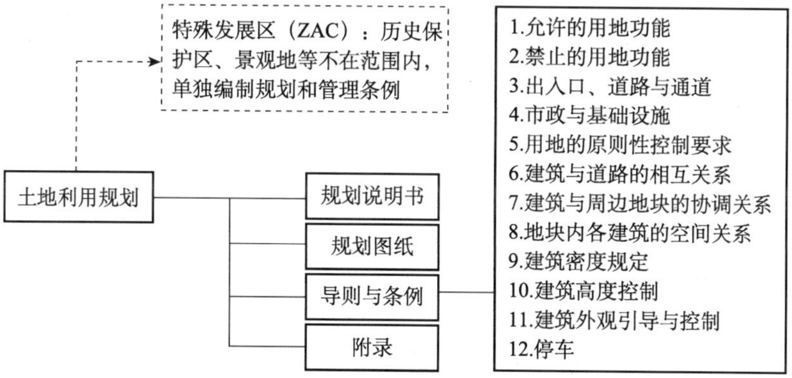

图 1-4　法国土地利用规划的风貌管理法定框架

资料来源：作者整理绘制

（四）英国

英国的城镇风貌引导控制并非完全依赖规划制度体系，而是由各种规划手段和行政行为共同完成[21]。城镇风貌的设计延续了一个重要的开发理念："保护"。对城镇风貌的控制通过一系列的保护制度来实施，包括战略性眺望景观保护（strategic view）、历史街区和景观保护（conservation areas）、历史建筑物和构筑物登记保护（listed buildings）、街景环境控制（setting control）等具体保护制度[22]（图 1-5）。眺望景观战略（图 1-6）在城镇风貌设计与景观保护中具有重要的作用。我们可以将城镇风貌理解为：具有观赏价值和愉悦功能的城镇视觉风景。首先，要具备视觉"可达性"，保证城镇风貌与景致能够被观赏者视线所及。其次，在可视基础上考虑形成观众的心理愉悦效应。制定眺望景观战略的目的即在于，保护并最大限度地保证城镇风貌的典型性和标志性构成要素在空间环境中的有效参与和被感知，从而保持和彰显城镇的风貌特色。

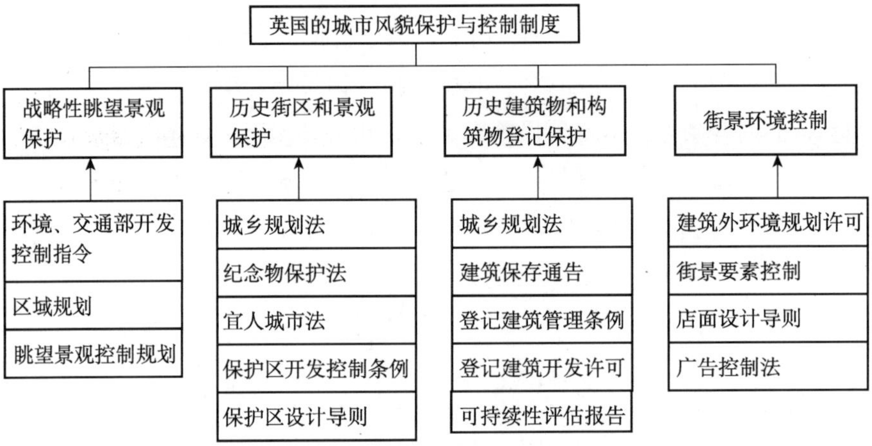

图 1-5　英国风貌保护与控制制度[25]

资料来源：作者整理绘制

英国重视城镇战略视野的保护控制，如伦敦的视野管理导则（London View Management Framework），保护伦敦重要的风貌资源，包括各种城镇天际线保护与优化，通过建筑高度控制等方式对城镇标志物的鸟瞰视野（如圣保罗教堂眺望景观保护图[23]）和城镇开敞空间（如泰晤士河岸线视野的风景）做出原则性保护。针对国家的重要风景资源，人们自 1992 年起开始展开保护工作，编制战略性眺望景观。在伦敦，编入战略性眺望景观体系的风景资源有10处，而在威斯敏斯特区（Westminster）仅登记的受保护建筑物和构筑物共达11 000处[24]。

■ 英国眺望景观保护制度

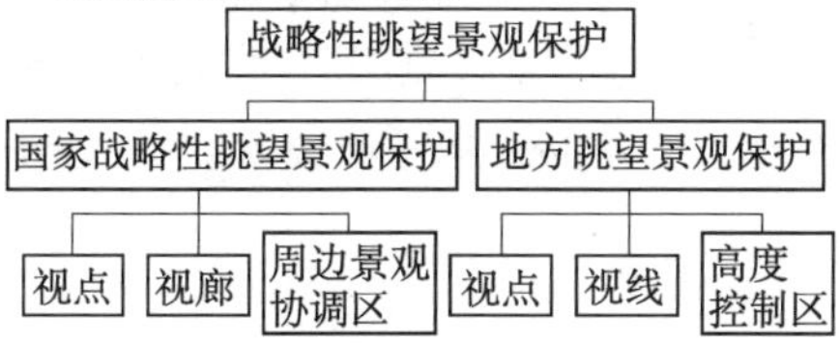

■ 伦敦10处战略性眺望景观

标号　　眺望点（view point）	眺望景观（focal point）
1. 里士满公园（King Henry VIIT's Mound,Richmond Park）	圣保罗大教堂
2. 威斯敏斯特港（Westminster Pier）	圣保罗大教堂
3. 普里姆罗斯山（Primrose Hill）	圣保罗大教堂
4. 普里姆罗斯山（Primrose Hill）	国会大厦
5. 国会山（Parilament Hill）	国会大厦
6. 国会山（Parilament Hill）	圣保罗大教堂
7. 肯伍德故居（Ken wood）	圣保罗大教堂
8. 黑石南尖岬（Black heath Point）	圣保罗大教堂
9. 亚历克山大宫（Alexandra Palace）	圣保罗大教堂
10. 格林威治公园（Greenwich Park）	圣保罗大教堂

■ 伦敦圣保罗教堂眺望景观管理图

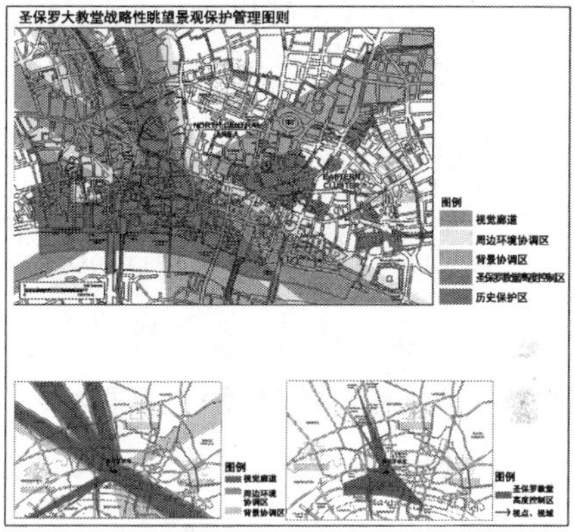

图 1-6　英国眺望景观保护制度（文后附彩图）

资料来源：作者整理绘制

通过对上述西方国家的城镇风貌规划设计技术与管理方法的了解，发现城镇风貌与景观环境的控制与引导对城镇发展具有极为重要的意义。其中，珍视城镇风景资源、结合法律手段保证城镇景观资源的理性开发，这种城镇规划与管理模式值得我们思考借鉴。针对我国的城镇风貌问题，笔者认为我们需要在以下四个方面加强重视。

1）城镇风貌的美观意义在一般性法定规划中得到重视

城镇风貌的引导和控制在法定规划中得到充分体现。最为有效的体现在于，有了法定规划的管理规范，使风貌营造在城乡规划与设计的任何层面。区域、城市、地块甚至建筑、景观的每一层次各个类型的规划设计项目中都有法可依，并且最为有力地保障了风貌管理规定的持续贯彻和实施。

2）重视城镇历史风貌与文化遗产保护

城镇发展过程中遗留下来的具有历史、文化、风景资源的建筑、街区、构筑物等风貌要素或区块，它的保护与周边环境开发有独立的规划运作模式。针对特殊地块、重要地段的规划编制与管理主体由独立管理部门责权处理，如文化部、遗产保护部门，重视与尊重资源，最大限度地保护城镇珍贵的历史遗产，有效地避免城镇发展建设中的侵蚀破坏行为。我国的历史遗产保护有专门的文物管理部门负责管理和保护，而文物环境和周边地块的开发建设则受建设部门主导。两者之间的权责界限不同使得在实际操作中很难做到管理协同。

3）提倡视觉景观系统的构建

提高城镇风貌资源的视觉可达性，从主体视角审视具有审美价值、历史价值、生态价值与文化价值的风貌要素。在空间环境营造时，统筹考虑重要的风貌要素视点、视线、视域的立体网络体系，真正做到城镇风貌融入城镇生活，让城镇风貌成为名副其实的公众资源。

4）加强特征地块的针对性规划与管理

城镇风貌的物质要素多而复杂，必须按照精细化的管理模式，对具体的形式、尺度及相互组合形式进行界定。城镇风貌的研究尺度可以宏观到城市甚至区域的范围，也需要深化到视线所及的点、线、面。可操作性的风貌管理形式应该是按照类型化、模块化、特征性的要求，尽量把城市规划与管理的干预作用层级深化落实到城镇样态点、线、面、色、质、体等细节。

第三节　多学科视野下小城镇风貌优化的思路

一、不同学科视野下小城镇风貌的研究视角

针对小城镇风貌问题，地理学、生态学、城乡规划学都有丰富的研究成果，在研究的尺度、方法、重点内容等方面各有特色。

（一）地理学

与城镇风貌相关的地理学研究成果集中在景观地理学领域。以人地关系为主要研究内容，探讨景观空间形态、景观地理格局、景观时空分异等问题。

1. 以人地关系为切入点的景观地理学

景观一直是地理学的重要研究主题，地理学把景观作为透视人地关系的重要参照。它不仅是人通过主观观察的构成意象及其符号性和方式，也是客

观的环境要素综合，呈现出特殊的地域特征。[26] 地理景观的研究范围从自然景观扩展到人文景观，综合了系统学、生态学的研究方法，形成以景观地理过程为重点的景观地理学分支。景观地理学是诞生于德国与苏联的一个地理学学派，是地理学中传统的综合研究领域，最初以研究自然地域景观为主。之后深化到景观的地域间差异与联系的研究。[26] 自然地理、人文地理、乡村地理是景观地理学的理论基础。

2. 景观地理研究的重点

景观地理研究的成果主要集中在景观空间形态界定、景观地理空间分析与时空分异方面。

景观空间的边界判定是景观地理视域下进行其他研究的基础。主要有定性判断和定量测度两种方式。定性判断从空间形态、人口特征、社会结构、土地利用、生态系统和景观特征等多角度综合展开判定，如根据城市用地比例、建筑密度、市政基础设施走向等方面的城 - 乡轴向伸展且混合共存的特点 [27]。定量测度主要在用地延展基础上展开，如基于遥感和信息熵模型的城乡结合部空间边界确定方法 [28]。

景观地理过程的空间分析多为实证研究，主要集中在景观格局、景观演化的特征规律、景观嬗变的动力机制等方面。研究的尺度较宏观，以遥感影像作为数据源，定量方法结合定性总结。肖笃宁等提出城镇化进程中景观变化的嵌块体数目、面积、转移矩阵、优势度指数和多样性指数 [29]。陈浮等研究了人为影响因子与传统农业景观转化为城郊混合景观的相关性 [30]。潘竟虎和李璟提出景观指数随尺度变化的分异规律 [31]。在景观演化的驱动因素和预测模拟方面，黄宝荣等认为社会经济发展、土地利用规划、公共政策是自然和农业景观格局演变的主要驱动力 [32]。张玉萍和李雪铭利用景观结构指数研究了城镇化作用下土地景观格局的空间变化梯度 [33]。张芬等发现景观在人类影响下呈现斑块数目增多，破碎化程度增加，连接性降低，建设用地扩展；斑块形状趋于简单，多样性指数、均匀度指数、分离度指数和景观异质化趋势上升 [34]。

3. 研究方法具有定性、定量、定位特色

从上述景观地理的研究看，在方法上注重空间分析，运用多变量统计、GIS 技术、计算机模拟展开景观的解释工作，具有定性描述、定量分析、定位预测的特色，有利于提高景观设计与规划管理的科学性。这些研究结果也展示了小城镇风貌的要素、结构在二维平面上的延展特征，为城乡风貌设计与景观管理提供了决策依据。但在研究尺度上特别集中在区域性的宏观范围，主要以土地斑块为研究的基本单元，具体落实到三维形态的风貌空间布局与艺术形体塑造上，还有待衔接和深入。

（二）生态学

与城镇风貌相关的生态学研究成果集中在景观生态学领域。以景观生态保护为主要研究内容，探讨景观生态格局、景观生态指标、景观生态效应和景观生态优化等问题。

1. 以景观生态保护为切入点的景观生态学

相比景观地理的斑块研究，生态学与景观的结合更注重整体性。地理学的空间分析与生态学的结构功能论证相结合，产生了景观生态学。“自 1939 年特罗尔（C.Troll）提出景观生态学（landscape ecology）概念，中国的景观生态学从概念引入到逐渐成熟经历了 30 余年。”[35] “20 世纪 90 年代以来，从国际景观生态学的研究内容看，景观生态评价、规划和模拟一直占据主导地位，其次是景观生态保护与生态恢复、景观生态学的理论探讨。这些研究促进了新学科的形成和发展，主要包括水域景观生态学、景观遗传学、多功能景观研究、景观综合模拟、景观生态与可持续性科学。”[36]

2. 小城镇景观生态研究的主要内容

小城镇景观生态研究的主要内容有景观生态指标体系、景观生态结构效应、景观生态优化。赵景柱建立的动态指标体系包括类斑匀度、斑匀度、类斑散度、斑散度、斑块的贴近度、斑块的形状指标、边缘强度、景观网络的连通度和景观网络的环圈度指标等[37]。刘杰等提出景观嵌块体的优势度、多样性和均匀性测度方法[38]。石浩朋认为景观结构的空间分布和梯度变化能够评价区域生态风险[39]。郑丽娜和弓弼提出“片区（农田）+ 网络（路网）+ 星点（标志节点）”的景观空间格局优化设计构想[40]。邢忠等介绍了美国华盛顿州金县“绿图”计划，提出以图示管理城市周边自然环境资源及优质耕地[41]。

3. 研究方法以动态监控与预测为特色

景观生态学主要研究宏观尺度上景观类型的空间格局、生态过程、相互作用及其动态变化特征。在研究方法上，景观生态学的动态监控和生态预警研究已经成为当前具有特色的理论和方法体系。具体操作还包括“3S”技术、数量分析和实验方法。生态学方面的研究和地理学结合较紧密，研究尺度也集中在区域范围，主要利用遥感数据和GIS分析技术，且实证研究较多。景观生态学的研究结论对大尺度的区域景观格局优化与景观生态功能调控有重要的技术支撑作用，但对于具体的景观片区设计和节点形态的生态影响难以深入下去，且研究视角相对侧重于自然环境的改善，对于城镇文化融合和过渡缺少关注。

（三）城乡规划学

城乡规划学领域除了直接讨论城镇风貌的研究外，很大一部分研究成果在城镇景观学方面，主要在小城镇景观规划与设计的研究。

1. 以景观艺术为切入点的城乡规划与景观设计

城乡规划学的景观研究主要集中在与景观相关的基础理论、景观的规划与设计、景观的实施与管理。城乡规划学研究景观着眼于物质空间的艺术形态。有关空间布局、形体秩序和美学效应的研究居多，代表性的理论有景观空间形态、景观形体构图理论、景观美学等。具体到景观艺术、文化和生态的研究包括景观设计、景观艺术原理、生态与园林绿地规划等。小城镇可持续的风景生态价值和历史文化价值已经受到关注，以系统论、生态学为基础的城乡景观规划理论与方法探索尤为突出。

2. 小城镇景观的规划设计与优化

我国小城镇景观的现状问题主要有：景观格局混乱且不稳定，景观要素交互，类型多样，功能复杂。绿色空间不断减少，空间分配极度不均衡且缺乏空间层次性[42]；乡土景观要素也受损严重，城镇景观与本土文化不协调，过渡生硬。相应的改善措施包括：综合协调绿地保护与小城镇经济发展之间的关系，增强规划的可操作性；把握乡村景观的基本脉络，抓住小城镇的特色文化风貌，使小城镇的自然景观、城镇格局、建筑风貌、街巷景致、市井民俗、文化风尚做到城乡交融[43]。把握公众的审美经验、文化素养和审美心理，体现景观的层次性和差异性[44]。具体的景观形象设计注意空间序列组织、天际轮廓线及环境氛围和意境的创造，注重城乡景观协调的整体效果，建立完善的绿色开放空间体系，提高视觉空间品质[45]。

真正落实到小城镇景观的设计管理，多为个案研究，包括城镇郊区道路景观的植被自然群落形态设计，城镇景观环境的绿色、多核集中和有序生长的可持续发展模式，郊区城镇化中的自然景观开发与控制管理。这些研究强调了城郊景观的区域性战略意义，尤其重视区域绿色生态基础设施的建构，并由此衍生了景观格局的变化过程、特征和调控方向的优化设计，对于大尺度绿色景观网格的结构性调控具有现实意义。但具有艺术形态美学和情感传递功能的景观，是以视觉感知为媒介，包括街区、庭园、景点、标志标识物等类型及子类，中微观尺度的景观形态语言图式、形成、演变与预测，在详细设计中将更具有指导与示范作用。

3. 研究方法以物质存在的认识论为主

景观规划理论与设计的具体案例非常多，但涉及小城镇风貌的相关思考依然侧重在物质存在的认识论。研究方法主要为哲学思辨，从定性角度论述景观空间的形态、构成、功能、嬗变等特征比较多，个案研究比较多，一般分析多。对于具体的景观的状态“是什么”的研究较多，“为什么”和“怎么办”的研究还不够深入。这些成果虽涉及小城镇风貌的诸多方面，但目前尚未形成针对小城镇风貌规划与设计的系统理论与操作框架。在规划设计的科学依据方面，尤其需要补充小城镇风貌演化的客观规律与定量测度方法。

综上所述，地理学的风貌研究集中在区域尺度的景观斑块之间的结构特征和互动关系，生态学更注重景观环境效应评估，规划设计学则从营造技术上丰富了城镇尺度的景观形态组合方法。从内容上看，这三者之间具有一定的上下位承接关系。小城镇的风貌变化既要保证小城镇必要的发展能力，又必须保留小城镇多样的景观特征和环境质量。面对小城镇风貌构成要素的多样性、多变性和不确定性特征，后续研究在视角上应拓展，要注重风貌的自然、人文、社会、时间、空间的综合属性，要解析风貌系统的复杂性。在研究方法上有必要借鉴多学科优势，注重宏观格局与微观要素的互动过程及其耦合机制，为规划设计与管理策略的制定提供科学依据。应对小城镇风貌现实问题时，在方法和内容上应该互补。要注意总结发现小城镇风貌形成与演化的规律，使风貌设计与自生规律相耦合。单学科研究方法在研究小城镇风貌问题时会面临困难，系统思想和学科交叉研究方法更适合处理复杂系统的问题。

二、基于协同优化观的小城镇风貌优化研究

（一）西方城镇景观优化策略

小城镇风貌不是静止的，基于景观变化的动态管理是解决城镇风貌问题的关键。当前实行的动态评测机制、生态保育机制和景观标准化管理在这一方面取得了一些积极效果。

1. 动态评测机制

英国把景观特征评估机制（landscape character assessment guidance）纳入土地利用规划范畴，管理景观变化，确保景观变化以一种积极的方式进行，为景观规划与设计、生态保护与文化传承的决策提供指导框架[46]。景观特征评估是“一种用于我们理解和表达景观特征的工具；在它的帮助之下，我们能分辨是什么特质使得某个区域具有‘场所感’及其如何使此区域有别于相邻区域”[47]。对于景观特征分类和景观特征区域的描述是以多种利益主体的主观判断的综合为依据，主要是定性方法。但景观评估可用于不同国土尺度的景观评估，国土尺度的工作以遥感、航拍为基础数据，在 GIS 平台上进行景观特征区域的空间可视化。场地的景观特征评估则更加依赖详细的实地调研，更多地融入景观视觉感受，对于建筑组合形态、材料、高度、色彩等关键的或特定文化的景观特征提出明确的协调原则和方法。“英国许多城镇外围强制性的绿环极大地限制了新城开发，景观特征评估提供了一个框架以评估城镇边缘区的景观特征及其容纳开发建设的能力，并且可以为历史城镇的未来及其周边地区的发展策略提供重要的建议和基础，形成有效的景观策略、景观导则等。”[48]

2. 生态保育机制

除了追求景观的视觉美学、休闲娱乐功能外，景观的生态保育及生产性

功能特别值得强调。国内外学者提出了都市农业、农业城市理论、生产性景观模式。例如，日本的市民农园建设，集中在城镇郊区[49]；德国的市民农园保留了农田，增加了城市绿地面积，改善生态环境，充分考虑使用者的景观行为，把农业景观设计为市民休闲与交流的娱乐性场所[50]。美国也在城乡结合部进行了相应的整治。小查尔斯·埃略特的马萨诸塞州开敞空间规划中的“海湾巡回规划”（Bay Circuit Plans），形成了全长250千米环绕波士顿大都市区，连接区域主要湿地和排水系统的绿廊[51]。

3. 景观标准化管理

西方国家在城镇景观管理方面制定了可操作的实施规范。欧洲农业环境项目（Agri-Environmental Schemes, AES）倡导农民采取符合《良好农业及环境条件标准》（Good Agricultural and Environmental Condition Standards）的景观营造和农业程序。比利时、荷兰和瑞士等国也实施了种植绿篱和树行、奶牛场的自然管理措施、城市边缘区农业生态补偿等具体的管理标准[52]。英国政府自1999年出台了一系列推动城镇密集发展、城镇重建的政策和新密集标准，有利于可持续发展和维持绿带政策。实施“绿化带”政策来检查建成区向外无序蔓延的问题，避免相邻的城镇连为一体，使周边的乡村地区不被侵吞，保护历史文化名镇及促进城镇复苏[53]。近些年，“乡村署”呼吁用一种综合而包容的方法对城镇的景观敏感地区进行规划，如将城乡结合部变成景观优美的、儿童的开放地或教育基地，以及环绕城区的绿色园地[53]等具体措施。

（二）我国小城镇风貌优化方向

相比于西方国家，我国小城镇风貌设计与景观管理有所滞后，主要问题是快速的现代化建设与文化、环境、资源的保护之间存在矛盾。小城镇的风貌空间极不稳定，景观变化大，管理实施难度大。最终体现在小城镇整体景观风貌的人文传统丧失、空间无序蔓延、生态环境破坏，产生“千镇一面”、风貌趋同等问题，其最重要的原因就在于，无视小城镇规划中设计与自生的协调与优化。西方经验可以借鉴，但不宜原版照搬。我国急需有中国特色的小城镇风貌规划理论和设计方法。

1. 重视小城镇风貌演化规律与优化方法的理论研究

风貌是小城镇可持续发展的指示剂。可持续的小城镇风貌与环境共生，既应适应地域环境长期积淀而形成的秩序和规律，又要满足现代化发展的各种需求。小城镇规划与设计是城镇化实施的主要物质化手段，对小城镇风貌的形成与演化起了相当大的组织作用；而小城镇风貌设计中对于风貌的演化机制缺少相应的理论研究和深入剖析。为此，基于小城镇风貌演化规律和优化方法的理论、方法和实证研究，就显得尤为必要。小城镇风貌的地理过程能够展析城镇化的时空格局、文化脉络，为构建中国城镇风貌语言体系提供依据。以小城镇风貌的地理过程为研究对象，深刻剖析它的形成与发展过程中传统与现代的互动机制，客观测评小城镇风貌的文化、经济、生态、社会效应的健康标准，提出可操作的小城镇风貌优化模式和调控技术，对小城镇人居环境优化具有重要的基础理论意义。

2. 自生与设计联动是小城镇风貌优化的重要环节

小城镇风貌的优化是一种自生与设计复合发展的过程。作为阶段性引导与控制的小城镇规划与风貌设计，应与自生而成的风貌特色与样态相适应。自生与设计复合发展的模式，既能有效实现政府干预效力，又能及时反馈居民文化、情感诉求，是一种动态协同的健康发展模式。研究小城镇风貌发展中的自生特色与样态，规范小城镇设计的规则与管理，建立两者协同的调控机制，是小城镇风貌优化的重要环节。运用规划控制、建设管理等组织手段，对小城镇风貌的发展进行宏观干预，有可能对它的演进过程产生两种影响：当规划设计与自生机制相耦合时，可促进、加速小城镇风貌的可持续发展；当规划设计与自生机制相背离时，则阻碍小城镇风貌的健康发展。基于小城镇风貌演化的这种系统性、动态性和复杂性，通过探索风貌演化中的规划设计与自生机制的复合联动性，以科学、有效的城乡规划和景观管理来修正、引导未来的发展方向，形成小城镇风貌在自生与设计上的复合优化模式，为改革我国城乡规划与景观管理体制提供理论指导和实践方案。

3. 全过程引导与协同调控是小城镇风貌优化的实施保障

小城镇风貌的协同优化是伴随城镇化建设与小城镇发展的全过程调控方法，涉及小城镇的资源开发模式选择、城镇化路径调试、景观时空脉络修复、风貌要素的艺术设计、重要地段风貌演化的监控与修正，以及地域文化特征提取与主体价值观念挖掘等多方面的内容。实现小城镇风貌的可持续发展，重点放在动态引导和协同优化的主动调控，有利于促进小城镇风貌完成自生规律与设计调控耦合的动态优化，这也是小城镇风貌全过程管理的实施保障。

本书认为，当下小城镇风貌演化与优化的现实矛盾是：城镇化快节奏、遽变化的行为模式正在持续地扰乱小城镇地域惯常的演化节奏及自我调适机制。小城镇的风貌样态普遍呈现为“时空压缩”的不健康状态，并且，简单复制的城镇建设行为越快速，这种无序的碎片化状况越加剧，最终导致“千镇一面，万屋一貌”的均质化风貌问题。

小城镇风貌的优化要解决一个基本问题：风貌如何适应小城镇自身的文化特点与生态条件。我们希望小城镇风貌既适应快速的城镇化并满足现代化发展要求，又与本城镇的地域环境、居民心理、文化传统相契合。一味保护自然生成的风貌有可能无法满足快速城镇化的需要，而完全依赖政府自上而下的设计又有顾此失彼之虞。为此，我国的小城镇风貌优化研究应加强以下三方面的内容：①需加强基础理论研究。小城镇的景观设计探讨居多，个案研究居多，研究结论的针对性、普适性、地域类型性、差别性不足。对小城镇风貌演化的自生机制探讨不够深入，基础理论研究不足。有中国特色的代表性理论更为缺乏，西方国家的风貌保护与管理模式，可以引介、借鉴，但不宜原版照搬。②需系统的学科交叉研究。建筑设计、景观营造、城乡规划的实践案例很多，从地理学、生态学、社会学、管理学、历史文化学、艺术美学等相关学科整合借鉴，来探讨小城镇风貌的演化机制、科学管理、公众参与等方面的系统研究和交叉研究不足。造成研究成果在宏观－中观－微观视域下的衔接不充分，相互之间不能互为支撑，科学性和实践性不能互补，不能很好地解决当下小城镇风貌优化的复杂性系统问题。③需注重对策研究。针对具体个案的研究较多，描述分析多，一般讨论多。这些研究能够描述各个具体小城镇的风貌样态（是什么），但对小城镇风貌演化的动力机制（为什么），以及优化方法（怎么办）的研究则明显不足。

借此，本书提出可由小城镇景观地理过程的复杂系统研究为切入点，包括的研究内容如下：小城镇风貌的构成要素、系统特征、地理现象、城镇化行为模式，类型景观的时间序列分析，小城镇风貌的地理行为模拟和预测，中国小城镇风貌叙事语言演化图谱，风貌地理过程与空间设计的耦合。根据上述逻辑内容，发现小城镇风貌的演化规律与动力机制，以动态视角探讨小城镇风貌形成中自生与设计的协同机制，提出小城镇风貌的优化理论与方法，以建构有中国特色的小城镇风貌规划理论和设计方法。

三、研究内容、方法和重点

（一）研究内容

1. 明确研究对象

小城镇风貌的优化已经成为城镇化背景下小城镇建设需要解决的现实问题。研究小城镇风貌演化与优化的理论与设计方法，首先要明确小城镇风貌是什么，小城镇风貌研究面向的对象是什么，小城镇风貌的本质、内涵与特点是什么。优化的基础是深刻理解优化的对象，对当前国内外城镇风貌的理论与实践进行系统梳理，发现城镇风貌发展的现状问题。在此基础上，对小城镇风貌问题进行对象解析，剖析小城镇风貌现象涉及的物质要素和属性特征。提出小城镇风貌的物质要素构成——空间、建筑（构筑物、景观环境标示物）、艺术美学要素（点、线、面、体、色、质）的三层次系统，以及小城镇风貌影响力系统——属性系统，包括自然、经济、社会、文化、审美属性。以此作为小城镇风貌系统研究的对象基础，多层次、多种类的要素如何相互联系组织为一个小城镇风貌整体，这其中应有某种“秩序”的引领，基于这种基本判断，展开小城镇风貌的演进机制与协同规律的探讨。

2. 提出小城镇风貌协同理念

基于研究对象的复杂系统属性，对小城镇风貌要素系统的动态性、结构性、有机性进行演化机理研究。以小城镇风貌实证研究为基础，归纳风貌的形成和演化机制。其中的重点内容是，探讨小城镇风貌物质要素在形成与演化中的运动机理，发现物质要素是小城镇风貌的形式要件，更为深刻的影响来自小城镇风貌要素结构的运动规则，或者把它们称为演化“秩序”。探索小城镇风貌形成与演化的“秩序”是什么，以及这种秩序如何推动风貌系统演化运动。因此，提出小城镇风貌的适应性演化观点，风貌的物质要素与环境基质的协同适应机制是小城镇风貌形成与演化的动力机制。物质要素按照某种“结构”布局，是小城镇风貌秩序的显相表征，地域环境条件与社会经济发展的现实要求界定了小城镇风貌隐性属性的特征和模式，是小城镇风貌的内生秩序。顺应小城镇的发展条件和风貌演化规律，提出小城镇风貌的协同进化规律，协同理念成为小城镇风貌规划与优化设计中“秩序”建构的必然选择。

3. 小城镇风貌的协同效应与协同优化理论

基于协同学的建序原理，按照小城镇风貌“秩序生成与建构”的逻辑切入点，分析小城镇风貌的系统特征、构成要素、组织结构、演化规律，提出小城镇风貌秩序建构方法与优化理论。以实证案例为蓝本，一方面，通过实证研究来探索我国小城镇风貌的协同效应，找出对小城镇风貌形成与演化产生重要影响力的主导因素（序参量），以及这些因素如何协调组织风貌要素共同组成一个有序的小城镇风貌意象，并按照序参量的支配原理引导风貌系统的持续发展。另一方面，提出“小城镇风貌协同优化理论”，建构小城镇风貌协同优化的规划设计框架。理论与实践相互支撑，提出小城镇风貌协同优化的三个关键步骤：导入序参量、刺激正反馈、顺应支配律。

4. 小城镇风貌协同优化的设计方法

尝试建立城乡规划体系中实现小城镇风貌优化设计的操作模式。小城镇风貌协同优化方法体系，不仅仅指当下积极实施的城乡风貌规划与设计专项项目，还包括在城乡规划的各种设计项目（总体规划、控制性详细规划、修建性详细规划、城市设计等）中对完善城镇风貌的优化有指导意义的内容。

（二）研究方法

1. 问题导向法

本研究起意于对“小城镇风貌”是什么，怎么样，怎么做，如何应用等一系列设问。通过探索小城镇风貌的意义与本质，研究小城镇风貌演化的规律，最终落脚点为小城镇风貌的协同优化理论与方法。问题导向法适用于多因素复合的不明确目标的研究课题。在对“已有的资料经过反复研究并建构起一般假说之后，才能确定可以把什么内容作为把握问题状况与发展趋势的落脚点”[54:128]，本书就是通过“提出问题—分析问题—解决问题”的承接关系组成全书的行文逻辑。

2.“E- 文献”分析法

文献资料的搜集、整理与分析是确定研究方向伊始就一直贯穿的工作。通过查阅文献资料、研读、做读书笔记、归纳总结课题研究的进展，为确定本书的选题及深入课题的研究内容奠定了坚实的基础。自网络与数字技术兴起，各类型的电子资料库纷纷建立。通过互联网，可以在线检索超星图书、各类专业期刊论文、高校硕博士毕业论文、学术会议论文、重要报纸全文、政府公报、年鉴等包罗万象的相关信息资料，这让笔者方便地搜集到绝大部分的基础资料。这些“E- 文献”存储和检索极为方便，可以随时查询和调取，为研究工作提供了极大的便利。可以说，今日，我们身处信息数字化的“E- 考据”[55:34,44-45,64-65]时代，这让本书“跨地域、跨时空、跨门类、跨学科”的研究成为可能。

3. 历史研究法

小城镇是运动演化的生命体。小城镇的历史孕育生命，小城镇生命在“古”与“今”的张力间流动产生。小城镇的生命力在过去与现在并走向未来的进程中延续了传统与文化，小城镇风貌记录的就是这种传统与现代演化的过程。城镇传统面貌的遗存让我们遥想当年的意境，城镇中现代化的激越让我们欣然赞叹时代的前行；一个城镇的风貌永远在新旧交替，“没有传统的城市没有底蕴，没有现代和未来的城市仅仅只是一个死气沉沉、毫无生机的历史片段”[56:70]。小城镇风貌的研究不能割裂历史，相反地，它是最应该运用历史的研究方法，把风貌作为记录城镇生命过程的载体来研究。小城镇风貌的历史研究法，兼顾“古”与“今”，避免了只观当下，不见过去与将来；避免了只观局部，不见整体的误区。从小城镇风貌演化运动的角度，探索小城镇风貌在城镇发展过程中良性演进的方法。

4. 理论与实证结合法

城乡规划学科是应用型学科，很多理论知识是来源于对实践的演绎和归纳，理论与实证相结合是城乡规划学的一种基本研究方法。本书在理论分析的基础上，分析不同类型城镇的风貌发展过程，总结各种类型的城乡规划与风貌设计实践项目。一方面，从项目案例中，分析小城镇风貌的构成要素、影响因子、演化机制等理论要点；另一方面，把理论要点回归到项目实践中，同时反思“小城镇风貌”在各种规划设计项目中的编制内容及实施效果，分类总结形成小城镇风貌动态优化理论和实践的结论。

5. 学科交叉法

城乡规划是一门综合性学科，从交叉学科引介理论与方法来研究城镇问题并不是本书独有的新鲜尝试。在城市生态学、城市经济学、城市社会学等领域已经开辟了从人文、自然等相关视角来审视城市问题的先例。本书立足城乡规划和风貌设计领域，引入系统科学、叙事学、协同学等学科理论来分析解读城镇风貌，以丰富城乡规划与风貌设计的理论和实践研究。

（三）研究重点

1. 小城镇风貌的研究进展

对国内外城镇风貌理论与实践进行梳理，明晰我国城镇风貌研究的现状和存在的问题：理论与实践亟待建构系统框架，现实操作侧重要素设计或者局部优化，城镇风貌的概念解析与设计方法需要介入系统理念。从系统视角，对小城镇风貌的物质要素系统和系统属性特征进行归纳、分析和阐释，为“小城镇风貌”建构起物质要素构成系统与非物质因素及系统属性协同作用的整体概念。这不仅仅是对本书研究对象的基本界定，也是对前人研究成果的补充和丰富。

2. 以协同学原理解读小城镇风貌的演化过程

学科交叉法是本书在研究方法上的创新尝试。协同学在城镇风貌研究中具有分析工具的优势，它把风貌的物质要素与社会、经济、文化、自然等基质条件统筹在一个时空体系内进行解析，是对我们偏重于空间形式而忽视属性本质的研究视角的有效修正。另外，协同学侧重于探讨系统内生运动机理，应对小城镇风貌这样复杂的动态演化的系统对象，能有效减少我们对要素、功能、形式进行分类的困难。事实上，小城镇风貌强调的资源价值正是来自于自身的多样性和异质性，运用一般系统论或者类型学方法去探讨它的分类特征很难操作。协同学以要素之间的相互关系为研究切入点，探讨系统的时间、空间与功能互动的内生规则。对于小城镇风貌这样复杂的、动态演化的研究对象，在研究方法上更具有借鉴性和可操作性。

3. 提出小城镇风貌的协同优化理论

尝试分析小城镇风貌形成与演化的基本规律，在此基础上提出小城镇风貌协同优化设计方法。由于现实操作的城镇风貌理论与技术框架并不成熟，本书依托小城镇风貌演化的自生与设计协同的规律性，提出小城镇风貌协同优化理论，并且转化为城乡规划体系下的实践框架。它具有理论与现实意义，也是对城镇风貌理论与实践研究的补充和丰富。

4. 小城镇风貌的协同优化设计方法

根据小城镇风貌协同优化理论的主要观点：小城镇风貌的演化遵循功能－结构－相态－意义四元映射论、刺激反馈论、序参量触媒论与系统支配协同论，通过条件优化、结构优化、要素优化与动力优化的四层级模式，建构小城镇风貌的主题战略、导入序参量、激励正反馈效应与遵循协同支配规律的四级实现框架，完善小城镇风貌协同优化理论在城乡规划、风貌设计与景观管理体系中的全过程调控机制。

第二章 小城镇风貌解析

第一节 概念界定与辨析

一、概念界定

“风貌”在《汉语词典》中的释义如下：①风格和面貌，如民间艺术的风貌；②风采相貌；③景象。“风貌”一词，英语中的表达有：cityscape，译为城镇风景；landscape，译为城镇景观；view，译为景物。本书认为，cityscape 与本研究城镇风貌的内容更为贴切，涵盖了风景面貌与风景规划两种意义，也可表达“城镇风景”的含义。例如，欧美国家编制的城镇风景规划，就是应对城镇历史景观保护与城镇风景设计的现实问题，做出的引导与控制性规划文件。本书研究的小城镇风貌在对象范畴上与“风景”类似，包含由建筑物、构筑物及环境设施构成的小城镇的环境视觉景观，同时涉及区域范围的，具有地形地貌特征的更大尺度的风景对象。关于城镇风貌的概念界定，不同学者从不同视角有不同的解读（表 2-1）。

表 2-1 城镇风貌的概念界定

学者	城镇风貌定义	特点	备注（来源）
池泽宪	城镇风貌是一个城市的形象，反映出一个城镇特有的景观和面貌、风采和神态，表现了城镇的气质和性格，体现出市民的文明、礼貌和昂扬的进取精神，同时还显示出城镇的经济实力、商业的繁荣、文化和科技事业的发达。总之，城镇风貌是一个城镇最有力、最精彩的高度概括	综合性（自然、人文、经济）、概括性	[57]

续表

学者	城镇风貌定义	特点	备注（来源）
余柏椿	城市风貌可以理解为城市的面貌和格调；城市面貌可理解为城市的景象或景色，以物化表现形态为主；城市格调可以理解为城市的情调或风情，即城市内涵人化和物化的综合表现	人化和物化的结合、理性与情感的两面性	[58]
王建国	城市风貌特色主要是指一座城市在其发展过程中由历史积淀、自然条件、空间形态、文化活动和社区生活等共同构成的，在人的感知层面上区别于其他城市的形态表征	历时性、形态、特色、感知	[59]
马武定	城市风貌特色是城市在其历史的过程中，由各种自然地理环境、社会与经济因素及居民的生活方式积淀而形成的城市既成环境的文化特征	特色、社会性、历时性	[60]
金广君	城市风貌特色是指城市的社会、经济、历史、地理、文化、生态、环境等内涵所综合显现出的外在形象的个性特征。城市风貌特色规划是挖掘分析城市风貌特色及其信息载体，用城市设计的理论和方法，科学合理地组织各风貌特色构成要素，并提出指导控制原则和指标体系，形成和完善城市风貌特色系统	综合内涵、城市导控原则、城市设计原理	[61]
蔡晓丰	城市风貌（city style and feature）是通过自然景观、人造景观和人文景观而体现出来的城市发展过程中形成的城市传统、文化和城市生活的环境特征	历史、景观、文化、传承	[62]

资料来源：作者整理绘制

小城镇风貌，是指具有某种风格的小城镇环境面貌。它是以小城镇的物质空间环境为对象，以小城镇的自然因素和人文因素为素材，综观体现小城镇空间环境的视觉样态，折射出小城镇的形象与特色。小城镇风貌随小城镇的发展而变化，表现出系统性、结构性、动态演化性的基本特征。从叙事学角度来理解，小城镇风貌既是表现小城镇功能的文本，又是记录小城镇发展过程的载体。小城镇风貌涵盖了人、事、物等基本元素。综合来讲，小城镇风貌包含两层含义：首先，小城镇风貌具有物质功能性。它以小城镇的实体要素为构成要素，是小城镇时空演变的真实记录。其次，小城镇风貌具有叙事表意性。小城镇风貌也是一种文化表达，具有深层次的历史、地域文化、社会、象征、价值观、心理与思维等涵义。

小城镇的形成与发展是一个漫长的，充满有机性与偶然性的过程。小城镇风貌，是小城镇生长过程的状态记录与表达，描述了小城镇的结构、功能与意义在时间、空间层面的样态。用地规划侧重二维平面的功能与布局的合理性，形体设计关注空间实体在社会、经济、美学目标下的三维组合，小城镇风貌则注重映射在视觉环境中，空间场域、时间流转、文化内涵、社会意识的有机组织。因此，小城镇风貌的设计主要考虑物质环境的视觉形态、时间演化的脉络、文化叙事的传达和公众的感知与解读。也就是说，小城镇风貌依托物质实体，统筹场所、建筑、景观、标示标志等形体要素，使显性形式与隐性意义在结构与样态上符合功能、经济、社会、美学、艺术等的基本要求。另外，小城镇风貌需要主体参与，它也是环境与人的感知交流互动后形成的认知映像。从表意功能来讲，小城镇风貌首先要可读，能够适应人的感知活动要求和先验知识信息，并帮助公众完成小城镇风貌意义的叙事传达。

基于上述对小城镇风貌的基本认知，结合本书提出的小城镇风貌的系统协同特性，本书给出小城镇风貌定义：在一定时空范围内，由建筑物、构筑物、标识物等不同类型的构成要素，通过竞争、涨落、选择、适应、反馈和演进等行为，长时间调适形成的具有空间结构、形态特征、文化属性和表意功能的小城镇视觉样态，并与小城镇的自然环境、人文环境、制度环境相互适应的、协同进化的有机系统。

二、相关概念辨析

小城镇风貌的内涵与外延比较广。城镇风貌研究中关于城市形态、城市特色、城市形象等内容比较多，城镇风貌与城市形态、城市形象、城市特色等概念在关注目标与研究侧重点上，既有交叉，也互不相同。

（一）城镇风貌与城市形态

城市形态是城乡规划、建筑学、地理学、社会学等学科的研究内容之一。城乡规划视野下的城市形态研究的是空间形态特征，“指城市在某一时间内，由于其自然环境、历史、政治、经济、社会、科技、文化等因素，在互动影响下发展所构成的空间形态特征”[63:137]。城市形态研究包括对城市实体环境的形式构成的规律性研究，也渐渐深入到城市形态的形成与演进过程，并且把城市形态的显性表征与社会、经济、文化的环境条件纳入一个整体系统。为展开城市空间的动态观测，城市形态与城市用地布局直接映射，反映在二维平面的土地利用构成布局与组织结构上。

城镇风貌包括空间环境与建筑、景观共同构成的景观界面，具有三维特征。可以说，城镇风貌是建立在城镇形态结构关系上的用地功能与空间尺度的统一关系。城市形态可以直观地表达城市性质、城市经济活动、城市环境等信息，而城镇风貌作为城镇形态的形体样态的表达载体，在某种程度上，与城市性质、城市社会、经济环境、城市生态自然基质及城市规模特征具有一致性。例如，工业城市、旅游城市、历史文化名城、大都会、小集镇，它们在城镇风貌样态上自然而然地形成了一种与自身发展历史、发展条件、发展基质直接相关的异质性。城镇风貌与城市形态在观察与研究对象的视角和视域不同。城镇风貌是研究城镇中观层面的表现形态、场域形式及环境感知意向。城市形态则是在城市宏观组织肌理上对城市物质要素与场域空间的构成肌理的研究。城镇风貌研究者的视域范围在于城镇空间视觉意象的体现，城市形态研究者的视域范围在于城市高空鸟瞰下的空间格局状态。因此，两者呈现的文本样态也有所区别。

（二）城镇风貌与城市形象

"城市形象，是人们对城市的综合印象和观感，是人们对城市价值评价标准中各类要素，如自然生态环境、建筑景观、人文、经济等形成的综合性的特定共识。"[64] 城市形象已经成为城市谋求发展的一个重要战略手段，作为城市资源和核心竞争力参与区域发展竞争。"一个良好的城市形象是城市物质水平、城市品质和城市人文素养的综合体现，是一种无形资产和有形资产的有机构成。"[65:3] 城市形象具有橱窗效应，作为展示城市特征的窗口向外界展现最精彩的一面。事实上，从战略意义来说，城市形象建设的现实操作更多地转为一种精品策略，着力于打造形象"景点"，如城市历史地段、城市地标建筑、城市标志设计。与其说这些形象要素具有某种功能意义，不如把它们作为一种信息符号行使其艺术价值、资源价值及文化价值。城市形象具有的形式艺术性和意义叙述功能与城镇风貌的叙事性、表意性是统一的。然而，城镇风貌的研究重点显然不仅仅在于某些特殊地段的风貌意象的塑造。城镇风貌以一个城镇的整体形象表达为目的，具体针对城镇的空间环境实体，同时与社会、经济、文化、自然等环境条件密切相关。最为重要的是，城镇风貌并非一种终极状态，它的组成部分中包含历史痕迹，也预示着城镇发展的未来趋势。因此，城镇风貌的研究应该是在城市形象的整体把握上，以动态发展的理念去对待它。一方面，我们应该珍视体现城市形象的重要因素；另一方面，还要兼顾其他部分与城镇风貌敏感区段的协调关系。城市形象可以是某一个长期时间里的稳定存在，城镇风貌却随城镇的发展而不断变化。空间布局、结构关系、实体要素形式的改变都会对城镇风貌样态带来改变，系统观与过程观是城镇风貌研究中应该具备的基本视野。

（三）城镇风貌与城市特色

城市趋同问题被视为我国城镇化进程伴生的一个诟病之处，城市特色丧失也成为与城市发展相对的矛盾。全球化时代的城市需要在多方竞争中脱颖而出，城市特色将成为城市发展的生命力，并为它创造良好的机遇与条件。强调城市特色的战略价值时，我们不能忽视它所具有的主体性。从城市特色判断主体的视角审视城乡规划与城镇特色建构，是规划研究的创新性理念。“城市特色是审美主体（人）通过审美对象（城市）的审美比较后判断出的某城市所特有的审美表现，缺乏审美比较就无法判断审美表现的特殊性”[66]，比较和判断在于公众对于审美对象发生了完整的认知心理行为过程。基于这个观点，我们认识到把人本思想落实到规划设计内容和城镇建设实践中的重要性。在城镇风貌认知和城乡规划战略思想构思之始就以公众的认知偏好及价值判断为参考，把社会群体的集体记忆转化为因地制宜的规划策略，使可持续发展战略得以空间物质化落实。城市特色也是城镇风貌的一个重要表现内容。城镇风貌作为叙事文本，也同样与公众发生了主体判断与认知判读的交流与互动。从这个角度讲，城镇风貌与城市特色在生成途径上都具有主体性。但在判断方向上略有不同，城市特色侧重差异性，城镇风貌侧重整体性。城镇风貌不仅仅关注重要风貌片区及景观节点的营造，以此体现城市特色；城镇风貌还关注风貌片段如何组织成为一个有秩序的整体叙事文本。一个城镇可以有若干个特征风貌片段，但最佳的状态是，这些特征片段与城镇的其他环境面貌相互协调，并且能够共同反映出这个城镇的发展过程与文化特色。也就是说，城镇风貌不是强调某种美、特、新、奇，而是在叙说这个城镇的历史、发展与未来的有机过程。

（四）城镇风貌规划与城市设计

越来越多的城镇开始编制城镇风貌专题规划。很多情况下，由于缺乏针对性的编制规范，城镇风貌规划多依托于城市设计的内容框架来进行。但它与城市设计的内容侧重点有所区别。城市设计，在处理大规模的城市形体、城市空间形态组织方面有它的优势。它作为城市控制性详细规划的一种深化手段在城市建设中普遍应用。“城市设计的核心内容是为人塑造优质的城市环境和空间场所。具体地说，就是创造人性的空间场所，满足人们物质与精神、生产与生活的发展需要，从而改进人的生活质量。”[63:212] 事实上，城市设计成果的落实主要在于城市的物质空间，即三维形体的组织与艺术化处理。不可否认，当下，城市设计程序和内容渐渐完善，除了重视城市形态空间，它还增加了城市景观、城市文化等方面的设计内容。但是，总体说来，在城市建设强调立体化发展的基本理念下，城市设计兼顾形体组织与城市文化两者时，城市建筑密度和体量往往是第一考虑要素，城市设计成果还是明显侧重在城市形体设计方面。由于空间形体与开发密度、开发强度、交通组织、公共行为这些代表经济利益的指标项直接相关，实践中的城市设计项目容易走向两个极端，向开发商妥协和向理想化形式构图偏向。因此，城市设计的成果内容往往在操作性和务实性上比较欠缺。相比而言，物质空间也是城镇风貌构成要素的一部分，但是空间要素在城镇风貌物质要素系统中往往被抽象为一幅幅空间场景。因此，城镇风貌在现实操作中，更加具有理性特征和易操作优势。另外，城市空间在城镇风貌构成中主要是作为文化、历史、社会、经济等空间属性的承载物和表达载体，并非把空间的经济效益、功能效应作为首要目标。风貌空间是为叙说某一城镇的文化、形制、符号、风俗、艺术等内涵意蕴，在满足城镇形体的优美体态前提下，更要求它表现出一种深厚的底蕴。因此，在城镇风貌规划中，始终要包含“城镇情感”，把城镇的情感通过风貌要素传递给大众。

第二节 小城镇风貌属性

一、系统属性

认识论告诉我们，世界是系统的，系统世界是普遍联系的。客观世界是如何通过系统组织而相互作用并联系的？这是认识事物的基本哲学思考。列宁在《哲学笔记》中对这一问题的理解是，“仅仅相互作用等于空洞无物，需要中介”[67:47]，中介是事物相互联系与转化的载体。随着现代科学的发展，对客观世界的不断探索越来越充分地证明，普遍联系及相互转化的机制是系统世界的起源。世界是物质的，世界由物质、能量、信息三部分构成，系统由物质、能量和信息三基元相互作用而构成。这一论断直接解释了万物世界存在的最基本的元形式。

小城镇风貌具有时空系统性（图 2-1）。小城镇风貌的形成是一个连续的累积过程，风貌的演化在“时间”和“空间”两个向度上延续。“没有一个城市的规划能仅仅用二度空间（平面）来说明的，因为只有在三度空间（通过立体）和四度空间（通过时间），它的功能关系和美的关系才能充分显示。”[2:325] 小城镇风貌不仅在地理空间发生，同时也在时间中变化积淀。时间的延展表现为风貌的历史特征与未来趋势。小城镇风貌与时间的关系维系于它的动态演化过程，过程的前端是未来，后端是历史。正如刘易斯·芒福德所言，城市是一个巨型容器，具有储藏与保存文明的效力。“在历史语境下，城市所承载的便是人类的文明。城市通过将人类文明实体化、符号化，从而将人类自身的历史呈现在我们面前。人类文明实体化、符号化不仅体现在建筑上，也体现在城市街道、市政工程乃至城市的整个外在形态。”[56:53] 可见，时间和空间是小城镇风貌的基本属性，风貌体现了人类文明的过去、现在及预示着未来走向。另外，小城镇风貌在物质要素的构成上具有整体性、结构性和动态性等系统特征。小城镇风貌要素之间相互联系构成整体风貌样态，空间、建筑、景观等物质要素具有一定的组织结构，如等级结构、空间结构、功能结构等，体现了风貌要素的差异性。小城镇风貌的系统要素也具有动态演化性，并且在演化中不断地优化和完善。

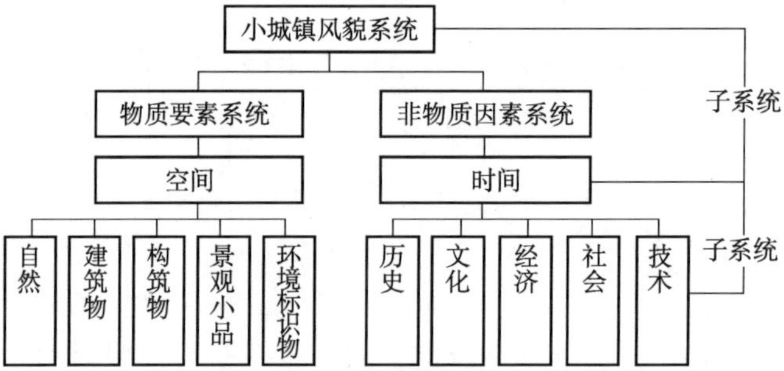

图 2-1 小城镇风貌系统构成

资料来源：作者绘制

二、自然属性

小城镇风貌的形成与发展，根植于地域自然环境土壤中。自然环境包括“质”与“貌”两个方面，涵盖地质、地形、地貌、水文、气候、动植物等所有自然要素，并构成小城镇的自然本底，是小城镇开发与建设所维系的自然生态系统。小城镇风貌的演化过程要首先考虑与自然环境的互动关系，保证用地开发与自然环境之间的适应性协调共生。小城镇风貌中的一个重要组成部分就是自然风貌。自然风貌是地域的自然环境本底，地形、地貌、山体、河流、植物、气候等自然条件可以作为小城镇建成环境的自然风貌背景。一些自然资源也构成具有特色的城镇风貌样态，如山地风貌、沙漠风貌、喀斯特地貌等都可以作为一种景观资源。风貌顺应了自然环境基质、建成环境与自然属性的适应性发展，最终造就了小城镇的特殊风貌形态，如江南水乡的风貌、重庆山城风貌、青岛滨海风貌等，都体现了不同环境本底在城镇风貌形成过程中的界定与雕塑作用。城市生态学认为，城市的人文环境建构应依托并适应自然环境的发展，我们在塑造城镇和营造城镇风貌时，首先应珍视的就是城镇的这些自然资源。

三、经济属性

经济发展是小城镇经营的一个重要目标，为追求经济效益而进行的城镇拓展和空间开发活动，附带着使小城镇风貌样态产生变化。经济水平反映在小城镇的建设速度、空间开发强度、城镇功能定位、管理水平和建造技术等各个方面，所以说经济是小城镇风貌体现出的一种属性。从一个城镇的风貌样态能体现出这个城镇的经济水平。例如，农业城市、工业城市与国际都会城市在风貌样态上就明显不同。在城镇内部，中央商务区、商业区等核心地块也是作为展示城镇经济发展水平的一个重要窗口。城镇的中心商业区是这个城镇最具活力和吸引力的地区，是这个城镇繁华面貌的最好展示，也是城镇风貌的标志区。上海的南京路、北京的王府井、武汉的江汉路、香港的中环、东京的银座、纽约的第五大道、巴黎的香榭丽舍大街及伦敦的西蒂区（City）等，它们都映射出一座城镇经济发展的最直观状态。商品经济的自由、公平理念也催生城镇经济空间向开敞、开放性的市场、街市、商业区、城镇中心靠拢。小城镇风貌的经济属性，作为展示城镇实力与竞争力的表现，也越来越成为现代城镇形象建设的一个重要方向。

四、文化属性

“让我看看你的城市，我就能说出这个城市居民在文化上追求的是什么。”[68:18] 奥古斯丁·伯克（Augustin Berque）在《日本的风景·西欧的景观》一书中指出：“经人类加工过的空间与原生空间的最大区别在于其文化性，前者加入了想象力，赋予物质环境以某种意义，使之成为风景”[69:86]。文化与城镇风貌的结合，赋予了城镇风貌生命的意义。“文化包括‘知识、信仰、艺术、道德、法律、习俗，以及作为社会成员的人所掌握的任何其他才能和习惯’”[70:90]。以江南水乡聚落为例，其代表性含义必须以水乡文化背景和居民聚落为存在载体，需要保持聚落的文化延续性和生命力。因此，对江南传统聚落的保护不能完全以博物馆式的形式保存，只有在地域文化不断衍生和传承中，这些活态文明才能真正存活下去，继而成为有生命力的存在。这样的城镇风貌不仅仅是自然山水、流水小桥、明清建筑的简单组合，而是以城镇文化为生命力的特质样态。

小城镇风貌表述了它的地域文化特征。人类的历史，是以一定的地域作为生命延续的空间的。地域环境，一方面，它在某种意义上是人类历史活动的结果，它作为生产者的劳动对象和材料，直接参与了社会经济的发展。另一方面，又在一定程度上限定了人类开发活动的形式和规模[71:65]。小城镇风貌形成与发展的内在动因，是小城镇所处地域文化氛围对它历史的熏陶，构成了小城镇风貌特有的形式语言与叙事素材，如生活习惯、城镇形制、建筑风格、社会组织、民俗传统、经济体系、宗教信仰、文学艺术等。刘易斯·芒福德认为，“每个区域、每个城市都有深层次的文化差异，区域是编制社区生活的经纬。即使人们没有注意到粗糙的地理之纱的作用，地理之纱的质地、数量和疏密也将影响最终的织物。自然的影响越是多样化，城市的整体特征就越复杂，越有个性，这是避免人们长期形成的过分简单化趋向的一种永久的保证”[2:341]。也就是说，文化是小城镇风貌异质性的来源。小城镇的文化是一个地域群体共同分享和拥有的价值观、信仰、道理、规范、礼节、宇宙观，以及象征体系的群体社会聚合力。这种社会聚合力化为种种空间模式和风貌语言，指导着群体的衣食住行、住宅形式、聚落空间形态、生活方式和行为习惯。我们要走出“千镇一面”、风貌趋同的困境，一定不能忽视小城镇风貌的文化属性。

五、美学属性

“《新牛津英语词典》(New Oxford English Dictionary) 中对美学 (aesthetics) 的定义是：一套关于美的特征和审美的原理……美 (beauty) 是满足美学感官尤其是视觉的特征的集合，如形状、颜色或者形态……另一个定义更明白：满足理性或道德判断的特征的集合。这指出审美不仅仅涉及个人的愉悦，还包括精神的特征。”[72:151] 美观，一直是小城镇建设需要满足的基本要求之一。人们在追寻城镇美的根源，以及城乡规划与风貌设计中出现过强调城镇美学的艺术设计思潮。一味地强调形态组织和构图美学，与功能诉求发生博弈。快速的城镇化建设带来的环境失衡，引起小城镇视觉环境无序杂乱的问题。我们在试图清理城镇中的视觉环境污染物时，体会到建成环境与自然环境、地域环境和谐共生的积极效果。小城镇风貌的美学意义来自于与环境相互协调的共生关系。具体而言，就是保证城镇建设项目在形体要素和空间组织的视觉美学关系，保证与周围环境的相互协调关系，保证与城镇发展的整体有序关系。

小城镇风貌具有审美的哲学意义。关于“美是什么”的问题，中、西方美学家、哲学家的认识并不相同。西方，从古罗马时期就提出了以崇高与优美为命题的美学观点。西方美学要义中，审美对象普遍表达出机械理性、征服自然的价值观。几何形园林、建筑模数、整形树木，都反映了追求崇高和优美的审美取向。中国传统美学提倡山川大地的阳刚之美和清风流水的阴柔之风。审美志趣在于“情”“境”二字，以情境寓意美好事物的内在精神和艺术表现原则。小城镇风貌的美学属性包含了艺术形式的美学法则，如统一、均衡、比例、尺度、节奏、韵律等基本原则。在小城镇风貌美学原则中，首先提倡的是统一性。小城镇风貌要素的多样性与要素组织的复杂性，必然导致风貌样态的多元化表现特征，容易引起整体的混乱与参差不齐。要处理好系统结构与要素的层级关系，要保持整体的统一性但不至于走向单调呆板，是小城镇风貌塑造的首要原则。另外，保持小城镇风貌的统一性，要把风貌要素统筹于某些共同的话题之下，确定“场景意义”和“叙事主题”。建筑风格、体量、色彩的协调，空间功能、结构、意义的统一，界面组织尺度、比例稳定与均衡等，都会给公众带来视觉与感知的心理效应。

第三节 小城镇风貌的构成与特征

一、小城镇风貌的构成

小城镇风貌是物质性与意义性统一的有机系统，分两个层次来分析。第一个层次，是小城镇风貌的物质要素，包括自然要素与人工要素，如空间场所、建筑物、构筑物、环境景观小品等。小城镇风貌的实体要素反映了与地域环境、气候、文化背景、经济水平与建设技术、材料等相适应的人类活动方式。通过对小城镇风貌的物质要素提取与演化分析，可以得到小城镇风貌样态的文化属性与演化规律。第二个层次，是小城镇风貌要素之间的互动关系。小城镇风貌物质要素的形成、发展与互动联系受到自然环境、文化环境和社会环境的影响。自然环境是小城镇风貌产生的基础。文化环境对小城镇风貌的影响主要在于社会群体的行为模式与环境认知共性。社会系统包括小城镇的社会组织规则。多元多变的环境影响因素，使得小城镇风貌的物质要素呈现出明显的空间构成关系与内生协同机制。小城镇风貌的结构关系与运动规则决定了风貌整体样态在时间、空间上的功能与意义。

（一）物质要素

本书按照空间要素、实体要素、艺术要素三个层面对小城镇风貌的物质要素进行研究（图 2-2）。

1. 空间要素：斑块、基质、界面

“撇开深刻的审美标准去理解城市空间的概念，城市空间仅仅是城市内和其他场所各建筑物之间所有的空间形式。”[73:3] 这里谈到的小城镇风貌空间，是指城乡规划与风貌设计中的物质空间，包括场域、建筑、景观艺术等构成的城镇空间环境。关注小城镇的风貌研究，是希望在调整小城镇空间环境的样态与品质的同时洞悉小城镇的社会性、文化性、精神性等内涵特质。小城镇风貌研究是希望在系统关系上取得物质的、社会的、经济的、文化的平衡，空间是小城镇风貌研究的一个主要观察对象。着眼于空间的视觉形态，从而深入到社会的、功能的、决策的、市场运作的深层合作关系。从现象入手，空间样态是最直观的风貌体验载体。本书探讨的小城镇风貌空间限定为单体城市的建成区空间，为了说明空间的风貌感知效果，借鉴了景观生态学中的斑块、基质、边界的概念，把小城镇的风貌空间分为斑块、基质和界面三种不同的形态来描述。这种二维的场景描述更加符合人对环境认知的视觉经验，也便于我们把小城镇风貌空间这一多属性、多组织形式的对象进行层次分化。

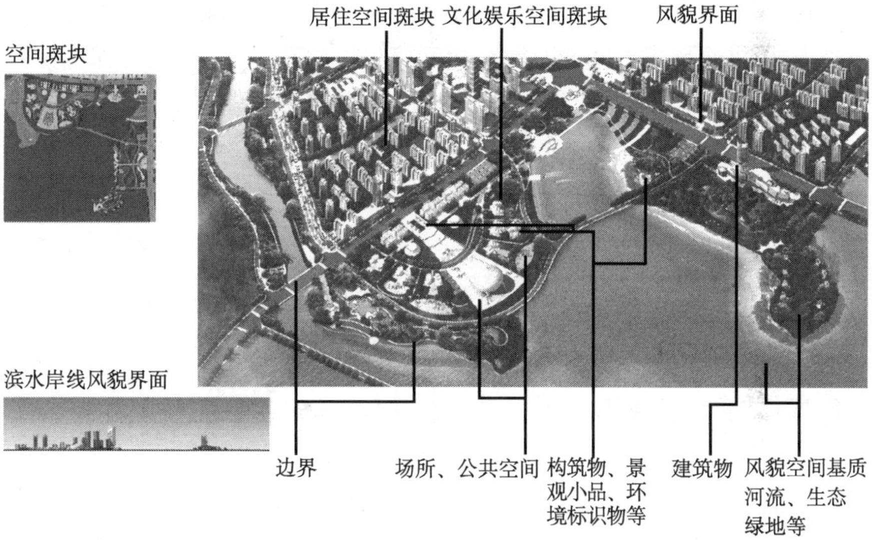

图 2-2　小城镇风貌物质要素系统示意图（文后附彩图）

资料来源：作者整理绘制

（1）斑块，“泛指与周围环境在外貌或性质上不同，并具有一定内部均质性的空间单元”[74:17]。在小城镇风貌空间体系中，不同尺度的、不同类型的空间实体可以看做斑块，如一片居住区看作是一个斑块、一个历史街区看作是一个斑块，甚至公共空间、公园绿地系统可以作为一个空间斑块。小城镇风貌空间斑块按照功能类型来划分，主要有居住空间斑块、商贸空间斑块、文教空间斑块、工业空间斑块、公共空间斑块、历史街区斑块等，它们在风貌样态上也具有异质性，便于我们展开空间分析。

（2）基质，“指分布最广、连续性最大的背景结构”[74:17]。小城镇风貌的空间基质则可以看做是人工环境的背景，如小城镇的山水格局、自然山体、水体都参与构成风貌样态，并且对小城镇风貌的发展与营造起到条件限定作用。建筑、景观设计必须以风貌空间基质的协调共生为前提。

（3）界面，分为边界和界面两种形式。边界是区分相邻风貌空间斑块的过渡性区域，具有界定功能。例如，历史街区与现代商贸区之间具有某种地块界限，有形、无形地从空间的形式、尺度、形象特征等方面给人一种空间转换和过渡的提示，往往成为风貌协调地带。界面，则是划分空间、界定空间的实体面，最常见的界面就是墙面。对于小城镇风貌空间而言，更大尺度、更具表现力的风貌空间界面是建筑群体界面、街景立面、屋顶面、地面。海德格尔说："边界并不是事物停止的地方，而是如希腊人所认识的那样，是事物开始的地方。"[75:154] 边界限定空间范围，却延续空间意义。界面在艺术形式上使空间结构体现为点、线、面的艺术延续和虚实、高低的节奏和韵律。

值得说明的是，在实际操作中，要按照某一种固定模式把一个城镇空间环境确切地完全切分为斑块、廊道、基质、界面并不容易，也是不合理的。空间的系统性、关联性是它之所以存在并具有生命力的根本，把它按照一定的类型和尺度去划分只是一种化繁为简的工作方法，而在理念上我们依然需要以一种整体的视角去分析它的活动规律和组织结构。

2. 实体要素：建筑物、构筑物、环境设施物

构成小城镇风貌的实体要素包括建筑物、构筑物和环境设施物。建筑物的个体形式、整体风格、群体样态是最能体现一个城镇的社会、文化、经济意义的。在现代城镇景观视野里，广义来讲，建筑物不仅具有重要的使用功能，同时也是一种城镇景观资源。同样地，大型构筑物，如桥梁、堤坝、隧道、（纪念）碑，都可以成为城镇风貌的展示物。城镇环境设施物包括环境标志物和环境标识物两大类。环境标志物包括景观设施、环境小品，如城镇雕塑、喷泉、水池、花坛、植物小景、地面铺装、路灯等。环境标识物主要指环境信息与标识系统，包括广告标识、路牌、交通标识、报亭、座椅、候车站、公共电话亭等[76:26-33]。

3. 艺术要素：点、线、面、体、色、质

小城镇风貌的艺术要素抽象为点、线、面、体、色、质等组成部分

（表 2-2）。“点、线、面、体是用视觉表达物质空间的基本要素，生活中人们所见到的或感知到的每一个形状都可以简化为这些要素的一种或几种的结合。”[77:96] 小城镇风貌的空间、建筑、景观和标识物可以抽象为这些基本的艺术形式要素。

表 2-2 小城镇风貌艺术要素示意

城市风貌认知要素	城市风貌艺术元素	图示
节点	点	 
标志物		
道路	线	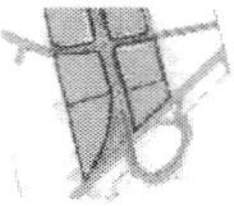 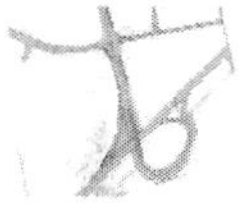
边界		
斑块	面	 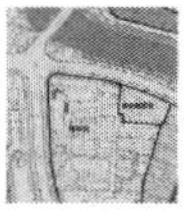
区域		
单体	体	 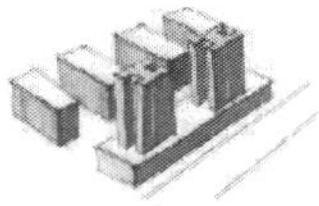
群体		
自然色	色	 
人工色		
材料	质	 
质感		

资料来源：作者整理绘制

（1）点状要素可以是风貌景点，也可以是几何的点形式。在小城镇风貌系统中，一个景观雕塑、一栋建筑可以抽象为整个系统构成中的一点；而在一个构图画面中，如建筑立面，点要素则是相对于其他形式尺度而言，如一个窗花、一点红顶、墙面线的转折点或者终点。从视觉感知来说，点在创造风貌场景时可以形成视觉的中心或者焦点。

（2）线，是点的运动轨迹，分为直线与曲线，如道路、河流、天际轮廓线，给人以不同的视觉感受。

（3）面，由线的二维伸展而成，平面、曲面是最常见的形式。面也是围合空间、界定场所的重要元素。在小城镇风貌研究中、建筑立面、街景立面、屋顶面、地面都是重要的艺术形式。

（4）体，点、线、面复合形成体，体是三维向度的要素。建筑形体是最基本的城镇风貌要素。

（5）色彩，是对体、面的特征描述之一。“色彩直接影响一个空间的气氛和情感，可以被看作是情感的象征。”[77:111] 城市色彩，可以给人深刻印象，适当的城市色彩是令人赏心悦目的。例如，墨西哥的城市色彩，这座城市没有显著的标志性建筑，浓烈丰富的建筑色彩为这座城市营造了一种梦幻般的“标志性”。例如，青岛城市的“青绿色”，郁达夫给出这样的描述，“带青带绿的颜色，对于视觉，大约是特别的健全；尤其是深蓝，海天的深蓝。看了使人会莫名其妙地感到愉快”[78:192]。城镇色彩是城镇风貌的重要组成部分，是公众对城镇物质空间和自然环境的视觉感知中接收到的色彩总和，包括人工色和自然色。“城市色彩作为城市视觉组成的主要因素之一，它所囊括的城市自然色彩和人工色彩的协调，正是一个城市风貌特色能否协调的重要组成要素。”[77:4]

（6）质，是指质感和肌理。例如，建筑材料有自然材料与人工材料之分，有地域性材料与外来材料之分，它们给人的视觉和触觉的感受不同，也会带来不同的审美情趣。质地是风貌空间或者风貌界面的肌理，如屋顶、墙面、道路，选择材质不同，表现出的肌理就不同。

上述艺术要素构成风貌样态的均衡、比例、节奏、尺度，甚至隐喻各种艺术信息和形态含义，都统一在一个完整的风貌样态中，赋予观者视觉上的审美意向，以及心理上的审美认知。小城镇风貌的艺术性最终必然回归到具体的物质要素的设计。通过形式组织规则来规范风貌空间与风貌实体要素，不仅要使风貌物质形态在组织排列、尺度、轮廓、色彩、材质等方面与审美主体的心理模式和认知方式相吻合，而且要使之适应特定时空背景和地域条件的文化诉求和精神响应。

（二）结构

结构是系统内各种要素、各个子系统相互联系、相互作用的方式，是系统维持整体性、稳定性和有序性的基础。小城镇风貌结构是指风貌要素在时间、空间和功能上表现的构成方式和组合规律。

1. 时空结构

时间和空间是小城镇风貌的基本属性。关于时间、空间的辩证关系，米歇尔·福柯（Michel Foucault）、亨利·列斐伏尔（Henry Lefebvre）都论证过一个观点：空间的社会生产。“空间是社会生产出来的，复杂的社会进程创造了一系列不断发展的空间，创造了社会生活的空间－时间结构”。[63:27] 小城镇风貌由不同要素及其艺术形式构成。风貌要素的整体构成和它们在时间、空间上的分布及组成关系构成了小城镇风貌的时间结构和空间结构。时间结构是风貌在形成与发展中，留下的遗迹、符号、形式等表现时代信息的载体所传达的关于进化脉络的构成。空间结构有多种表现形式，如功能空间结构、等级空间结构。小城镇风貌是物质空间环境给人的感知印象。“好的环境印象给它的拥有者重要的感情庇护，人们因而能与外部环境相协调，与迷路时的恐惧心理相反。”[80:4] 环境意象来源于给城镇体验行为定位的时间坐标和空间结构，明晰的时间、空间结构体系有助于人们在城镇感知活动中更快、更便捷、更深入地形成环境印象。

2. 等级结构

“1900 年左右，德国城市的主要形象是无序。都市观察者们把都市化（城市化）过程主要与传统社区的消亡联系起来”[81:50]。城镇面貌混乱无序一度成为城镇化的一种普遍问题。等级意味着层次和秩序。城镇风貌是在城镇发展的长时间里，空间、建筑、景观的变化累积的结果。那么，由于信息、能量、尺度、功能、地位、作用的差异性，它在时间和空间的分布上必然不是均质的。这些差异性要素相互联系并且能够组成一个有机整体，等级结构、层级秩序在其中起到了内生建序作用。

“城市进化是在各种尺度里相互关联的过程；应该和任意过程相反。人们试图用规划的手法赋予城市某种排序，以消除那些‘随意’的成长，然而实际上这是个错误的观念。”[82:94] 我们清楚地知道，城镇的社会、经济、文化、空间在相互关系中的差异性，甚至这些差异性以某种规则呈现出层次和等级张力，这种张力使各种物质、能量、信息得到流通，因此，城镇才具有活力和进化动力。从这个角度来说，小城镇风貌的等级结构就不仅仅是物质空间或者建筑单体的规模和尺度的差别。更为本质的是，在漫长的演化中，风貌等级结构所蕴含的一种隐秩序及那种生命活力的能级状态。从观察者视角去试图发现这种内涵张力，始终需要以空间和实体要素为切入点，如在建筑的组织布局中，我们知道的等级结构有三种，由尺寸形成的等级、由形状形成的等级、由位置形成的等级[83:338-345]。

小城镇风貌的等级结构是包含在风貌空间与风貌实体要素中的。小城镇风貌的等级可以归纳为五种形式：规模等级、独特的形式样态等级、区位等级、功能等级和叙事等级。例如，某大型社区由于规模优势，在一个城市的居住区风貌体系中处于首要地位；历史街区或者殖民建筑群（如上海外滩）因为其风貌样态的特殊性而具有一定的等级地位；一个城镇的中央商务区、城镇中心区往往由于具有特殊的地位，或者行镇中心的特殊功能，在城镇风貌系统中处于核心地位；对于城镇的整体风貌系统，由于具有确定的风貌主题而在空间要素与建筑、景观处理上显现出重点与一般、核心与辅助的不同等级。总之，小城镇的风貌等级结构是以整体协调为前提，以其组成部分在系统中符合整体的功能、意义、特征要求为基础，形成的相互联系、互相耦合的等级体系。

（三）功能

小城镇风貌具有形象展示功能、艺术美学功能、情感心理功能。

1. 形象展示功能

随着全球化、城镇化的发展，城镇间的竞争日益激烈，城镇形象已经成为争取发展资源、创造发展条件、迎接发展机遇的关键。塑造城镇形象，首先面临的工作是营造良好的城镇风貌。小城镇风貌是小城镇给人的第一印象、直观映像，小城镇形象在本质上也是对小城镇特征的反映，它有整体形象、品牌形象等不同表现层面。小城镇风貌是体现小城镇整体形象的最好载体，同时小城镇风貌的特色也与小城镇的品牌形象相互映射。因此，从小城镇的经营和发展战略角度来看，小城镇风貌是展示一个城镇的整体形象和品牌特色的最佳窗口。

2. 艺术美学功能

小城镇风貌的所有功能属性中，可能最引人关注的就是小城镇风貌的审美体验。为什么有些城镇呈现出比其他城镇更美的面貌？是什么让一座城市在观者眼中呈现出美感？为什么那些古城镇比新城表现出更为深厚的魅力？这就引发了关于城镇风貌的审美功能和审美感知的探讨。小城镇风貌的美学功能不仅要使人产生精神愉悦，同时也必须契合社会秩序和公众认知心理。有学者就城市美学理论进行了不同探讨，乔恩·兰在《美学理论》中提出，“一个能使人获得审美愉悦的环境必须包含三个基本要素：令人愉快的感官体验、知觉结构和象征联想。”[72:152] 从个体体验走向群体经验，阿尔多·罗西则从建筑形式美学视角提出集体记忆是城市人造物的重要特征。芭芭拉·鲁宾在城市美学基础上提出城市文化在城市审美行为中的主流价值观点，保罗·克拉克则认为城市美学与城市经济、城市消费行为密切联系[72:149-153]。可见，小城镇风貌的美学功能并不是单纯的个体审美活动，而是关于小城镇历史、文化、经济、艺术和公众意向、集体记忆及城镇理想的象征性经验和情感表达的复杂体。

3. 情感心理功能

小城镇风貌的情感心理功能主要是指小城镇风貌本身的空间功能性、形态艺术性之外，还寓意了一种集体的精神寄托与情感共鸣。公众之所以对城镇风貌产生情感的交流及心理的共鸣，是因为城镇风貌的丰富内涵与人类的认知图谱中关于记忆、精神、爱、熟悉、历史、传统的基因相契合，从而体现出公众与城镇风貌对象的一种特定的互动关系。这不仅仅是一种单纯的美学形式的艺术体验，而是人与时间、人与空间、人与社会、人与历史，以及人与人的各种关系的基本表达和情感需求。对城镇风貌产生情感是风貌要素与感知主体双方共同完成的风貌判读行为所建构的感性意义，城镇风貌设计中，以人为本的情感皈依将是设计的主旨。关注小城镇风貌的要素形式与组织形态，更高的要求是给人带来心灵慰藉和场所精神，它“象征着一种人与特定地方生动的生态关系。人从场所获取，并给场所添加了多方面的人文特征。无论宏伟或者贫瘠的景观，若没有被赋予人类的爱、劳动和艺术，则不能全部展现潜在的丰富内涵”[84:7]。对于小城镇风貌，依托那些场地来表意，精神情感是与形式统一的重要功能之一。

（四）意义

意义，系统整体表现出来的功能、特征、行为。一个对象，如一个苹果，它的形状、颜色、光泽、大小等细节传递了对象的基本信息，它的功能属性是一个水果（苹果），它的意义在于它是否成熟，它是新鲜的或是腐烂的。这些细节体现了对象的基本尺度关系，这些尺度对于对象的认知判断十分重要。小城镇风貌也是以同样的方式，通过风貌要素样态发出多样信息，并且通过信息展示样态背后的内涵。正是这些样态的细节信息，为读者提供了辨识特征，并最终传达了叙事意义。因此，一个没有细节的、均质的城镇风貌系统很难为读者提供准确的特征信息。值得关注的是，小城镇风貌的系统构成如同城镇系统一样充满复杂性，涵盖了小城镇存在的复杂层次和多元要素；并且系统的构成也是由社会、经济、文化等多层面影响因素交织组成，系统的这种复杂属性通常会导致要素的集合出现复杂混乱的局面。从城乡规划和风貌管理者的视角来对待城镇风貌，往往注重实体要素的空间组织和排列序列，对于空间布局背后的意义内涵就有所忽略。本研究探讨小城镇风貌优化问题，本质是回归到空间环境质量的基本价值目标，希望通过小城镇风貌要素与结构系统的主动干预与优化，营造一个构成有序同时富含细节意义的有组织、有质感的城镇人居环境。

小城镇风貌的意义，是隐含在风貌形式和时空结构中的内在文化含义，直接表现为公众面对风貌文本的心理和精神的共鸣。小城镇风貌的规划和设计中，自觉地会将小城镇的社会、经济、文化、历史、生活和行为等具有符号性、象征性的非物质因素赋予环境要素，使其具备文化属性，同时传达给风貌判读者一定的文本意义。对于设计者和管理者而言，通过风貌形式语言，把文化作为小城镇发展战略的特色资源加以理解和运用，是小城镇风貌社会效益和经济效益的直接体现。

二、小城镇风貌的特征

（一）秩序性

小城镇风貌代表了小城镇的独特样态，城镇局部空间环境的变化会给城镇整体的风貌结构带来改变。其中，某些重要的区片和要素会成为主导小城镇风貌特征的主要影响因素。这些控制因子在小城镇风貌的系统结构中起到了组织秩序的作用，可以定位小城镇风貌的形成和演化的趋势，从而成为小城镇风貌系统在动态演化中的建序因子。在小城镇发展与演化中，系统的观念贯彻始终。任何时候，整体的协调效果应优先于局部的凸显，城镇局部的重点雕琢始终要服从整体环境品质与风貌系统的协调。小城镇风貌的优化是小城镇规划设计的工作内容之一，保持小城镇样态的整体特质和品质、维持小城镇风貌结构的协调和稳定、顺应小城镇风貌的演化和生长机制、引导小城镇风貌有序生长过程。面对多目标、多因子、动态演化的城镇风貌系统，把握其中确定演化方向的建序因子，对小城镇风貌的系统优化将是一个可操作的切入点。

小城镇风貌的秩序体现了要素的组织结构，是整体系统与构成要素关联性的内在体现。秩序性在小城镇风貌物质要素层面上表现为风貌空间的系统结构，如小城镇风貌空间的等级结构，可以分为核心风貌展示区、一般（辅助）风貌展示区、风貌协调区来组织。或者，按照空间功能区划，小城镇风貌空间也可以按照不同的功能分区来组织结构。秩序性体现在小城镇风貌的艺术要素构成上，表现为小城镇风貌的叙事结构。按照某个风貌主题，通过不同的风貌要素，以某种时空叙事脉络表现为一个完整的风貌叙事故事或者地域风貌意义。秩序性体现在时间结构上，表现为小城镇风貌演进的发展阶段和时间分异特征。不同年代的建筑在风格、构造、材质上具有时代特征。随着时代变迁，建筑形式也会发生演变，通过建筑风貌语言的研究可以发现小城镇风貌时间发展的过程与结构特征。小城镇风貌还具有隐秩序，表示小城镇的社会规则、地域群体特征、文化基因，是小城镇风貌样态的属性特征。从小城镇风貌形成与演化的机制看，这些隐含规则是小城镇风貌形成与发展的重要序参量。

（二）适应性

系统都存在于一定环境中，要与环境条件的变化相适应。城镇化导致小城镇风貌的空间拓展和结构重组，空间生长是激励小城镇风貌形成和演化的主要动力因素。空间的重组与演替对小城镇风貌的形成与演进具有直接影响。用地置换与空间更替造成小城镇的功能、结构和发展方式发生改变，映射到小城镇风貌样态，也凸显出与功能、结构和时空关系相适应的演化机制。小城镇风貌系统是一个复杂系统，要素之间构成适应性的进化特点，小城镇风貌遵循环境与物质要素的相互竞争与协调的博弈规律。

小城镇风貌系统具有适应性演化的行为模式。适应性体现在结构与样态的相互调试机理，这种适应性是在小城镇风貌与环境信息的“交流学习”与“经验累积”下，不断竞争、选择、淘汰与调试的结果。“适应 = 多样性变异 +

遗传性保存＋环境的选择”[85:179]，小城镇对环境变化的应对，体现在小城镇风貌的构成要素、空间结构与表现样态的多样性和复杂性。小城镇风貌相态与环境条件相适应，地域性风貌基因成为小城镇风貌特色之源。小城镇风貌的演化具有遗传性，自适应过程中适应环境的形式被保存、延续下去。小城镇风貌要素的选择与形式进化，体现在风貌空间特征的多样性，以及在时间上的类型化与继承性的迭代关系。那些传统聚落，吸引人的不仅仅是空间的独特组织形式，更加是那些风貌样态下涵盖的地域信息与特征行为方式，这些都得益于长期的历史选择中被保留并放大的遗传基因。

（三）演进性

小城镇风貌随小城镇发展而演进，它的系统复杂性也表现在它的运动过程中。小城镇风貌的演化过程中空间与时间的互动机制是研究小城镇风貌问题的根本内容。透过场所、建筑、景观等风貌要素的历史变迁，我们可以直观地看到一个城镇的风貌在时间轴向的动态演化特征。

从认识城镇、分析城镇风貌的角度来看，要明确小城镇风貌的叙事脉络，首先需要界定小城镇的起源与发展的时间历程。小城镇的现在及未来的发展战略的制订，也需要先了解这个城镇的历史与传统。根据小城镇演进的脉络，建立小城镇风貌发展的时间坐标系。这个坐标系由不同的点坐标构成，这些点坐标就是在城镇历史、现状及未来里，具有重要意义的事件、人物、空间、建筑、景观等风貌节点的变化状态；把它们汇集起来，组织成一部城镇发展的图册，构成小城镇风貌叙事的时空脉络。把握了小城镇风貌叙事的时间历程，就把握了小城镇风貌生长的趋势。只有了解了这个城镇的历史，才能协调好传统与现代的关系，才能理性地规划当下与前瞻未来。小城镇风貌反映城镇空间环境的品质，取决于小城镇风貌系统的时空秩序。引导小城镇风貌由无序到有序、由低序向高序演化，是小城镇规划和小城镇风貌优化的目标。

由于小城镇风貌的演进性特征，小城镇风貌的时空样态具有拼贴的特点。小城镇风貌系统包括空间、建筑、景观艺术等物质要素系统，也隐含了经济、社会、文化等属性，同时在时间、空间的维度中不断拼接、转换、重叠，从而完成一个城镇的完整风貌叙事。不同时间段的风貌构成要素在同一空间拼贴组合，不同文化领域的空间符号也异质同构。小城镇风貌演进具有共时性和历时性特点。因此，小城镇风貌研究既是系统的研究，也是过程的研究；既包含了复杂元素的研究，也综合了时空复杂关系的研究。

（四）表意性

同一个世界，落到不同人的眼里不一样。同一座城市，我眼中的北京和你眼中的北京，也不同。小城镇风貌是从感知的角度去体验与理解城镇空间与形体的认知感受，它是一种叙事文本。城镇就是包含活动和事件的时空叙事场域。其中，历史的、人文的、自然的、人工的构成因素使城镇的故事情节众多。不同的时空，不同的文化和历史背景，小城镇所呈现的结构和样态就不相同，作为叙事文本也各异（图 2-3）。

图 2-3　小城镇风貌文本多样性示意图

资料来源：作者整理绘制

“设计领域的叙事研究，是把设计作品作为一种表意的载体和联系人类内心与外界世界的媒介。人们通过对设计作品的体验形成对环境的自我诠释。”[86] 小城镇风貌表达的是小城镇生长形成过程及其中文化脉络承袭的连续性经历。小城镇风貌叙事，对小城镇风貌系统提炼时空线索，梳理空间结构关系，清晰、有条理地把小城镇的源起、空间形态、环境景观、精神、文化等外显的与内涵的情节要素串起来，构成一个娓娓道来、耐人品读的作品。反过来，小城镇风貌要为人所阅读、被理解，如何组织风貌系统的时空情节以符合城镇主体的阅读行为与习惯？也是小城镇风貌优化中塑造形象、彰显文化、促进和谐发展的本质议题。小城镇风貌与公众之间的心理－实体互动关系落实到风貌空间组织时，核心是体现小城镇空间环境品质和凸显小城镇内涵意蕴个性与特质。大规模、大批量、复制雷同的城镇开发模式对小城镇风貌的破坏性巨大。小城镇风貌的品位与特质并不是一蹴而就、即兴创作的，小城镇的风貌意韵植根于小城镇自身的特点：独特的地域环境，异质的城镇文化、历史轨迹，特有的生活模式与精神状态。它们是小城镇风貌的意义来源，是小城镇风貌吸引人、具有生命力与竞争力的所在。

小城镇风貌不仅仅是实体空间的组织与设计，形体要素语言表述的城镇底蕴与文化意义，才是风貌最有价值的资源。小城镇一方面在自组织地演进发展，自主地表达出自身的历史轨迹；另一方面，城镇管理者和建设者的作用力也在使城镇“被动式”地以客体身份传达着“设计者”赋予它的功能和意义。小城镇风貌叙事也就具有了“尊重本体”与“创造意义”的双重性格。小城镇风貌表达的是它的功能意义、文化意义、精神意义、社会意义等不同内容，但城镇风貌作品的意义传承和创造的最基本目的，却是让市民的审美意趣和集体记忆与城镇物质空间环境产生共鸣。小城镇风貌叙事关注物质形态空间，重要的是要借助物态形态语言开启城镇阅读者的精神世界。

第四节　小城镇风貌的认知与判读

小城镇风貌是对小城镇的一种认知结果，认知信息由生物视觉获取。小城镇风貌认知的研究涉及生物视觉基础，从原理上讲，需要理解人类视觉构成、大脑信息处理的过程。视觉过程的研究可以解释认知信息的获取过程，而认知的规律问题则属于心理学的研究范畴。认知信息经过处理、分类及组合、理解构成语义结果，是认知心理学的主要研究内容，因此，小城镇风貌认知的研究也涉及人的认知心理学基础。本书研究小城镇风貌，以人的视觉认知为起点，探究小城镇的空间环境景象通过视觉接收后所产生的理解过程与解读效果。小城镇风貌是附带了语义的空间与环境景象的集合体，需要人的认知参与，才能实现小城镇风貌映像与环境感官效果。小城镇风貌的认知包含城镇主体人与城镇风貌客体空间之间的互动与信息交流的完整过程（图 2-4）。小城镇风貌认知主要包括两方面的内容：一是针对小城镇风貌客体，指风貌在空间环境中的定位与表达；二是面向城镇主体，指小城镇风貌对社会群体的交互理解与信息传达。小城镇风貌表达的是对城镇的建成环境进行更好的空间组织与环境设计，是展现与描述小城镇风貌的基础，具有主动性。小城镇风貌传达与理解是小城镇风貌形成认知效果的识别与反馈，以小城镇集体的风貌判读共性为先验信息，它既是风貌反馈结果，也可以作为风貌识别规则用来指导小城镇风貌的设计表达。

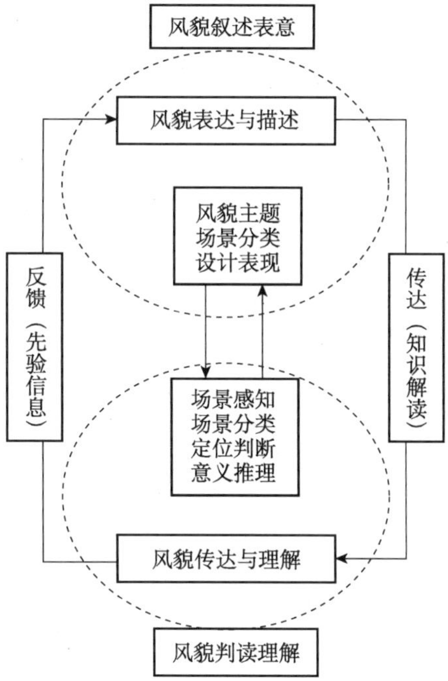

图 2-4　小城镇风貌认知构成示意图

资料来源：作者绘制

一、小城镇风貌的认知模式

（一）人类认知与城镇风貌认知探索

认知活动是人类的高级心理活动，认知科学是当代心理科学中的主干科学之一，是探究人脑或心智完成信息加工及处理认知活动的前沿性学科。城镇认知问题的早期探索集中在城市意象、环境心理学的领域，从不同角度，以不同研究方法探讨了人在城市中的生活、休闲等行为，以及群体的社会属性与环境感知、空间参与互动之间的规律与模式，它们成为城镇认知领域的良好理论先导。

需要特别注意的是，城镇风貌因为其要素构成的复杂系统性及演化的动态连续性特征，相对简单的空间识别和审美认知而言，对风貌系统的解读和演化过程的判断更为复杂。凯文·林奇以波士顿、洛杉矶和新泽西等城市为样本，归纳了城市意象理论：道路、边界、区域、节点和标志物是城市意象组织的五种要素。他选取的城市意象样本是静态的，以城市的即时形态为基础对象，通过实时问卷及实地体验的形式得到公众对城市空间的认知信息，归纳形成城市意象认知地图。这种城市认知的思路具有现实性，对当下城市的样态有真实的反映。城镇风貌的演化包含了当下，也有历史与未来，那些未能在城市版图中现实存在的或消逝或未建的意象要素，同样是城镇风貌系统组织中不可忽视的部分。城市意象无法对历史的城市样态及未来的城市品貌做出实时分析，那么，如何确定城市发展历程中值得保留或者恢复有价值的认知信息？如何规划组织更好的城镇风貌结构？是城镇风貌认知需要突破局限的重要问题。

（二）城镇风貌认知的视觉传达

视觉是人类观察世界、认识世界的重要途径。人类认知的信息有 75% 来源于视觉，对一个城镇的直观感知多半来源于视觉。观察和体验一个城镇的空间与环境场景，并形成对这个城市映像的好、恶判断。格式塔心理学认为，知觉得到的信息要大于视觉看到的东西，大脑对视觉信息进行整理、分析、组织，继而升华为“知识”，并产生一个完整的全新整体，被认定为一个“格式塔”。由于人的认知习惯中这种由前端到末端的信息升华程序，一些简单的形体与构形会产生意义与情感效应。一个城镇能给人留下良好的风貌映像，首先需要做到：养眼。这种认知效果来源于两个方面：有序与有趣。有序显示了城镇要素的整体的协调，有趣凸显了城镇的重点细节具有能够吸引人的特性。归根结底，小城镇风貌视觉感知的初始判断，取决于城镇风貌景象的整体秩序的协调和重点特色的突出。小城镇是一个完整的有机体，整体与局部有序构成。整体先于部分，并决定各部分的性质。整体的意义在于各构成部分的叠加综合，而局部成分的功能与意义则取决于整体结构的层级和构成，由部分在整体系统中的地位和作用来决定。有趣在于小城镇风貌系统的整体特色和局部的重点凸显。有趣的风貌空间能够给人带来独特的空间体验，给人深刻的认知印象，具有较好的识别性，也能在小城镇风貌认知过程中作为重要信息得到识别和解读。因此，小城镇风貌的认知既要注意系统的整体秩序，也要突出局部环节的层次性和重点性。

（三）城镇风貌认知心理特征

凯文·林奇在1990年出版《城市的印象》著作中探讨了城市面貌的认知，提到"良好的环境印象给它的拥有者重要的感情庇护，人们因而能与外部环境相协调，与迷路时的恐惧心理相反"[80:4]。也就是说，城市环境不能被认知时，将造成空间感的迷失，也就是迷路行为。从认知的基本要求来界定城镇风貌，它首要的作用是"使人看见、可以记得和让人愉快"[80:5]。小城镇风貌以对环境的认知、感知与情感皈依为行为基础，重点在于小城镇风貌之于公众的可读性。

1. 城镇风貌认知心理具有社会性

城镇风貌认知，是认识城镇的高级过程，这是由视觉过程上升到知觉过程，由视像上升为知识的认知模式。城镇风貌认知纳入了对城镇社会性的思考，城镇风貌是一种公共性资源，风貌的判读与审美活动具有广泛的集体认同感与地域适应性。城镇风貌的主观性体现在城镇公众的公共设定与集体选择，这种公共决策行为不来源于个体的多样性，而取决于群体的共性心理与认知取向。社会心理学告诉我们，群体由基于某些相同或相似的社会原因、心理或目标的人组合而成，其中每个个体具有共性的社会心理，包括认知、喜爱、态度、行为模式与价值取向等[87:15-22]。社会心理会映射于社会行为，社会行为受到群体心理的判断与评价。基于公众认知心理与环境之间的交互影响与反馈机制，城镇主体的行为不仅改变城镇风貌，城镇风貌也反过来制约或者规范着人的认知与行为意向。

2. 城镇风貌认知心理具有地域知识先验性

在城镇研究中，普遍的认知心理共性主要是来自城镇的地域属性。地域属性包括民族性与地方性，对应于文化的多样性而产生的不同表现形式。城镇风貌认知心理中，民族的“集体认同”、地方的“文化基因”，是风貌判读的先验知识，直接主导城镇风貌的定位、识别、理解和意义的生成过程。从城镇风貌的主动营造角度来看，必须明确城镇所在地域的集体认知规律，继而转化为风貌空间与环境载体的规划设计，最终，要以最好的沟通渠道和信息语汇唤起风貌认知主体的知识背景。如何实现地域属性信息的空间转化，是其中的一个重要环节。

3. 城镇风貌认知心理具有趋同性

民族的文化价值观念构成城镇生活方式和社会行为准则，表现在城镇空间与景观形式上，继而形成城镇的地域特色。城镇的文化特色，一方面表现为城镇居民长期形成的生活模式、文化心理和价值观念；另一方面，直接导致了城镇风貌样态的差异性表现，如城镇空间形式、建筑风格、景观形态等视觉要素的特殊样态。总的来讲，文化主导下的城镇视觉环境都统领在城镇风貌的系统范畴中。城镇风貌关注的是公众的集体风貌认知意向，在文化基因界定下的社会行为模式和艺术解读模式，直接导致了城镇集体或者地域范畴的风貌认知与空间意向的趋同效应。

4. 城镇风貌认知心理具有结构秩序性

城镇风貌系统具有从整体到部分的层级结构，公众对城镇风貌的认知依循集体记忆路径，通过建构风貌认知脉络和结构秩序而形成认知地图。“凯文·林奇的研究表明，城市意象不是城市构成要素的简单叠加，而是通过各部分特有的排列和链接来实现，只有在各城市要素的链接成倍增加时，道路在各个方向才肯定会链接起来，城市结构才会获得足够的刚度（联结刚度），人们才会建立起城市的整体映像。”[88:86] 基于这种风貌认知特征，我们主动营造的城市环境也必须具有一定的认知结构契合度，建立起风貌认知信息提示系统，为公众的这种“认路心理”提供良好的阅读中介。

5. 城镇风貌认知心理具有判断模糊性

公众对一个场景风貌的判断与评价，受到个体自主因素主导，一般情况下，这种个体因素会导致认知的个体差异，也会带来认知判别的模糊性。同一处场景的表达形式可以有多种，或者对应了不同的认知结果。公众在提供自己的认知感觉时，从自己的经历与审美观、价值观出发，如古典的或现代的风格都会给他带来一定的意象，但并不代表这种意象判断就是最理想的。规划设计者在参考公众意象时，并不能以此作为唯一判定标准，需要同时系统考虑其他的自然、社会、可操作性、经济价值的均好可能。因此，在尊重公众判断标准的基础上，做出适合城市开发与地域环境的最优选择，这才是城市风貌理念在规划设计与城市建设及管理中的统筹优化的根本所在。

（四）小城镇风貌认知模式

“个体从一处移到另一处，都要借助一定的导向系统（navigation system）。”[89:68] 凯文・林奇在城市意象的研究中提出，构成一个明确的城市意象不可缺少三个方面的要素——特色、结构与含义。特色代表了城镇与其他区域的区别与异质性。结构是环境与观察者之间的认知建构关系。含义在于城镇物象被赋予的叙事意义。凯文・林奇建构的城市意象模式主要为路径与区域两个种类。他提出城市意象的方法最终归纳为道路与空间两大类。在小城镇风貌认知模式中，建构风貌结构是最基础的，特色与含义在结构的基础框架上加以深化。面向小城镇风貌系统的复杂性，建构风貌结构是保证风貌认知的第一步。小城镇风貌认知结构是一种拓扑结构，反映的是风貌要素之间的空间关系，但不是要素之间的精确的几何构成关系。认知拓扑结构是在城镇风貌空间关系基础上，融入了公众的环境抽象图式，综合而成的城镇风貌认知图。这个风貌认知图表现了空间实体之间的组织关系，同时体现了人的认知习惯，重要的是符合社会群体对空间环境的审美、艺术、情感的理解模式，展现了一个富有生命力、吸引力和情感依托的城镇环境系统。

小城镇风貌的认知模式与原型有关。通过对人类认知心理的研究，发现支撑人类对事物产生情感判断的一种心理模式是内隐记忆。内隐记忆像记忆原型一样，通过“特定的已有经验影响了当前绩效，而个体却并没有意识到这些经验，也没有进行过有意识的提取操作。”[90:123] 内隐记忆是对生活经验的无意识记忆形式，在城镇风貌感知与判读模式中，可以把这部分记忆称为集体记忆。集体记忆支持城镇主体对城镇风貌进行的符合自身行为模式与风貌形式偏好的空间设计与景观规划活动，直接决定了城镇的风貌空间与风貌实体要素的组织形式与表现样态，直接反映了城镇的生活模式与地域的文化基因，并且在公众对城镇风貌的认知与判读过程中自觉地起到规则引导作用。内隐记忆与外显形态的协调，共同构成了城镇风貌的样态与意义的衔接。

二、小城镇风貌的判读系统

（一）城镇风貌认知的格式塔完形律

格式塔理论（gestalt theory）是探讨人的认知心理和认知行为的重要理论。它与城市风貌的理解和认知有密切的联系。该理论的形成受到康德先验论和胡塞尔现象学的方法论引导，强调心理现象中先天经验的普遍存在；先验是整体的心理现象，不可分解为元素；它来自直觉，先天存在于个体意识中，并具有认识本质的意义。格式塔心理学在此基础上，进一步提出经验的先决原则和心理的整体原则。

（1）经验的先决原则。指先验心理对行为的约束与调节机制，决定了我们如何去认识外部世界。认为个体的行为受到经验、意识的直接影响，个体的经验与意识包括"意欲、志向、成功失败、欢喜忧愁、爱恶及我之所以这样做而不那样做的原故"[91:43]，不同的个体意识产生不同判断和行为取向。库尔特·考夫卡把认知行为产生的环境分为两类：物理环境和行为环境。物理环境指现实存在的环境，行为环境则是人心理中判断、认为或认知所构成的环境。一个冰冻的湖面，湖边居住者会认知它的物理环境为湖，外来经过者却可能把它认知为平原。这种情况下，他可以根据自己的这个行为环境判断，做出策马奔驰"平原"的大胆行为。韦特海默（Wertheimer）认为，人作为一个群体概念，其行为不受个体人决定，而取决于群体的内在结构。格式塔理论是揭示这一群体的内在结构规律的理论。

（2）心理的整体原则。这种思想也来源于康德，强调经验和行为的主动整体性质，整体不取决于部分，而部分却决定整体，整体不等于且大于部分之和。以此为基础，格式塔心理学在探讨认知问题时提出完形的观点，德文gestalt的意义为形式、形状或完形，因此，格式塔心理学又译为完形心理论。完形理论与知觉、认知密切相关，认为每个心理现象都是一个完整的格式塔，这个格式塔是有组织、有意义的整体。

认知格式塔按照一定规律与原则组织起来，这些认知规律统领于"完形"

组合法则，具体包括以下八种组织规律[92:328-330]（图 2-5）：①图底关系，图形与背景区分度越大，越趋向成为知觉对象。②接近原则，距离相近的各部分趋于组成整体。③相似原则，具有相似性的各部分趋于组成整体。④闭合原则，彼此相属、结构封闭的部分趋于组成整体。⑤完形趋向原则，人类的图形认知趋向平衡、对称、简单的整体规律。⑥共向原则，作共向运动的部分趋向组成整体。⑦简单性原则，具有对称、规律、规则的简单图形趋向组成整体。⑧连续原则，相互连接的构形组合趋向形成整体。

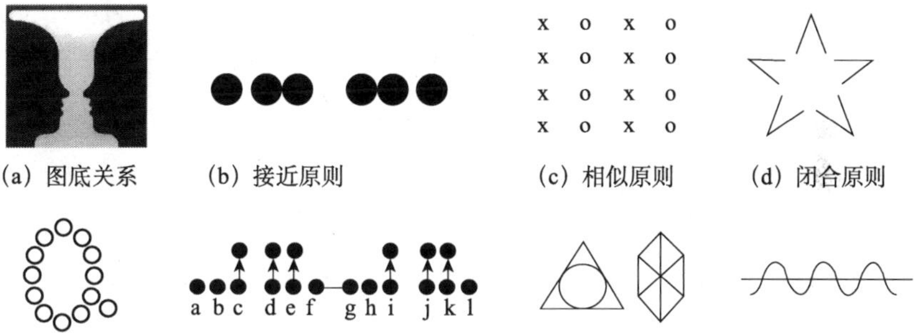

（a）图底关系　（b）接近原则　（c）相似原则　（d）闭合原则

（e）完形趋向原则　（f）共向原则　（g）简单性原则　（h）连续原则

图 2-5　格式塔完形律

资料来源：根据库尔特·考夫卡《格式塔心理学原理》绘制

正是由于这些常识性的、人所共知的认知规律，我们可以按照一定的模式，从物体的一个点、线条、界面进而知觉物体的整体形态与性质。因此，格式塔心理认知为我们处理形体与空间样态组合的效果提供了评判依据和设计构形原则。笔者认为，格式塔原则表明了人在感知行为中的连续性特征，通过类别统一、构成节奏和变化韵律来契合个体对形式感觉和评价中的连续性规则。小城镇风貌认知同样是这样的一种体验活动，对城镇风貌的感知和判读由体验、形式和连续性判断共同完成。

（二）小城镇风貌认知的拓扑结构律

按照认知学理论的研究，美国心理学家艾弗拉姆·诺姆·乔姆斯基（Avram Noam Chomsky）提出构造论。他主张，外部世界和环境是由环境要素与物，以及物与人之间的关系构成，人的认知包括具象的物与抽象的关系两部分[89:8]，其本质是探寻事物之间的相互关系并建构环境认知结构的过程。面对小城镇风貌的空间构成与实体要素之间的复杂联系，我们往往难以如计算机模型一样在脑海中构建出所有点线面要素的精确数值图，而更多的是通过建构一定的参照物，形成一种具有相互位置关系的拓扑关系图。重点在于要素之间的相互构成关系，并不纠结于要素本身的大小、方向、方圆等形态属性与形体特征。在形成小城镇风貌意向时，我们往往在短时间内形成的是一种重要因素或者形体信息的相对位置图像，类似于交通导向图、景点分布图、空间结构图，这种网络结构关系剔除了冗余的信息，与人的认知模式更加契合。从这个角度讲，建构小城镇风貌的时间、空间结构也是为更好地识别、引导小城镇风貌要素的解读而设立的最基本的认知地图。

（三）小城镇风貌判读系统建构原则

建构小城镇风貌判读系统实际上是建构小城镇风貌的认知地图。小城镇风貌依靠物质空间与环境要素来表现功能与意义，城乡规划与设计工作决定了物质空间要素的样态与城镇风貌的品质。从规划设计视角营造一个良好的小城镇风貌，同时实现公众主体对这个城镇的良好观感，是建构小城镇风貌判读系统的基本目的。小城镇风貌判读系统落实在物质空间中，是对物质要素的网络化、叙事性、结构秩序的组织。从主体判断与解读行为看，它经过场景模式识别—形式语言转化—空间意义表现三个步骤，隐含了语境—语汇—语义的三层次转化过程。“设计首先需要的不是语言，而是思想。城市环境规划与设计要同城市身份相协调；注意城市自己独有的规模尺度、文化特色；注意环境与人、形象与功能相协调；注意城市环境同自然生态相协调”[93:91]。我们可以分两个层次建构小城镇风貌的判读系统，第一个层次是小城镇风貌的物质结构系统，把它作为一种客观实体与空间形态来判断，从形式美与构成艺术角度来分析小城镇风貌结构的组织规律；第二个层次是，小城镇风貌的叙事结构体系。以人的认知与判读为基础，体验小城镇风貌的空间特征与文化意义，组织叙事主题与时空延续的脉络关系，是小城镇风貌判读与感知的基本原则。

考虑到小城镇风貌认知的主体性及认知心理模式，建构小城镇风貌判读系统应体现以下原则。

（1）易感知原则。小城镇风貌的物质实体及空间场域要素在形体与样态上，应具有易于被公众在视觉范围内感知的特点。根据格式塔“简洁律”，人的观察视觉具有主动性，在观察一个形体时，视觉无意识地首先捕捉到形式简洁、有规律、特征明显的图形，自动屏蔽、取消那些细枝末节的消极图形特征。因此，在很多情况下，规律性的重复、简洁形式的叠加更容易吸引人的视觉关注，更容易为人们所感知。

（2）易识别原则。小城镇风貌系统结构中应该注意营造一些易感知要素和敏感要素，如连续的风貌界面、突出的色彩、明显的建筑风格，容易与周围环境形成“主 - 次”“主题 - 背景”的层次关系，以区别于其他样态的特质以便于读者识别。格式塔原理强调“图底关系”原则，在系统中，图形由于轮廓分明、界定清晰、意义突出等积极效果，能够脱离背景的控制与融合，表现为主动的、积极的视觉冲击，从而更容易被感知、被识别。在判断城镇空间的视觉效果时，景象自觉地被分解为“图形 - 背景”的二元关系，图形的凸显离不开背景的衬托，因而，在视觉认知中，图形与背景是统一的，两者同样重要。在小城镇风貌体验中，空间场景与景观环境可以被视觉转换为一幅幅二维图片，抽象成为一种图形关系。城镇风貌在脱开功能、文化、历史等意义时，简化为一系列的形态语言图形关系。因此，城镇风貌要表达重点与一般的协调又统一的关系，就必须处理好图与底的相对关系（图 2-6）。对于一个完整的城市而言，城市中心、公共空间、历史街区等特色、大规模的部分会容易成为图形；对一个街区、一个活动空间而言，一栋公共建筑、一个历史雕塑、一座景观也会成为图形。图形要素的图底关系在不断变化，在不同的审美系统中，同一种要素由于相对的位置与地位的变化，而产生不一样的图底关系。主体对客观环境的辨识、评价，就是一种不断判断、取舍、分析主次关系的过程，运用图底组织规律分析与建构城镇风貌结构与形态，形成良好的主次关系，避免背景杂乱无章，维护主体完整突显，对构成一个整体的城镇风貌空间与环境系统是首要任务。

（a）城市片段：只有图形没有背景的建筑群

（b）自然村落：建筑与山体的协调图底

图 2-6　小城镇风貌图底关系（文后附彩图）

资料来源：课题组自摄

（3）易解读原则。城镇风貌的功能、形式与意义是统一的。风貌表达的主题与意义应该结构清晰、内容简洁、主题明确，最重要的是，在形式与语言、符号的应用上要与“集体记忆”、群体的“文化基因”互通，以帮助公众有效地理解城镇风貌的主题信息。

（4）易联想原则。城镇风貌的构成是“点 - 界面 - 整体主题”的系统结构，城镇风貌要素相互之间需要有机联系，把功能、形式、意义统领到一个或少数几个有代表性的主题之下，形成完整的结构关系。读者截取其中任何一部分，都能很快“以点及面”而不致“一叶蔽目”，并能很快按图索骥找到自己所在的位置。

（5）地域性原则。城镇风貌的特色很大程度上来源于城镇特有的地域性特征，地域特色在凸显城镇风貌特色和城镇形象时有点睛之效。在保证功能合理、结构有序的前提下，城镇风貌要素在空间组织、建筑形式、景观形态、色彩运用及建造材料选取等方面应注重“因地制宜”，以地方生活模式为蓝本，做到与地域环境基质相协调。

第三章 小城镇风貌演化的实证研究

第一节 平原城镇——湖北省仙桃市长埫口镇

一、城镇概况

长埫口镇是仙桃境内最靠近武汉市的乡镇，位于仙桃东北 12 千米处，东与武汉市蔡甸区接壤（距武汉中心城区 70 千米），西与仙桃城区相连，北依汉江，南枕汉江分蓄洪道。泸蓉高速公路、318 国道、长脉公路、武汉城市圈外环高速公路交汇于此，地理位置优越，区位优势明显，水陆交通便捷。距仙桃市区 20 分钟车程，距天门南火车站 1 个小时车程。

长埫口镇由原长埫口镇、敦厚乡、大福乡合并而成。长埫口镇在镇域西南，敦厚片区在镇域东南，大福片区在镇域东北。该镇辖 64 个村民委员会，2 个社区居委会，1 个林场，475 个村（居）民小组，总人口 12 万人。镇域面积 202 平方千米，耕地面积 121 448.1[①] 亩。其中，旱地 57 079.1 亩，水田 55 169 亩，临时性耕地 9200 亩；坑塘鱼池 17 207 亩；道路及干堤 117 000 亩（2015 年统计资料）。

全镇位于江汉平原东部，地势起伏不大，地形平坦，有大量水塘，土壤肥沃，空气质量较高。农田以水田和旱地为主，水稻、玉米为主要粮食作物，

① 1 亩≈666.7 平方米。

棉花、大豆为主要经济作物。经济发展水平在仙桃市居中下等，有一定比例人口外出打工。曾大力发展畜牧业，后因市场不景气、环境污染严重等问题渐趋没落。

民俗上，庙会不普及，仅一个村有庙会，祠堂、小庙很少见，婚俗较特别，传统为 3 天仪式。乡村景观方面，进行了新荆楚建筑整治活动，对镇区商业街进行了统一的风貌改造，其传统建筑俗称火柴盒。

本书选择长埫口镇下辖的头潭村、沙湾村、竹叶村、扁花村、柳家村、敦厚村等 14 个村镇为案例区（图 3-1）。对它们进行了多次的田野调查，从村庄的社会经济发展、景观构成特征、风貌样态变化等方面，考察中部平原地区乡镇风貌现状。

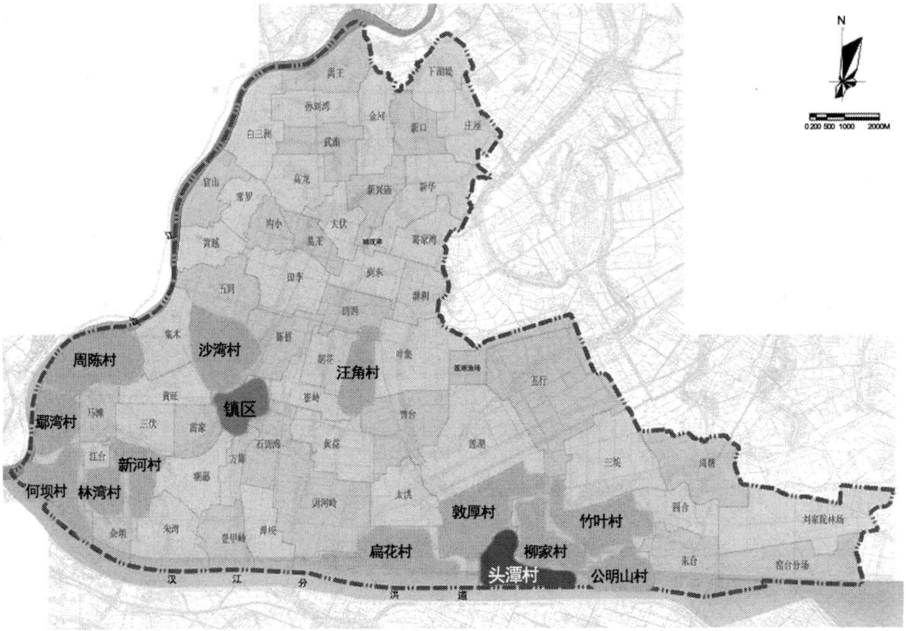

图 3-1　调研村落分布示意图

二、村镇风貌样态

（一）仙桃市长埫口镇沙湾村

1. 生产风貌

沙湾村位于江汉平原东部，地形基本上平坦开阔，村域内有十几个较大的水塘，包围着村落，外围是人工水渠，水渠外是成片农田。2015年，全村耕地面积为2105亩，其中旱地1005亩，水田1100亩，人均耕地1.3亩。种植业是其主要产业，主要种植水稻、玉米、棉花、小麦、大豆等，除自给外，大部分用于销售。有少量养殖业，包括一个近年新建的养鸭场和一个不甚景气的养猪场。农业收入：根据村庄统计报表，2015年水稻亩产值1200元，玉米亩产值1300元，年农业总产值约263万元。

2. 生活风貌

截至2015年年底，全村共10个村民小组，455户，人口1582人，其中常住人口约1200人，110户外出打工，约占总人口的25%。外出打工者分散在全国各地，多从事服装售卖业，大部分携家带口，留守的儿童不多。

房屋沿路、沿河而建，1～3层，砖瓦结构。样式比较混杂，大部分是20世纪90年代修建，最老的房子是70年代修建，房屋翻新多集中在2000年以后，也有近年来打工致富的村民回乡兴建别墅。其中，村庄居民分为10个村民小组，聚集而居。近几年翻新的多集中在六组、七组、十组，较破旧的房子集中在三组、四组、五组。

交通：全村主干道两条，串联10个村民小组，对外有两个出口。水泥路面，约宽4米。

供水：由仙桃市自来水厂统一供应自来水。

污水：没有下水道，生活污水随意排入沟渠、河流和农田。

环卫：垃圾处理统一收集，填埋处理。目前村内设有固定的垃圾桶，在2016年实现每五户一个垃圾桶。设置有垃圾池，但垃圾处理效果不理想。该村之前在村外有一垃圾集中填埋处，位于村子西南方。现在垃圾由镇统一处理，村里收集的垃圾会有镇上的处理车转运至仙桃市垃圾处理场。

供电：全村通电，电源为长埫口镇的变压站内设置的箱供线路高架，露天电线。

燃料：煤气和柴共同使用，煤气需到附近镇上换，柴是秸秆、树枝等，日常生活用煤气较多。

教育：村内无学校，适龄儿童多在就近的镇上就学，也有随父母在外地读书。

绿化：道路两边种植统一规划的绿化树种（红叶石楠），长势不高，闲散地种植有大量随意的、零散的云杉等树种，长势良好，全村只有一条路未进行绿化。

广场：规模小，占地600平方米，设施很不完备，仅有一个乒乓球桌，没有健身器材。

活动室：有棋牌室和一个村民活动室，规模较小，基本满足村民娱乐需求。

卫生室：村内有一卫生室，位于村部旁边。

3. 生态风貌

沙湾村位于仙桃市东部，长埫口镇西部中间地带，长埫口镇区西北，紧邻长埫口镇区。东邻陈桥村，西邻集木村，北邻五同村，南邻黄旺村。聚落由两条带状区域构成，一条沿河流呈西北、东南走向，一条沿路呈东西走向。村内有两条主要道路，呈环状布局。两条道路在东南村头交汇，通往长埫口镇区。沙湾村属亚热带季风气候。村内主要水体为水塘，还有一条河流穿村而过（图3-2）。

（二）仙桃市长埫口镇竹叶村

1. 生产风貌

竹叶村位于仙桃市东部，长埫口镇东部，长埫口镇敦厚片区，在敦厚集镇以东。东邻四合村，西邻柳家村，北邻三垸村，南邻公明山村。聚落整体呈带状，由两条平行的带状区域构成，沿村落北部老襄河延展。

竹叶村位于江汉平原东部，地形基本上平坦开阔，村域内有40个水塘。村落南部是人工水渠，水渠外是成片农田，再往南有防洪坝，北部是老襄河。种植业是其主要产业，主要种植水稻、玉米、棉花等。除自给外，大部分用于销售，全村年产值约265万元。基本实现了农业的小型机械化，除农业播种外的其他生产环节已实现机械化覆盖。耕牛已于2012年全面取消宰杀。

2015年，全村共有农田2045亩，水田1424亩，旱地616亩，人均耕地1.2亩。

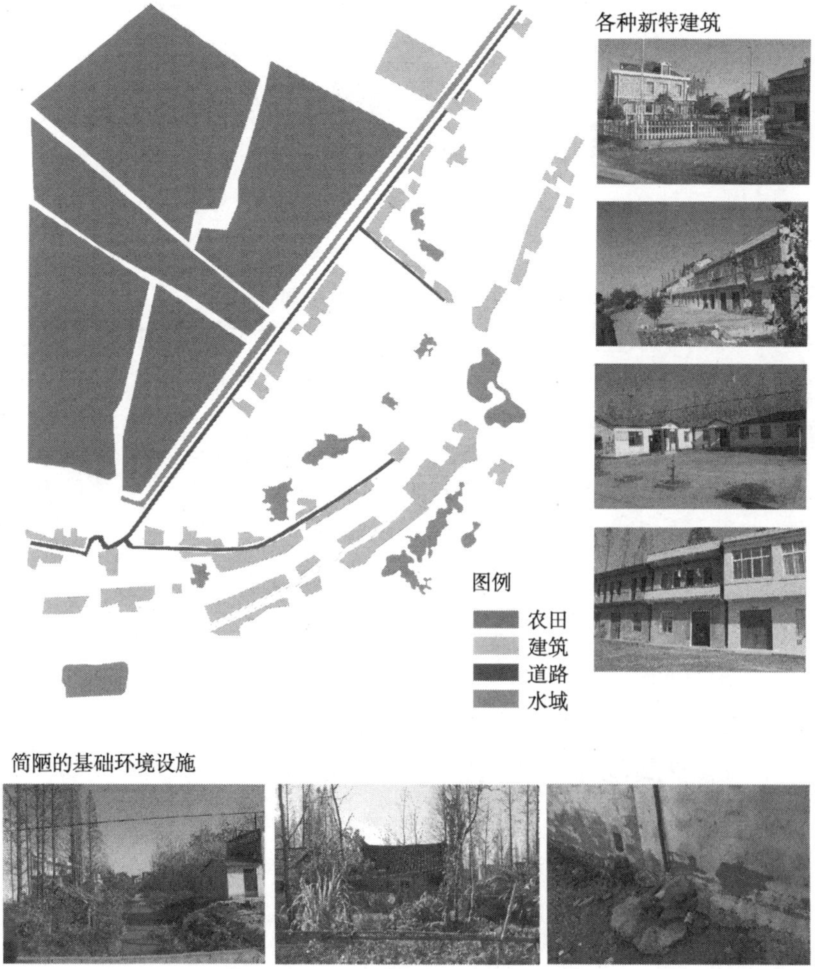

图 3-2　沙湾村景观现状示意图（文后附彩图）

2. 生活风貌

2015 年，全村户籍人口 1753 人，453 户，其中外出打工者约占总人口的 10%，常年在外打工者约占劳动力的 10%。打工者多在武汉市从事打字复印行业，逢年过节、农忙都会回家，回家频率较高，两三个月一次。

房屋沿路、沿河而建，1～3 层，砖瓦结构，样式比较混杂。20 世纪 80 年代修建的和近几年新建的房子都有，房屋翻新多集中在 2000 年以后，自行翻修的房子有明显的中西结合趋势。

交通：全村主干道3条，将村民小组串联起来，对外有三个出口。一个向北通过三垸村到318国道，一个向西至敦厚村，一个向东至周帮村。水泥路面，约宽4米。

医疗卫生：村内有卫生室，基本满足村民日常的就医需求，大病等需到仙桃市或武汉市就诊。村内卫生状况良好，村内无大型牲畜，人畜粪便分离。

供水：原来用老襄河河水，河水污染后由仙桃市自来水厂统一供应自来水，生活用水主要为地下水，水质基本满足用水标准。

污水：没有下水道，生活污水随意排入沟渠、河流和农田。

环卫：生活垃圾处理，有3个人专门负责拉运，统一掩埋，另3个人专门负责清运，捡拾村中散落的垃圾。

供电：全村通电，电源为长埫口镇的变压站内设置的箱供线路高架，露天电线。路灯是外出打工致富的村民回乡捐建的。

燃料：煤气和柴共同使用，煤气由煤气商送到村里，柴是秸秆、树枝等。

通信：网络、有线电视皆通。

绿化：道路两边种植统一规划的绿化树种，长势不高，闲散地种植有大量随意的、零散的云杉等树种，长势良好。

广场：村中有小游园，内有健身器材，位于现村委会（原小学），1000平方米左右，有相应绿化。

活动室：有一个村民活动室。

购物：三四个经销店，但规模特别小，仅有最简单的零用品，和邻村共用一个菜市场。

3. 生态风貌

竹叶村属亚热带季风气候。村内主要水体为水塘、老襄河和水渠。照片3-1所示为村庄环境现状。

（三）仙桃市长埫口镇扁花村

1. 生产风貌

扁花村位于仙桃市东部，长埫口镇域东南部，长埫口镇敦厚片区，在敦

照片 3-1　竹叶村环境现状

资料来源：课题组自摄

厚集镇西南。东邻头潭村，北邻太溪村，南邻西流河镇。

种植业是其主要产业，主要种植水稻、玉米、棉花等。除自给外，大部分用于销售，全村年产值约 290 万元。全村有农田 2238 亩，水田 1300 亩，旱地 1938 亩，人均耕地 1 亩。耕地分布在四五六组。

2. 生活风貌

2015 年，全村户籍人口 2050 人，500 户，共 9 个村民小组。其中外出务工者分散在全国各地，逢年回家。

房屋沿路、沿河而建，1～3 层，砖瓦结构，样式比较混杂。大部分是 20 世纪 90 年代修建的，房屋翻新多集中在 2000 年以后。四组、五组、六组新建房较集中。村落最开始沿河而建，后来逐渐扩大规模。有致富回乡颐养天年的老板建有占地百亩的大宅子。

交通：全村主干道 2 条，串联 9 个村民小组，对外有 2 个出口，皆连接到 318 国道。村内有一条主要道路（敦厚便道），主干路平行于老襄河。有南北向的支路通往 318 国道。水泥硬化，宽 4 米左右。

供水：由仙桃市自来水厂统一供应自来水，生活用水主要来源地下水。

污水：没有下水道，生活污水随意排入沟渠、河流和农田。

环卫：生活垃圾无专门处理。

供电：全村通电，电源为长端口镇的变压站内设置的箱供线路高架，露天电线。路灯是外出打工致富的村民回乡捐建的。

燃料：煤气和柴共同使用，各占一半。

绿化：道路两边种植统一规划的绿化树种，长势不高，闲散地种植有大量随意的、零散的云杉等树种，长势良好。

广场：村中无游园、广场等。

3. 生态风貌

扁花村位于江汉平原东部，地形基本上平坦开阔，村域内有多个水塘。村落南部是防洪坝，老襄河穿境而过。

扁花村属亚热带季风气候。村内主要水体为水塘、老襄河。照片 3-2 显示了村庄环境现状。

照片 3-2　扁花村环境现状

资料来源：课题组自摄

（四）仙桃市长埫口镇汪角村

1. 生产风貌

汪角村位于仙桃市东部，长埫口镇中部，长埫口镇区东北，紧邻长埫口镇区。东邻叶集村，西邻胡花村，北邻芦东村与芦西村，南邻黄桑村。农业主要种植水稻、玉米、棉花、小麦、大豆等。除自给外，大部分用于销售。工业上，近年来有格林美产业在此投资建厂（318 国道沿线），有一定的规模。全村村域面积为 1000 多亩，人均耕地 1.3 亩。

2. 生活风貌

2015 年，全村户籍人口 240 户，1200 多人，部分外出打工。

房屋沿路、沿河而建。样式比较混杂，大部分是 2006～2008 年修建，全部为各家自己设计建造，大部分为两层，砖瓦结构，在宅基地上将原来老房子推倒重建，也有部分是翻新的，没有统一规划。靠近村口的房屋较好，远离村口的较差。

有部分闲置用房，但是很少，这些房屋的主人都是户籍在本地，平常在外，过年回来。

交通：一条主要道路横贯全村，与318国道连接。2006年开始硬化，长2730米，宽3.5米，2009年完成硬化。

供水：由仙桃市自来水厂统一供应自来水，长期断水、漏水，供水出现亏损，亏损之后需要村里补偿。管道铺设在路面之下，修改麻烦。

污水：没有下水道，生活污水随意排入沟渠、河流和农田。河流富营养化，河道阻塞。

环卫：垃圾统一收集，填埋处理。

供电：全村通电，课题组调研时正在进行电网改造，当时依然存在资金不足状况。

绿化：计划在路旁种植景观树，但是缺少资金支持。

广场：无广场等公共休闲场地。

活动室：无活动室等公共服务设施。

3. 生态风貌

汪角村位于江汉平原东部，地形基本上平坦开阔，村域内有几个较大的水塘包围着村落。

汪角村属亚热带季风气候。村内主要水体为水塘，有一条河与道路平行。照片3-3展示了汪角村环境现状。

照片3-3　汪角村环境现状

资料来源：课题组自摄

（五）仙桃市长埫口镇新河村

1. 生产风貌

新河村位于仙桃市东部，长埫口镇西部，长埫口镇区西南。东邻潮愿村，西邻林湾村和江台村，北邻三伏村，南邻朱湾村和杂坝村。

新河村总面积4400亩，其中耕地1753亩，宅基地和自留地一共2000亩，鱼池150亩，其余为生产路、生产沟等。

2. 生活风貌

2015年，全村总户数423户，总人口1926人，其中外出务工经商476人，在家1450人，在家人口中18～60岁劳动力为630人。在家劳动力中，完全务农、务农兼务工、完全务工分别为480人、100人、50人，年收入分别达到1.5万元、2.5万元、3万元。

全村房屋一共330栋，其中空置房屋约为10栋。房屋结构以2间或3间2层为主，大多是占地85～100平方米的住房外加占地10～20平方米的厨房。据不完全统计，有70～80户在外有第二套及以上住房。

3. 生态风貌

新河村位于江汉平原东部，地形基本上平坦开阔。

新河村属亚热带季风气候。

（六）仙桃市长埫口镇林湾村

1. 生产风貌

2015年，全村总户数320户，总人口1320人，其中外出务工经商240人，在家1080人，在家人口中18～60岁劳动力为750人。在家劳动力中，完全务农、务农兼务工、完全务工分别为310人、130人、310人，年收入分别达到1.5万元、2.5万元、3万元。

2. 生活风貌

全村房屋一共300栋，其中空置房屋约为25栋。房屋结构以2间或3间2层为主，大多是占地85～100平方米的住房外加占地10～20平方米的厨房。据不完全统计，有40～50户在外有第二套及以上住房。

3. 生态风貌

林湾村位于仙桃市东部，长埫口镇西部，长埫口镇区西南。东邻新河村，西邻何坝村，北邻江台村，南邻杂坝村。

林湾村位于江汉平原东部，地形基本上平坦开阔。

林湾村属亚热带季风气候。

（七）仙桃市长埫口镇何坝村

1. 生产风貌

2015 年，何坝村总面积 3750 亩，其中耕地 680 亩，宅基地 300 亩，自留地 300 亩，鱼池 320 亩，其余为废弃地。全村总户数 527 户，总人口 2460 人，其中外出务工经商 984 人，在家 1476 人，在家人口中 18～60 岁劳动力为 820 人。在家劳动力中，完全务农、务农兼务工、完全务工分别为 170 人、360 人、290 人，年收入分别达到 2 万元、2 万元、3 万元。

2. 生活风貌

何坝村位于仙桃市东部，长埫口镇西南角。东邻林湾村、江台村、杂坝村，北邻鄢湾村，西南邻仙桃城区。

全村房屋一共 500 栋，其中空置房屋约为 100 栋。房屋结构以 2 间 2 层为主，大多是占地 70～80 平方米的住房外加占地 10～20 平方米的厨房。据不完全统计，大概 100 户在外有第二套及以上住房。

3. 生态风貌

何坝村位于江汉平原东部，地形基本上平坦开阔。

何坝村属亚热带季风气候。

（八）仙桃市长埫口镇鄢湾村

1. 生产风貌

2015 年，鄢湾村总面积 5964 亩，其中耕地 1055 亩（包括鱼池），宅基地 150 亩，自留地 252 亩，坑塘 275 亩，其余为生产路、生产沟等。

全村总户数 500 户，总人口 1800 人，其中外出务工经商 750 人，在家 1050 人，在家人口中 18～60 岁劳动力为 400 人。在家劳动力中，完全务农、务农兼务工、完全务工分别为 50 人、300 人、50 人，年收入分别达到 1 万元、

1.5 万元、2 万元。

2. 生活风貌

鄢湾村位于仙桃市东部，长埫口镇西南角。东邻马滩村、江台村，北邻周陈村，南邻何坝村，西邻仙桃城区。

全村房屋一共 500 栋，其中空置房屋约为 200 栋。房屋结构以 2 间 2 层为主，大多是占地 70～80 平方米的住房外加占地 10～20 平方米的厨房。据不完全统计，有 70～80 户在外有第二套及以上住房。

3. 生态风貌

鄢湾村位于江汉平原东部，地形平坦开阔。

鄢湾村属亚热带季风气候。

（九）仙桃市长埫口镇周陈村

1. 生产风貌

2015 年，周陈村总面积 4800 亩，其中耕地 1864 亩，宅基地 160 亩，自留地 112 亩，坑塘 35 亩，生产路、生产沟 150 亩，其他 2479 亩。

全村总户数 376 户，总人口 1536 人，其中外出务工经商 518 人，在家 1018 人，在家人口中 18～60 岁劳动力为 650 人。在家劳动力中，完全务农、务农兼务工、完全务工分别为 360 人、190 人、100 人，年收入分别达到 1 万元、1.5 万～2 万元、2.5 万元。

2. 生活风貌

周陈村位于仙桃市东部，长埫口镇西部边界。东邻集木村，南邻鄢湾村、马滩村，东南邻黄旺村，西邻仙桃城区。

全村房屋一共 400 栋，其中空置房屋约为 80 栋。房屋结构以 2 间 2 层为主，大多是占地 70～80 平方米的住房外加占地 10～20 平方米的厨房。据不完全统计，大概 70 户在外有第二套及以上住房。

3. 生态风貌

周陈村位于江汉平原东部，地形基本上平坦开阔。

周陈村属亚热带季风气候。

（十）仙桃市长埫口镇柳家村

1. 生产风貌

农业方面，柳家村以种植水稻玉米为主，大棚农业相对较多。柳家村的第三产业发展较好，尤其是20世纪通过土地流转等方式，大大促进了柳家村经济的发展，但近年来村庄经济发展不景气。

2. 生活风貌

柳家村位于仙桃市东部，长埫口镇东部，长埫口镇敦厚片区，紧邻敦厚集镇。东邻竹叶村，西邻敦厚村，南邻头潭村。聚落整体呈带状，由两条带状区域构成，一条沿村落南部老襄河延展，一条沿318国道延展。村内有三条主要道路，318国道穿境而过，另两条道路位于老襄河两岸。

房屋沿路、沿河而建，1～3层，砖瓦结构，相对其他村落而言，房屋样式较新，大部分房屋都是近年新修建的，房屋翻新多集中在2000年以后，自行翻修的房子有明显的中西结合趋势。

医疗卫生：村内有卫生室基本满足村民日常的就医需求，大病等需到仙桃市或武汉市就诊。村内卫生状况良好，村内无大型牲畜，人畜粪便分离。

供水：原来用老襄河河水，河水污染后由仙桃市自来水厂统一供应自来水，生活用水主要为地下水，水质基本满足用水标准。

污水：没有下水道，生活污水随意排入沟渠、河流和农田。

燃料：煤气和柴共同使用，煤气由煤气供应商送到村里，柴是秸秆、树枝等。

通信：网络、有线电视皆通。

教育：敦厚中学位于柳家村村域，是敦厚片区的主要教育点。

3. 生态风貌

柳家村位于江汉平原东部，地形基本上平坦开阔，农田成片，白田和水田交错。往南有防洪坝，老襄河位于村域中部。

柳家村属亚热带季风气候。村内主要水体为老襄河和水渠（图3-3）。

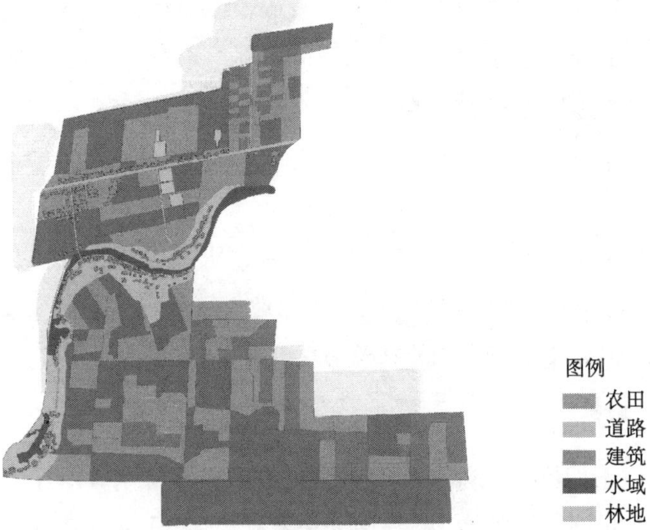

图 3-3　柳家村景观现状示意图（文后附彩图）

（十一）仙桃市长埫口镇敦厚村

1. 生产风貌

农业方面，敦厚村以种植水稻、玉米为主，大棚农业相对较多；第二产业仅有一个木材加工厂；第三产业所占比重较大，尤其是 318 国道沿线的敦厚集镇，是敦厚商业集中的区域。

2. 生活风貌

敦厚村位于仙桃市东部，长埫口镇东部，长埫口镇敦厚片区，即敦厚集镇所在地。东邻柳家村，西邻太洪村，南邻头潭村、扁花村，北邻莲湖村。聚落整体呈片状分布，由带状区域扩展开来形成片状区域，沿 318 国道南北延展。

房屋沿路、沿河而建，1～3 层，砖瓦结构，国道沿线房屋样式较新，大部分房屋都是近年新修建的，村内沿河房屋样式较旧。

交通：村内有四条主要道路，318 国道穿境而过，另有两条道路位于老襄河两岸，318 国道以北有一道路东北—西南延伸。

医疗卫生：村内有卫生室，基本满足村民日常的就医需求，大病等需到仙桃市或武汉市就诊。村内卫生状况良好，村内无大型牲畜，人畜粪便分离。

污水：没有下水道，生活污水随意排入沟渠、河流和农田。

燃料：煤气和柴共同使用，煤气由煤气供应商送到村里，柴是秸秆、树枝等。

通信：网络、有线电视皆通。

教育：距敦厚中学较近，适龄儿童入学方便。

3. 生态风貌

敦厚村位于江汉平原东部，地形基本上平坦开阔，农田成片，白田和水田交错。老襄河位于村域南部。

敦厚村属亚热带季风气候。村内主要水体为老襄河和水渠（图 3-4）。

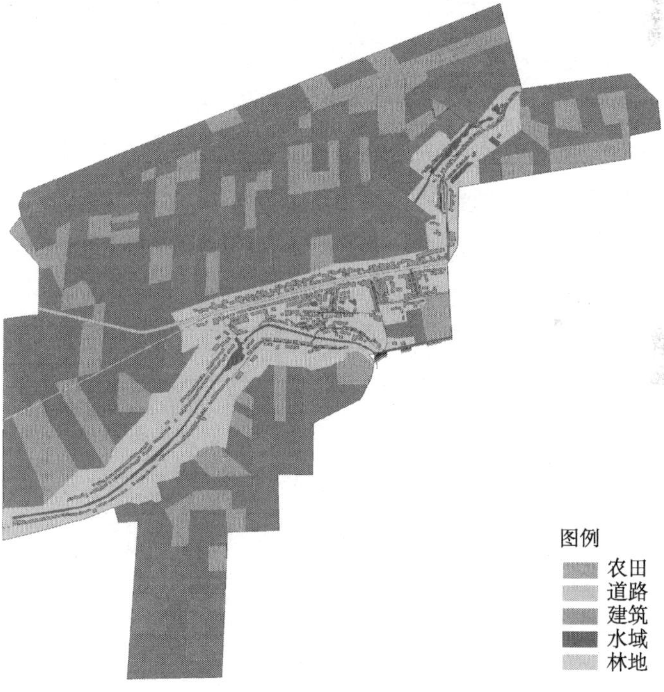

图 3-4 敦厚村景观现状示意图（文后附彩图）

（十二）仙桃市长埫口镇头潭村

1. 生产风貌

头潭村唯一的产业为农业，主要种植水稻、玉米、小麦、芝麻和棉花等。

除自给外，大部分用于销售，2015 年全村年产值大约为 120 万元（以近两年产量和物价水平为基础计算）。

全村村域面积约为 3.9 平方千米，其中宅基地（建成区）约为 0.2 平方千米，耕地约为 1.1 平方千米（其中水田约为 0.65 平方千米，旱地约为 0.45 平方千米），水域、林地和未利用土地约为 2.6 平方千米。

2. 生活风貌

头潭村位于仙桃市东部，距仙桃市区约 15 千米；位于长埫口镇的东南部，距镇区约 7.4 千米；位于武汉市西南部，距武汉市约 45 千米。北邻刘家潭口村、赵家垸村、柳家村、柳家口村，南接沈嘴村、土坑村，东邻公明山村，西接三合垸村、扁花垸村。村域面积约 3.9 平方千米，建成区呈西北—东南走向的狭长形。

全村户籍人口为 1008 人，其中常住人口为 769 人，平时外出工作，周末回村的大约 140 人。常住人口中主要是在家耕种的农户，留守的老人、妇女和儿童。户籍人口已全部办理新型农村合作医疗和新型农村社会养老保险。

全村由西北部向东南部依次分为五组，其中一组 256 人、二组 227 人、三组 182 人、四组 186 人、五组 157 人（以上为户籍人口）。实行计划生育之后，全村的人口变化不大，每年的出生和死亡人数基本在 10 人以内，出生率和死亡率基本持平，人口迁移率也不大，基本上平均几年才迁出一两人，迁入人口除嫁入本村之外（也是基本上平均几年一两人），没有其他迁入的。

房屋沿路而建，1～3 层，砖瓦结构或砖砌平顶结构。样式比较混杂，有 20 世纪 80 年代至今的，也有少数是保留的传统民居，但大部分是 90 年代至今的。整体上，一组和二组的房屋密集，层数多为 2～3 层，样式也较新；三组和四组房屋的密度减小，层数整体上不如一组和二组高，样式也较旧；五组的房屋稀疏，多为低矮平房，整体较为破旧。

交通：头潭村对外联系唯一的主干道为该村的村级道路，单向车道，路面宽约 4 米，水泥路面。318 国道和沪渝高速公路位于头潭村的北面，村级公路连接 318 国道，通过 318 国道可以上沪渝高速公路。

供水：村民日常用水为仙桃市自来水厂的集中供水，由每户出资 400 元铺设的管道供水，水厂在村外，水源为地下水。但地下水受污染也比较大。

污水：全村无污水处理设施，污水主要为村民生活废水，基本上倾倒在沟渠或者耕地里。

环卫：村内无垃圾处理设施，村民垃圾在村内空地集中填埋。

供电：全村通电，电源为长埫口镇的变压电站，村内设有电箱，供电线路为高架露天电线。道路两旁安装有路灯。

燃料：以村民搜集的秸秆、干柴为主。

防洪：村子南面有防洪大堤，是整个仙桃市防洪堤的一部分，为20世纪50年代修筑。

3. 生态风貌

头潭村位于江汉平原的东部，地形整体上较为平坦开阔。村域内有6处较大的水塘，村落临水塘而建，周围为连块的农田。

头潭村属于亚热带季风气候，年均日照时数约2000小时，年均降水量1100～1300毫米，气温较高的4～9月降水量约占年降水总量的70%。村内无河流，水域为水塘，村外与较大的河流相距较远。该地年均降水较多，主要的自然灾害为涝灾。由于排水不畅，积水过多会淹没农田导致减产，淹没道路致使村民出行不便（图3-5）。

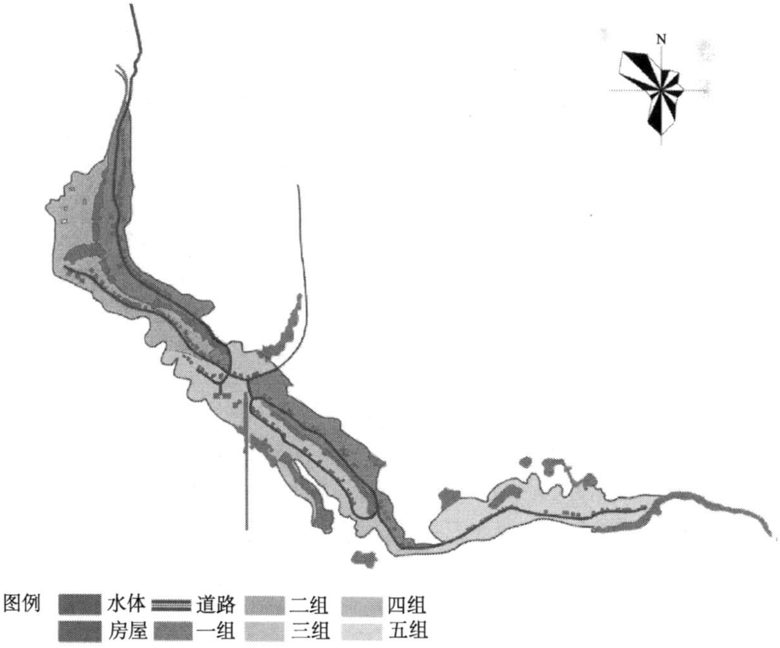

图3-5　头潭村建成区平面图（文后附彩图）

三、村镇风貌演化特征

（一）风貌演化过程

湖北省仙桃市长埫口镇地处江汉平原东部，北枕汉江，南邻防洪坝，东接武汉市蔡甸区，西邻仙桃市城区。村镇整体样态较为完整地保留了鄂中地区荆楚风貌。

乡村聚落生活景观的构成要素包括房屋建筑、街道或聚落内部的道路、广场、公园、运动场等人们活动和休息的场所，供居民洗涤饮用的池塘、河沟、井泉，以及聚落内的空闲地、蔬菜地、果园、林地等组成部分。整体说来，可分为边沿景观、居住区、广场、标志性景观、街巷和水系六类[94]。

以头潭村为例。头潭村村域整体呈横 L 形，建成区呈斜 X 形，位于村域中心，被耕地包围（图 3-6）。头潭路从村西北角由 318 国道入村，村建成区被老襄河分为东北岸和西南岸，头潭路入村处西南的空地被当地村民称为“台湾岛”，是头潭村的“飞地”，多年来未曾利用。头潭路入村处东北新建有入口游园。村中心是头潭村行政中心，村委会、村民服务中心、医务室、阅览室等

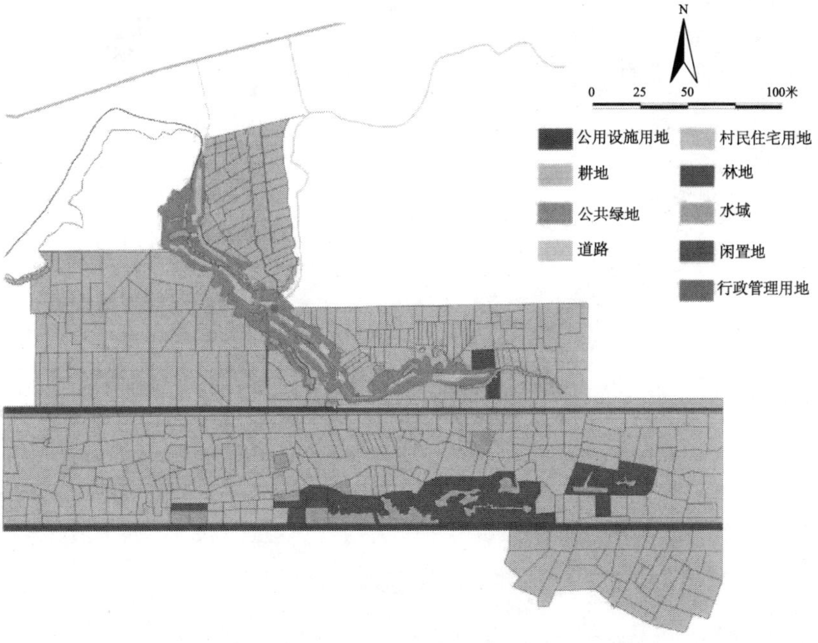

图 3-6　2015 年头潭村土地利用分类图（文后附彩图）

都集中在此，村中心和老襄河将头潭村分为四个村民小组。东北岸西北部是头潭村一组，东南部是三组，西南岸西北部是头潭村二组，东南部是四组，村西部偏远的部分是五组。村内两条主要道路沿老襄河平行分布。村域南部有防洪坝东西延展。沿建成区，房屋周边有菜地、林地、灌木分布，菜地规整有序，错落井然，林地、灌木散乱混杂。入村道路周边也有较大片的林地分布。水塘散布在村中，头潭得名也源于水塘众多，老襄河裁弯取直后，废弃河道被截为数个水塘，用以养鱼殖虾。

（1）街巷。村落街巷是连接聚落节点的纽带。传统村落街巷充满了风土人情，体现出场所感。它与公共空间相交融，是一种人性的空间，是村落居民交往和沟通的必要场所，是村落居民最依赖的生活场所，具有无限的生机和活力。

头潭入村道路宽 5 米，路面宽 4 米，路边沟宽 0.5 米，道路两边原无绿化，近来新植桂树为主要绿化带。头潭村内道路宽 4 米，路两边是民居。主要道路设水泥硬化，宅前和田间小路是土路。整体呈 X 形，条带状。道路与水系平行，民居沿河、路带状分布，承担扩展居住环境，沟通村落内外，联系村民的职能。

道路现状如照片 3-4 所示。

照片 3-4　头潭村道路现状

（2）广场。广场通常是村落的中心和景观标志，是连接各街巷道路、聚集人流的主要场所，也是重要的景观节点。乡村常见的广场类型有宗教性广场、商业性广场和生活性广场。广场通过与道路空间的融合而存在，是村落中居民活动的中心场所，村落都是以广场为中心进行布局的。

“台湾岛”、村委会和入村游园是头潭村主要的广场所在。“台湾岛”和村委会是存在较久的广场。村委会既是村落的行政中心，也是活动、集散中心，包含村委会、医务室、篮球场。村口游园是主要的景观节点，面积约400平方米。2015年年初动工修建，碎石铺路。种植有紫叶李等观赏植物，布置有游步道，尚未形成良好的景观效果。“台湾岛”是村民聚会、交流的场所，仅是一块空地。虽然规模不大，但在村庄公共空间中的意义重要。

广场景观如照片3-5所示。

照片3-5　头潭村广场景观

（3）居住区。村落居住区具有一定的均质性，具有同样的形体特征或是相同的砖砌材料和色彩。

头潭村居住区沿河流和道路呈条带式布局。房屋样式是典型的荆楚现代民居形式——火柴盒。“火柴盒”民居，是近10年来新修建的房屋，多为2～3层，建筑主体方正，四面开小窗，远远看去像火柴盒叠摞，故而得名。门前有大片晒场，与房屋同宽。晒场不设围墙，南向或临街处窗户较大，便于采光。前面作住房，后面作储藏，有的堂屋有照壁。照壁与房屋后墙间有狭黑的空间，通常作为储藏间或卫浴房。房后有小院，厨房在后院另外搭建。有后门，后门多沿河，方便取水用水。屋顶为不规则坡顶，南长北窄，便于雨水排放。

传统的民居仅有1层，建筑主体也较简单，屋阔3间，正中开门，两侧开窗，沿河开狭小后门。村庄现存居住建筑的修建年代不均，整体样态新旧混杂。样式色彩不统一，稍显混乱。一组、二组的居住建筑规模较大，房屋样式是较新的火柴盒式建筑。其次是三组、四组的建筑比较新。村中断头路通往的五组位置偏僻，住房稀散破旧，有较多年代较早的民居遗存，但建筑年久失修，虽然能体现传统的建筑风貌，但建筑质量太差，已经不适宜居住。

新旧民居风貌如照片 3-6 所示。

照片 3-6　新旧民居风貌

村庄建筑样态演化如照片 3-7 所示。

(a) 2010年之后修建的民居

(b) 2000~2010年修建的民居

(c) 1990~2000年修建的民居

(d) 1990年之前修建的民居

(e) 传统民居

（f）破旧房屋

（g）耕地

照片 3-7　村庄建筑样态演化

资料来源：课题组自摄

（4）标志性景观。标志性景观通常零散地散布在村落的周边。它们的平面规模并不大，但往往因其竖向高耸或横向展开，加之与地形的结合，成为整个村落景观的补充或村落轮廓线的中心。头潭村 318 国道入口处设有头潭村路标，依头潭路口的电线杆竖向高耸，是村落轮廓的起点。从景观的艺术性和美学意义来看，村庄并没有显著的标志性景观。

（5）边沿景观。边沿景观主要是聚落与农田的交接处，特别是靠近村口的边沿，往往是人们重点处理的地区。这是风水观念所决定的，它往往表现出村落的文化氛围和经济基础。

村口边沿有较大片的云杉林。村口位于北方，北方属水，又种树木，所谓金生丽水，水养树木，是取木树连金之意，寓意村族生财有道。又有树木主生发，寓意村族人丁兴旺。沿头潭路往头潭村走。沿路有零星的大棚分布，两三个，是头潭村较为先进的农业生产的代表。五组新建的苗木花卉基地，布置有大量的树种花木等，是头潭村未来经济发展的风向标。

边沿景观如照片 3-8 所示。

照片 3-8　头潭村边沿景观

（6）水系。村落的选址大多与水有关，除了利用村落周围的河流、湖泊外，人们还设法引水进村、开池蓄水、设坝调节水位。不仅方便日常生活使用和防火，而且还成为美化和活跃聚落景观的重要元素。

头潭村境内有数个水塘，头潭村由此得名。

头潭村曾被老襄河穿境而过，后来裁弯取直，废弃河道被填成数段，用于渔业养殖。近年来由于经济效益低下，环境污染严重，重新挖泥通坝，整治水系。从聚落形态、道路走向可明显看出老襄河是头潭村建村和发展的基础。

防洪坝里的湿地如照片 3-9 所示。

照片 3-9　防洪坝里的湿地

（二）"生产－生活－生态"风貌空间特征

1. 乡镇风貌"三生系统"的地学研究方法

根据乡镇风貌的构成特点，把乡镇风貌系统分为物质风貌空间系统和非物质风貌属性系统两个子系统。其中，物质风貌空间系统是乡镇风貌系统的物质要素构成，分为生活风貌、生产风貌和生态风貌三种类型。非物质风貌属性系统包括乡镇居民生活的行为和活动，以及与之相关的历史文化、民俗、宗教、语言等综合反映的风貌属性，表达了乡镇风貌的性格、地域性和情感。物质风貌系统与非物质风貌系统相互影响，不可分立，物质风貌样态是非物质风貌属性的外显表现。

本研究首先从长端口镇所处的区域尺度入手，了解生态景观的自然大背景。其次从镇域尺度展开对生产景观的研究，以明晰乡村风貌演变的经济背景。最后落实到村落尺度，研究乡村聚落的建筑形态特征，分析生活风貌演变特征。以头潭村为重点研究对象，采用了乡村景观特征及演变的地理学分析方法。

乡村风貌物质空间的“生态风貌”“生产风貌”“生活风貌”分别对应区域、镇域、村落三个空间尺度，相对应的研究对象为生态格局、农田肌理、村落形态（图 3-7）。采用“三对三”一一对应的方式对长端口镇的风貌空间特征进行分析。

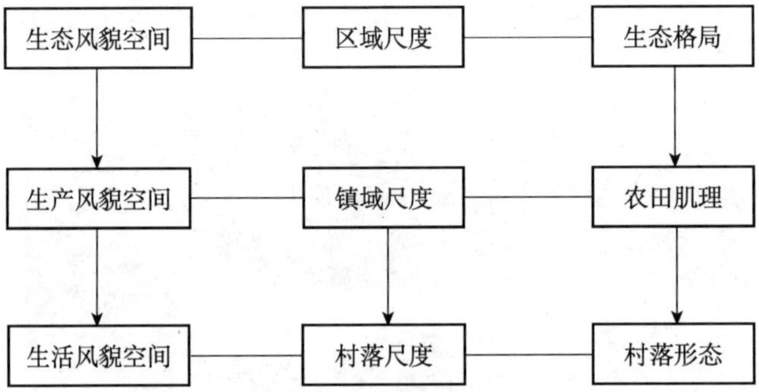

图 3-7　村镇物质空间风貌研究尺度示意图

资料来源：课题组绘制

区域尺度的风貌空间选取一个完整的平原型景观生态单元，研究对象是江汉平原整体生态格局。运用景观生态学方法，分析头潭村所在的江汉平原东部地区区域整体生态格局及其结构特征。研究范围为仙桃全域，约 2538 平方千米。

镇域尺度的风貌空间是村落所处的经济活动单元。主要是农业生产单元，即能够承载当地村民进行耕种的农田范围，以及进行养殖的水域范围。选取对象是长端口镇域，约 203 平方千米。

村落尺度的风貌空间主要是村庄的居住用地。包括头潭村及周边 4 个村落，共 5 个聚落形态，约 23.75 平方千米。以头潭村为重点研究对象，对村落内部的生活风貌空间进行研究，约 3.9 平方千米。

2. 生态风貌空间特征

以仙桃市域为头潭村所在区域的生态风貌研究对象，通过对 Landsat8

遥感影像的目视解译和影像预处理，得到2016年仙桃市的土地利用分类图（图3-8）。利用Fragstats软件计算风貌空间格局指数，包括以下指标。

（1）边缘指数，平均斑块边缘-面积比，是量度边缘效应的重要指数之一，通常认为可很好地代表景观结构。

（2）蔓延度，反映了景观中不同斑块类型的聚集程度。

（3）相对斑块面积，是一种形状指数，衡量斑块形状对生态过程的影响程度。

（4）分维数及斑块类型，是基于边缘-面积关系建立的一种最基本的形状指数。

（5）景观类型/土地覆盖类型，指不同土地覆盖类型的总数。该指数对于单一景观的格局描述用处不大，但在多张不同的格局图进行比较时具有非常重要的参照意义。

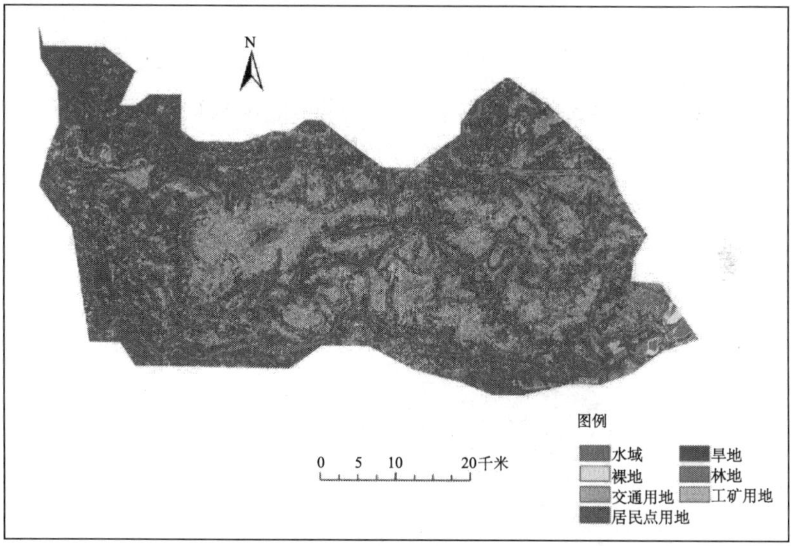

图3-8　2016年仙桃市土地利用分类图（文后附彩图）

资料来源：课题组绘制

按照土地分类国家标准《土地利用现状分类》（GB/T21010—2007），结合案例区实际情况，将土地利用类型分为7类（表3-1）。由于案例区的生态风貌空间主要为农田、耕地，Fragstats软件的分析结果主要可以参考生产风貌空间的分析。

表 3-1　土地利用分类表

序号	类别	涵盖内容
01	水域	河流、湖泊、坑塘、水库、沟渠等及水利设施用地
02	裸地	未利用地及裸露地
03	交通用地	用于交通运输的用地，包括道路用地和街巷用地
04	居民点用地	居住的房基地及基础设施用地，以及用于商服的土地
05	旱地	主要靠天然降水种植旱生作物的耕地
06	林地	生长乔木、竹木、灌木的土地
07	工矿用地	主要用于工业生产及物资存放场所的土地

资料来源：课题组绘制

3. 生产风貌空间特征

以长埫口镇域为分析对象，研究案例区的农田肌理。

通过镇域村镇分布图的地理配准，得到长埫口镇的风貌空间边界。根据统计资料，将长埫口镇的耕地拼块手动矢量化，矢量化过程中控制像元1米 ×1 米的精度，得到长埫口镇生产风貌空间分布图（图 3-9）。将矢量化的农田拼块分布图导入 ArcGIS 操作平台，转换为地理坐标系，分析长埫口镇生产风貌空间的地理特征。

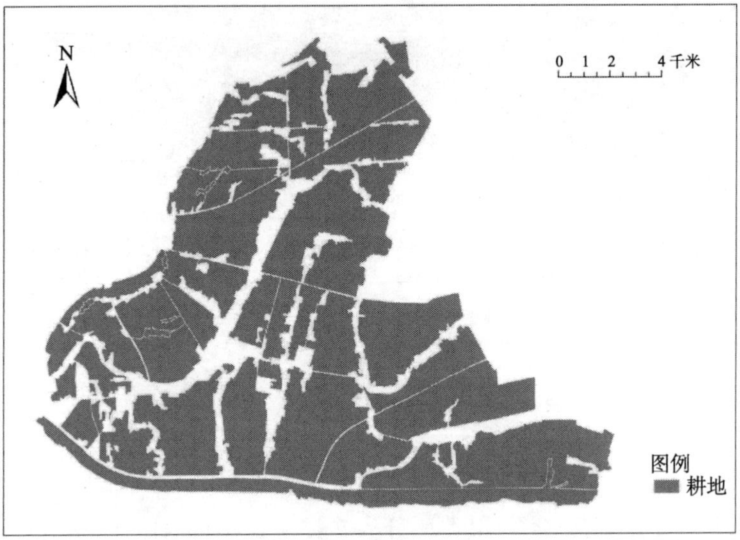

图 3-9　2016 年长埫口镇生产风貌空间分布图

资料来源：课题组绘制

分析结果如下：长埫口镇共有耕地拼块 109 个，总面积 181 315 448.2 平方米，平均拼块大小 1 663 444.479 平方米。耕地拼块最大值 14 252 700 平方米，最小值 0.177 平方米。各拼块面积标准差为 2 996 150.173。

各拼块频数分布如图 3-10 所示。

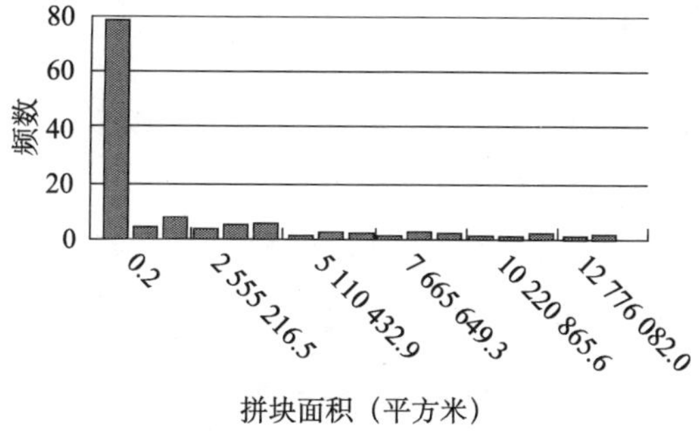

图 3-10　长端口镇生产风貌空间拼块面积频数分布图

资料来源：课题组绘制

利用 Fragstats 软件计算得到，平均斑块边缘面积比为 1.934，平均分维数为 1.497。平均斑块边缘面积比是度量边缘效应的重要指数之一，计算公式如下：

$$P=\frac{1}{m}\sum_{K=1}^{m}\frac{E_K}{A_K} \tag{3-1}$$

平均斑块分维数（MPFD）是度量风貌空间格局复杂性的重要指标之一，是衡量单个风貌斑块形状复杂程度的指标，取所有斑块分维数的算术平均值。当 MPFD=1 时说明所有的拼块形状为最简单的方形或圆形；当 MPFD 值增大时说明拼块形状变得更复杂，更不规则；MPFD=2 代表周长最复杂的拼块类型，通常其值的可能上限为 1.5。

分维数：

$$D=2\ln(P/4)\ln A \tag{3-2}$$

平均斑块分维数：

$$\text{MPFD}=\left(\sum D\right)/m \tag{3-3}$$

另外，计算所得的极差和平方差的值都很大，说明风貌空间拼块的大小不均衡，面积差异较大。

长端口镇生产风貌空间平均斑块分维数达 1.49，接近平均斑块分维数的可能上限 1.5，意味着生产风貌空间拼块的形状极不规则，复杂度很高，受人类活动影响较大。根据长端口镇农田分布现状，生产风貌空间被明显的带状、块状区域隔离。结合长端口镇土地利用图，可见受水域、道路、防洪坝的隔断作用强，而临近聚落点的农田则更破碎。

4. 生活风貌空间特征

选取头潭村及其周边的敦厚村、柳家村、公明山村、竹叶村（图 3-11）为村落生活风貌空间尺度的代表。这些村落在整个研究区域内颇具代表性。头潭村处于江汉平原东缘，318 国道穿过片区北部，老襄河穿过片区中部，片区南缘修筑有防洪坝。敦厚村是原来敦厚乡政府所在地，也是长端口镇三大集镇之一。柳家村能代表江汉平原一般村落的自然特征。

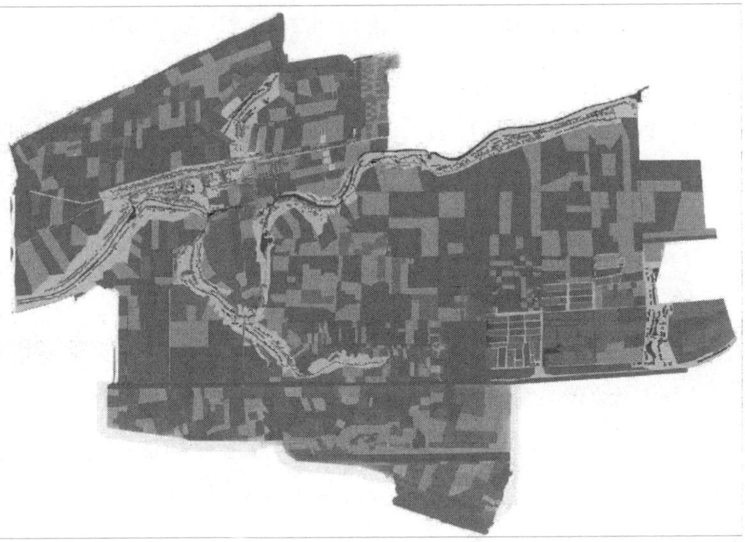

图 3-11　头潭村片区聚落分布图

资料来源：课题组绘制

1）聚落形态

头潭村及其周边村落（简称头潭五村）明显呈现出带状、片状的分布特征。自东向西，公明山村、竹叶村、头潭村、柳家村和敦厚村的聚落均呈现出沿老襄河延展的特征。其中柳家村和敦厚村，除沿老襄河延展外，还沿 318 国道伸展。318 国道沿线的聚落宽度明显大于老襄河沿线。敦厚村和柳家村交界处，由两条带状聚落相连，由于是原敦厚乡政府驻地，集镇基础较好，聚落集聚，呈现片状分布。

2）聚落密度

聚落分布疏密不均。自北向南，越来越稀疏；以敦厚村和柳家村交界318国道沿线为中心，向四周逐渐转为稀疏。敦厚村和柳家村交界318国道沿线地区最为密集，片状密密麻麻。其次是竹叶村呈带状，但房屋密集。头潭村也为带状聚落，建筑密度较稀疏。公明山村，虽呈片状，但地理分布零散，最为稀疏。

3）聚落规模

聚落规模和密度特征成正相关，空间分布不均。大致自西北至东南，规模逐渐减小。敦厚村规模最大，其次是柳家村，与敦厚村成片，关系密切。竹叶村规模居中，头潭村较小，公明山村最小。

（三）村镇风貌的非物质风貌特征

村镇非物质风貌从耕、读、民俗、日常生活四个层面展开分析。

1. 耕——农耕文化的演化

自古以来，耕地便是中国乡村的最主要的生活保障，也是中国乡村居民最主要的日常活动，是乡村生活之本。耕与纺相配合形成了几千年来中国乡村最普遍、最根本的生活行为，体现了乡村“耕织为本”的文化特征[95:6-8]。

随着社会经济发展，“织”早已逐渐淡出中国广大乡村的日常生活，“耕”在乡村活动中的主导地位也不明显。尤其近年来农业机械化的推广和城镇化的冲击，大量的农村人口向城镇转移，根植于农耕文化的乡土风貌也随之变化。

长埫口镇的耕种以粮食作物、经济作物和庭园蔬菜为主。粮食作物主要为水稻、玉米，经济作物以棉花、大豆、油菜为主，蔬菜据时令而不同。粮食作物分布在村落周边，距居住区较远，需步行5～15分钟到达。经济作物布局较为分散，但与居住地的距离更近些。蔬菜分布离住宅最近，基本种植在房前屋后。部分村落有大棚蔬菜，但未成规模。从事耕种活动的村民基本是留守村落的老年人和妇女，这与自古以来壮年男性为耕地主力的传统相悖。但在农忙时节，部分外出打工的村民会回乡务农。

长埫口镇的“农耕”文化在乡村风貌属性中的比重还比较大，但相对10

年前，有所弱化。由于农耕作物的多样化和耕作的机械化，生产风貌空间体现出规模化、专营化的变化趋势。

2. 读——科教文化的转变

“苦读取仕”是中国传统农耕社会的主要表现，“万般皆下品，唯有读书高”的思想深刻地影响着一代代的中国人。在传统社会，读书是光宗耀祖、提高生活水平和改变人生轨迹的主要途径。读书至今仍在乡村中占据重要地位。大部分村民依旧认为读书是改变命运的重要途径，对于子女的入学和教育非常关心。也有部分村民认为读书并非唯一出路，自我价值的实现不一定通过教育来实现。

3. 民俗——地域文化传承

民俗是某一地域随着历史发展积淀形成的具有地方特色的文化活动，包括庙会、地方戏曲、传统手艺等。

长埫口镇只有新兴庙村有庙会，且庙会不多。仙桃是沔阳花鼓戏的发源地和主要传播地。在调研中得知，某些较富裕的家庭在过寿时会请戏班唱戏，但频率较低，属于乡村娱乐活动的奢侈品。此外，刺绣是当地传统手艺，濒临失传。长埫口镇的婚嫁习俗一直延续保持传统模式。仪式持续 3 天，第一天称为“上头”，由男方送礼到女方家（百斤鱼、油，以作喜宴之用），并将女方接到男方家；第二天称为“过酒”，也是婚礼的正期；第三天称为“拜堂”，是婚礼圆满的标志。

4. 日常生活——乡土生活模式

除却基于生存需求和发展需求的耕读，以及基于地域特色的乡俗，日常生活也是乡村非物质风貌属性的重要表现方式。它渗透在乡村生活的点点滴滴，日常衣食住行，村民间的交流及村落事务的商议等都在此范畴内。

当今乡村生活已经发生了较大的转变，乡镇工业和乡村旅游业的发展为乡村生活景观带来了多元化的变化。

第二节　历史文化名城——山东省烟台市风貌特色传承

烟台，作为较早的一批开埠城市，2013年被确定为历史文化名城。随着对近代殖民文化、中国沿海开埠城市的关注度日益增加，对烟台城市的研究也日益增加，如烟台的城市形态、风貌特色和近代以来的城市规划及殖民建筑研究。王建波的《烟台城市空间形态的演变》阐述了烟台城市空间形态的演变过程[96]。杜莹、张广汉、张帆以烟台历史名城保护为例，探讨了建立历史文化名城、历史文化街区及文物保护单位的多层次保护体系[97]。孙庆日研究了烟台殖民建筑的地域文化特征[98]。曲洋在《烟台开埠以来的城市规划历史研究》中，对烟台城市规划的发展历程进行了总结[99]。

明清时期，烟台因海上交通、军事防御的需要而发展。明代在烟台各地设营、卫、所、墩等军事机构，烟台的古建遗存奇山所城便是由此而来。烟台三面环海，山地、丘陵组团式分布，使得奇山所城呈现背山朝水的山海空间格局特征。由此产生独特的气候景观，被称为“烟台海市”“海市云收”的海市蜃楼、平流雾是烟台独特的风景。清代，随着工商业和海上贸易发展，烟台逐渐形成以所城西北处的天后宫为中心的鱼、盐商贸集镇。自1862年开埠，英、法等17国先后设立领事馆，建设官邸、别墅，开办洋行、邮局、教堂、医院、学校和俱乐部，烟台的城镇空间迅速扩张，建筑形式出现较大改变。郭岚生在《烟台威海游记》中记载：“烟台居住最宜，外国人称health port。无论大街小巷，皆用洋灰铺道，平滑如砥，汽车往来，无有尘埃之飞扬，在北部都市中堪称第一。”[100]新中国成立后，先后进行了四次城市总体规划修编，城市性质由“海滨边防、对外贸易为主的港口城市”（《烟台城市总体规划》，1979年）转变为“轻型工业、港口、旅游城市”（《烟台城市总体规划》，1985年），到“山东半岛重要的中心城市、国际港口城市、国际滨海旅游休闲城市”（《烟台城市总体规划》，2011年），城市空间格局由早期顺应地形地貌的轴线模式拓展为多核心、多组团的滨海城镇模式。

一、烟台城市风貌敏感场

敏感，指皮肤或感觉神经对外界事物反应快、较敏感，也指对一件事或某种东西能够迅速察觉，可以快速判断或产生反应。段珊珊在《城市风貌敏感空间特性研究》中，将城市风貌敏感空间定义为：“具有易于感受之性能的城市公共空间”[101]。本书中的城市风貌敏感是指城市发展不同阶段中，最先作出反应的，能够代表该阶段风貌特征的城市场所。城市风貌敏感场的确定是公众对城镇风貌感知的共性结果。确定通过整理归纳历史文献，包括近30年的城市规划与建设资料、图纸、老旧照片等材料，结合常住居民的问卷调查结果，综合评价得出烟台风貌敏感场。本研究共发放200份调查问卷，收回有效问卷184份。

（一）明初烟台城市风貌敏感场

1. 聚落形态

明初，烟台初具城市萌芽特征，所城仅是个有城无市的兵营和聚居区。聚落为小渔村，周围是荒野和农田。聚落形态发育不完全，呈现单核心的“城—村”聚落结构。由于所城是强制性建立的海防卫所，其“海—河—城—山”的空间结构体现了鲜明的军事海防空间功能。这一阶段的城镇风貌表现为防御城镇特征，“所城有东西南北四门，相距各不到一里，城门大如普通住家的大门”[100]，所城的街道、胡同、房屋等基本格局，体现了防御特点并保留了下来。

2. 公共空间

城市公共空间是城市便于进行公共交往及各种聚集活动的开放性区域。在明朝初期，烟台的城市建设尚未展开，城市的主要功能是军事防御，城市空间受到较为严格的礼制思想影响。城市公共空间多为自然环境，居民的主要公共交往空间及活动场所多在田野里或是近海区域。

3. 标志建筑

烟台山烽火台始建于明洪武三十一年（公元1398年），用于向所城传递消息。烟台城市风貌系统中另一重要的建筑是天后宫，建于明朝，是一座用于祭祀海神妈祖的寺庙。据史籍记载，明朝初年在芝罘的一个渔寮小村设立奇山守御千户所，体现了烟台在军事防御方面的重要作用，奇山所城也是烟台城市风貌系统的重要组成部分。这些标志性建筑表明早期的烟台是重要的海防军事基地及港口城市，这些建筑也参与构成了后期烟台城市风貌系统。

（二）明清烟台城市风貌敏感场

1. 聚落形态

明清时期，奇山所城驻守的官兵不断迁入，在所城周围形成一些居住聚落。随着人口不断增加，聚落进一步向外扩张，由原来的单一核心的聚落结构转变为多核心、多层次的城乡体系。以奇山所城、福山县城及宁海州城为中心节点，由城市、集市、村落组成多层次城镇体系。自然山水、地形地貌造成的空间界限被突破，各城镇中心之间通过官道连接。各自封闭的聚落开始互相联系，带来烟台城市空间结构的改变，逐渐向一个多功能的城镇发展。

2. 公共空间

随着烟台对外港口贸易增加，城市职能由最初的军事防御重镇转变为港口贸易重镇。这一时期，烟台的城市风貌再一次产生了改变：来自各地的船帮带来多元的文化，烟台的城市建筑形式和风格产生了多样性。19 世纪中叶，烟台就已经成为北方重要的商贸码头。为了给船员以各自聚会和活动的场所，各路船帮商贾在烟台修建的同乡会馆多达 20 余处。这一时期，烟台的公共空间主要就是这些建筑风格各异的会馆及一些商业活动场所。明清时期的城市公共空间体现了当时烟台的城市风貌特色，即中转港口城市所特有的文化多样性与交融性。

3. 标志建筑

在诸多同乡会馆中，福建人修建的天后宫是独领风骚的存在。19 世纪 80 年代，随着在烟台经商的福建人日益增多，他们开始酝酿再建一座高规格的天后行宫。建筑所用材料和构件，全部在福建采集、加工制作，再船运至烟台由福建工匠组装。1884 年开工后，历经 22 年，终于把一座原汁原味的闽南建筑带到烟台。整个建筑由山门、大殿、后殿、戏楼、厢房组成[102]。另外，这一时期最突出的地标性建筑还有沿海岸线分布的城堡、烽火墩台及城墙上耸立的城楼和阁楼。这些地标性建筑物与附近各种建筑物，如福山的魁星楼、奇山所城附近的龙王庙、玉皇庙、三和塔等，构成了这一时期烟台的标志建筑系统。这些建筑很好地反映了当时烟台城市风貌特征的转变，即港口城市所带来的海洋文化和船帮文化交融，以及封建制度下对礼法、宗教的崇拜。

（三）近代烟台城市风貌敏感场

1. 聚落形态

烟台自开埠以来发生了巨大变化，聚落形态由原来以宁海州城、福山县城和奇山所城为中心的聚落联合体，逐渐演变为由不同性质的聚落有机组成的城镇空间网络。也是在这一时期，烟台才真正发展成一个城市。开埠初期，烟台城市的发展围绕着烟台山及天后宫进行，以它们为中心，城市向外扩散。随着近代资本主义势力的进入，围绕着海上贸易活动，烟台自海港至所城形成了新的市区。城市范围增大，芝罘岛也成为烟台所辖的一个区。

在这一时期，聚落形态是基于原奇山所城聚落联合体的聚落形态，发展为除原有的聚落核心节点外，新增的一些分布在边界上的人工与自然相结合的区域也成为新的节点。新的城市节点使得城市聚落形态展现出新层次，城市性质也逐渐转变为以对外贸易、港务和轻工业为主的城市。

2. 公共空间

近代资本主义的发展，带来了烟台市区的迅速扩张和建筑形式的多样化。开埠后，天后宫南面的小路，逐渐扩展为一条大街，成为烟台的首条商业街——北大街。这一时期，对于外来商人、水手来说，进行公共交往及举办社交活动的最佳场合就是商埠区。新兴的商业街、酒馆、俱乐部等娱乐场所，成为城市最具活力的公共空间。在这一时期，外国资本进入，建造了诸多公共设施，为人们提供了大量公共活动的空间。

3. 标志建筑

开埠后，烟台的建筑形式也开始发生改变，近代殖民建筑逐渐占据重要地位。西方的建筑形式、建造技术及建筑材料的引入，使部分街区的风貌发生了西化。烟台的近代建筑主要分为两种形式，一种是完全按照西方形制的建筑形式；另一种是中西合璧的建筑形式。在外国人聚居区，有一片规模不大，但造型别致、风格各异的小洋楼。这片建筑群表现出特有的、与传统中式建筑迥异的风格，为烟台近代城市风貌多样性做出贡献。

除此之外，殖民者涌入，在烟台建造了大量教堂，如天主教堂、美国长老会教堂、英国安立甘教堂等。烟台山分布了各具特色的领事馆。近代民族工商业的兴起也产生了一批近代工业建筑和商业建筑，如张裕葡萄酿酒公司、瑞丰公司、新世界商场等。这些建筑，大都处于烟台山附近。因其独特的地理位置，对后来烟台城市风貌的发展及各种建筑形式的变化产生了巨大的影响力。也因此在这段时间建造的建筑，都极好地反映了烟台在近代开埠以后受到的外来文化的影响，在市民的城市风貌认知中属于易识别的风貌敏感场。

（四）现代烟台城市风貌敏感场

新中国成立后，烟台的城市发展在城市规划的统一引导下，开始重视城市有序、健康发展的重要性，城市风貌格局变化显著，特别是近 20 年来烟台城市风貌敏感场的变迁非常显著。

通过问卷发放及实地调研、采访，采集公众对于城市风貌敏感场的感知意向。结果显示，市民对于烟台城市变化的感知更多地倾向于自己生活的区域，所得结果具有片面性，仍需烟台城市建设资料予以补充。

1. 1995～2000 年烟台城市风貌敏感场

这一时期，烟台经历了改革开放带来的城市发展，虽然具有良好的区位因素和较早的近代化起步，这五年间，烟台依旧保持 20 世纪 90 年代中国小城镇的典型特点。保留了大量 20 世纪的建筑形式，城市面积扩大，各组团间的联系增强，初具现代化的城镇面貌。

基于问卷调查的结果，调查对象涵盖的 16～60 岁的受访人中有超过 90% 的受访者认为，在这一阶段烟台发展最快的行政区是芝罘区，且芝罘区中面貌改变最大的地带是振华商厦周边及市区沿海景观带。这五年间，烟台的城市风貌敏感场在芝罘区振华商厦到南大街附近。这一地段作为烟台的市中心，在很长一段时间都是城市风貌转变的敏感地段，在烟台城市风貌格局的形成过程中起到了重要作用。有 60%的受访者认为，这一时段的烟台城市建设与烟台的传统城市风貌保护有很强的关联性。注重发展具有现代风格的建筑形式，也传承了烟台的建筑标志性，振华商厦很好地体现了这一点。

2. 2000～2005 年烟台城市风貌敏感场

2000 年后，烟台的城市发展目标为建设现代化的国际性港口城市。与上一个五年相比，这一阶段烟台的城市建设量明显增多。扩建港口、铁路、高速公路，加强了烟台的对外联系，城市空间进一步拓展。

根据问卷调查，有将近 80%的居民认为，这一时期发展最快的仍然是芝罘区，但莱山区与开发区的发展也不错。发展最快的片区则集中在振华商厦、百盛等商业区，以及月亮湾风景区、滨海广场等沿海景观地带。在这一时期，城市的房地产业也飞速发展，开始出现小高层、高层等新住宅区。沿海景观带、烟台山景区、滨海景区、体育公园、滨海大道等项目已投入建设。这一时期的城市风貌敏感场由原来的单个地段发展成为多片区域。随着城市发展的需要，多个城市地段都体现了城市风貌的发展特征。

通过问卷调查，有将近 74%的被调查者认为，这一时期的城市建设能够体现烟台的城市风貌特色，如沿海公路街边小品的摆放，以及体育馆等建筑都极好地体现了烟台的海洋文化特征。

3. 2005～2010 年烟台城市风貌敏感场

2005～2010 年，城市人口急剧增长。2006 版《烟台城市总体规划》方案颁布，指出烟台逐渐形成了以芝罘滨海地带为中心，拓展东西两翼的城市空间结构，形成以芝罘区、莱山区、开发区、福山区等构成的多组团、多核心的滨海带状组团结构，城市空间继续拓展。

参与调查的市民认为，莱山区取代芝罘区，成为发展最快、城市面貌改变最大的区域。而最能反映这一改变的区域为莱山区的两条主干道——迎春大街和港城大街。这一时期，烟台城市行政中心东迁，城市的行政办公中心由芝罘区变为莱山区，带动了莱山区的发展，莱山区表现为现代行政办公空间风貌。城市风貌敏感场的转变体现烟台城市空间多中心结构发展的影响。

有 65%的被调查者认为，这一阶段的城市建设不能很好地体现烟台城市特色风貌的传承性。通过实地调研，迎春大街由原来的乡村土路发展成极具现代化气息的宽阔柏油马路，现代风格的建筑围合成完整的风貌界面，城市风貌发生了巨大改变。但这种现代化的城市风貌却并不能体现烟台特色，过度地强调现代化发展，使得迎春大街商业片区与其他城市的商贸区相似。

4. 2010 年后烟台城市风貌敏感场

2010 年后，烟台的城市建设不再是一味的贪大，开始注重历史文化街区的保护及城市特色风貌的营造。2011 版《烟台城市总体规划》中，城市性质的定位在原有国际性港口城市基础上，增加了国际滨海休闲旅游城市的发展目标，强调打造烟台滨海城市特色。

通过问卷调查，在这一时期，依然是莱山区的城市面貌改变最大，而高新区有要追上的发展势头。结合城市规划方案及其实际建设情况，在这一时期，烟台的城市风貌敏感场不再局限于行政区划。城市风貌敏感场体现为更小的片区、街区，调查结果具有多样性，包括芝罘区万达广场、莱山区大学城、高新区烟台二中新校区及迎春大街等。

在“新的城市建设项目是否能够体现烟台的城市特色”这一调查内容上，有将近 70%的被调查市民认为能够体现烟台特色。而在这些能够体现烟台城市特色的建设中，街头小品的设置最能体现烟台的特色风貌，而最能体现烟台特色的公共空间则是各个海滨广场。

二、烟台城市风貌敏感场的演化特征

（一）由点到面的演化特征

烟台城市风貌敏感场的演变，具有由点到面的特征。在烟台城市发展初期，城市敏感空间在最先发展起来的烟台山及天后宫片区，随后城市风貌敏感场逐渐由中心区域向城市自然边界扩展。近代以来，城市风貌敏感场由开放较早、具有较高敏感度的沿海区域进一步向内陆蔓延。发展到现在，城市风貌敏感场已不再是一片区域，而是每一个能够敏感地反映出城市变化的公共空间、建筑单体乃至城市中的景观设施。城市风貌敏感场已经由最开始的城市核心节点，演变为具有等级规模的、多层次的城市风貌敏感场空间网络结构，由点及面地反映了烟台的城市风貌结构的发展特征。

（二）由单中心到多中心的演化特征

从烟台城市形态演变和各时代的城市风貌敏感空间可以看出，烟台的城市风貌敏感场由原来的单中心模式演变成为多中心的结构模式。在城市发展之初，烟台的城市风貌变化只围绕烟台山片区进行。而城市发展至今，城市风貌敏感空间的结构已演变成由芝罘区、莱山区、开发区、高新区、福山区各组团构成的沿海带状城市发展带。各区之间围绕其市中心或高等级的城市风貌敏感场，向下划分为多个城市风貌敏感空间、敏感场乃至地标性建筑。各区之间互不干扰，各自形成相对完整的结构体系。由单核心向多中心的转变，使得烟台各行政区的区划更为清晰。各区有重点的发展，能够最大限度地体现烟台的多种城市文化与城市风貌。

从功能分区来看，城市风貌敏感场也呈现一种由单中心向多中心转变的趋势。在明初至开埠初期，所有的城市功能混杂在同一片区域，烟台山这一城市风貌敏感区域既是商业区也是居住区。而通过调查问卷可以看出，在烟台城市发展的过程中，对城市风貌敏感区域逐渐完成城市功能的完善，也体现在城市风貌样态的多样性转变。例如，商贸区建设引起城市风貌变化、滨海区的景观特色营造对城市特色风貌的传承等。烟台的城市风貌敏感场由原来的单中心，发展成为围绕不同行政区划、不同功能分区的多中心发展模式，全面展现了烟台的城市风貌特色。

（三）城市风貌特色日益显著

新中国成立后，烟台在城市建设方面一味追求城市发展的速度和现代化而忽略了城市的特色传承。一段时间内，城市呈现出与我国其他城市一致的样板楼及相似的道路沿街立面。但随着城市规划的进一步引导，认识到“千城一面”风貌问题，开始强调城市风貌特色建设。从调查问卷的数据可以看出，从烟台市民的视角看烟台的城市建设，相较于20世纪90年代，现在更重视建设有烟台特色的、能够区别于其他沿海区域的城市形象。在城市风貌敏感场由点及面、由单中心至多中心的演变过程中，烟台的城市建设越来越注重对城市风貌特色的传承。

三、烟台城市风貌演变中的特色传承

（一）城市建设的礼制思想和宗教信仰

1. 城市建设中的礼制思想

“中国古代城邑的建造乃是政治行为的一种表现，而不是聚落自然成长的结果。周代以后，城市的形态和规划已纳入‘礼制’的规范中，成为国家的一种基本制度，城市形态模式不仅具有功能性，而是‘礼’和‘秩序’的一种实质表现”[103]。礼制思想是中国传统文化的根基，它不仅规范了人们的日常行为，也进一步影响到城市的建设与治理。礼制，是统治阶级为了更好地统治而树立的行为规范，如等级制。在某种程度上，这一制度规范影响了封建时期乃至现代的城市建设与发展。在城市建设中，制度如同负载着城市遗传密码的基因，造就了一个个不同却又类似的城市[104]。因此，礼制思想在城市风貌演变过程中得以传承。例如，烟台所城建造具有中国古代军事防御卫所的典型特点：呈四方形，周边建城墙，城墙外有护城河环绕，四边城墙中部均开设城门。城内街道布局呈方格网状。“十”字形的城内主干道形成了全城的主轴线，在这条中心大道上布置有重要的公共性建筑，如官府衙门、庙宇祠堂、牌坊[105]。

2. 城市建设中的宗教信仰

从远古开始，人们就普遍将聚落周边的山川大河作为心灵寄托，并且给予绝对的尊重与保护。而各类祠庙和后世宗教建筑的修建、引入，将建筑空间与这种精神寄托结合起来，既增加了山川等自然景观的人文色彩，又使人们的精神寄托物质化，宗教信仰得以传播。

据《烟台风物志》记载：“秦始皇周游天下时，曾建庙祀八主，即天主、地主、兵主、阴主、阳主、月主、日主和四时主。其中三座庙在胶东。日主庙在荣成成山头，月主庙在黄县的莱山，阳主庙就在芝罘岛阳坡上。”[106] 阳主庙和天后宫是烟台城市建设中，最具典型性的传统宗教建筑。而在开埠后，烟台也逐渐诞生了诸多外来宗教建筑，如位于烟台山东路南段的天主教堂、位于毓璜顶东路福来里的美国长老会教堂、位于东太平街北端的英国安立甘教堂等。这些教堂现在大多失去其原有功能及意义，只有极少数仍在使用中，其余的作为烟台城市特色风貌的一部分得以保留。

（二）近代城郊乡村的发展

随着烟台开埠，周边郊区村落也参与了港口的对外贸易，农业、水利技术得到发展，近郊乡村开始近代化进程。虽然殖民掠夺冲击了烟台开埠之初原有的工业基础，但烟台的开埠给予了城郊乡村发展的契机。

由于龙口港的对外商贸开放，龙口粉丝闻名于世。20世纪30年代，全县粉丝年产量达到2000余吨，极大地推动了乡村、县市的经济发展。1892年，张弼士在烟台建起张裕酒厂，并在市郊荒山开辟两座葡萄园，对城郊的农业发展产生了积极影响。与此同时，烟台的草帽辫（制作草帽的初级产品）及草工艺制品港口贸易获得了极大的发展。烟台绒绣也获得了极高的国际认可度，推动了近代城郊乡村的农业、手工业和轻工业的发展。虽然烟台城郊乡村受到近代化影响，极少数单体建筑模仿西方建筑形式，大部分城郊乡村（如福山县区和牟平县区）的整体风貌仍保持了传统风貌。近代城郊的工业化并没有过多地影响城镇风貌。

（三）历史文化名城保护与建筑协调

烟台城市发展过程中极具代表性的地带——蓬莱仙境、明代的军事海防体系、近代开埠后的领事馆建筑群，都赋予了烟台独特的城市格局及历史风貌。烟台于2013年通过《国务院关于同意将山东省烟台市列为国家历史文化名城的批复》，被划为国家历史名城，城市建设中非常注重对历史文化建筑、历史文化街区的保护。

历史文化名城保护是塑造烟台城市风貌特色的重要手段。烟台的城市建设保留了见证历史变迁的建筑、街道等特征风貌要素，并且保护了烟台“山—城—河—海”之间的景观联系及它们所构成的特色风貌格局。在此基础上，烟台历史文化名城保护确立了“以烟台山为前哨、东西炮台为两翼、奇山所为中心、南山为屏障的沿海军事防卫城市的风貌，以及以港口码头和领事馆为中心、沿海岸展开的近代商埠港口城市风貌”[107]，把它们列入历史街区重点保护范围。在后续的城市建设中，对历史街区周边的建筑进行高度和界面的控制，保持历史街区周边的建筑尺度及其空间城市肌理的延续性，使历史街区与周边建筑物相协调。除此之外，历史文化名城保护与建筑的协调也体现在传统工业区和传统村落中，单体建筑与整体区域的保护政策也激发了风貌保护片区在新时代的活力。

（四）完善城市风貌标志体系

由于历史独特性，烟台山及烟台山灯塔在烟台具有重要意义。时至今日，它们仍是城市地标之一。烟台开埠初期，城市的发展主要围绕烟台山和天后宫向周围拓展。也因此烟台山和天后宫是当时的城市风貌标志。但随着时间的推移，城市建设加快，烟台山周围的建筑日益增多，金海湾大酒店等大体量建筑破坏了烟台山的风貌完整性。1988 年安置的烟台山新灯塔成为新的地标。

城市风貌标志系统包括具有特殊历史意义或城市特色的场所、建筑、景观构筑物。曾经的滨海假日酒店、月亮湾、渔人码头等建筑，它们分散在芝罘区海岸线的不同位置上，却共同构成了烟台地标群。烟台现已形成由烟台山为中心的历史文化标志系统，以月亮湾、渔人码头为代表的海洋文化标志系统，以万达、大悦城、振华、银座等商贸中心构成的商业性标志系统。近年来，烟台在沿海景观带、市内广场增设多个与海洋文化相关的雕塑，城市新区增加了景观环境小品，进一步完善了烟台城市风貌标志系统。

第三节　城乡结合部城镇——武汉江夏区风貌演化机制

一、武汉江夏区风貌发展概况

武汉市江夏区位于长江中游南岸的 114° 01′ 52″ E～114° 35′ 38″ E，29° 58′ 05″ N～30° 32′ 18″ N。东与鄂州、大冶两市相邻，南与咸宁市、嘉鱼县交界，西与蔡甸、汉南两区隔江相望，北与武汉主城区和东湖技术开发区接壤。历史上为武昌县，1996 年经国务院批准“撤县设区”，正式成为武汉南部的新城区 [108:8]。全区总面积 2018 平方千米，经东湖高新区五次托管后实有 1650 平方千米，户籍人口 64 万，常住人口 85 万，下辖 1 个省级开发区——江夏经济技术开发区（包括庙山、藏龙岛、大桥、金港 4 个园区）、1 个风景区管委会、11 个街道办事处、277 个行政村、56 个社区居委会 [109]。

行政中心为纸坊镇，是武汉市的卫星城。按照《武汉市城市建设总体规划》，从 1976 年开始先后编制了《武昌县纸坊镇总体规划》（1989 年）、《江夏区纸坊城区总体规划》（2003 年）、《江夏区区域城镇体系规划》（2005 年），城镇风貌建设相应展开。

（一）风貌格局

获取该地区 2002 年、2009 年及 2014 年的遥感影像，将地类分为建设用地、耕地和绿地、林地及水体 4 种类型。对遥感图像分别进行解译，再将图像导入 ArcGIS 软件进行计算。结果显示，江夏北部地区的用地类型发生了明显变化，其中建设用地扩展非常迅速（图 3-12、图 3-13、表 3-2），城镇格局变化符合江夏采取“北扩东移”的城市发展战略（图 3-14）。

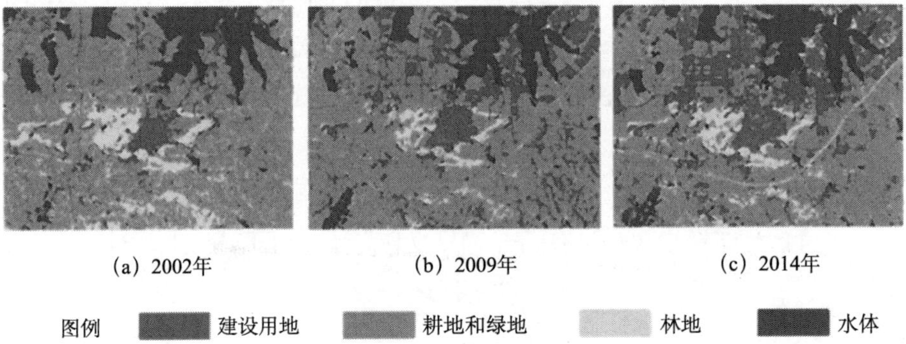

图 3-12　江夏北部近 10 多年用地类型变化（文后附彩图）

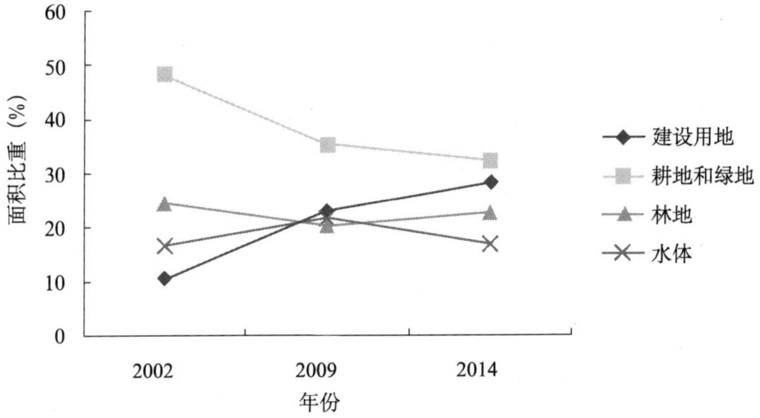

图 3-13　2002～2014 年各类用地比重变化情况

表 3-2　2002 年、2009 年、2014 年各类用地面积比重　（单位：%）

用地类型	建设用地	耕地和绿地	林地	水体
2002年	10.68	48.22	24.57	16.53
2009年	22.78	35.13	20.22	21.87
2014年	28.21	32.12	20.22	16.89

注：未利用土地未计入统计

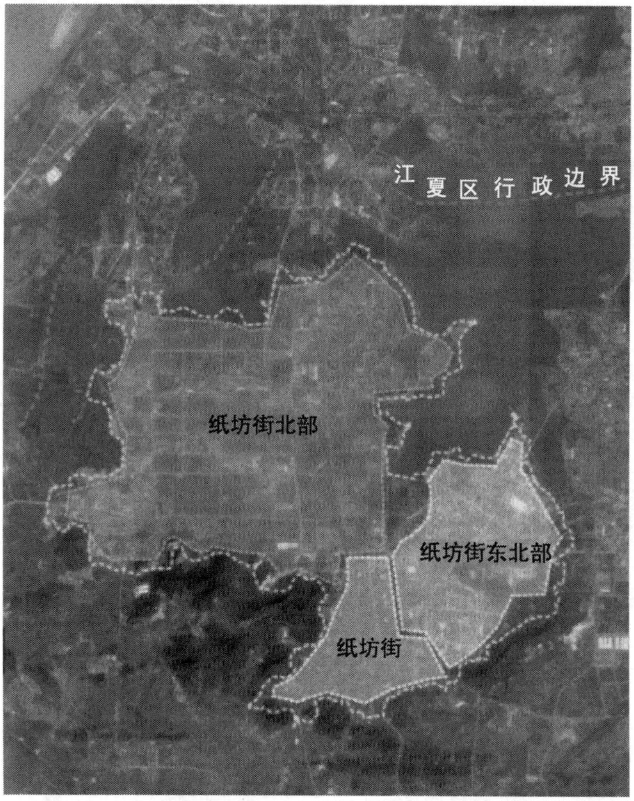

图 3-14　纸坊及其北部和东部

综合 20 世纪 80 年代以来的城市建设资料和遥感影像，研究该区域近 30 年来的区域风貌格局演变特征。

（1）耕地和绿地的数量及面积在减少，破碎化程度增加，连续性降低。

由图 3-18 可直观地看出，2002～2014 年，研究区内耕地及绿地植被面积呈减少趋势，大片整齐的农用地变得破碎，连续的地块逐年演变为耕地、绿地及建设用地相交杂的状态，连续性降低。

（2）建设用地呈扩展趋势，面积显著增加，其中以道路的延伸和建设为先导。

建设用地面积显著增加，其中道路建设起着先导性作用，道路的修建为沿街建筑及公共基础设施的修建提供前提。根据获取的 2006 年、2010 年、2013 年及 2015 年遥感图像（图 3-15），该地区在 2006 年已建成武昌大道、文化大道及星光大道，2010 年新建了黄家湖大道、金龙大道、山湖路、邢远长街及神龙港北街，2013 年新建了工业一路、工业二路、何家湖街、何家湖北街和何家湖南街，2015 年新建了三条次干道。纸坊东北部地区，2006 年已建成阳光大道、谭鑫培路、毅恒街，2010 年新建了阳光四路、阳光五路、向阳

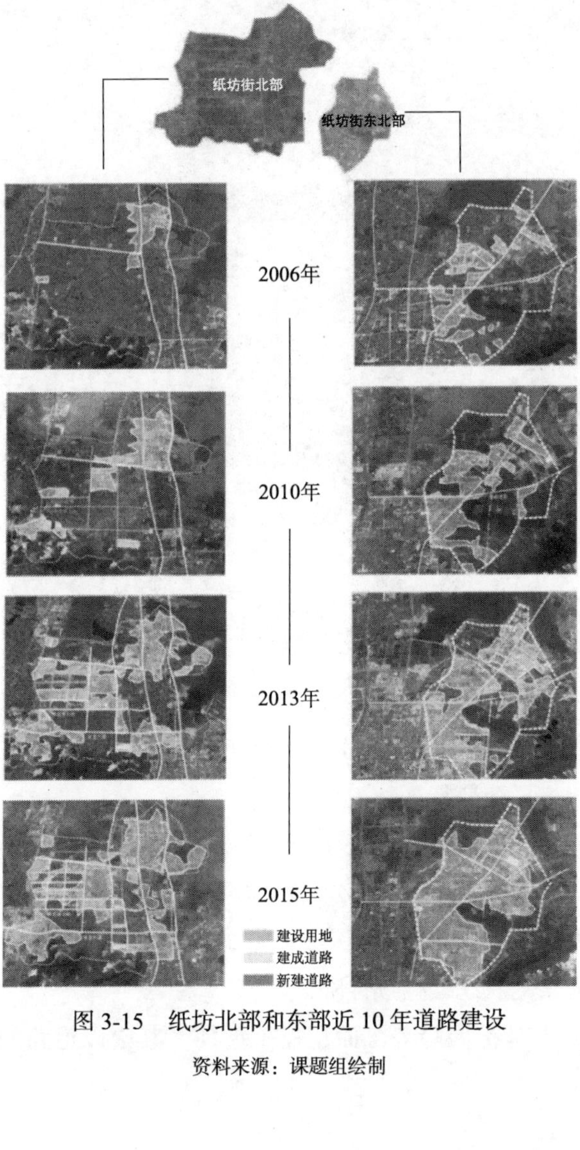

图 3-15 纸坊北部和东部近 10 年道路建设

资料来源：课题组绘制

二路及向阳港东路，2013 年新建了阳光一路、北华街。新建道路会带动建设用地的发展，建设用地沿着道路的修建扩大面积，原有的乡村风貌逐渐演变为城乡结合部特有的乡 - 城交错带风貌。

（3）江夏作为武汉市的边缘区，其发展方向呈现向武汉主城区靠拢的趋势。

建设用地中的道路建设用地是连接武汉市主城区与江夏区的纽带，江夏区的城市建设用地沿着交通脉络往武汉市主城区蔓延。纸坊北部和东部地区的用地边界变化符合这一规律，建设用地的演变符合近年来江夏区实行的“北扩东移”城市发展战略。

（二）风貌界面

街道是城市的骨架，是联系城市各片区的纽带，人们对城镇风貌最直接的感受来源于街道。城乡结合部街道的风貌界面，其构成要素包括道路、沿街要素、绿化景物。以纸坊镇为例，分阶段分析主次干道近 30 年来各类要素和空间尺度的演化过程和特征，分析其变化规律及趋势。

1. 街道风貌界面演化过程

1）道路建设

纸坊设镇之初仅有一条老街，长约 150 米，宽不足 5 米，南北走向，条石路面。1960 年武昌县政府机关从武昌老城区迁到纸坊镇后，老街通往火车站的小道拓宽建成新街，并逐渐形成老街、新街、车站街三个居民区。改革开放之后，江夏区城镇建设进入了黄金时期。

20 世纪 80 年代初，纸坊镇的主要道路呈“日”字形，以兴新街（新街）、纸坊大街（纸坊路）为主街，自东向西连接龙井路（老街）、复江道（江夏路）和西交路（交通路）。当时与纸坊大街等级相似的道路一般长 1～2 千米，宽 10 米左右，基本不专设人行道，路面多为土路、碎石路。

20 世纪 90 年代开始大量兴建和改扩建道路。纸坊城区修建世纪大街、文化路、北华街、江夏大道等一批主干道路，形成“六纵六横”的路网格局。主干道平均宽度约为 20 米，皆为混凝土铺地，另外设有人行道和隔离带实行人车分离。

2000年后至今，按照“北移东扩”、构建“八纵八横”发展框架的思路，市政建设的发展步伐不断加快，实施了新世纪广场、文化路、世纪大街、江夏大道等几十个骨干工程。道路不仅长度延伸，路幅拓宽（全区主干道保持在40～50米，连通道30～40米，一般道路在30米左右，沥青道路在30米左右），质量和水平更有较大提高（沥青、水泥路面占全部道路总面积的90%以上），部分道路中间设置护栏（图3-16）。

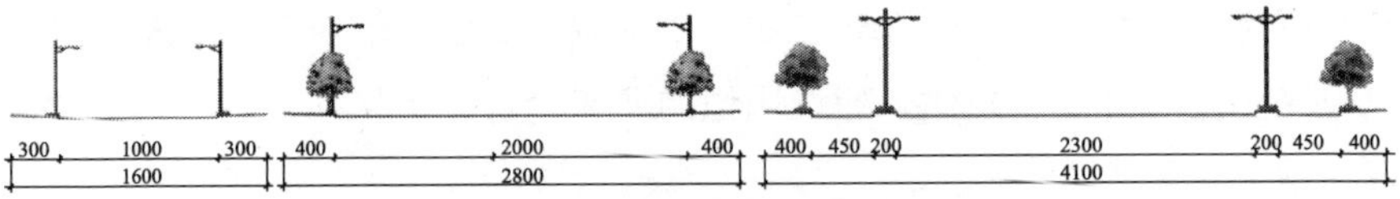

图3-16　三个阶段道路横断面演化图示

注：图中数据单位为米

2）沿街风貌界面演化

20世纪80年代，不同功能的建筑有不同的风格（图3-17）。该时期住宅造型简单，立面风格古朴。沿街商住楼店铺造型简单，门面装修和广告牌杂乱。居民自建房占比重大，导致街道的建筑层高和层数不一，但基本都是1～3层。街道两侧的轮廓线虽有起有伏，但幅度不大。

图3-17　20世纪80年代沿街立面及轮廓线

对当地居民访谈得知，当时仅一些主干道两旁设置有路灯、垃圾桶等公共设施和道路标识牌，宅间的生活型道路缺乏相应设施，不能满足人们的使用要求。

20世纪90年代，沿街建筑多兴建或整改，一般为3层，轮廓线基本平坦无变化。墙体为各家贴砖装饰，缺少特色（图3-18）。1994年，武昌县建筑总公司在县委、县政府旧城改造中，将少数主干道临街主面墙体进行装饰，但整体改动不大。沿街立面依然色彩单一，缺乏秩序感，环境小品设施缺乏。

图3-18　20世纪90年代五里界片区沿街立面及轮廓线

在公共设施方面，街道夜间照明不足，其他公共设施（如交通指示设施、公厕及必要的休憩设施等）也较为缺乏。

2000年至今，人口增多导致建筑空间不足，居民收入水平提高，开始在原有居住空间上乱搭乱建，自主装修立面，造成了类似“补丁式”的建筑外观与不和谐的街道画面（图3-19）。城镇化进程加快，该时期4层以上多层住宅日益增多，甚至出现小高层，沿街立面轮廓线高低起伏，增添些许视觉美感。

图3-19　2000年纸坊文化路沿街立面及轮廓线

同时，主干道沿街立面整治力度加大，重点对沿街商铺广告牌进行统一设计整修（图3-20）。2004年，由区房地产管理局筹资，对北华街中段临街墙体进行主体整治，装饰面积11 420平方米，治理污水漫溢沟道2000米，修筑人行道400米。

图3-20　2000年纸坊北华街中段沿街立面

公共设施也逐渐完善。路灯设置密度较为合理，但露天电线杆的密度较大，电线过多；不仅不安全，而且对沿街的景观形成破坏（图3-21）。垃圾桶布置较为合理，监控摄像头陆续开始安装。在适当的位置设置有简单的交通安全措施，如栅栏、照明设施、交通标识牌等。

（a）路灯　（b）电线杆　（c）高压电线杆　（d）监控摄像头

图3-21　沿街要素

3）街道绿化优化

绿化是街道环境中重要的景观元素，它可以美化街景、衬托和加强地区的面貌层次感，保护环境，为居民提供休息、娱乐场所；还为人们带来自然意识和生机，创造丰富而又和谐的优美景观。

主干道在20世纪80年代就有绿化，当时绿化标准不统一，只是简单栽植行道树。90年代初，区建设局对江夏大道、世纪大街、文化路等7条道路按设计标准进行绿化，对纸坊大街、熊廷弼街、古驿道等9条道路进行绿化改造。但植被种类较少，以樟树、广玉兰为主，尚未形成统一的绿化体系，大部分街道仅有沿路的行道树，无绿化带和组团的绿化。整体绿化环境较城市绿化景观差异明显。90年代后期以来，道路的绿化带建设逐步完善，其宽度根据道路位置和级别进行适当拓宽，植物的品种也逐渐增多。道路的绿化景观体系基本形成。

4）街道空间尺度变化

道路宽度和沿街建筑高度比所产生的空间给人不同的感觉。建筑物间的狭窄或宽敞道路的结合，能使人充分地体验到层次丰富的序列感。街道的宽度与两侧建筑物的高度之比（D/H）的值对街道景观环境的气氛有重要的影响。芦原义信认为通常D/H大于1时，随着值的增大逐渐产生远离之感，超过2则产生宽阔之感；D/H小于1时，则随着值的减小产生接近之感；D/H等于1时产生匀称之感[110]。

20世纪80年代的主要道路宽度约10米，两边的建筑在3层左右，D/H约为1，街道空间比较开阔，不会让人产生心理压抑。街道宽度在90年代的修建中稍有增大，对于行人来说比较“人性化”，建筑高度未形成压迫感，街道长度也在心理舒适的范围之内。城区道路经改建、扩建之后，街道宽度在20米左右，两侧建筑虽有加高但总体为4～6层，道路宽度与建筑高度之比大于1，产生较为开放的空间，街道的行人完全处于公共的空间之下（图3-22）。但城乡结合部街道空间的建设一味地向城市看齐，空间尺度越来越大，并不符合其生活实际的需要。

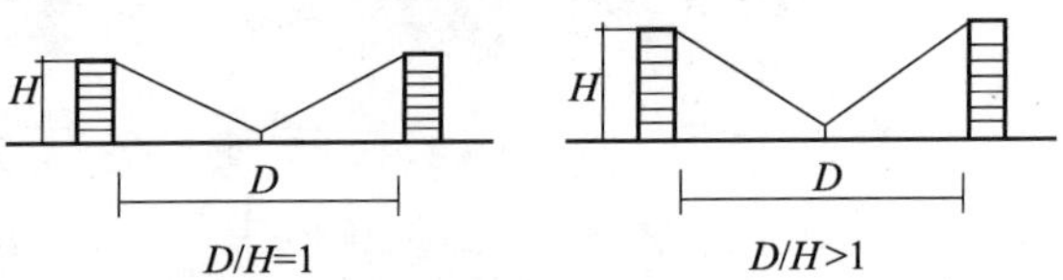

图3-22　街道D/H示意图（一）

生活型街道和传统街巷的变化较小。在一些生活型街道，街道宽度一般在 4～10 米，道路宽度与建筑高度之比为 $0.7 \leqslant D/H \leqslant 1$，是令人感到舒适的氛围和空间。而一些传统街道，宽度通常在 1.5～3 米，道路宽度与建筑高度之比为 $0.5 \leqslant D/H < 0.7$，空间常呈狭高状，给人一种强烈的围合，甚至是封闭之感（图 3-23）。

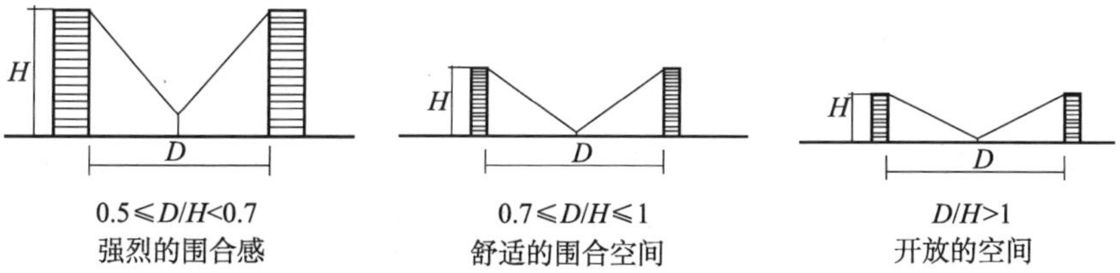

图 3-23　街道 D/H 示意图（二）

2. 街道景观演化特征

1）道路系统向安全、通畅的交通环境发展

近 30 年来，随着城镇建设的发展，主干道不断延伸拓宽，路面条件变好由土路改变为石板、块石、碎石以至沥青和混凝土。同时也进行了人车分离设计，设置了一定的交通控制设施，安全性逐渐提高。

2）街道基础设施日渐满足居民生活需求，还应注重文化景观发展

为了满足人们日常生活的使用要求，路灯、垃圾桶、交通指示牌等街道基础设施日渐增多。此外，城乡结合部鲜有坐凳、花坛、凉亭、雕塑等给人提供生活气息、打破乏味气氛的街道小品。因此在满足居民日常需求的同时，还需加强城乡结合部人文建设。

3）街道环境趋于统一

由于规划建设的要求和人们审美、环保意识的提高，城镇的整体形象开始受到重视。部分沿街立面由缺乏秩序感的面貌到进行统一的设计和整修处理；城乡结合部绿化景观虽不及城市景观，但植被种类增加、绿地覆盖率提高，整体环境逐渐改善。主要的问题还是缺乏特色，景观设计千篇一律。如何与周围环境相协调，与自然景观、区域风貌相映衬，是今后的发展所需要思考的。

4）街道空间尺度越来越大，缺少适应性

城乡结合部的规模比城市小，各种服务设施宜在居民步行可达的范围之

内，一般街道空间尺度较小，更为人性化。随着经济的发展，街道空间很多经过扩建改造，往往尺度变大、风格单一，越来越向城市看齐；减少了人与人之间的社会交往，使人们在其中感到疲惫和乏味，街道空间逐渐成为纯粹的交通空间。

（三）建筑风貌

1. 建筑形式

改革开放以来，江夏区的建筑类型较少，主要是传统江夏民居及其衍生类型和现代风格的楼房。20 世纪 80 年代末期，经济上的变化也促使城乡结合部的建筑风格发生了剧烈的改变，传统民居和现代楼房都在变化。

江夏民居产生于明清年间，体现了“江西填湖广”移民潮为武昌带来的徽派和江西的民居文化。粉墙黛瓦、马头墙、天井、石库大门是江夏民居的经典构成元素，“层层递进、步步高升、四水归堂、隔三转五”的三合院是其最典型的建筑特色。这种民居形式是江夏区乃至武昌区大部分建筑的原型，大部分建筑都由江夏民居演化而来。20 世纪五六十年代，江夏区的农民建造的红砖红瓦房便是继承江夏民居的典型建筑形式，其简化了立面装饰，石库大门变得较少，建筑颜色整体呈现红色（图 3-24）。建筑层数的增加使体量不断加大，而且由独户的民居变为了集体居住的“筒子楼”。

图 3-24　传统民居建筑

资料来源：课题组自摄

在红砖红瓦房的基础上衍生出了许多形式的建筑，一般都保留最初的双坡屋顶和硬山墙。建筑的外立面变得更为简洁，楼层拔高，外墙的铺装趋于多样。进入 21 世纪后，在经济发展越快的地区，江夏民居的独特风格消逝得越彻底，这一种独特风格的建筑类型很少再被用到。

20 世纪七八十年代，江夏开始新建现代风格的房屋，吸收了主城区和其他地区建筑的建筑语言。出现了以平屋顶和简洁造型为特征的楼房，其外立面的铺装多为各色的砂浆抹面，有一种粗糙的历史感，其门窗装饰都十分简单，但走廊或楼梯处气窗有特色装饰（图 3-25）。

图 3-25　现代建筑（一）

资料来源：课题组自摄

20 世纪 90 年代，在武汉主城区的影响之下，大量 6 层以上的建筑出现。其屋顶为平顶，外立面开多个窗，立面装饰多为铺装或涂料，建筑体量较大。这种类型的住宅多为多梯多户的公寓，商业和办公楼也不断加高。

2000 年至今，江夏主城区开始大量兴建住宅小区，商业大楼和办公大楼的样式也不断更新换代；开始引入西方的建筑元素，外立面的造型多种多样。功能与形式各异，各类风格相互拼贴，用材新颖是现代建筑的主要特征（图 3-26）。

图 3-26　现代建筑（二）

资料来源：课题组自摄

2. 建筑构件

传统江夏民居的屋顶为双坡瓦面屋顶，在演化过程中逐渐变为平屋顶、坡平混合式屋顶。现代化建筑的屋顶为平屋顶，在演化过程中屋顶的形式出现多样化的改变，增加了隔热层、花架等装饰。江夏民居的墙体由白色泥浆粉刷的土砖砌成，两侧山墙为硬山墙形式，正门为传统的石库大门（图 3-27）。

商住房由朝向街道的商铺和背街的住宅组成，其样式与私宅相近。不同之处在于，其窗口尺度较大，样式为木板制的折叠窗。20 世纪五六十年代，独栋

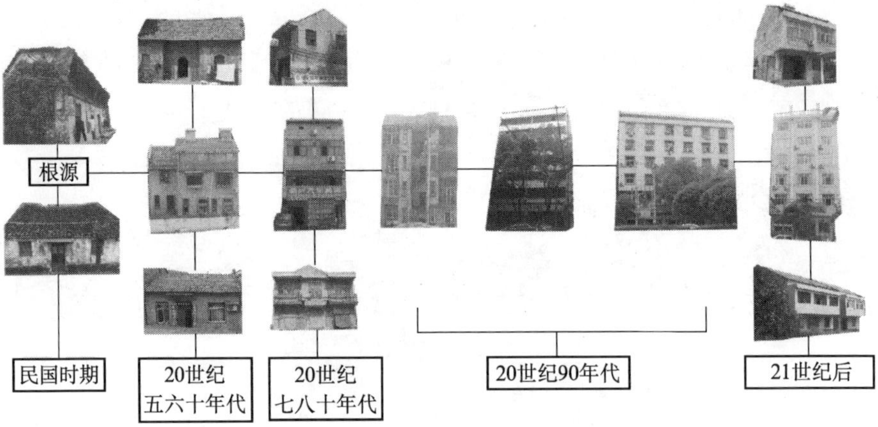

图 3-27　传统建筑立面演化

资料来源：课题组自摄

房顶为红瓦铺装的坡屋顶，墙体由粉刷或裸露的红砖砌成，山墙仍为硬山墙，部分民宅沿用了江夏民居的石库大门。集合住宅的屋顶为红瓦坡屋顶或平屋顶，墙面由红色砖石砌成，石库大门较私宅尺度更大，各户均有阳台挑出，屋顶之上筑有统一的烟囱。商用房与独栋的居住用房样式相近。由江夏民居演化而来的建筑基本上只继承了坡屋顶和建筑体量，其外墙的铺装变得多样化，但装饰较少。现代的江夏民居类建筑多用做民居和路边商铺，少见于公共建筑。

20 世纪七八十年代现代风格民居的房顶多为平顶，墙面铺装多样，有马赛克贴砖、碎石墙面、抹灰泥浆墙体等；山墙无明显特色；大门和窗口已经褪去了传统的元素；建筑正面多建有与房屋等长的走廊。商业建筑与民居形式相同。80 年代末及 90 年代，屋顶和山墙变化不大，墙面的装饰一般为大片的白色瓷砖铺装或不同颜色的油漆；每户会有较小尺度的阳台或厨房出挑，基本不再设置出露的走廊。商业建筑立面变得更为简洁，房顶基本为平顶，墙面装饰与住宅相同，外墙无阳台也无走廊，偶见较少出挑的琉璃瓦房檐。21 世纪后，地产商根据项目的定位和开发理念推出相应住宅楼。房顶增加了阁楼、塔楼、钟楼等设计；建筑外墙多使用石料贴装和涂料装饰，分顶层、中段、底层三个部分进行装修；阳台类型和尺度不同；商业楼和办公楼则开始使用玻璃幕墙等现代建筑材料。这个时期，住宅有 5～6 层的多层以及 7 层以上的小高层，2010 年后 11 层以上的高层建筑不断增加。成片开发，开发区内所有建筑呈现统一风格（图 3-28）。

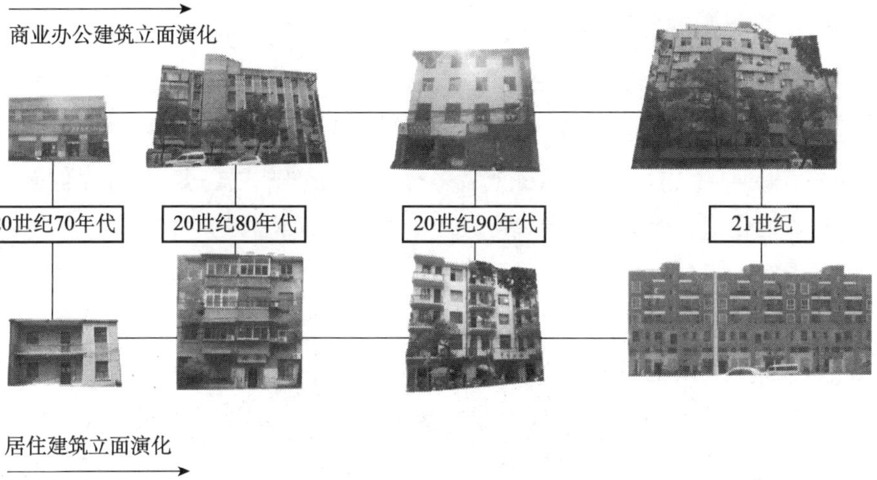

图 3-28 现代建筑立面演化

资料来源：课题组自摄

传统民居的窗户以木质窗框、栅栏加上纱网为主，后期的还有玻璃。大部分窗户没有任何装饰，大户人家的窗户稍有一些花纹，商铺的窗户则由大开间的折叠木板制成。20 世纪 80 年代，由木窗变为铁窗，进入 21 世纪后为带防盗网的铝合金窗，防盗网的花样也多种多样。窗框颜色也由灰色变成红色、黑色和银色（图 3-29）。

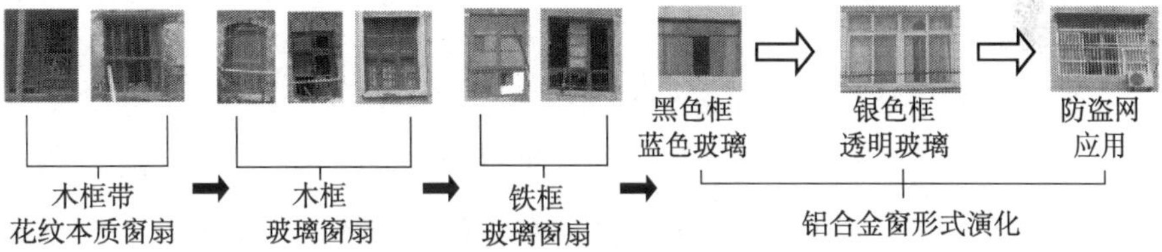

图 3-29 窗户形式演化

资料来源：课题组自摄

20 世纪 80 年代至今，由于建材的发展，石库大门基本不再使用，门的材质逐渐转向铁质、不锈钢质，且门扇上的装饰花纹变得多种多样，有虫鱼鸟兽或吉祥文字等花样（图 3-30）。

图 3-30 门形式演化

资料来源：课题组自摄

3. 建筑风貌演变特征

1）形式由封闭性发展到开放性

从平面布局看，四合院、三合院的围合形式布局在建筑的演化中已经逐渐消失。取而代之的是独门独栋或者多梯多户的公寓式楼房。从外立面看，传统的建筑仅在正立面上开两扇尺度较小的窗，而演化后的建筑在外立面上逐渐出现了走廊、阳台，甚至露台，居民有了更多和外界交流的途径。整体建筑由封闭性转向了开放性。

2）追求经济、功能与形式的统一

传统建筑建造时追求的是人在生活上的满足，即功能的最大化，对形式设计并无过多变化。在演化的过程中不断强化建筑功能的同时，建筑立面、门窗、屋顶等部分开始变得多样化。不仅满足了人们的生产、生活需求，也满足了人们的审美、精神需求。

3）居住建筑交往空间逐渐减少

传统建筑的布局通常较为密集，便于联系，邻里之间关系密切。在 20 世纪五六十年代的“筒子楼”中共用厨房、楼道等公用设施，人们的交往也较为普遍和频繁。80 年代后，现代的公寓和环境较好的独栋别墅将其取代，人们保护了生活空间的私密性，缺失了很多社会交往的机会。

4）文化内涵的缺失

传统的江夏民居建筑在演变过程中，原本特色不甚明显的传统建筑元素逐渐消逝。随着现代经济发展，工业化、批量建设的建筑使江夏区的大部分居住小区、新区的风貌呈现同质化的状况。在这样的时代背景之下，传统建筑的特色文化更是无以为继，以传统建筑为模型的新建筑也逐渐变少。

二、江夏区风貌演化机制

（一）演化阶段

1. 初始变化阶段

1）清晰分明的城乡格局

这一阶段为改革开放至 20 世纪 80 年代末，武汉主城区范围呈现扩张的趋势，但拓展速度较慢，到 1985 年建设用地面积发展到约 185 平方千米[111:8]，与卫星城——武昌县城纸坊、金口和豹澥的距离较远。武昌县在 1974 年设有 2 个镇和 19 个公社。从 1982 年和 1983 年起，陆续进行撤社建乡和改社为镇，以及撤队建村的改革。到 1986 年形成了 12 个镇和 11 个乡，329 个行政村和 33 个居民委员会。武汉主城区和卫星城及其周边区域形成了比较系统和清晰的城、镇、乡、村的空间结构（图 3-31）。

建成区主要为居住用地、交通用地和工业用地，非建成区为耕地、林地和水域。各类用地的界线较清晰，交通和工业用地相对于居住用地较少。总体上城镇建成区面积不大，居住和工业用地呈斑状分布，交通线路稀疏，未形成网络。非建成区连片分布，城乡之间的界线明显，整体的空间格局变化不明显。

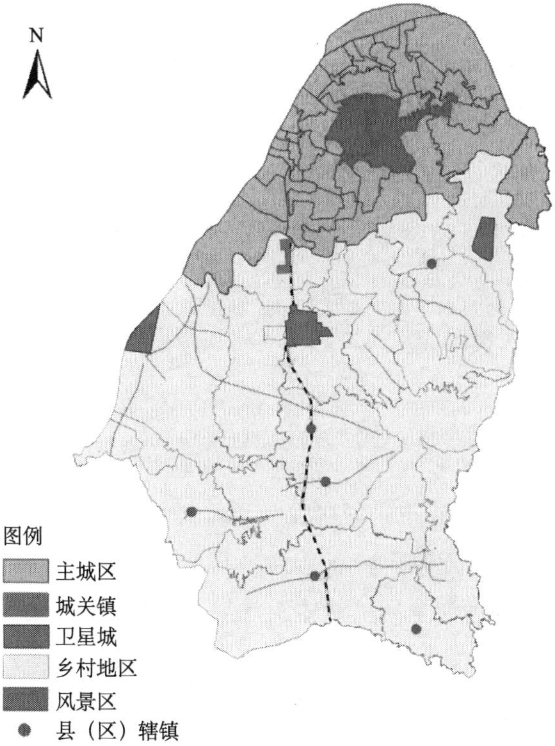

图 3-31　20 世纪 80 年代武昌县与武汉主城区的城乡格局（文后附彩图）

资料来源：参考《规划武汉图集》等资料整理绘制

2）简略单调的街道景观

20 世纪 80 年代纸坊主要街道呈“日”字形，以兴新街（新街）、纸坊大街（纸坊路）为主街，自东向西连接龙井路（老街）、复江道（江夏路）和西交路（交通路）。与纸坊大街等级相似的道路一般长1～2千米，宽10米左右，基本无专设的人行道，多为土路和碎石路。主干道已有绿化，但当时绿化标准不统一，只是简单栽植行道树。

不同功能的建筑有不同的风格。住宅造型简单，立面风格古朴；沿街商住楼店铺的门面装修和广告牌杂乱。居民自建房占比重大，导致街道的建筑层高和层数不一，但基本都是1～3层，街道两侧的轮廓线虽有起有伏但幅度不大。道路和两边的建筑宽和高之比约为1，街道空间比较开阔，不会让人产生心理压抑。仅一些主干道两旁设置有路灯、垃圾桶等公共设施和道路标识牌，但宅间的生活型道路缺乏相应设施。

3）变化明显的建筑风格

20世纪五六十年代，武昌县当地红砖红瓦房是典型的传统民居风格的建筑形式。随着发展，立面装饰简化了，石库大门变得较少，建筑色彩依然以红色为主色调。建筑层数增加，体量加大，独户的民居变为了集体居住的“筒子楼”。七八十年代，开始出现以平屋顶和简洁造型为特征的现代风格的楼房，外立面多为各色的砂浆抹面，门窗装饰十分简单，但走廊或楼梯处的气窗有装饰。80年代民居的大门和窗户已经褪去了传统的色彩，传统民居窗户以木质窗框、栅栏加纱网为主，后变为铁窗。大部分窗户没有任何装饰，商铺的窗户则由大开间的折叠木板制成。

2. 加速变化阶段

1）城进乡退的整体格局

20世纪90年代，武汉市主城建成区明显向外拓展。1992年在江夏区（武昌县）北部成立庙山开发区，1995年武昌县撤县改区，正式成为武汉南部的新城区。1996年编制《江夏区城镇体系规划》，将11个乡、12个镇的网络结构分为卫星城、二级镇和三级镇。1997年12月，江夏区设立了纸坊、金口、乌龙泉、流芳、郑店、大桥6个街道办事处，豹澥、安山、法泗、湖泗保持镇的建制，山坡、舒安保持乡的建制，金水农场隶属于湖北省农垦事业管理局（图3-32）。

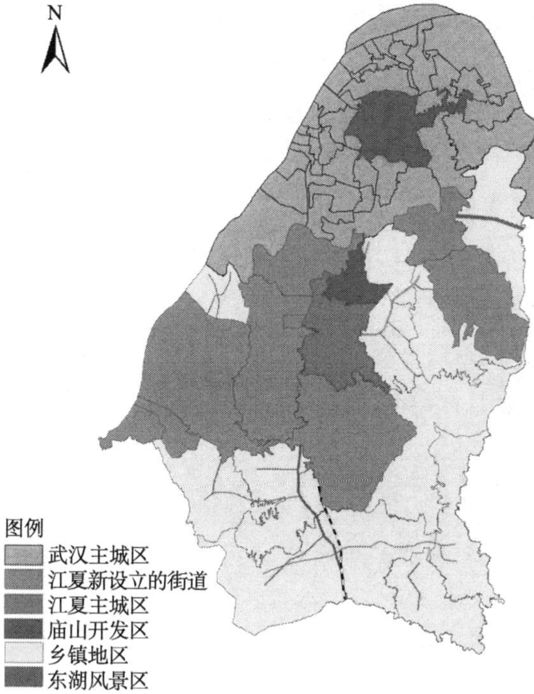

图 3-32 20 世纪 90 年代江夏与武汉主城区城乡格局（文后附彩图）

资料来源：参考《规划武汉图集》《江夏区建设志（1975-2008）》等资料整理绘制

江夏区北部明显呈现土地利用类型的变化，工业用地、居住用地和交通用地增加，耕地减少。江夏区南部地区的土地利用类型变化不大。用地的变化与城乡区划结构的变化一致，江夏从这一阶段开始将北部作为城市发展区，与武汉靠拢，南部则作为农业发展区。武汉的建成区与江夏区的建成区相向蔓延，城镇建成区面积逐渐变大，居住用地和工业用地扩大，交通线路数量增多。南部非建成区连片分布，但北部非建成区被建成区侵入和切割，城乡之间的界线曲折，整体的空间格局变化明显。

2）立体变化的街道景观

这一时期开始大量兴建和改扩建道路，先后对武昌大道、复江道、古驿道和纸坊大街进行改扩建，兴建江夏大道、熊廷弼街、北华街、沙羡街、世纪大街、文化路等一批骨干道路。道路数量增多，且增加各道路的联系。20 世纪 80 年代，平均每个街道片区约 5 条主要道路，90 年代约 8 条，道路逐渐形成网络。乡镇的道路也逐渐增多，但总体偏少，80 年代平均每个乡镇约有 3 条主要道路，90 年代约 5 条。

道路宽度在20世纪90年代的修建中稍有增大，平均宽度约为15米，对于行人来说比较“人性化”。建筑高度未形成压迫感，街道长宽度也在心理舒适的范围之内。主干道皆为混凝土铺地，另外设有人行道和隔离带将人车分离。

沿街建筑多兴建或整改，一般为3层，轮廓线基本平坦无变化。墙体为各家贴砖装饰，缺少特色。1994年武昌县建筑总公司在旧城改造中，将少数在主干道的临街主墙体进行装饰，但整体改动不大。沿街立面依然色彩单一，缺乏秩序感，环境小品设施缺乏。

20世纪90年代初，区建设局对江夏大道、世纪大街、文化路、北华街等7条道路按设计标准进行绿化，对纸坊大街、熊廷弼街、古驿道等9条道路因地制宜地进行绿化改造，提高了绿化水平。植被种类较少，以樟树、广玉兰为主。大部分街道仅有沿路的行道树，无绿化带。在公共设施方面，街道夜间照明不足，其他公共设施如交通指示设施、公厕及必要的休憩设施等也较为缺乏。

3）稳中有变的建筑景观

20世纪90年代，在武汉主城区的影响之下，大量3～6层的建筑出现。其屋顶为平顶，外立面开多个窗，立面装饰多为铺装或涂料，建筑体量较大。这种类型的住宅多为多梯多户的公寓，商业和办公楼也不断加高。

屋顶和山墙变化不大，墙面的装饰一般为大片的白色瓷砖铺装或不同颜色的油漆；每户会有较小尺度的阳台或厨房出挑。商业建筑立面变得更为简洁，房顶基本为平顶，墙面装饰与住宅相同，外墙无阳台也无外走廊，偶见较少出挑的琉璃瓦房檐（图3-33）。

图3-33　20世纪90年代江夏纸坊和金口主要建筑样式

资料来源：课题组实地调研拍摄

3. 全面变化阶段

1）北扩东移的发展格局

2000年后，武汉主城区整体保持平稳的拓展趋势，江夏提出“北扩东移”的战略，加快了向武汉主城区靠近的步伐。内部的区划经过了几次调整，2000年有6个街道办事处、6个区辖镇、11个乡和1个开发区。2001年5月江夏区街—镇—乡体制进行改革：大桥街和宁乡街并入纸坊街；金水乡和范湖乡并入金口街；土地堂乡并入乌龙泉街；龙泉乡并入流芳街；段岭庙乡并入五里界镇；贺站镇、保福乡、河垴乡并入山坡乡；豹澥镇、安山镇、法泗镇和舒安乡保持原建制。2001年10月，金水农场移交江夏区管辖，设立江夏区金水办事处。2004年，江夏区下辖5个街道办事处、5个镇、2个乡和1个办事处，到2008年江夏区变为纸坊、金口、乌龙泉、流芳、郑店和五里界6个街道，豹澥、安山、法泗、湖泗4个镇，山坡、舒安2个乡，庙山、藏龙岛、大桥新区、金水4个办事处和梁子湖风景区[108:11]。

江夏区北部和东部随着街—镇—乡体制的改革，土地利用也发生了明显变化，工业、居住和交通用地增加，耕地减少（表3-2）；同时南部的土地利用也在逐渐变化，按照《武汉总体规划2006年》，武汉都市区的范围线南至乌龙泉镇。但总体上北部和东部是土地利用变化最频繁的地区。

这一阶段江夏区的建成区向北和向东继续蔓延，城镇建成区与武汉主城区基本连成一片。交通线路数量增多，且与主城区道路形成网络；城乡之间的界线更加模糊，整体的格局变化巨大（图3-12、图3-34、图3-35）。

2）系统推进的道路景观

2000年后，按照“北扩东移”、构建“八纵八横”发展框架的思路，市政建设的发展步伐不断加快，实施了新世纪广场、文化路、世纪大街、江夏大道等几十个骨干工程。到2004年，纸坊城区主干道形成了“六纵六横”的路网格局。到2008年，进一步拓展为16条主干道，次干道增加到20条，巷道68条，里弄54条。总长36.2千米的“八纵八横”主干路网框架和次干道、巷道、里弄一起形成了较为完善的道路体系。道路不仅长度延伸，路幅拓宽（全区主干道保持在40～50米，连通道30～40米，一般道路在30米左右，沥青道路在30米左右），质量和水平更有较大提高（沥青、水泥路面占全部道路总面积的90%以上），部分道路设置中央护栏。

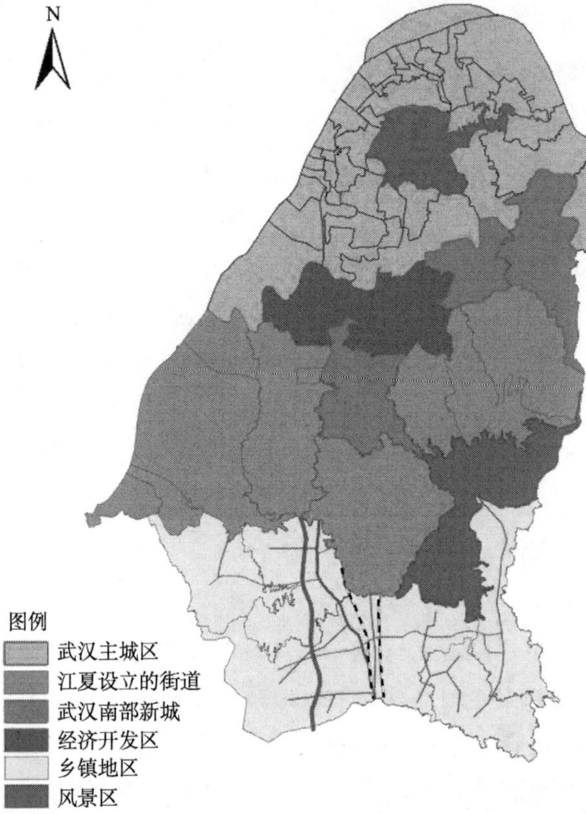

图 3-34　2000 年江夏与武汉主城区城乡格局（文后附彩图）

资料来源：参考《规划武汉图集》《江夏区建设志（1975-2008）》等资料整理绘制

2004 年，江夏区确立“以沪蓉高速江夏段和京广铁路江夏段为城乡发展轴，带动北部、中部和南部三片区域城镇体系发展”的战略。修编《江夏区城镇体系规划》，确定中远期以纸坊为中心城市，建设好金口、流芳、乌龙泉、郑店、五里界 5 个中心集镇和豹澥、安山、法泗、湖泗、山坡、舒安 6 个三级乡镇。道路建设被放在首位，1978～2008 年，已建成集镇市政道路 186 条和总计 754.89 千米的村镇道路。

城镇化进程加快，该时期 4 层以上的多层住宅日益增多，甚至出现小高层，沿街立面轮廓线高低起伏。同时主干道沿街立面整治力度加大，重点对沿街商铺广告牌进行统一设计整修。公共设施也逐渐完善，设置路灯、安全栅栏、照明设施、交通标识牌等。

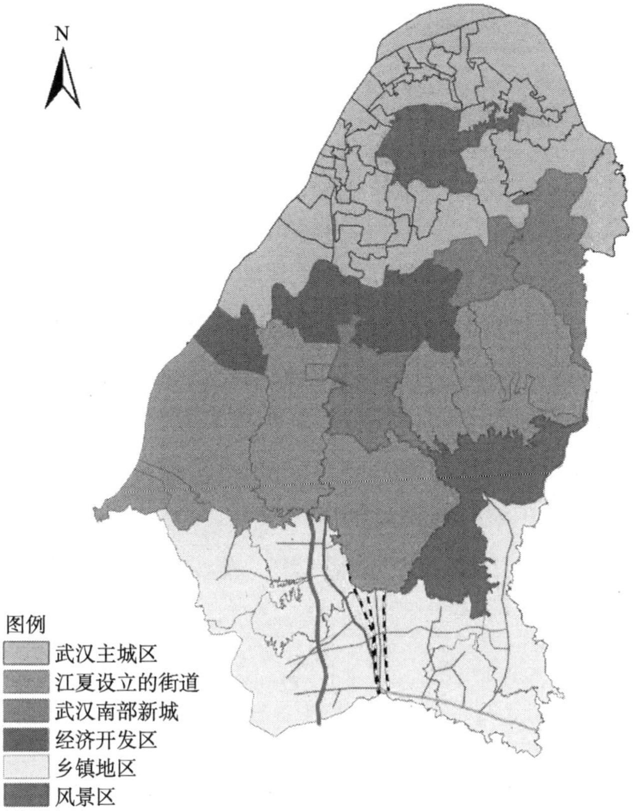

图 3-35　2010 年后江夏与武汉主城区城乡格局（文后附彩图）

资料来源：参考《规划武汉图集》《江夏区建设志（1975-2008）》等资料整理绘制

3）城乡趋同的建筑风貌

2000 年后，江夏主城区兴建了大量住宅小区，这个时期的住宅有 5～6 层的多层及 7 层以上的小高层。商业大楼和办公大楼的样式也不断更新换代。开始引入西方的建筑元素，房顶增加了阁楼、塔楼、钟楼等设计，外立面的造型多种多样。建筑外墙多使用石料贴装和涂料装饰，分顶层、中部、底层三个部分进行装修；阳台类型和尺度发生变化；商业楼和办公楼开始使用玻璃幕墙等现代建筑材料。2000 年后大多为带防盗网的铝合金窗，防盗网的花样也多种多样。

（二）风貌演化的影响因素

1. 自然环境的基底作用

自然环境包括地理位置、地形地貌、气候条件、资源条件等，它们是影响城乡发展的先天自然条件因素，是城镇风貌孕育、演变的基底。

江夏区（武昌县）是“九省通衢”武汉市的南大门（图 3-36），具有重要的地理位置和良好的交通条件，城乡建设受交通线路的影响很大。该区域属江汉平原向鄂南丘陵过渡地段，地形中部高，西靠长江，东向湖区缓斜，地形整体上起伏不大；湖泊众多，有大小湖泊 136 处（图 3-37）。地形地貌使得城镇建设主要在北部和中部，并且有逐步“北扩东移”的趋势。相对平坦的地形也使得建筑组团比较集中。

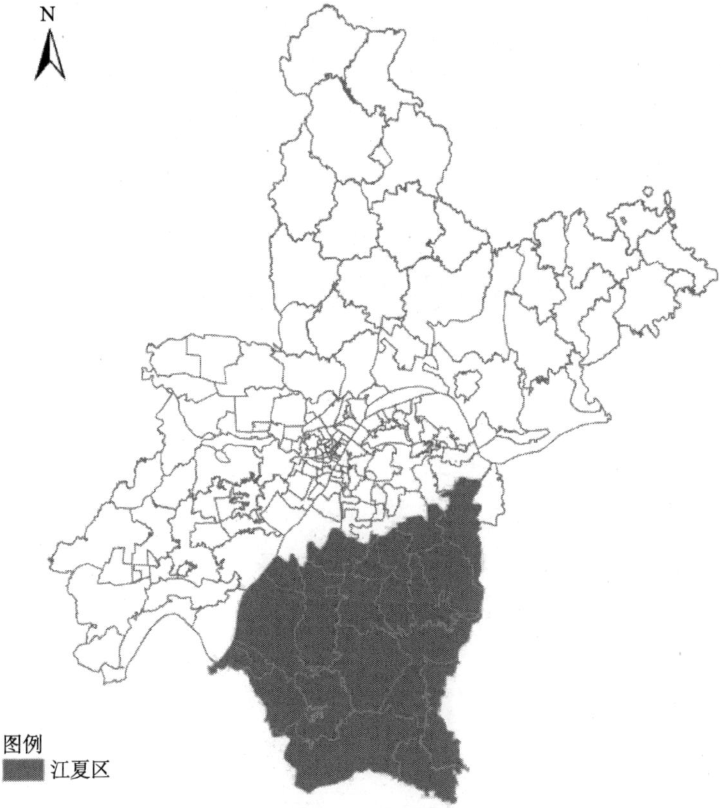

图 3-36　江夏区位置

资料来源：课题组整理绘制

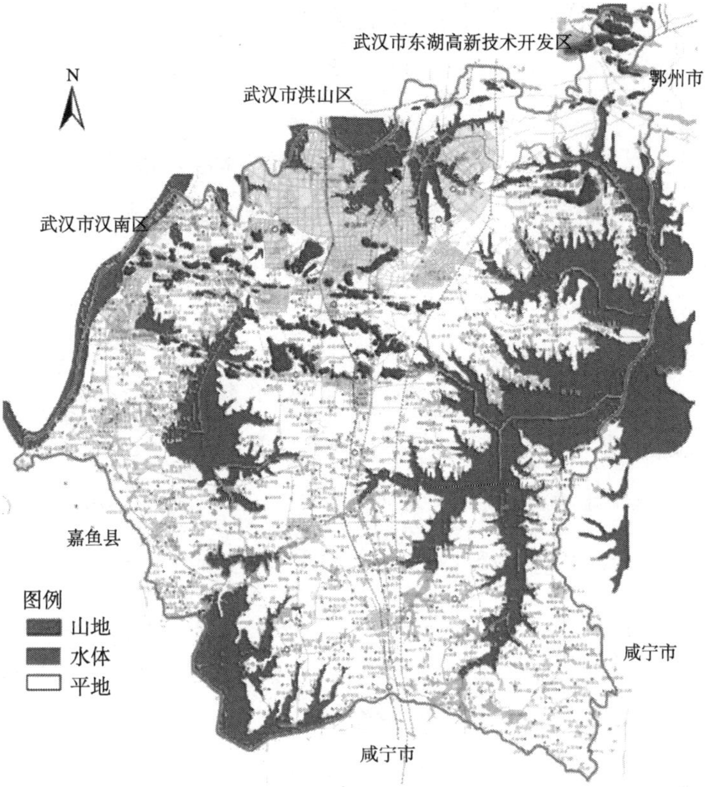

图 3-37 江夏区地形地貌

资料来源：根据江夏区政府网站的介绍等资料自绘

季风性湿润气候，年平均气温在 15.9～17.9℃，年平均总降水量为 889.2～1862.6 毫米，平均降水量为 1347.7 毫米，日照时数在 1450～2050 小时。温暖湿润的气候，使区域内传统建筑呈现坡屋顶、通风性能好的结构，并且在后期发展过程中保留部分特色。

水资源丰富，河湖岸线长；地域面积广大，耕地林地资源多。漫长曲折的湖岸线使区域内有丰富的滨水景观，也为耕地提供了灌溉条件。江夏区的建设用地、耕地、林地、水体整体上种类齐全，为该地城乡结合部风貌提供了丰富的自然背景。

2. 经济发展的动力作用

经济发展是城市化的内生决定性力量。经济发展程度和城市化阶段之间有很大的一致性，美国地理学家贝里（Berry）于 1965 年选用了 95 个国家的

43 个变量，研究证明了经济增长与城市化之间的正向关系。[112:209] 新老经济体制交替的阶段是区域景观剧烈变化的阶段，经济快速发展的时期也是区域景观快速演变的时期。

改革开放之后，江夏区单一的公有制经济体制逐渐松动。20 世纪 90 年代实行社会主义市场经济，对城乡景观的影响越来越大。2000 年之后，房地产开发对景观的影响更大。2008 年有超过 18 家房地产商在江夏区投资，2005～2008 年开发的 8 处居民区总投资超过 13 亿元。经济体制的转变对城乡结合部风貌的演变是潜移默化的，不同阶段的经济发展对城镇风貌的影响力不同。1980～2004 年江夏区财政收入由 1552 万元增长到 62 911 万元，年平均增长 17.6%；财政支出由 1537 万元增长到 65 787 万元，扩大了 42.8 倍（图 3-38）。财政收入与支出的快速增加，相应地政府用于城乡建设的资金也在增多（图 3-39）。

3. 政策干预的推动作用

江夏区的行政区划进行了多次调整。1974 年，武昌县设有纸坊和金口 2 个镇和郑店、乌龙泉、五里界等 19 个乡；在 1986 年陆续撤社建乡和改社为镇，1995 年撤县设区；1997 年设立纸坊、金口、乌龙泉等 6 个街道。此后，在 2000 年、2001 年、2004 年和 2008 年陆续进行了行政区划调整，形成了“六街、四镇、二乡、四办事处和一个风景区”的行政格局。以政府为主导的城乡建设，根据行政区划调整而进行相应的改变。建设的力度因不同等级的行政区划而不同，其整体的城镇风貌也呈现不同的特点。

纸坊早在 20 世纪 70 年代就是武昌县的县治，武昌县划归武汉之后，纸坊便成为武汉的卫星城。设立江夏区之后，纸坊的建设速度和力度在不断加强，尤其在道路建设、基础设施配套、旧城改造和高层建筑的建设方面。因此，纸坊的建成区比例大，自然景观少，整体上与武汉主城区的差距不大。

对于街道集镇，江夏区政府提出“以增强中心集镇的凝聚力和辐射力的建设方略，以街道办事处所在地集镇为中心”，按照“每个中心镇建一条样板路、整治一条老街、开发建设一个有规模的住宅示范小区、建设一个商贸小区、搞好一个民营工业园，形成合理布局、独具特色的绿化”标准进行建设。集镇街道的风貌演化不是统一规划的，呈现出新颜旧貌的交错。同一条街或者相邻的街上，存在 20 世纪 50 年代到近几年的不同风貌元素。

其他的乡镇，政府的支持相对小。市政道路、桥梁建设等基础设施建设

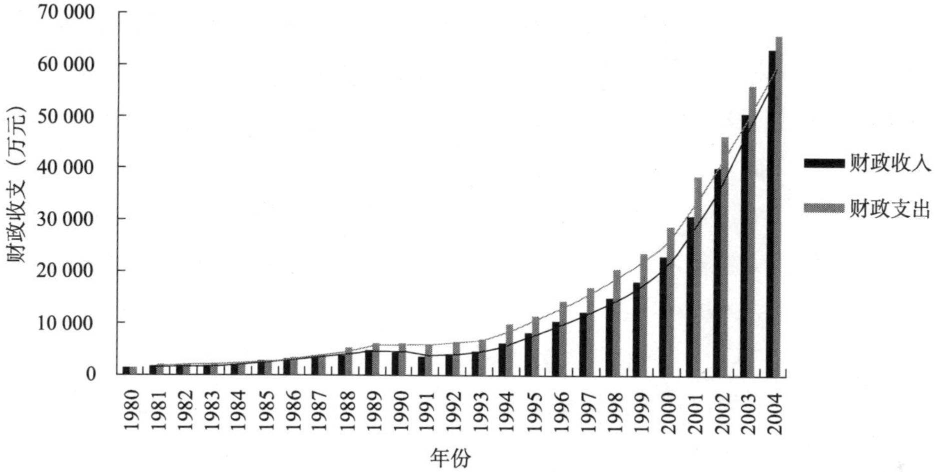

图 3-38 1980～2004 年江夏区（武昌县）财政收支情况

资料来源：《江夏区志（1980-2004）》

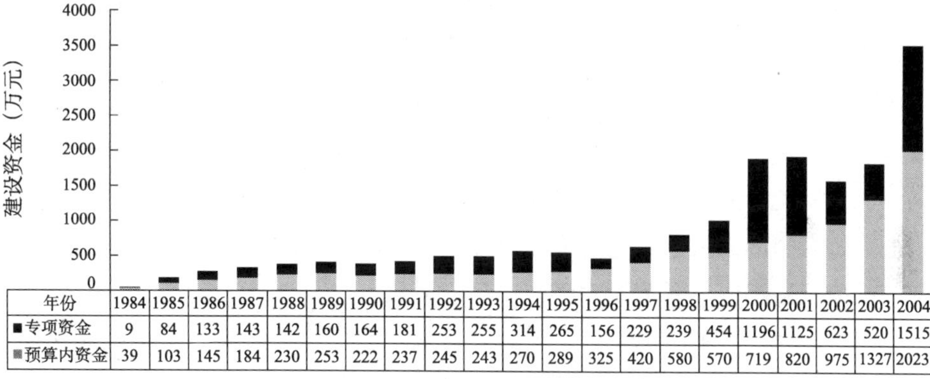

年份	1984	1985	1986	1987	1988	1989	1990	1991	1992	1993	1994	1995	1996	1997	1998	1999	2000	2001	2002	2003	2004
■专项资金	9	84	133	143	142	160	164	181	253	255	314	265	156	229	239	454	1196	1125	623	520	1515
■预算内资金	39	103	145	184	230	253	222	237	245	243	270	289	325	420	580	570	719	820	975	1327	2023

图 3-39 1984～2004 年江夏区（武昌县）建设资金变化情况

资料来源：《江夏区建设志（1975-2008）》

都没有纸坊和街道集镇的规模大；建设范围相对小，更多地保持了郊野的自然风貌；道路、房屋和绿化等工程明显落后于城区和街道集镇。

庙山、藏龙岛和大桥新区是经济技术开发区，政府的政策支持很大。建设的速度快、力度大，它们的风貌演化呈现急剧、统一规划的均质化特点。自然风貌通过统一规划和投资建设之后变成现代化的景观。其中，金水农场除了市政道路有所改进之外，整体变化不大。

4. 技术进步的催化作用

科学技术的进步是城乡建设和景观创造的必备条件，也是促进城镇风貌演化的重要力量。将新技术、新建筑材料运用于道路、房屋的建造，由此产生新的景观风格。新的建筑材料(如混凝土、钢筋混凝土等)、新的结构(如钢结构、钢混结构、框架结构等)和新的设备(如升降机和电梯等)相继出现，突破了传统建筑高度与跨度的局限。

建造技术的进步使江夏区的房屋高度不断增加，外形更加多样。20世纪八九十年代的房屋多为3～4层风格单一的联排楼房，立面多贴有瓷砖。之后多为体量巨大的单栋楼房，而且由于墙面漆使用的普及，房屋的立面变得更为多彩。近10多年来，由于铝合金技术的发展，铝制窗户普遍使用，窗户面积也显著加大，房屋显得更加通透和明亮。建筑技术的更新，带来风貌整体风格和具体细部的变化。

5. 审美意识变化的引力作用

在20世纪80年代和90年代初期，人们对于所处环境的实用需求大于美观需求：对于房屋的改造，仅出于居住面积增加的考虑，在可扩建和利用的地方见缝插针；材料的选择追求经济实用，很少考虑整体的协调；街道店铺的布置只注重空间的充分利用，设置大面积遮蔽墙面的广告等。随着收入的提高，居住相对稳定，人们对居住环境的要求也就提高，审美意识也发生变化。逐渐对棚户进行整治或改造，使之更加美观和协调。商业街道的景观也在城市管理部门的整顿后摆脱了混乱无序，风格逐渐统一。

西方建筑风格被引入城乡结合部，欧式风格的小区和景观雕塑受到青睐。有些地方新式的房屋和道路设计大量采用这种风格的元素，也带来了景观风貌与环境不协调的问题。为满足人们回归自然的愿望，在小区的设计中也增加了山水景观的设计，更加注重人居环境优化。审美的影响在过去30多年呈现增强的趋势。未来随着民众参与度的提高和审美意识的增强，对城镇风貌的营造将会产生越来越强的影响力。

(三)风貌演化的动力机制

1. 初始变化阶段

1)生产经营制度转变，农村生产潜力激发

1979年武昌县开始推行联产承包责任制，1981年在稳定和完善生产责任制的基础上，延长土地承包期，调整农业生产结构，发展商品生产。扩大三田（鱼、莲、藕）、五园（瓜、果、林、茶、桐）的种植面积。促进以粮为主，多种经营全面发展。生产制度的改变使大批剩余劳动力转移到第二、第三产业，他们成为各种类型的专业户、生产加工联合体，或经销农副产品，参与商品流通环节。农村普遍发展"四专一联"（专业队、专业组、专业户、专业劳动力、联产到劳）的责任制。1983 年全县有 90% 的生产队实行联产承包到户，专业户、重点专业户 19 023 户，占总数的 21.12%，各种联合经济体共 902 个，4206 户。1984 年继续调整农业结构，退田还湖 8 万亩，调整劣等田 3 万亩，改造岗坡 2 万亩，扩大了"三田""五园"的种植面积。

农村改革取得了明显成效：1983年粮食总产量突破6亿斤①，为历史最高。棉花首次实现亩产超过百斤，农村专业户年平均收入达 5302 元，为全县平均收入的 1.97 倍。当年农民从事第二产业的为 29 580 人，占总数的 16.4%；从事第三产业的为 31 838 人，占总数的 17.89%。1985 年在武汉市内设立了 240 个经营网点，经销户 151 个，常年和季节性运销的劳动力发展有 5.2 万人，销售粮食 9100 万千克、鲜鱼 750 万千克、猪肉 1000 万千克、鸡蛋 500 万千克、禽类 200 万只、瓜果 4500 万千克，其他农副产品销售 1.1 亿元。

2）计划经济体制松绑，城镇企业效益增长

从 1984 年开始，武昌县对企业进行改革，采用"简政放权""放权让利""投改贷""利改税"等措施。1985 年开始了"划分税种，核定收支，分级包干"的新财税管理体制，1987 年开始全面推行企业承包责任制，1988 年在金口和流芳推行财政、工商、教育等小城镇建设综合改革试点。经济计划委员会管辖的 21 家企业在 1988 年的 1～9 月比 1987 年同期增长 11.3%，化肥、印刷、农机、电器等企业都提前完成目标。[113:188]

3）土地利用法制化，管理职能逐渐明确

1980 年之后，武昌县围绕"土地保护"主题加大土地管理力度，根据土地利用总体规划、土地详查、地籍管理等基础工作，建立土地保护的长效机制。1985 年县政府设立土地管理科，23 个乡设立土地管理站。1986 年成立土地管理局，为县政府直属机构，设办公室、综合股、征地划拨股、土地开发利用股。1989 年武昌县土地管理局下设 23 个乡镇土地管理所。1987～1989 年，

① 1 斤=0.5 千克。

武昌县土地管理局完成区域内土地资源详查任务，全县总面积 3 027 157.3 亩，其中耕地 142 392.37 亩。

4）政府主导建设活动，城镇局部改造

随着经济逐渐发展，武昌县在局部地区进行了土地开发，选择纸坊西侧的朱皮山，征用 116 亩荒地开发建设居民小区；县土地管理局将实现“三通一平”的土地，面向纸坊城区的居民、个体工商户有偿划拨土地使用权。

政府主导的城镇改造在局部展开，1981 年对纸坊大街中段龙头山开始进行降坡扩建，规定临街建筑必须在 4 层以上。1982 年，根据国务院《村镇建设用地管理条例》，分别对 22 个集镇进行规划建设，对主要街道与房屋建设作详细规划；1980～1990 年，对局部的 3 层以下建筑和城乡民房进行改建。县直各单位以维修临街办公楼为主，加层、加高办公楼。改建基本上限于城镇，周边的乡村地区处于自发建设状态。

这一阶段，经济体制的改革激发了农村自发建设的积极性，特别是离城镇较近的农村，出现了明显的风貌变化。农村活力增强，收入和人口的增加，增大了新建或改建房屋的需求（图 3-40）。村民在原来老房的基础上进行修缮或者另辟宅基地新建风格与旧房类似的房屋，同时道路等基础设施也增多。这一阶段呈现乡村积极向城镇靠拢的动态，很多地方虽然土地集体制度没有改变，但是已经呈现城镇风貌。

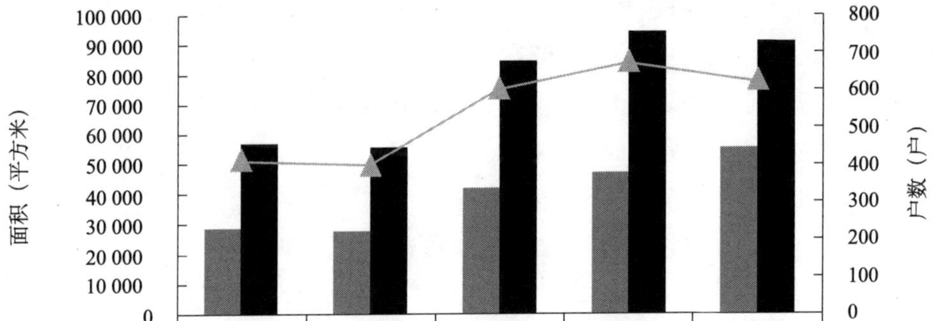

	1985年	1986年	1987年	1988年	1989年
占地面积	28 700	27 930	42 210	47 180	55 540
建筑面积	57 400	55 860	84 420	94 360	910 80
户数	410	399	603	674	622

图 3-40　1985～1989 年武昌县私房建设情况

资料来源：《江夏区建设志（1975-2008）》

2. 加速变化阶段

1）农村经济继续发展，但势头趋缓

1989～1992 年，乡村地区继续完善双层经营体制，壮大集体经济，发展适度规模经营和集约经营，开发和利用“五荒”（荒山、荒湖、荒坡、荒滩、荒边）。1995 年，武昌县全面推行水产养殖股份制，经营的水田取得了良好的经济效益。但是相比于城镇经济的改革，速度明显更慢，也不如 20 世纪 80 年代活跃。

2）改革多方面展开，城镇经济快速发展

20 世纪 90 年代是城镇经济改革和发展最快的时期。在对外开放与招商引资方面，开放与贸易基地建设结合，建设了食品、化工、轻纺、建材、机电五大外贸出口基地。1992 年创办东湖高新技术开发区庙山小区，用土地批租形式，加快基础设施建设。武昌县在 1994 年获得对外贸易进出口经营权。

企业改革方面，1993～1995 年，武昌县以搞活工业企业为目的，相继发布《关于深化企业改革转换企业经营机制试点工作的意见安排》《关于深化企业改革的意见》和《关于“壮大放小”搞活企业的意见》。1996～2000 年，企业改革开始涉及产权和职工身份，加快了县域经济民营化进程。对企业实行“三改一加强”——改组、改制、改造，企业改革进入实质化阶段。20 世纪 90 年代后期私营工业企业在全区工业企业中的比重逐渐加大。

商业贸易方面，1990 年批零经营的乡镇商业企业有 2364 家，占乡镇企业总数的 25.94%。1992～1999 年在原有城东大市场、流芳综合市场、金水闸集贸市场、五里界农贸市场和龙头街小商品市场的基础上，又分别在纸坊复江道北侧、金口街、豹澥、安山、兴新街、纸坊大街，建设江夏综合市场、经贸大市场、豹澥商品大市场、安山集贸市场、江夏中心市场、江夏商城、城北农副产品批发市场、华厦商城和华新小商品市场。形成了 14 个比较大型的商贸市场，年均成交总额超过 2.5 亿元。在兴新街、复江道、西港街、步行街、中心港、藏龙岛、大花岭和庙山等地形成了 8 个商业街 [113:188]（图 3-41）。

3）城乡规划建设逐渐展开，形成系统

这一时期的城乡建设是以规划为先导的，进行了系统的建设，形成了县域、城区、村镇和开发区等不同层面的规划。

1996 年完成了县域规划编制，规划以武汉市为依托，以小城镇为中心，

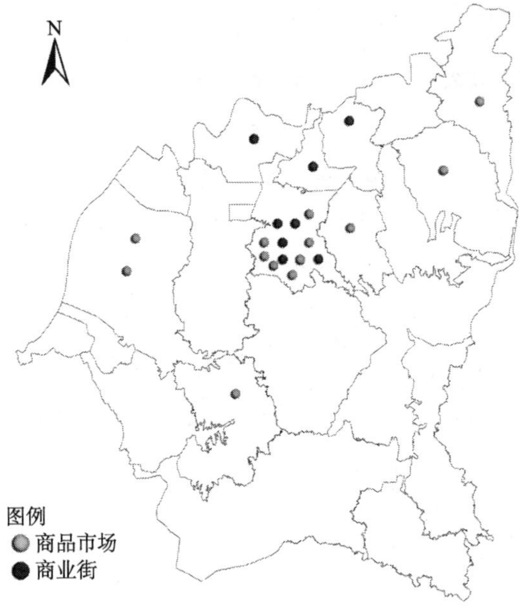

图 3-41　江夏区商品市场和商业街分布

资料来源：根据《江夏区志（1980-2004）》整理绘制

以布局城镇网络体系为主。要求加快城乡建设步伐，提高城镇化水平，形成一个“市带县、县带镇、镇带村”的城乡结合、工农相辅的经济体系和多层次城乡体系。1997 年在江夏区正式成立之后第一次编制了《江夏区区域城镇体系规划（1994-2020）》，规划城镇空间布局以纸坊为中心，沿京广线和武汉外环线，呈“十”字形城镇走廊体系，将全区 23 个街、镇、乡分为 4 类（图 3-42），奠定了之后江夏区城乡发展的基调。

《武昌县纸坊镇总体规划》于 1991 年开始修编，1995 年修订《武昌县纸坊镇总体规划（1994-2020）》，规划用地总面积 1881.92 公顷。

1982～1995 年根据《村镇建设用地管理条例》，编制了 22 个集镇的建设规划，对集镇规模、主要街道和房屋进行了详细规划，其中贺站镇、金口镇、流芳镇总体规划分别在 1995 年和 1996 年完成。1998 年区委制发《关于加快村镇建设的决定》，提出建设卫星城、中心镇、新农村的思路：到 2010 年，全区实现建成工、农、商、旅相融的具有卫星城市功能和中等城市水平的新型城区的目标。但 20 世纪 90 年代除了对金岭小区和南岸移民新村，以及庙山开发区新村进行规划建设外，没有开展其他的乡村规划，乡村的建设与风貌演变依

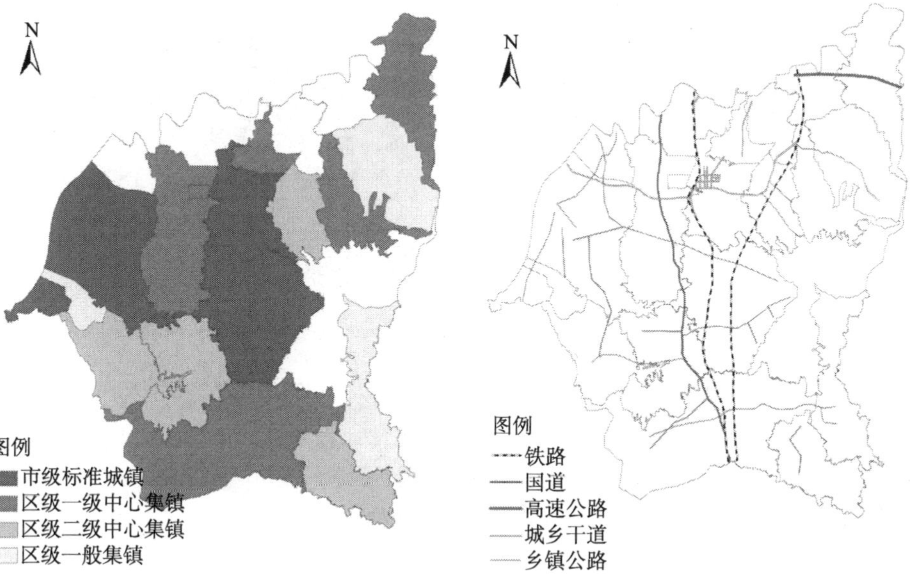

图 3-42　江夏区区域城镇体系与道路系统

资料来源：根据《江夏区建设志（1975-2008）》等资料整理绘制

然处于自发状态。

1992 年武昌县决定成立武汉东湖技术开发区庙山小区，规划建设包括庙山、郛树、幸福、向阳、普安、肖榨坊、花山吴村和麻雀胡养殖场。1993 年编制了《庙山开发区总体规划》，规划面积 30 平方千米，首期开发 11.2 平方千米，到 1998 年修筑了主干道 3 条，次干道 15 条。1993～2000 年，庙山开发区与东湖新技术开发区合作，整体拆迁郑桥、茅店、周店、东山、关山村和政法学院居委会部分农户，搬入规划新建的茅店新村（图 3-43）。

这一阶段，经济发展和规划建设是最重要的景观变化的动力因素，都主要发生在城镇，乡村有所影响，但内部自发演变的景观不明显，城镇景观侵入乡村。

3. 全面变化阶段

1）经济持续发展，呈现繁荣状态

2001 年商贸集团在江夏投资 800 多万元，新建面积达 8600 平方米的超市，引进中百仓储。2002 年中百仓储、艳阳天、梦天湖等商业企业进入江夏区。新兴超市、花之都超市扩张，在各乡镇开设分店。2003 年，全区民营企业和个体私营业达 17 750 家，民营企业占全区工业企业的 90% 以上，有力地推动

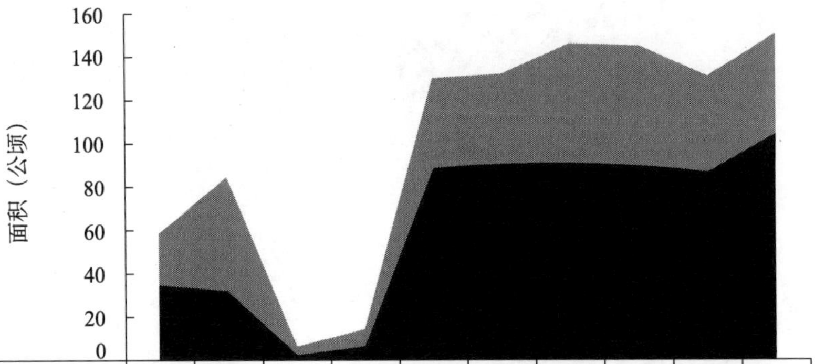

年份	1991	1992	1993	1994	1995	1996	1997	1998	1999	2000
■实际审批建设用地	58.24	84.76	6.09	14.45	130.27	131.9	146	145.2	131.07	150.92
■其中的耕地	35.05	32.11	2.39	6.63	88.71	91.19	92	90.13	87.27	105

图 3-43　1991～2000 年江夏区（武昌县）建设用地审批情况

资料来源：《江夏区建设志（1975-2008）》

了乡村工业化、城镇化、产业化的进程。2001～2004 年，全区财政收入分别递增 26%、34%、30%、25%。中心城是以商贸集团为主的核心商业区，城东、城北、城西为各类综合商业区，呈现出现代化商业新业态。一批国有企业也通过改制，呈现新的活力。到 2008 年，全区生产总值为 162.20 亿元，比上年增长 17.8%；2009 年为 186.2 亿元，比上年增长 15.8%；2010 年为 236.47 亿元，按可比价计算比上年增长 16.9%。

2）城乡规划建设全面推进，逐渐完善

2004～2005 年，武汉市总体规划划定江夏区为都市发展区的东南新城组群和南部新城组群。江夏区按照“依托主城，确保中心，重点发展、逐步推进”的思路，修编《江夏区城镇体系规划》，以沪蓉高速和京广铁路为城乡建设发展轴，带动北、中、南三部分城乡体系发展，重点地区与乡村城市化双向推进（图 3-44）。规划城镇等级结构为三个层次：纸坊、郑店、五里界、金口、大桥、流芳、庙山、藏龙岛、豹澥等北部和东北部区域为第一个层次，城镇人口要发展到 20 万～30 万人；乌龙泉、山坡等中部和交通干道沿线重点镇为第二个层次，城镇人口要发展到 5 万～20 万人；梁子湖、安山、法泗、湖泗、舒安、金水农场等南部和离交通线较远的一般城镇为第三个层次，集镇人口发展到 5 万人（图 3-45）。重点形成江夏东北部和北部经济发展区，近期以纸坊为中心城区，以金口、流芳、乌龙泉为中心镇，城镇面积发展到 38 平方千米，城镇化率 45%～55%；远期以纸坊和金口为中心城区，增五里界为中

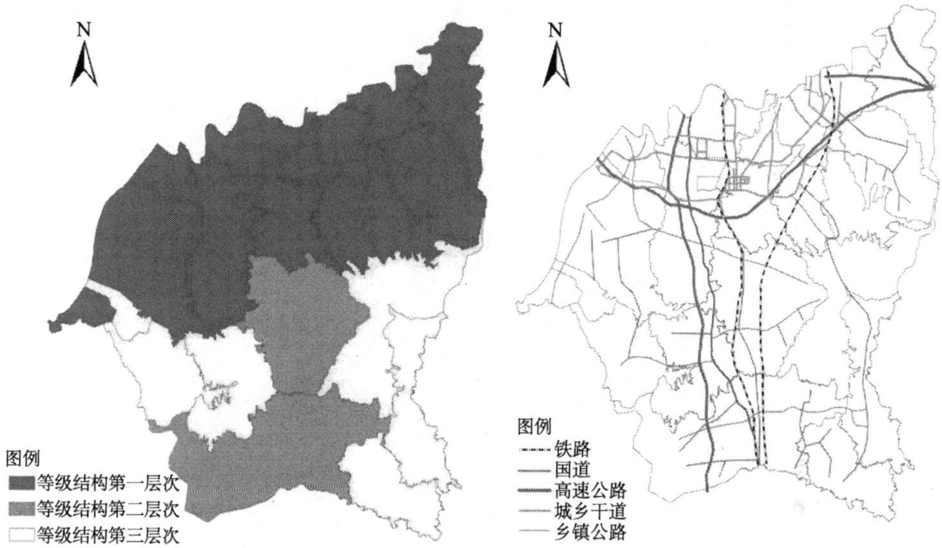

图 3-44　2005 年江夏区城镇体系结构与主要道路

资料来源：根据《江夏区建设志（1975-2008）》等资料整理绘制

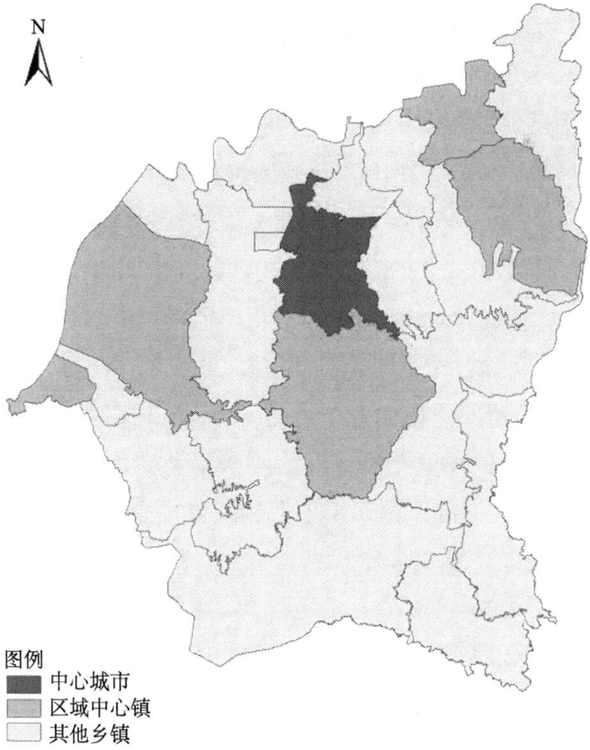

图 3-45　2005 年《江夏区城镇体系规划》近、中期城镇等级划分

资料来源：根据《江夏区建设志（1975-2008）》等资料整理绘制

心镇，添加若干新农村为城镇体系的第四级[113:188]（图 3-46）。

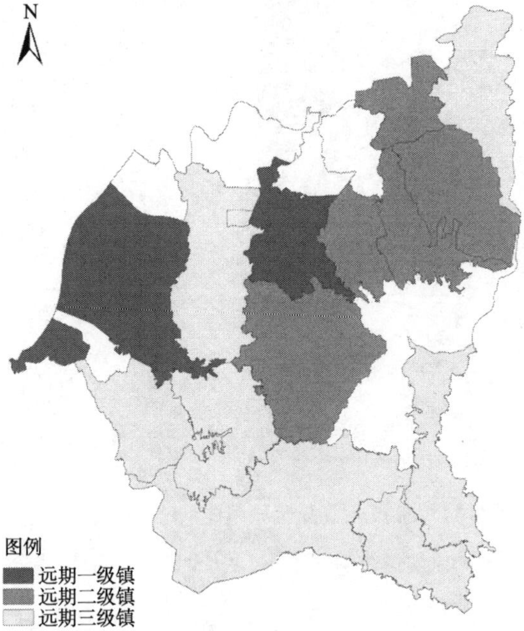

图 3-46　2005 年《江夏区城镇体系规划》远期城镇等级划分

资料来源：根据《江夏区建设志（1975-2008）》等资料整理绘制

2003 年《武汉市江夏区纸坊新城总体规划（2003-2020 年）》确定纸坊的发展目标、方向、规模、性质、功能等重大内容。2004 年，根据湖北省《关于加强城镇建设工作的决定》，开始编制《江夏区纸坊地区“四线”规划》，对道路边界线、绿地控制线、江河湖泊控制线和历史文化街区保护线进行规划管理。

2000 年之后，区域村镇建设全面展开。2003 年，区委、区政府发布《关于进一步加快农村公路网建设的若干意见》，计划 3 年时间实现全区村级公路水泥硬化。2004 年，以街道办事处和镇、乡政府所在地集镇为中心，在中心镇建设中提出“六个一”标准，即每个中心镇要建一条样板街，整治一条老街，开发建设一个商贸小区，搞好一个民营工业园，形成一个布局合理、独具特色的绿化体系。1980～2004 年，金口、五里界、山坡等 12 个街镇乡场新增主干道 29 条，共 186 千米，拓展集镇面积 23 平方千米。2003～2004 年，区规划部门为“家园建设行动”的 17 个示范村编制《新农村规划》[113:125]。2005 年开始，江夏区 96 个村编制新农村规划，加快了全区“家园建设行动计划”。2007 年，江夏区城市规划部门编制完成 60 个村的《新农村建设规划》，同时启动全区 12

个乡镇、街城村庄布局规划，为进一步推进全区新农村建设提供了保障[108:31]。

2003 年，藏龙岛科技园区梁山村拆迁 973 栋房屋，共 9853.48 平方米，规划建筑面积 700 亩，兴建房屋 1014 套。2006 年，编制庙山地区（新区）总体规划、藏龙岛科技园区总体规划、大桥地区总体规划、梁子湖风景区南北嘴近期规划。对三大园区和风景区的道路、给排水、公共建筑、还建住房等进行建设，变化迅速。这一阶段江夏区北部的庙山、大桥、藏龙岛、纸坊、金口、五里界、流芳等地建设强度和建设面积明显增大（图 3-47、图 3-48）。

3）城市管理加强，引导审美变化

2000 年，区政府发布《关于开展创新环境、创建文明城区活动的决定》，提出用 5 年时间建成市级文明城区。2002 年颁布《武汉市城市管理相对集中行政处罚试行办法》。2004 年，江夏区开始文明示范区创建活动，在纸坊城 2.3 平方千米的区域进行亮点工程、亲民工程、基础设施大配套、生态工程大改进。同年市政府颁布《武汉市市容环境卫生管理条例》，江夏区达到市级文明城区标准。2005 年江夏区根据武汉市《2005 年全市“清洁武汉美化家园”活

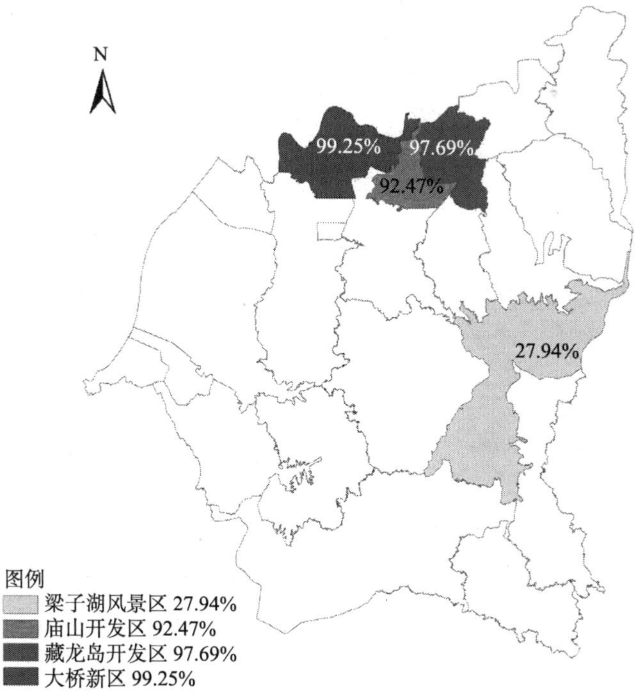

图 3-47　2006～2008 年江夏区经济开发地区建设强度分析

资料来源：根据江夏区政府相关统计资料整理绘制

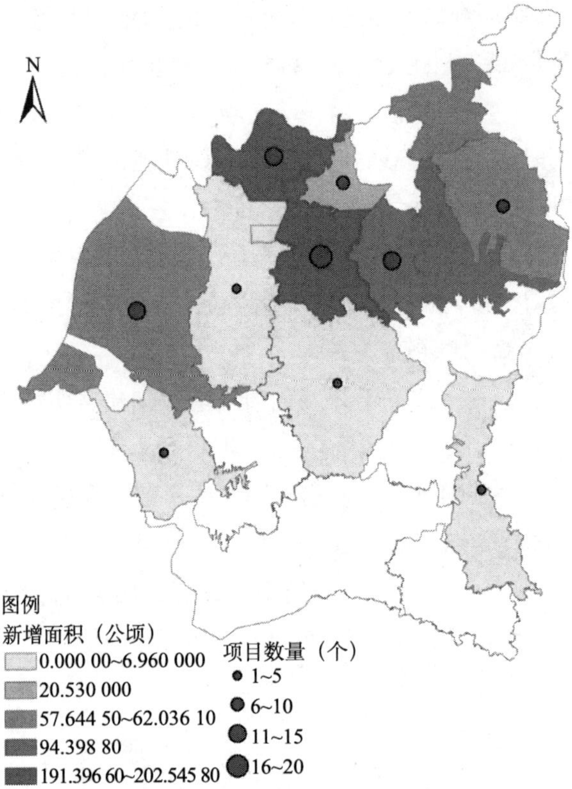

图 3-48　2011 年江夏区新增建设用地分析

资料来源：根据江夏区政府相关统计资料整理绘制

动方案》，制定《“清洁江夏美化家园”爱国卫生行动方案》。2.3 平方千米文明示范区、“社区建设 883 行动计划”及“双创”纳入工作范围，成立江夏区“清洁江夏美化家园”活动领导小组。庙山办事处、纸坊街、流芳街、金口街等 14 个街（镇、乡）成立创建工作领导小组，制定创建方案。纸坊、经济开发区、乡镇街集镇所在地，107 国道和重点干道沿线，以及京珠、沪蓉高速公路、农村道路两侧等作为打造江夏形象的重点区域，针对该区域中一些重难点问题，区、街及相关部门开展了一系列专项整治。2008 年江夏区全面开展以“清洁道路、清洁集镇、清洁村湾”为主题的“三清洁”工程[114:94-101]。

这一阶段城乡结合部景观的变化，主要是经济持续发展，规划建设更加全面，以及政府对城市管理的重视与加强综合作用形成的，所以在宏观、中观、微观方面都比较明显。

（四）风貌演化的空间响应

1. 宏观背景，城乡格局

1）水陆格局的轮廓限制作用

地形地貌对城镇的影响是多方面的，从选址、用地、功能区组织到道路管网、绿地布局和城市景观的组织无一不受其影响[115:258]。研究区域处于江汉平原向鄂南丘陵过渡地段，西靠长江，东临湖区。北部为丘陵地形，位于网状平原和冲积平原中，东部和西部为滨湖平原，中部和北部有成片海拔 150 米左右的岗丘。境内有大小山体 118 座，大部分海拔在 100 米以下。境内有大小湖泊 136 处，主要河流有流经区域西部的长江和金水河。平坦但丘陵分布的地形，使区域内的城乡形态在早期主要呈整体分散、局部组团形状。随着城镇的拓展，城乡格局的形态受到丘陵和湖泊的限制，在北部城乡建设区域最明显，建成区基本拓展到山麓和湖岸、河岸。

2）主城区的辐射与吸引作用

江夏北部紧邻武汉市的三环线，在 20 世纪 80 年代，武汉市就将纸坊和金口作为卫星城建设，之后武汉主城区的工业逐渐向外搬迁，很多向南转移到江夏。1996 年《武汉市城市总体规划（1996-2020 年）》将江夏的纸坊和金口列为市域城镇体系的第二级重点建设的城镇，形成以关山、纸坊为主体的高新技术产业密集区域。采取“双中心组团式”结构，由以老城为核心的综合组团和武纸公路西侧郑店新区组团组成。开发步骤采取老城区改扩建和新区建设并举的方式，规划金口，充分发挥港口、公路优势，建设地区性水陆联运枢纽和大宗产品交易市场，发展造船、建材、机电工业。

2000 年后，江夏提出了“北扩东移”的战略，将北部作为城市发展区，逐渐和主城区对接。2005 年武汉城市总体规划把江夏定为都市发展区的东南新城组群和南部新城组群。主城区强大的辐射和吸引作用使该地城乡结构和形态呈向北发展的趋势。

3）道路网络的骨架作用

道路是区域的骨架，区域的规划和建设都是以道路为线索和先导的，所以道路的变动是引发区域景观变动的重要因素。京广铁路和 107 国道纵贯研究区域南北，京珠、沪蓉高速公路也在此交汇，武咸城际铁路也已开通，各等级公路网络遍布全区。早期城镇就在京广铁路和 107 国道沿线。1997 年，江夏区第一次编制《江夏区区域城镇体系规划（1994-2020）》，规划城镇空间布局以纸坊为中心，沿京广线和武汉外环线，呈“十”字形城镇走廊体系。2004～2005 年，修编《江夏区城镇体系规划》，决定以沪蓉高速和京广铁路为城乡建设发展轴，带动北、中、南三部分城乡体系发展，重点地区要与乡村城市化双向推进（图 3-49、图 3-50）。

2. 中观空间，街道景观

1）商业活动催化作用

迅速发展的商品经济，使原来以单一交通功能为主的街道演变成服务和交通并重的城市空间。20 世纪 80 年代后期，陆续建立五里界综合农贸市场、

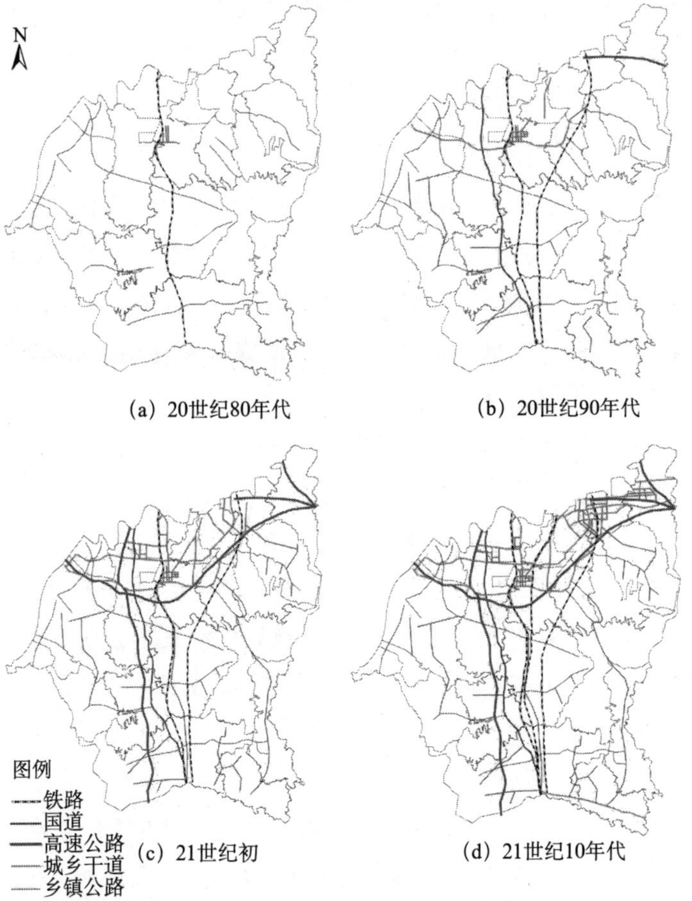

图 3-49　20 世纪 80 年代至 21 世纪 10 年代江夏区（武昌县）主要道路演变分析

资料来源：根据《江夏区志（1980-2004）》、谷歌地图等相关资料整理绘制

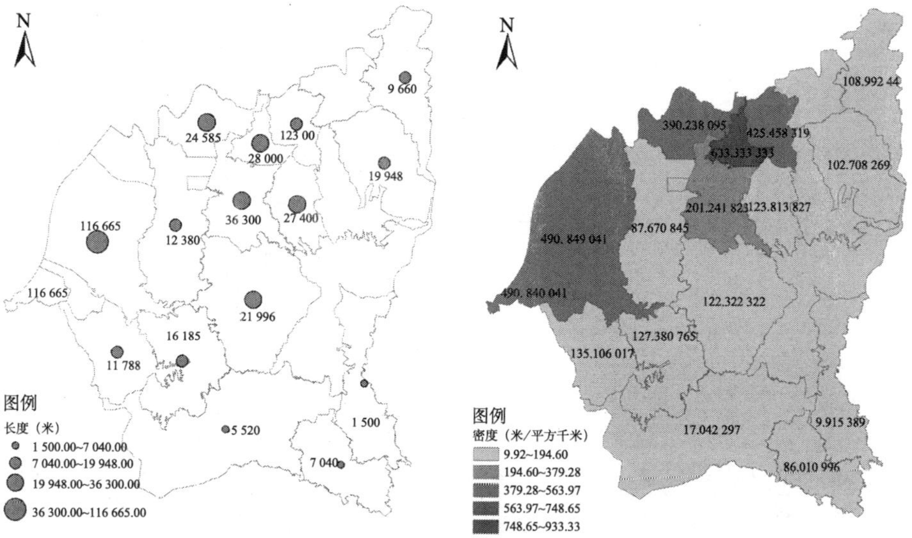

图 3-50　20 世纪 80 年代至 2008 年江夏区主要道路建设长度、密度分析

资料来源：根据《江夏区志（1980-2004）》《江夏区建设志（1975-2008）》相关资料整理绘制

金水闸集贸市场、江夏综合市场、华新小商品市场，引进中百仓储、艳阳天等企业。房地产业在江夏快速发展，从 1999 年的 0.36 亿元投资增长到 2007 年的 15.35 亿元，占固定资产的投资比重从 13.24% 上升到 28.24%（图 3-51）。房地产开发不仅直接带动城乡建设，而且促进了其他商业活动。2008 年，社会消费品零售总额 48.16 亿元，比上年增长 20.5%；2009 年为 57.36 亿元，比上年增长 19.1%；2010 年为 68.88 亿元，比上年增长 20.1%。这些商业活动聚集了人口，导致道路的延长、拓宽和连通，公共服务设施和绿化景观设施随之增加，使街道的景观种类丰富和数量增加，景观快速变化。

2）城市建设和管理的作用

1981 年武昌县成立勘察设计室，分测绘、设计两个业务组，1984 年成为武昌县建筑设计研究所。1996 年建筑设计所升为建筑设计院，同年设立江夏区建筑设计院。2005 年成立江夏区城建市政公用设计院，经营范围为市政公用设计、道路与排水工程设计、园林绿化工程设计。规划设计单位负责制定区域相关建设标准，对街区建设有指导作用。1980～1992 年，江夏贯彻《武汉市城市建筑管理暂行办法》，拆除违建房屋 1315 栋，共 12.6 万平方米。到 2004 年，共拆迁房屋 3164 栋，建筑面积 30.3 万平方米，安置拆迁户 2194 户。纸坊城区拆旧危房 840 栋，共 97 600 平方米。20 世纪 80 年代开始，居民住宅

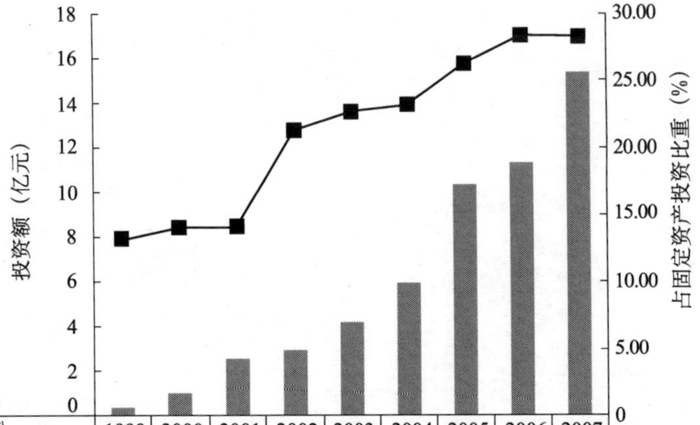

年份	1999	2000	2001	2002	2003	2004	2005	2006	2007
总投资	0.36	1.01	2.55	2.91	4.23	5.95	10.35	11.32	15.35
占固定资产投资比重	13.24	14.07	14.12	21.33	22.68	23.23	26.28	28.40	28.24

图 3-51　1999～2007 年江夏区房地产开发投资

资料来源：江夏区政府网站

用地快速增加，但从 2003 年之后明显减少（图 3-52），这说明了管理政策的变动直接限制居民自建房屋。

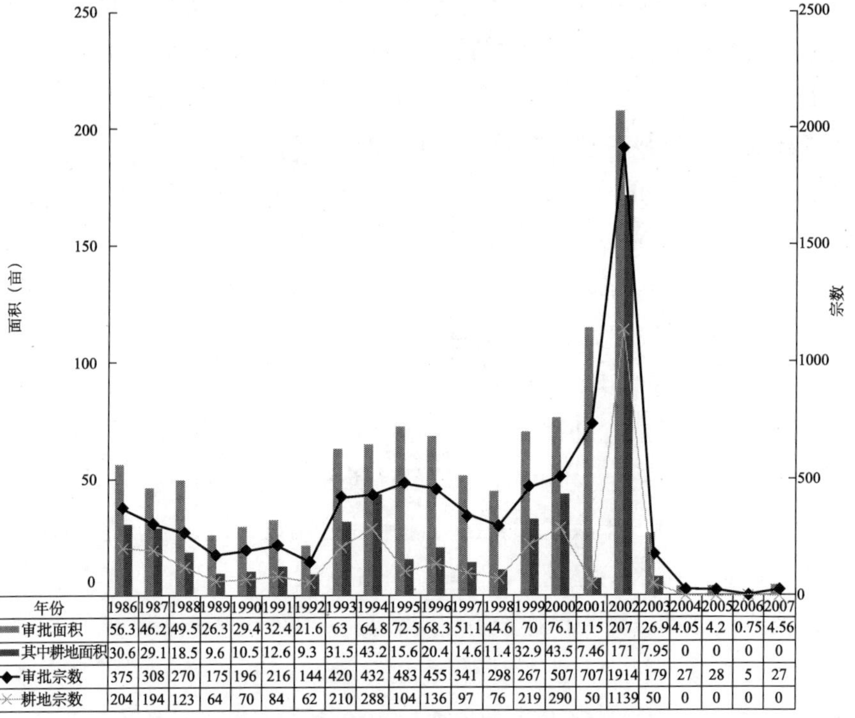

年份	1986	1987	1988	1989	1990	1991	1992	1993	1994	1995	1996	1997	1998	1999	2000	2001	2002	2003	2004	2005	2006	2007
审批面积	56.3	46.2	49.5	26.3	29.4	32.4	21.6	63	64.8	72.5	68.3	51.1	44.6	70	76.1	115	207	26.9	4.05	4.2	0.75	4.56
其中耕地面积	30.6	29.1	18.5	9.6	10.5	12.6	9.3	31.5	43.2	15.6	20.4	14.6	11.4	32.9	43.5	7.46	171	7.95	0	0	0	0
审批宗数	375	308	270	175	196	216	144	420	432	483	455	341	298	267	507	707	1914	179	27	28	5	27
耕地宗数	204	194	123	64	70	84	62	210	288	104	136	97	76	219	290	50	1139	50	0	0	0	0

图 3-52　1986～2007 江夏区城乡居民建房用地统计分析

资料来源：江夏区档案馆

同时，城市管理方面积极推行“四位一体”的城管机制，落实包街管理责任制，建立联责、联利、联心的路面综合管理责任体系，开展“市民满意路”“市容环境达标街”的“双创”工作。各街道和村镇又实施创建“一条示范街、一条示范巷、一个示范小区”的“三个一”工程，全面开展以清除背街小巷暴露垃圾为重点的专项整治活动[114:101]。

3. 微观景观，私人空间

1）技术改进的直接作用

1980年以后，规模大、结构繁、造型新、跨度大的建筑工程及高层建筑进入全区施工企业承包范围。新技术、新材料、新工艺和新的检测手段、技术标准逐渐为江夏区建筑企业所采用。挖孔桩满足高层建筑对基地的需要；高层建筑多采用砼框架结构，竖向钢筋较多使用电渣压力焊；20世纪90年代后的建筑施工，现代机械作业生产方式成为施工主流。1993年大型施工机械40吨·米塔吊在江夏区第四建筑工程公司率先使用。到2008年，江夏区的建筑绝大部分使用新型的蒸压灰砂砖、蒸压加气混凝土砌块、混凝土普通砖、混凝土多孔砖、石膏砌块5种材料。技术的进步大大提高了房屋的建造水平，房屋的高度增加，外墙风格改变。同时，铝合金和玻璃等配套的材料也广泛使用。

2）商品房开发的促进作用

1990年，江夏区城市综合开发公司在纸坊路和交通路等地开发了502套商品房，1992年成立房地产综合开发公司，参与旧城改造和商品住宅建设。2000年之后随着城市化的不断加快，房地产商开始到江夏区投资开发，到2007年共有65家房地产开发企业（图3-53），先后开发了玉龙岛花园、银河湾、宜家汤臣等规范商品房住宅小区和精品楼盘[108:257]。商品房开发数量从1999年的622套增长到2007年的12 775套[108:260]（图3-54、图3-55）。这些商品房都有现代化的设计，部分由国际知名设计公司承担，在建筑体量、样式、立面装饰和景观小品方面，引进大城市甚至是国外的建筑风格，配备先进的物业服务。商品房开发对研究区域微观的景观演变有巨大的促进作用。

（五）小结

在城乡结合部这一特殊的地域中，城镇风貌的演化是多种因素综合作用

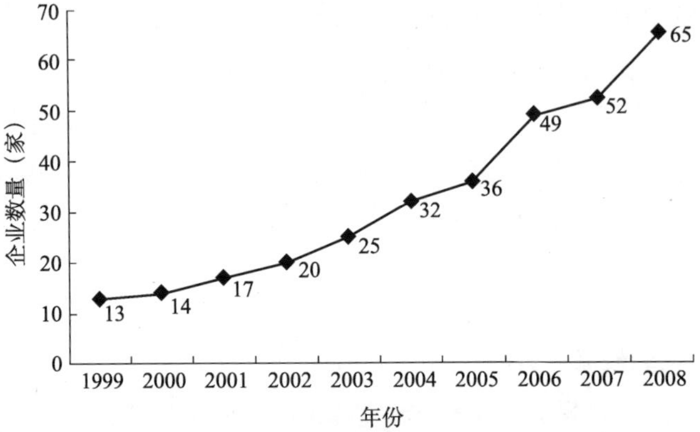

图 3-53　1999～2008 年江夏区房地产开发企业数量

资料来源：《江夏区志（1980-2004）》

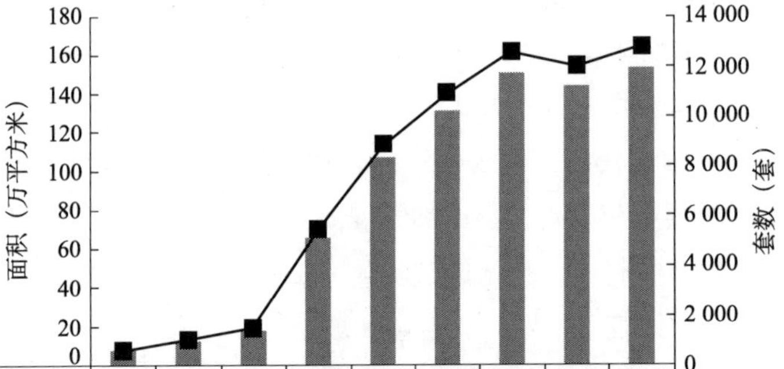

年份	1999	2000	2001	2002	2003	2004	2005	2006	2007
总建筑面积	7.52	12.38	17.93	65.79	106.86	130.97	150.56	144.2	153.33
总套数	622	1031	1494	5482	8905	10914	12546	12016	12775

图 3-54　1999～2007 年江夏区商品房开发情况

资料来源：《江夏区志（1980-2004）》

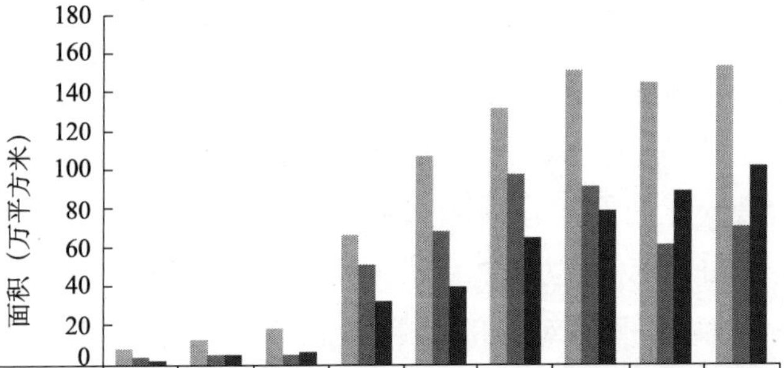

年份	1999	2000	2001	2002	2003	2004	2005	2006	2007
施工面积	7.52	12.38	17.93	65.79	106.86	130.97	150.56	144.2	153.33
新开工面积	3.39	4.48	4.85	50.64	67.49	97.15	90.78	60.75	70.21
竣工面积	1.63	4.56	6.04	32.03	39.17	64.51	78.41	88.58	101.54

图 3-55　1999～2007 年江夏区房地产开发建设面积

资料来源：《江夏区志（1980-2004）》

的结果。自然环境是基底，对整体风貌的孕育和演化有基础作用。经济发展是城镇化和城乡结合部产生的动力，作用是全方位的。在土地公有制背景下，政府的政策干预对景观的作用是直接而显著的。技术的影响体现在具体的细节方面，审美观念受居民需要和公共部门引导影响。各动力因素在不同时期，对于不同尺度景观的作用程度不同，形成了城乡结合部景观演化的动力机制。

1. 自然环境的宏观性、有形性与静态性

地理位置、地形地貌、气候条件和资源条件等因素，都是作用于整个区域。地理位置和地形地貌决定聚落产生及发展阶段的形态，地理位置形成的交通区位条件影响其拓展方向；地形地貌在聚落发展过程中也塑造聚落的形态；气候条件影响聚落密度和建筑结构；土地水源等资源条件，决定聚落早期的农业生产方式与规模，同样影响现代社会的产业布局。

自然环境在较长时期内都不会有明显的变化，它们的影响也是相对静态的。在研究区域内，地理位置和地形地貌资源条件分布是城乡结合部整体形态演变的自然因素；资源条件是城乡结合部形态结构演变的自然因素。

2. 经济发展的基础性、间接性与全面性

经济体制改革和建设资金增多是聚落景观变化的基础动力。改革转变农村生产制度和城镇经营制度，激活了城乡两地的经济；经济增长促进财政增收，用于建设和管理的资金随之增加。

经济发展并不直接作用于城乡结合部风貌样态，但它是整个区域演变的基础，对景观的演化有间接作用，经济发展和市场体制改革形成良性循环，作用是全面的。在研究区域内，经济体制改革和建设资金的增多是城乡结合部宏观、中观、微观三个尺度景观演化的基础因素和间接因素。

3. 政策干预的直接性、有效性与动态性

在公共管理部门权力大、执行率高的情况下，行政区划调整、规划管理和城市管理等政策的实施都产生直接作用。并且政府能够调动大量人力物力进行改造或建设，所以政策干预一般能得到有效地实施。但是政策也会因政府换届和长官意志而变动。

研究区域多次基层行政区划调整和20世纪90年代中期整体的“撤县改区”，对内部城乡体系和与武汉主城区的关系有重大影响，使城乡体系层级更加明确，和武汉主城区的关系也更加密切。这些调整都使相应的城乡建设更具针对性，也形成了较为分明的城乡结构景观。

20世纪80年代开始制订土地利用规划、城镇体系规划、城区规划、村镇规划和开发区规划及其他专项规划，使规划体系较为完善，对城乡发展有直接引导作用。同时，有相对应的建设部门对规划的内容进行具体实施。

城市管理从2000年后被重视，范围由城镇延伸到农村，主要对社区、街道和村落的卫生环境、整体风貌进行整理，对微观景观演化有明显的作用。

4. 技术进步的具体性、滞后性与长远性

技术进步主要是建筑技术和配套技术的进步，是区域具体的建筑改进必备的条件。同时新技术从出现到大量推广应用相隔一段时间，所以其作用具有滞后性，但是技术改进会由量变到质变，对后期景观演化的作用是长久的。

研究区域从20世纪90年代到2000年之后，建筑和配套技术得到了很大改进，开始运用于部分地区，后逐渐得到推广使用，使城乡结合部中、微观景观发生了显著改变。

5. 审美观念的断裂性、被动性与发展性

审美观念对区域景观有潜移默化和深远持久的影响，但民众审美观念中的传统景观文化基本上是断裂的，传统江夏民居的风格在20世纪八九十年代有所显现，后期则逐步丧失。传统文化断裂，民众新的审美意识尚未自发形成，而是在公共部门的强力推动中，自上而下进行了运动式的环境清洁活动，具有被动性。随着民众生活水平的提高，对人居环境的要求也逐渐提升，从新开发的商品房可以看出，新的审美风格正在形成。

第四章
自生与设计：小城镇风貌的协同进化机制

小城镇风貌演化的实证研究和特征阐释，表明风貌的演化是自生规则与规划设计的建构规则协同进化的结果。小城镇风貌的协同进化是风貌系统与地域环境长期适应的过程。从小城镇风貌演化与城乡规划与设计的辩证关系来看，地域环境是小城镇风貌系统孕育与进化的基础条件，小城镇风貌与地域环境的适应性关系构成了风貌演化的自生秩序，也是小城镇风貌协同优化的基础。城乡规划、风貌设计与景观管理为小城镇风貌的演化提供了动力，是小城镇风貌优化的策动力与建构秩序，与小城镇风貌的自生规则既是顺应关系，也是互为修正的关系。当小城镇风貌规划设计与自生机制相耦合时，可促进、加速小城镇风貌的可持续发展；当小城镇风貌规划设计与自生机制相背离时，则阻碍小城镇风貌的健康发展。基于小城镇风貌演化的系统性、动态性和复杂性，通过探索小城镇风貌演化中的规划设计与自生机制的复合联动性，以科学、有效的城镇管理来修正、引导小城镇风貌的发展方向，形成小城镇风貌在自生与设计上的复合优化模式。由此，我们首先要探讨小城镇风貌的进化机制，发现小城镇风貌与地域环境的互动关系。以系统的视角剖析小城镇风貌系统与环境的竞争与合作关系，归纳总结小城镇风貌系统的动态适应性关系。这些演化规律将是我们进行小城镇风貌规划与设计的基础，也是城乡风貌管理优化的依据。

第一节 小城镇风貌进化的动力

“系统演化过程是必然性过程与偶然性过程的统一，其中既包含着决定性力的作用，也包含着随机力的作用”[116:48]。城镇风貌是自然山水、建筑、景观、空间场域按照一系列的序列关系构成的有机产物。小城镇风貌的孕育与形成是时间累积和空间叠加的结果。“在西方社会的城市化进程中，语言、话语和法律是在社会关系和空间结构被建立体系中不可分割的元素。”[72:215]它们构成的以个体意识为基准的城市运转法则是城市母体系统建构的核心作用力。我国的小城镇建设由政府主导的自上而下的城乡规划设计和居民自主的自下而上的个体建设行为两种模式共同完成。小城镇与大城市的建设方式有差异。小城镇由政府主导与村民自建相结合，城镇格局不完全由规划师决定，而由世代与自然斗争磨合而成；建筑设计沿袭自治规则，山墙的形式、屋脊的高度、滴水巷的间距、下水道的接入都有细致有效的“村规民约”。简单照搬大城市模式进行乡村建设，就会丢失它赖以生存的遗传基因。忽视它们，设计师就缺少丰富的设计语言，就不能有效地融入地方特色，“千镇一面”的问题就会持续存在。探索小城镇风貌演化与自然、社会、经济、文化等影响因子的互动机制，充分尊重客观发展规律，以人为本，切实提高小城镇规划与风貌建设效果。小城镇规划与设计尤其应该尊重自然环境背景、城镇化促动、地域文化基因和公众审美意识的统一作用机制。这是一种复杂多向度的合力过程，并不能完全精确地判定哪种力量处于绝对主导地位。但有一点不能忽视，这些影响因素在小城镇发展与风貌形成的过程中是协同产生动力作用的。小城镇风貌是按照大自然的“优胜劣汰”选择原则，结合市民在物质上、精神上、文化上的共同要求而呈现出的人类艺术成果（图 4-1）。

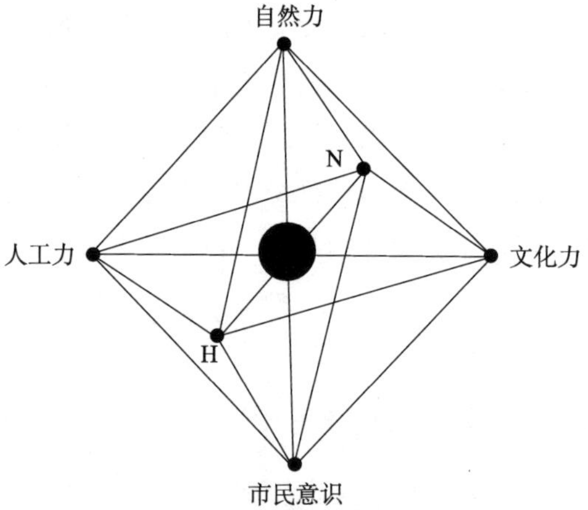

图 4-1　小城镇风貌协同进化合力模型

资料来源：作者自绘

一、自然力

小城镇与自然之间有一种巧妙的协作关系。自然是小城镇形成与发展的基底，我们需要学会尊重它们，适应自然的规则，优化人工与自然的协同关系。有许多与环境共生的小城镇，它们自主地与自然环境协调发展，而具有其典型的城镇风貌特色。山水格局的不同、地形地貌的差异，表现在小城镇形态、建筑形制、居民生活方式上都有明显差异，因而山地城镇、平原城镇与邻江滨海、水乡城镇在风貌样态上各有不同。自然基质对小城镇风貌的形成和发展的影响是潜移默化的。工业革命以前的城镇生长模式遵循着依托自然、尊重自然的生态模式，人、城市与自然的关系是天然的协同关系。工业革命后的城镇，发展模式由依赖自然逐步转向主动征服自然，人、城、自然的关系一度走向竞争、对立和失衡的状态，这种与自然的竞争关系甚至已经威胁了人类自身的生存发展。我们期待重新建立起人与自然共生共栖的可持续发展关系。

审视小城镇的自然风貌，这些风景资源是城镇建成区的天然背景，是小城镇风貌系统不可或缺的重要组成部分。小城镇的自然环境与人工环境的有机融合，自然美与人工美的协调均衡，所展现出的整体美是小城镇美学的标准之一。因此，小城镇的人工建筑物、构筑物、景观环境应该以自然环境为布景基础，主动自发地与它形成协调关系。大自然不仅具备塑造小城镇风貌美学的力量，自然资源条件对人类建设活动更具有限定作用。地形地貌、气候环境、建筑材料、建造技术决定了小城镇的地理格局、建筑风格和空间布局模式，对小城镇的风貌样态起到控制作用。总之，自然力是小城镇风貌孕育和营造过程中不可忽视的基础信息，对小城镇空间营造和小城镇风貌设计会产生参考和直接限定作用。

二、人工力

相对于自然背景，人工的建筑物、构筑物、景观环境小品等城镇建成环境是小城镇风貌画卷中的重点部分。“任何时代的人和任何民族，无论是原始的或文明的，都本能地感觉到形式必须先验地如实反映当代生活中最美好的东西。他们不仅感觉到这一点，他们甚至还把此项感觉，付诸实践。”[68:66] 事实上，由于人的主观能动性和创造力，对技术、经济、社会、生活的突破和改变越来越多样化，城镇化进程越来越快，生存空间越来越大，人化要素越来越多元。由于科学和思想跃进带来城镇建设的新要求、新技术、新材料、新理念、新范式，小城镇风貌正在以一种前所未有的复杂变化状态发展着。工业革命之后的城镇建设速度和效率更快和更高，生产力发展和生产关系的变化极大地推动了城镇化进程，从而使小城镇空间发展和小城镇风貌系统处于一个不断变化、振荡动态进化的过程之中[117:72-80]。

小城镇风貌是能够反映小城镇时代特征的。时代特征表现了小城镇在经济、社会、文化、科学等方面发展进步的效果。在小城镇发展动力系统中，生产力是决定小城镇进步发展的根本动力。生产力的主导要素是人，人改造自然、突破自己，不断创造物质财富和精神财富，而小城镇就是在此过程中衍生的最伟大的产物。小城镇风貌体现了城镇化进程中空间拓展与功能更替的人造环境过程，体现建筑、交通、制造的技术进步，体现小城镇管理水平。

三、文化力

毫无疑问，文化是小城镇风貌设计与小城镇风貌叙事的核心信息。规划师、设计者总是在把文化转化为合适的城市物态的方法、语言上孜孜以求。刘易斯·芒福德认为文化在城镇起源和形成中具有重要的渗透作用，这些文化渗透包括城镇功能、城镇运作的道德基础、劳动习惯、生活方式、饮食、生育、祭祀的风俗习惯[2:108,109]。“文化是人类在不同的生态环境中创造出来的，并在独特的历史发展和功能过程中积累、传递、演变成了不同的类型和模式。”[118:2]它并不是城镇个体的行为代表，而是社会集体在长时间、多样性变化的努力后所获得的成果。小城镇风貌不仅仅是空间利用与要素实体的简单集合。从本质上说，小城镇风貌是要通过空间、建筑、景观等构成要素的优化，彰显城镇的文化特征与性格特色。因此，小城镇的风貌更新与优化设计最终要落脚到城镇空间开发、建筑设计、景观艺术的文化表达上来。小城镇风貌叙事是表达小城镇的文化、性格、历史、资源特色、发展脉络、地域情感、风土民情等文化特点的有效途径。不同时代的城镇，呈现出的风貌样态不同。同为现代都市，文化类型的差异也造就了不同的城市风貌和文化特色。

文化对小城镇风貌的渗透作用体现在历史传统的累积和基因文化的属性两个方面。怀特从人类文化学视角探讨人在不同时间阶段的文化特点，以及不同地域的文化对人的意识、心理、精神、行为的影响机制。他阐述的中心思想是，文化是使人类适应自然界并保证生存与延续的功能系统。“在人类行为之中，除了个人和社会的心理因素外，还存在着一种重要的超心理的因素……我们作为人所做的每一件事情，无论是个人的还是集体的，都明显地受到我们的文化的影响。我们的饮食习惯、婚姻习俗、思想准则、美的标准、丧葬仪式及哲学与宗教，总而言之，我们生活中的一切领域都是由文化所决定的。”[118:97]小城镇风貌也是一种文化现象。它既是人类集体文化心理、意识、行为的产物，同时又是小城镇与人类产生情感、精神、价值、观念等共鸣的中介。参照怀特的文化动力理论，基于城镇文化在城镇价值判断和解读行为中的物质体验、社会想象和精神隐喻的统一性，本章把文化力对小城镇风貌的影响机制分为三个层面：物质层面、精神层面和制度层面（图 4-2）。文化在小城镇风貌设计中的基本任务是协调主体行为、社会记忆和审美心理。

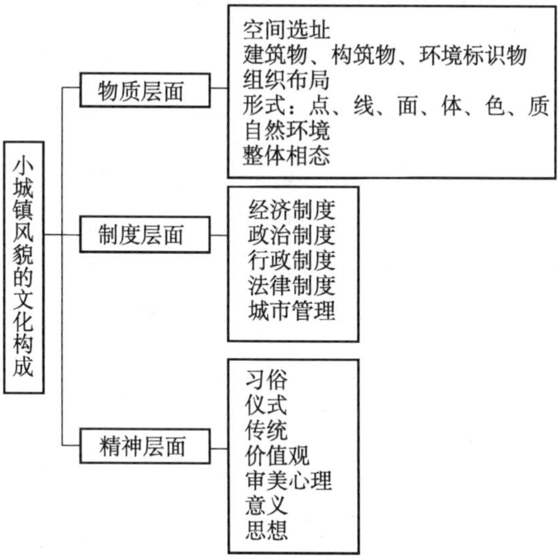

图 4-2　文化视野下小城镇风貌系统构成

资料来源：作者整理绘制

四、市民意识

时代进步产生不同的社会思潮，会改变城镇生活条件，也将影响市民的价值判断和审美意识。市民意识和生活需求主观映射在城镇建设和空间营造上，观察不同时期的城镇，所累积起来的风貌要素和构成形式，将表现出从内容到意义的各种不同样式。我们能从这些差异性的风貌样态中触摸到城镇深层次的文化意义和时代轨迹。市民的审美心理和文化价值取向的嬗变，对小城镇风貌的营造和判断产生了深刻影响。

小城镇风貌判读主体包括当地市民与外来游客两种类型。当地市民需要从小城镇物质环境与空间面貌中，解读到适应地域文化认知的主体记忆与文化情节。市民的主体记忆，从广义上来说，涵盖了小城镇在时间上的演化历史与变迁脉络，也包含了小城镇在空间与景观上的特殊地域涵义。外来游客则主要能在短期逗留中，快速识别出小城镇的地域特色与风貌特征，包括小城镇的自然山水、主体文化、社会风土、民情风俗、经济产业等重要内容。因此，在不同类型的风貌判读主体的行为空间与认知路径中，小城镇风貌要素的表达内容有所不同，也就构成了小城镇风貌认知结构、小城镇风貌系统结构与小城镇的文化、地域特征、自然属性、城镇功能之间的有效合理的映射关系。

整体来说，小城镇风貌的形成和演进受到一系列外部环境因素的共同影响，本章将这些影响因素统称为环境合力，包括自然力、人工力、文化力和市民意识。它们为小城镇风貌的要素形式、空间组织方式及感知心理互动的类型和效果奠定了基调。在风貌的演化和发展中，任何适合这些环境条件的要素形式最终会慢慢融入系统成为一个有机整体；而不适应环境要求的形式则会被淘汰剔除。这是小城镇风貌系统维持自身多样性和独特性的适应性调适过程，根据小城镇风貌要素对环境的耐受度和适应度来保证整体有机结构的生命过程。

第二节　小城镇风貌的协同进化机制

城市或许是人类最复杂的作品之一，没有终极状态，就像没有终点的旅程。“城市的演化可能上升到伟大的程度，也可能沦落到衰败的境地。它们是过去、是现代，更是未来。”[5] 对于小城镇风貌的系统协同演化研究，在于探讨这种集合体存在的系统秩序和组织方式的基本规律，包括演变与平衡、形式和功能的关系与解释。小城镇风貌形成与发展的过程虽然复杂，但根据系统运动的基本规律，我们仍然能够从一些风貌现象中窥视到它的隐含秩序和协同规律。按照协同进化的基本原则去追溯小城镇风貌的嬗变机理，我们能够发现风貌成功或者衰败的根本原因。由于本能地尊重了协同组织的原则，获得了健康的城镇风貌样态；而遭受无序感、破碎化的失败原因则是由于相反的做法。小城镇风貌的协同进化以系统的自生机制为催化动力，在规划设计与自生机制的协调作用下，经历了竞争—涨落—自适应选择—反馈—演替—进化的发展过程。我们尝试对不同类型的小城镇进行风貌演化过程梳理和自生机理研究，主要目的是找出这些城镇生成健康风貌与失败风貌的原因所在，以便从中学习怎样才能处理好当下我们小城镇建设中出现的风貌问题，怎样使小城镇风貌生动和生机，而不是走向破碎和衰败（图 4-3）。

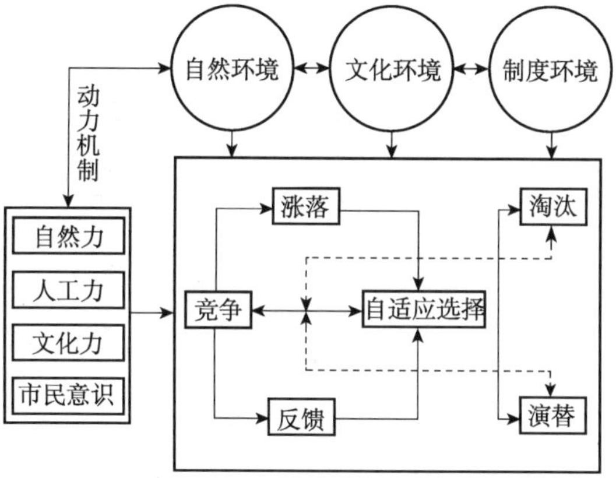

图 4-3　小城镇风貌进化模型

资料来源：作者自绘

一、竞争机制

（一）竞争机制的形成

竞争研究最早出现在生态学视野中，后衍生到社会学、化学、经济学领域。竞争是发生在系统与环境或系统元素之间的一种相互作用。在系统环境资源有限（如食物、空间、能源、信息等）或条件制约（环境条件、个体特征等）的情况下，共存同一系统的要素与环境或其他要素就会发生竞争。例如，生物学家在研究原生动物双核小草履虫和大草履虫的竞争机制时发现，分别培养时，小草履虫比大草履虫生长快；把两种生物放在同一容器中进行培养实验，小草履虫依然占据优势，竞争生存的结果是，大草履虫最终死亡消失[120:86,87]（图 4-4）。小城镇风貌系统是与环境交流、产生联系的复杂系统，它的形成和发展的环境条件可以归纳为自然环境、文化环境和制度环境三个部分。自然环境包括地形地貌条件、自然资源、山水空间结构，是小城镇风貌生存生长的基础环境。文化环境是由小城镇生而有之的自身基因组成，城镇风貌形式自觉地遵守文化基因规则。制度环境包括城镇经济、社会、政治和空间管理等规则，包括城乡规划与风貌设计对后天形成的城镇建成环境的动态监控和引导调控。小城镇处于城镇化进程中，时刻接收到来自自然、文化、制度的环境信息，这些信息的渗透和侵入无疑是小城镇空间和建成环境的动力之源，促使受激体产生一系列应激反应，竞争就是这些应激反应中的一种普遍效果。

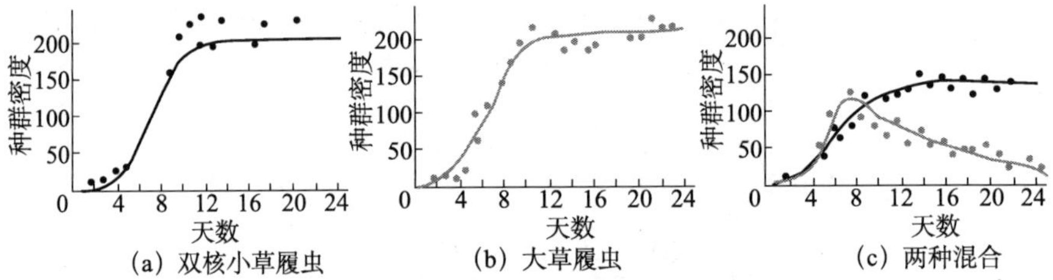

图 4-4　草履虫种间竞争实验结果[119:87]

类似于生物群体的竞争机制，城镇之间存在种间竞争和种内竞争两种情况。城镇之间存在以城镇形象、城镇风貌为特色的吸引、争夺区域发展资源和城镇发展机会的城镇之间的竞争。在共享同一区域资源时，不同的城镇都会极力打造自身优势，希望能够获取更多的发展机会，而城镇风貌已经是体现城镇特色和品牌战略的一个竞争利器。在城镇体系内部，小城镇风貌自成一个有机系统，它同样在时间和空间的变化中出现竞争现象。小城镇发展中最为直接的变化就是城镇空间拓展和结构重组，包括建设用地规模增加、空间功能置换、物质环境更新等一系列变化。这些变化会引起风貌的种内竞争现象，小城镇中不同风貌空间在样态和特征上的竞争，如新区与旧城区之间的风貌竞争、历史街区与现代城镇片区的衔接和竞争、不同类型居住区风貌特色竞争等；还有风貌要素的竞争，新元素与旧元素的竞争，如传统建筑与现代建筑的博弈、殖民建筑与地域建筑的风格权衡、人工要素与自然要素的竞争；另外个体之间的风貌判读差异也会造成竞争，如市民在审美心理、文化价值等方面不可避免的有个体差异，面对同一风貌要素的感知结果很可能不同，这给小城镇建设和风貌规划决策带来一定的障碍。在这种情况下，剖析小城镇风貌的演化机制，准确把握公众审美取向和认知规律，以满足大多数人的城镇风貌价值需求，就显得尤为重要。

（二）小城镇风貌的竞争机制

毫无疑问，竞争是形成系统演化的重要力量。它有两种作用形式，干扰性竞争和激励性竞争，这两种竞争形式产生的效果不同。干扰性竞争造成系统适应性下降，甚至导致秩序紊乱和系统死亡；激励性竞争则可刺激系统活力，产生协同秩序和系统进化。竞争与协同是相互对立的两级，也是可以相互转化的两种作用。按照反演逻辑，我们如果能够发现小城镇风貌系统进化中存在的竞争因素和竞争机理，就能相应地推导出小城镇风貌协同进化的条件和效果。不难发现，小城镇风貌的竞争现象在城镇空间之间、实体要素之间、系统结构之间、子系统之间、结构层级之间普遍存在，过度的竞争会导致小城镇风貌样态的混乱、破碎，并造成小城镇形象和物质环境质量的破败。而我们也不能忽视这样的规律，适度的竞争能够激发城镇风貌系统的活力，就如同产生了鲶鱼效应，鼓励引入适当的竞争机制以促进系统的升级与优化。小城镇风貌的新生要素、新特形式、新型文化因子的介入，可以有效地激励风貌系统在要素数量和等级结构上的创新效果。这种良性竞争的结果是形成小城镇风貌系统协同进化的序参量，它是促进小城镇风貌进化的关键动力，也是城乡规划与风貌设计中最希望引导的建序力量，是可以使小城镇风貌走向有序进化的有效途径。

1. 干扰性竞争：城镇化的痛处与大尺度更新

城镇化进程中，众多小城镇普遍产生了新容旧貌更替的风貌问题。一切推倒重来，无视环境条件和地域文化属性，而造成“千镇一面”“万屋一貌”的典型问题。图 4-5 是笔者参与的湖北省鄂西野三关集镇风貌更新规划的现状照片，集镇中大片的明清建筑、地方传统的山地建筑被现代民居侵蚀。野三关镇千年老街——劝农亭老街在城镇化进程中被侵蚀，明清建筑与地方传统建筑渐渐消失，穿插了现代居民，对老街风貌形成一种干扰，破坏整体形态与特色。该镇有千年历史，发源之始在于镇中的劝农亭老街。在长期的发展中，老街极具历史意义与文化特色的明清建筑群与地方建筑风貌被严重破坏。在当前的城镇发展战略中，需要保护、修复这种特色资源，希望通过规划设计延续集镇发展的文脉与风貌资源价值。但遗憾的是，诸多建筑遭到拆除，整体现状已呈现碎片化，集镇风貌保护现状不容乐观。这并非是一个个案，而在我国大多数小城镇中普遍存在这种情况。代表地方特色与文化属性的城镇特色风貌资源被轻易损毁，成为城镇化的痛处，也是大尺度城市更新过程中产生城镇风貌问题的一个最直接的原因。

■ 野三关镇丢掉老街——劝农亭老街在城镇化进程中被侵蚀，明清建筑与地方传统建筑渐渐消失，穿插了现代民居，对老街风貌形成一种干扰，破坏整体形态与特色。

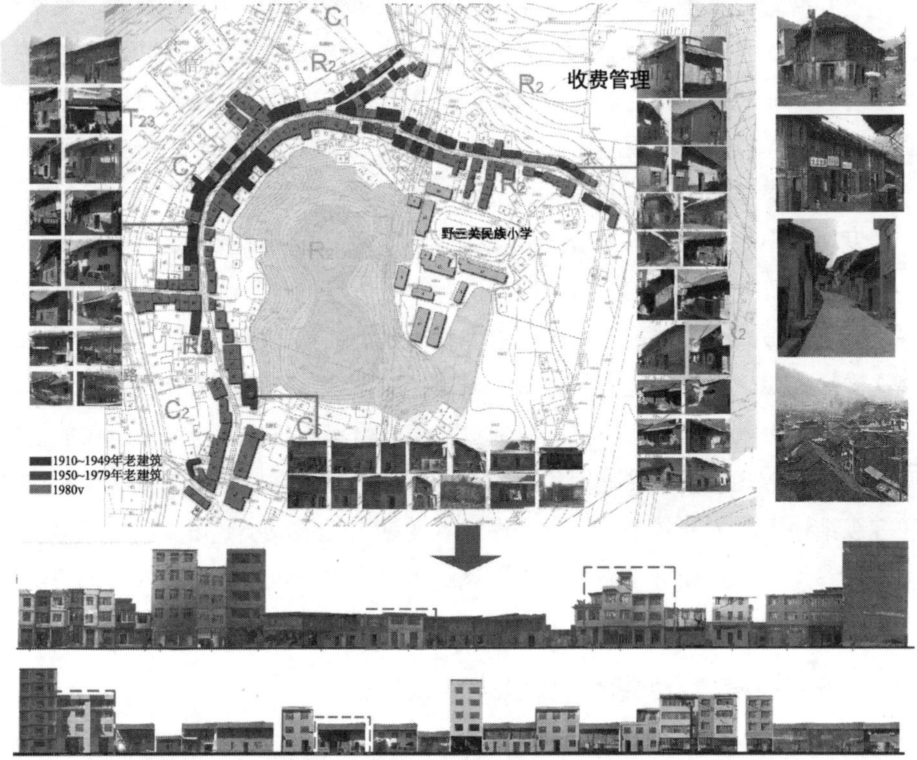

图 4-5　小城镇风貌演进中的干扰性竞争[120]（文后附彩图）

例如，现代主义城镇建设的典范之作——巴西利亚（图 4-6），虽然在功能和形式上融合了众多设计准则和设计思想，但可以看出空间尺度、建筑体量、环境基质共同构成的风貌整体并不是良好的契合关系，在城镇风貌特色判读和空间利用舒适性上并不能称为一个成功的案例。城镇风貌的适宜性与适地性是需要长期磨合、竞争与调试的，完全按照规划设计的尺度与形式法则容易走入形式主义、功能主义的极端，这对丰富一个城镇的风貌空间与风貌样态而言，显然是有弊病的。笔者认为，引入新要素、新形式、新理念和新方法要慎重，建议渐进式尝试，以适应后的形式内容再做推广。因此，大尺度的城市设计和城市更新项目在理性的小城镇建设中，是一种不负责任的做法，是一种浪费的和不可持续的做法。

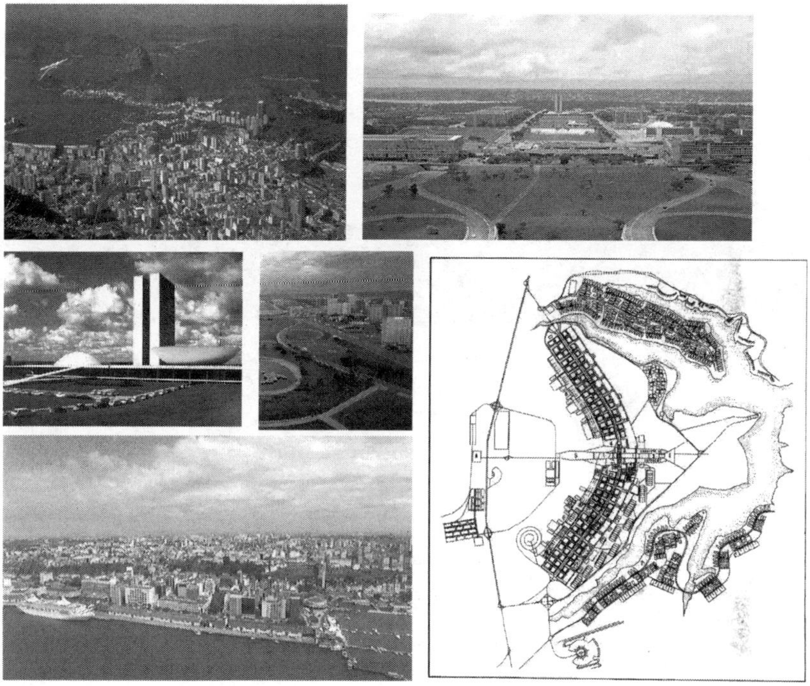

图 4-6　巴西利亚的规划与城镇风貌

资料来源：作者整理绘制

2. 激励性竞争：被忽视的鲶鱼效应

竞争是小城镇风貌生命过程中的一种必然现象，新信息、新要素、新能量的输入，必然带来整体的波动涨落，必然产生新与旧的竞争。竞争也可以是主动的，在小城镇规划与风貌设计时，我们可以适当介入一些新形式与新模式。例如，大胆创新，引入适当的建筑要素，如在空间开发与布局形式上采用新模式，从而激活小城镇的整体运转效率与效应。小城镇风貌的优化也可以采用这种主动介入的激励措施，毕竟城乡规划与设计始终是建设与管理小城镇的主观动力，我们需要强调这种竞争的鲶鱼效应。事实上，小城镇风貌的优化中不乏这种成功先例，如一些城镇经历了殖民时期，遗留下来大量的外来建筑，最终形成一定的规模，能够代表这个城镇具有特殊时代特征的特色风貌样态（图 4-7）。这些外来建筑形式甚至影响了地域性建筑的发展演化方向，作为一种可供借鉴与模仿的范式，成功移植到地方建筑的形式语言。这种相互借鉴与交流的适地性进化，最终融入地域环境条件，也适应了城镇风貌演化的秩序。

图 4-7　青岛的殖民建筑与城镇风貌的协同 [121]（文后附彩图）

巴黎在充分保护历史建筑和完整继承传统城市风貌方面具有借鉴意义。把城市里的历史街区和历史建筑以战略性区划和登录管理的形式严格保护起来，并对周边建筑的风格、形制、高度甚至屋顶颜色都以城市设计导则的形式做出严格控制（图 4-8）。因此，巴黎这座国际化大都市依然保有它历史、文化的风貌样态。城镇建设中，面对传统与现代博弈时，为城镇风貌的整体性和特征肌理考虑，关键地段的空间设计依然会向传统街区妥协。"市区建筑高度一般控制在 25～31 米，政府颁布有关历史建筑保护条例，采取一系列保护措施和政策，在城市规划建设中，严格地执行规划控制要求，在建筑立面、高度控制、容积率控制等方面严格按规划执行。" [20:40] 当然，由于国家环境不同，巴黎的成功做法未必能在我国完全实施，如对大量历史街区的博物馆式保护，对建筑立面、高度、风格的法规性执行，这些在我国城镇风貌设计和景观管理中尚有一大段路要走。但是，在法国的城市规划和城市风貌管理理念与实施程序等内容上，对我们具有启示和借鉴意义。

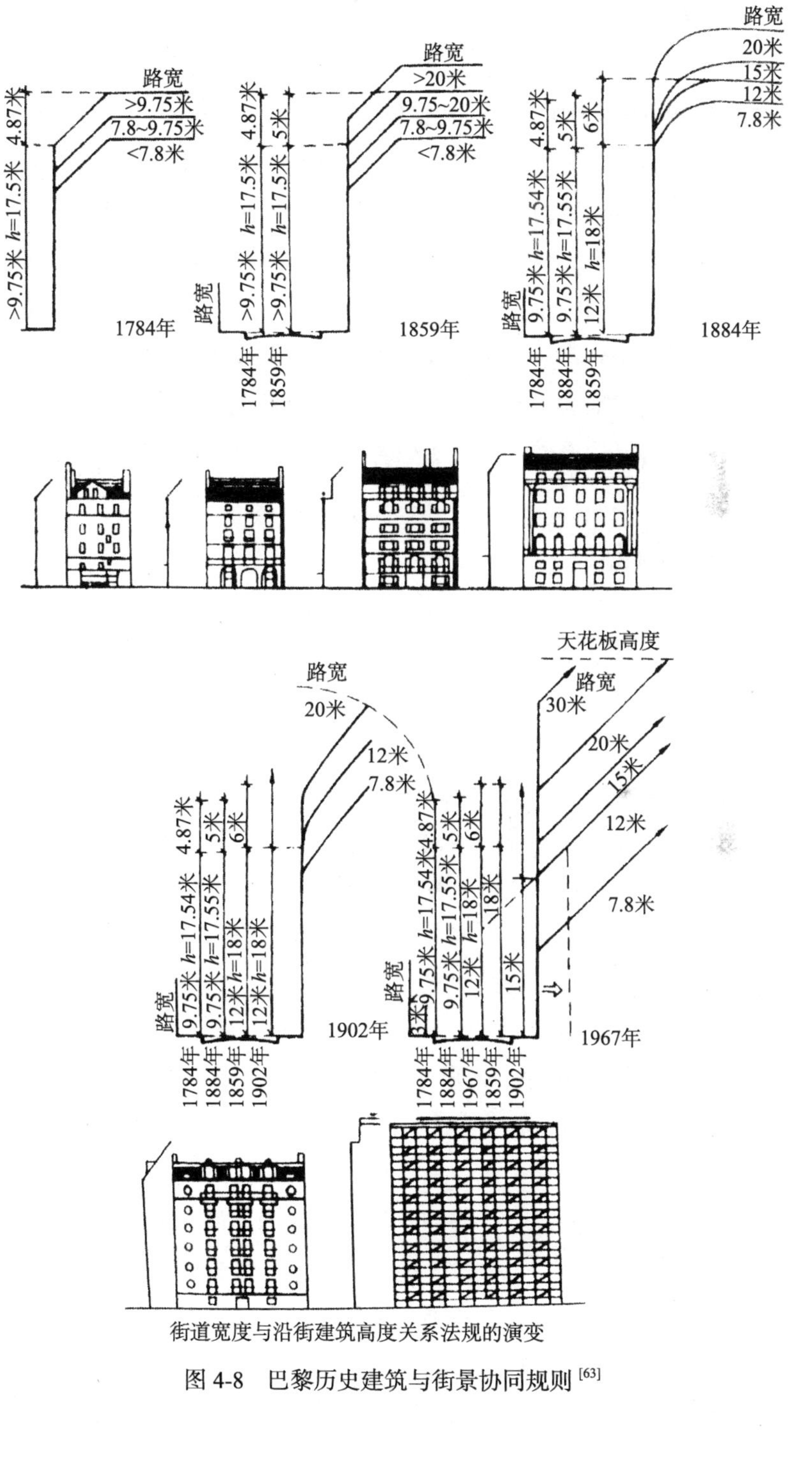

街道宽度与沿街建筑高度关系法规的演变

图 4-8　巴黎历史建筑与街景协同规则[63]

（三）小结

竞争是城镇化进程中小城镇风貌形成和进化的必然过程，竞争，产生序参量，然后决定小城镇风貌协同进化的发展方向。竞争并不可怕，激励性竞争恰恰是城乡规划与城镇风貌设计中需要引导形成的动力机制，也是可以有效利用的动力机制。关键是，我们要以审慎的态度看待小城镇发展中不可避免的竞争现象，而不是一刀切的实施大拆大建、去旧建新的大规模空间更替。有效竞争的原则是，尊重小城镇风貌系统地域生存环境的基质条件，在整体性战略视角下，理性、渐进式地尝试与地域性相适应的设计创新，并且在城镇建设与设计管理中不断完善以形成长效的风貌引导与调控管理机制。

二、涨落机制

（一）涨落机制的形成

我们知道小城镇风貌的竞争现象普遍存在，而且在小城镇风貌孕育过程中，竞争的形式不同，产生的风貌结果也不同。我们希望通过有效的引导策略和激励机制使小城镇风貌的竞争走向有利于形成美好城镇环境和独特形象的方向，而不是任由竞争与争夺去激化导致城镇环境变得脏、乱、差。那么，就需要清楚了解竞争究竟为什么会引起小城镇风貌的一系列变化？而发生这些不同竞争结果的内在机制又是怎样的？

系统有序演化的内生机理中，最重要的变化是涨落。耗散理论的提出者普利高津说：涨落导致有序。也就是说，涨落就是系统内部产生张力，致使系统出现不平衡状态的标志。出现了涨落，继而产生系统内部结构的重组或变异，涨落是系统失衡的明显标志，最终导致系统的有序进化。平衡与失衡是动态系统普遍存在的辩证关系，它们相互依存，互为条件，不断转化。一个开放的系统只要不是均质的，由于数量、能量、信息、结构的不对称状态，要素和结构关系总会出现差异和失衡。这种张力使系统在某个部分或某种要素出现数量、质量或秩序的变化，导致系统涌现与平衡态相偏离的涨、落。涨落是相对于“平均值”而言的，系统的某一参数或某种结构的波动造成系统宏观量出现偏差于平均水平的波动，就表明产生了涨落。而相对水平值有所偏差的涨落并不意味着系统马上就会出现相变或者性质、功能的质变，只是当这种偏差达到一定程度，具备使系统发生相变条件时，才导致系统向新的平衡态运动，并最终出现渐变或突变的结果。“涨落往往是对均匀性、不变性、对称性的破坏因素，但小的涨落只在小范围内引起系统对称破缺，不会使整个系统长时间的破缺，也不可能导致整个系统发生有序演化；巨涨落则可能造成整体长时间的对称破缺，也可能导致系统有序演化。”[122:14] 因此，对待系统涨落，要分清辨明它对系统产生的作用机制和作用结果，去理性对待。其中，巨涨落将是我们借助规划设计手段介入小城镇风貌演化过程的切入点。

（二）小城镇风貌的涨落形式

小城镇风貌物质要素系统的优化与调控目标是使它由无序向有序、由低序向高序演化。用地功能置换、空间结构重组、城镇边界扩展，直接导致风貌系统的时空结构、功能构成、组织形态发生变化，也促使风貌系统出现涨落。这种系统内部变量之间的链式反应，最终的结果是小城镇风貌系统出现相变。应对小城镇风貌相变的关键参量是得到放大的涨落，也就是说，最终促使产生巨涨落的状态量是主导小城镇风貌系统有序演进的关键参量。小城镇风貌的演化是一种由内而外的变化过程，涨落可以表现为结构涨落、功能涨落、形态涨落等不同形式。现实的情况是小城镇风貌系统出现涨落的时候很多，而且这种涨落失衡现象是不断演变和转化的。小城镇风貌在不断变化的外部环境中，会自主趋于维持一个相对恒定的内部环境，这种现象可以理解为系统的动态平衡状态。我们需要保持一种动态非稳定的系统研究视角，更多时候需要的是冷静理性地分析涨落的成因和预测的结果，对小城镇风貌出现的不和谐因素熟视无睹或者反应过激都是不恰当的。

1. 小涨落：“新天地”模式与旧城更新

新天地开发一度成为我国旧城更新的一种模式，在上海石库门片区实施成功后，迅速推广至全国。从城镇风貌的更新与发展来看新天地开发模式，这种城镇空间的功能置换并非给城镇风貌带来了颠覆性的改变，反而成为现代城镇发展过程中的一种历史印记延续了城市文脉。这种形式下的城镇风貌空间的功能转变，对风貌系统的时空结构并没有产生太大的影响，是一种小涨落。上海新天地的开发模式，保留历史建筑表皮，对内部结构和功能性质做调整和置换，使之在现代化生活中适应环境要求，同时又有效保存了城镇风貌的某一个时间片段。这种开发模式自上海石库门片区获得成功后，迅速在全国其他城市展开借鉴，形成一种“新天地模式”。单从城市经营和城镇风貌的保护和优化角度来探讨它的利弊，本章认为它有自身的优势之处和成功效果，在适当条件下可以借鉴推广。这种对城镇风貌系统的微小波动，并不足以造成风貌结构与样态的突变和异化，视为城镇风貌的小涨落。相比较大拆大建的做法，这种渐进式的更新模式对保持小城镇风貌的整体性和多样性有积极意义。

当小城镇建设面临新陈代谢时，新旧的博弈问题中，是否能够从城镇风貌的延续与整体价值来判断旧要素是否必须完全淘汰，才能给城镇一个崭新的形象？卢浮宫的改造中，玻璃金字塔给我们的启示是：历史是值得我们尊重的，弱化自身的表现形式有时候并不是迷失自我，反而是向历史靠近，并与之连贯的较佳手法。小城镇发展引起风貌的涨落这是必然的过程，取决于我们在塑造空间环境过程中是否足够理性，对这种发展中的阶段性风貌片段采用渐进的、理解的态度，而不是推倒一切重头再来。通过引导与控制，创造一种存在的可能，对小城镇空间开发和整体环境的营造都是一种具有操作性的可持续发展理念。

2. 巨涨落：新城运动与新区开发

我国的新城建设如火如荼，几乎每个城镇都面临建设用地拓展和城市新区建设的发展要求。城市新区不仅需要体现城市发展的形象和成效，而且要与现状城区的风貌特征相协调。对于小城镇风貌而言，新城建设与新区开发对小城镇风貌系统将是一个巨涨落。它会对小城镇现有的风貌结构带来质的改变，不管是时间脉络还是空间脉络，都有新鲜的信息、物质与能量被输入。因此，新城开发在体现小城镇的发展特征、表现小城镇的时代特色及城镇战略运作等方面都具有重要的作用。新城建设涵盖的都市环境营造、空间形式选择、建筑样态决策、人性化场所塑造、景观设施布局、天际轮廓线设计、街景界面设计等，都是对新区风貌有直接影响的内容。这一层面的设计，在考虑功能、结构与开发模式的战略性内容时，必须加入城镇空间形式、街区造型设计，以及建筑单体、风貌界面的设计指引。对小城镇风貌的空间、建筑、景观、环境小品，以及点、线、面、色、质、体等各种要素进行可操作的建设性指导意见，主动协调小城镇建设与风貌设计的互动。

（三）结论

涨落是小城镇风貌多样性和创新性的动力机制。新与旧、传承与创新、新建与复兴恐怕是城镇化中最为激烈的涨落对抗。涨落，使小城镇风貌系统动态失衡，驱使小城镇风貌样态的渐变或者突变。历史街区和城市新区的开发建设在小城镇风貌和空间经营中具有战略性的意义，也是小城镇风貌更新与演替活动最为激烈的两种空间变迁类型。小涨落与巨涨落的尺度在这两种空间类型的开发中需要理性判断，需要因地制宜地加以应用，才能对小城镇风貌系统的和谐发展产生基奠性效应。对涨落的判断与理性认知，这不仅仅是对小城镇风貌的时间历程和空间脉络的珍视，更是对小城镇风貌系统演进与阶段性调试的必然规律的协同。

三、适应性选择机制

（一）适应性选择机制的形成

环境是多变的，适应是事物为了应对环境变化而产生的应激反应。机体的适应性选择的基因制约和环境制约都很重要，基因约束和环境约束在有机进化中普遍存在（图 4-9）。机体可以根据生存条件的变化和自身发展的需要，选择适应的形态、构成方式和行为模式。从进化论角度解读这种适应性选择机制，就是“优胜劣汰，适者生存”的基本法则。

对低温的适应机制	对高温的适应机制
（1）减少体壁脂肪、毛	（1）放宽恒温范围、忍耐高温
（2）增加产热	（2）避开不利温度
（3）逆流热交换机制、回收热	（3）特殊结构和生理适应（如骆驼用脂肪隔热，并提高体温）
（4）局部异温（北极狼爪可耐冰点）	（4）夏眠
（5）冬眠	
（6）集群、小环境	

不同温度地带三种狐的耳长

图 4-9　物种的环境适应性表现示意 [122:77]

适应性选择过程也是小城镇风貌物质要素系统“优胜劣汰”的自生进化过程。正是由于风貌系统存在着一种自然的应激反应与调试机制，才使得在外界的不断侵蚀和环境刺激影响下，整体能够保持一种动态上升的演化态势。这种自主适应性选择的一个根本性质，就是任何新出现的物质要素和渐变形式，必须表现出适合地域文化属性和当代生活要求的特质，而且必须同它生存的环境相适应、相配合。这并不是强调为了达到风貌要素形式或者风貌系统样态的协调一致而摒弃多样化特征的共存，多样化要素共存并协调于一个有机的风貌系统，正是风貌适应性选择机制的基本要求。历史上经典的城市设计案例，恰恰是因为不同时代、不同类型、不同风格的要素协调统一而兼具了时代与韵味的协同结果。正是因为它们适应了存在环境，具备了生存条件，才不至于流于荒诞不经，才没有在时空变迁中遭到淘汰。例如，威尼斯圣马可广场，它就是多样性风格统一的样本。不同时期、不同风格的建筑代表了各自的时代背景和文化信息，而在一个共同的场所中，它们却表现出那样的协调，服务于一个共同的场所主题。这种协调并不是简单的形式、风格、尺度或样态上的拼贴，而是形式与环境基调、文化背景、城市状态基于一种自生秩序的协调联系而表现出的紧密的有机性。

城镇化进程中，很多小城镇会不可避免地受到不同时期风貌信息和物质能量的渗入，丰富的形式表现和多样的历史意义需要统一于同一个风貌叙事文本并且相映成趣。这种多样化是小城镇风貌多彩绚丽的根本条件，是小城镇环境塑造中应该鼓励的方面。城乡规划和风貌设计的目的就在于，使这些多元要素相互协同，并使之组织成为一个完整美好的城市画卷。我们不希望看到它们杂乱的拼凑在一起，而希望它们能够契合城镇生活，契合文化主题，契合市民情感，以成为一个有机的整体。所以，在小城镇风貌优化设计中需要对一些劣势元素进行挑选、剔除，规避那些没有逻辑意义的肤浅装饰物，保留那些与环境相契合的风貌组织元素。基于此，本章认为适应性选择机制是小城镇风貌形成和发展中最关键的一环。如同自然万物的生长进化一样，小城镇风貌也是随着时代的变迁和人类文明的进步而不断调整、适应并且演进。这将是一个漫长的过程，并不是一朝一夕能够完成的，我们看到的城镇片段都可以看做小城镇风貌适应性演进的过程轨迹。当我们理解了小城镇风貌的这一演进规律，就能够理解城镇化过程中小城镇风貌出现的破碎化、无序、混乱、失色等现象，相对于它的不断演化过程，这些只是暂时的，它们只是城镇化的一个阵痛。只有本着动态的管理态度进行合理的小城镇空间规划和风貌设计引导，优化小城镇风貌系统的时空结构，建立起小城镇风貌适应性演化秩序，保持小城镇风貌的良性可持续发展态势，相信小城镇问题必会渐渐得到改善。

（二）适应性选择机制的表现形式

依据基因遗传和自然选择的结果，由于适应机制不同，我们把小城镇风貌的适应性分为两种类型：遗传式基因型和可塑式表现型。

小城镇风貌的基因型适应，主要是由小城镇的地域特征和文化属系决定的。文化基因的遗传产生了小城镇风貌的空间形式、小城镇风貌物质要素的形态和构成方式、小城镇风貌判读主体的心理和感知模式的原生性表现“原型”。往往，我们会发现处于同一文化派系下的两个城镇，它们在城市形态、建筑结构、生活方式、民俗习惯，以及市民价值判断和行为模式等方面有诸多类似之处，很容易给人一种基因符号和文化属性的认知判断。例如，江南水乡“小桥、流水、人家”的意境在水乡古镇中大同小异。甚至，我国水乡“枕水而居”的空间形式与国外水城的空间形制也颇为类似。即便是建筑风格不同、建筑体量迥异，但依然可以从“码头、水街、水上游”的基本相同的生活习惯和熟悉的空间尺度中识别出类似的文化属性。这些早已在潜移默化中根植于地域文化和市民共性的基因原型，为我们有效识别和判读小城镇风貌的属性和特征提供了“知识储备”。在城乡规划与城镇风貌设计工作中，对小城镇风貌基因的挖掘和理解应该是所有设计工作的前提。在基因型选择基础上，小城镇风貌也表现出一种因环境变化而出现的可塑式表现型适应机制。例如，建筑形式由传统向现代演进的过程中，建筑形式语言也由繁向简的渐变；由于用地密度和开发强度的要求，空间围合的载体不同，但尺度、意义不变；甚至一些生活习惯和文化习俗也渐渐简化，很多现象已经成为一种符号和象征，成为一种文化资源供人猎奇。

1. 遗传式基因型小城镇风貌协同：作为一种生活方式的城镇风貌

水乡主题代表了一种类型的城镇风貌特征，我国的江南水乡小镇与西方的水上城市都包含了一种特有的地域色彩和生活秩序。具体表现在建筑形式、空间尺度、生活方式上，组成了一种与水文化极其匹配的城镇风貌样态

（图 4-10）。

图 4-10　与地域文化相适应的基因型城镇风貌协同表现

资料来源：作者整理绘制

2. 可塑式表现型小城镇风貌协同：联系秩序与美学的城镇风貌

在小城镇建设中，新建筑与现状建筑的协调，新生空间形式与城市文脉及城市肌理的协调，小城镇风貌与城市文化及城市发展战略的相互协调，都表现为一种可塑的表现型城镇风貌适应性。前提是，我们首先要深刻了解这个城镇的空间肌理与风貌语言的来源与演化特征，了解小城镇风貌系统组织的内生秩序与外显样态的互动机理。景观、建筑、场所等小城镇风貌要素可以作为新旧联系的介质，时间、空间的相互影响可以通过有效的技术手段进行联系和对话，甚至可以通过巧妙的风貌语言组织来创造一个完整连续的小城镇风貌故事（图 4-11）。

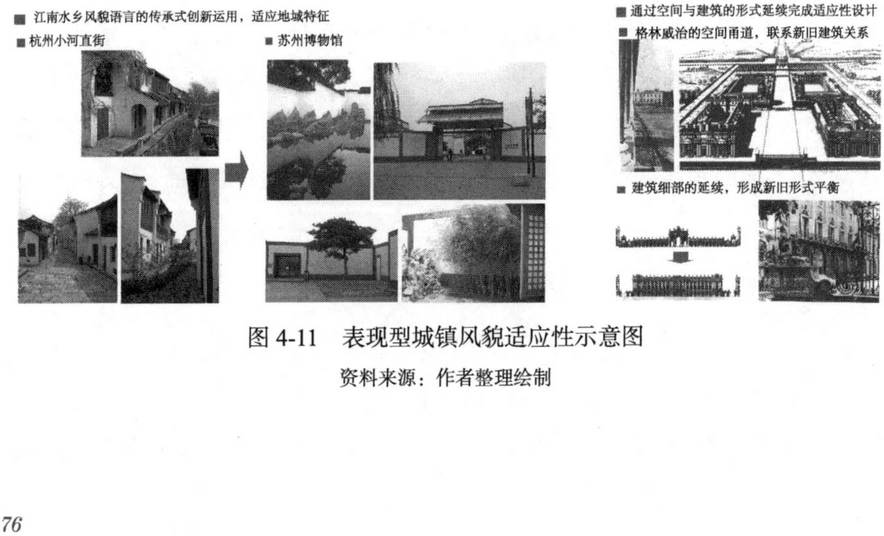

图 4-11　表现型城镇风貌适应性示意图

资料来源：作者整理绘制

（三）结论

适应性选择是小城镇风貌系统优胜劣汰的可持续进化过程，自适应选择——挑选适应小城镇风貌系统有序演化的因子，淘汰不适合地域环境条件的因素——优胜劣汰的进化机制。从动态演进的视角看待小城镇风貌的现状及存在的问题，我们应该坚信，这些不健康的状态只是我国城镇化建设中产生的一种阶段性表现。在小城镇的地域环境条件和文化基因属性的深刻探讨和分析的基础上，以适应性进化作为小城镇发展和小城镇风貌优化的目标，对小城镇风貌的要素、结构、样态及市民意识进行合理引导，延续小城镇风貌时空肌理，建构小城镇风貌有序演化的结构，保持小城镇风貌的持续优化趋势。

四、反馈机制

（一）反馈机制的形成

我们说系统出现了涨落，但并不意味着就一定会产生由无序到有序、由低序向高序的演进结果。同样地，系统存在的适应性选择过程，也只是为系统的有序演进准备了挑选优势基因的条件，以及提高自身适应环境的应激能力。涨落是系统有序演进的前端刺激物，适应性选择是系统有序演进的过程调整和准备程序，而真正决定系统演进方向和演化结果的核心过程是系统应激后的反馈机制。“所谓反馈，就是把信息的输出又反过来作用在输入端，从而对输入产生影响的过程。在这个过程中，如果是起到增强输入的作用，我们就称之为正反馈；如果是起到削弱原来输入的作用，我们就称之为负反馈。”[67:187]具体来说，反馈是系统应对环境刺激表现出自我调整机能的过程。正反馈的方向使系统的功能增强，并使它走向高级的有序态，负反馈的方向削弱系统的功能，它甚至能导致系统的崩溃。我们需要激励的是正反应态，也就是面对刺激时，系统产生正反馈机制。小城镇是一个复杂的巨系统，而小城镇风貌也涵盖了人、事、物等复杂的构成要素。在漫长的演化和进化过程中，几乎每种构成要素、每种表现形式都有大量的涨落涌现出来，要理清和解释其中纷繁的反馈现象和发生变化的原因，需要理性的逻辑结构和分层次解决问题的方法。

（二）小城镇风貌反馈机制的类型

小城镇风貌的自适应选择机制是反馈功能的具体表现。有增强系统有序性和审美、表意功能作用的调整机制是小城镇风貌演化中的正反馈表现。而减弱小城镇风貌的整体性、识别性和地域特色的变化过程则称为小城镇风貌系统的负反馈效应。

小城镇风貌的形成与发展过程中反馈作用的方式是多样的，正反馈和负反馈并不是绝对的，它们之间既相互联系又在一定的条件下相互转化。但小城镇风貌正是通过不断的正、负反馈作用进行自我调适和自我完善，并使整体系统维持、发展到更好的状态。我们需要了解的是，小城镇风貌在形成和演化过程中，会出现各种各样的反馈状况。它们有的表现在风貌样态上，如建筑物的形式、风格、色彩的变异；有的表现为风貌空间的组织效果上，如住宅区的风貌与工业区的风貌在空间组织和结构样态上的差异；也可能表现为风貌演变过程的反馈，小城镇风貌给人的整体感觉是趋于美好还是越来越糟。不应该孤立地看待小城镇风貌的每一个变化状况，而应该以发展和辩证的视角对待小城镇发展过程中出现的或好或劣的风貌状况。对于有利于小城镇风貌协调发展的正反馈机制应该加以稳定和加强，对于使小城镇风貌产生明显破坏性后果的负反馈机制，则要尽快分析其产生问题的原因，积极加以控制和修正。

总体来说，小城镇风貌的优劣好坏与城镇空间环境的品质和城市人居生活的感受直接相关。一个城市它的环境面貌好坏是城市是否适宜居住的基本衡量因子。例如，美国美世咨询公司针对城市的环境品质和生活质量做过调查研究，根据十大类（表 4-1）共 39 个因子的评价标准，对全球 221 个城市做了包括自然生境、政治经济环境、居住条件及教育、交通状况的评估，评选出 2011 年全球城市最适合居住、生活质量最高的 10 个城市[123]，维也纳、苏黎世、奥克兰、慕尼黑、杜塞尔多夫、温哥华、法兰克福、日内瓦、伯尔尼、哥本哈根，其中香港位列 70 位，北京位列第 109 位。这些调研结果在某种程度上也是对城乡规划水平和城镇管理效果的一种评估。小城镇是一个多效合力作用下的复合系统，小城镇风貌作为反映城镇经营质量的一个重要方面，值得我们严谨对待。

表 4-1 美世 2011 城市生活质量评估因子[124]

编号	调研内容
1	政治与社会环境（包括政治稳定、犯罪率、法律秩序力等因子）
2	经济环境（外汇、资本流通、银行服务等）
3	社会文化环境（审查制度、个人自由与个体限制）
4	健康和公共卫生（医药供给与服务、传染病、污水、废物处理、空气污染等）
5	学校和教育（标准的和可容纳的国际院校）
6	公共设施和交通（电力、供水、公共交通、交通拥塞状况）
7	娱乐和休闲（餐饮、剧院、展览、运动和休闲状况）
8	消费品（食品供应、日常消费品、汽车等）
9	住房条件（住宅、家用设备、家居维修等）
10	自然环境（气候、在录的自然灾害）

资料来源：作者根据相关资料绘制

1. 正反馈：小城镇风貌的品牌效应

小城镇风貌出现正反馈机制的具体表现为要素同化、结构耦合和空间合作。同化，指小城镇风貌要素在形式、尺度上趋于统一，新生形式与传统样式在类型学上具有趋同意义。结构耦合，指的是小城镇风貌系统的功能结构、时间结构、空间结构及意义构成之间的协调，并趋于有组织的、易感知的、可判读的网络体系。空间合作，是不同的风貌空间之间的相互协调，既表现出多样化的空间属性和风貌特征，又能围绕城镇文化主题有机地构成为一个整体的、相互协同的风貌样态。这些风貌现象都不是简单的孤立存在和线性演变，它是小城镇风貌系统在一种整体协调机制作用下的多样化表现。

最为直观的小城镇风貌的正反馈就是形成了小城镇的品牌效应，主要是指形成一种持续性的风貌主题和城市特色，小城镇的整体环境品质和地域文化特色都得到彰显。例如，花园城市新加坡，根据美世 2011 年的城市生活质量报告，新加坡是亚洲范围内生活质量排名第一的城市，在全球范围内排名第 25 位。新加坡的城市保洁和绿化效果执行良好，城市环境给人一种强烈的视觉印象，如同徜徉在绿叶花海中，有“花园城市”之美称。小城镇风貌的特色与主题在长期的发展演进过程中不断得到加强，从而自然地体现为一种正反馈效应（图 4-12）。“巴黎是一座保持着古城风貌的城市，同时又是一座现代化的城市。每个历史时期的决策者、规划师和建筑师都始终尊重原有的城市格局和风貌。古城区严格的法规控制和开辟新区达到了预期的效果。从卢浮宫、协和广场、香榭丽舍大街、凯旋门到德方斯构成了东西约 8 千米长，以若干历史建筑物为主题的城市轴线，而今继续在向西生长。”[63:91] 林荫道连接着德方斯新城市中心与老城区，并且向郊野深远之处延伸。这条景观轴线把城市的功能、文化、时－空脉络协同为一个完整的空间风貌结构，构成了城市风貌生长的正反馈效应。

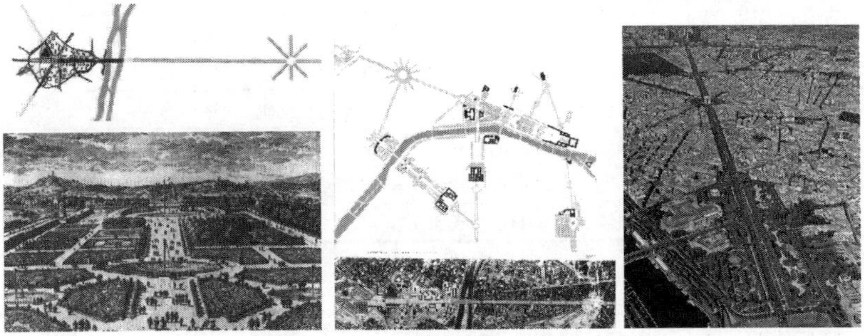

图 4-12　巴黎的形成 [125:187-192]

2. 负反馈：千城一面的风貌问题

千城一面，这是我国大多数城镇面临的一个突出的风貌问题，表现为城镇风貌的识别性不够、特色不突出等多个方面。小城镇在发展过程中接收了许多新鲜的风貌要素和外部环境信息，如果不加以选择的全部吸收，又没有良好的引导与管理机制，最终就会出现小城镇风貌在应激状态下的负反馈结果，出现类似于风貌趋同、风貌异化等问题。负反馈是一个系统失衡与异化的信号，在一定的情况下，可以通过一些技术手法与引导措施，逐渐优化继而转向积极有利的一面，能够最终走向正反馈。这就需要向已经形成了的具有地域适应性的风貌模式进行学习与修正，如青岛、烟台的殖民建筑，在城市后期的规划设计与历史文化保护中，注重于城市既有的地理环境格局、建筑形式、空间样态的适地性创新与传承，最终成为这些城市的一种文化品牌，为城市发展提供了一个优良资源。这是负反馈向正反馈成功转化的典型案例，这告诉我们小城镇风貌的形成始终处于生长与优化的过程中，而一些看似与地方形态不符的劣势干扰要素，在有效的组织利用和积极管理后，也能够成为一笔财富。

（三）结论

正反馈效应是小城镇风貌系统有序进化的核心过程。支配小城镇风貌各个要素和各个子系统的协同运动的组织力就来源于反馈过程。反馈机制去调节并且决定了风貌系统的适应性演进方向。正反馈促进小城镇风貌系统走向新的平衡态。正反馈的组织动力依赖于建序因子与媒触效应，具体作用在小城镇风貌的特征要素和文化价值的增强，支配小城镇风貌控制要素、激发系统结构互动、获得整体城镇风貌品质的提升。负反馈并非一定会产生破坏性后果，负反馈与正反馈是相互转化的。小城镇风貌本身具有地域差异，小城镇规划、风貌设计与景观管理需要遵循因地制宜的原则。反馈机制是小城镇风貌进化效果的直接反映，也是主动调控小城镇风貌演化方向的最有效的切入点。小城镇风貌的发生、发展过程受到的影响因素很多，很难预判哪种作用力会产生积极有效的作用效果。而小城镇风貌系统自身的适应性选择机制会给我们一些提示，出现正反馈时，从城市环境质量、风貌样态、市民体验效果、城市发展活力等不同方面，告诉我们哪些做法是适合这个城镇个体发展的。因此，从小城镇风貌系统自身的运行机制入手，抓住小城镇地域环境的发展条件和生活规律，再介入人为的管理和引导协调，这应该是优化小城镇风貌的一种积极有效的规划设计方法。

五、演替与进化机制

（一）演替与进化的表现形式

基于小城镇风貌演进过程中的竞争、涨落、反馈、适应性选择机制，我们可以说，小城镇风貌是一个自调适的动态系统。我们把小城镇风貌视为在一起相互作用的、多样不同类型要素组成的集群。当我们观察小城镇风貌各类型要素的组织和分布方式时，发现它们在时间跨度和空间布局上都不是均匀的。有些城镇的现代风貌要素占绝大多数，有时传统风貌区片得到大面积保护，并且特征的城镇风貌区往往在空间上高密集出现。甚至，我们可以观察出风貌要素在文化属系上的分布也不是均匀的，甚至会随着要素或空间形式的时间属性而表现出梯度变化。这种风貌系统在时间上的多样性和空间上的异质性，正是小城镇风貌系统自身演替和进化的直接表现。“时间的锈蚀是一种有力作用，它能使事物的不同外形相互调和。”[68:50] 优胜劣汰是自然界的一种客观进化过程。小城镇风貌的形成和演进是小城镇与环境经过长期适应和调整，逐渐建立起的相互协同关联的整体关系。并且，这种相互协调的演进过程在有效的引导下能够可持续发展下去。城乡规划与风貌设计主动参与小城镇风貌演化过程，目的就在于引导小城镇空间环境和小城镇风貌样态的可持续发展。小城镇风貌的结构演替和系统进化并不是终极蓝图式的，而是一种健康的持续生长的动态过程。保持小城镇风貌的有序演进和健康生长，是小城镇风貌协同进化的本质，也是城乡规划与风貌管理中必须遵循和引导的优化规则。

小城镇风貌演替和进化的动力来自于人类的主观能动性及人与城镇环境之间的互动活动。小城镇风貌演替和进化体现在要素形式、组织结构和主体心理及行为模式等多个方面，并且在整体样态中保留了时间流逝的痕迹和空间更替的轨迹。我们要确定当下及未来的城镇风貌的特色定位和发展趋势，必须依据小城镇风貌孕育的历史，分析小城镇风貌要素系统形成与发展的各种阶段和沉积与淘汰的主要原因，要了解公众在小城镇风貌认知和判读行为中的精神的、心理的、价值的转变趋势，关键是要知道今天的我们是从何而来，又要往哪里去。因此，剖析小城镇风貌演替进化的机理是解决风貌问题的根本。

建筑、景观等风貌构成要素传递着种种信息，而当信息的复杂多元带来解读障碍时，秩序就显得尤其重要。“一个结构在复杂性的任何层级上或多或少是有秩序的，有秩序的复杂性就是秩序的级别。美学源自秩序和复杂性之间的关系。”[126:306] 秩序的复杂性来源于两种类型，结构复杂性和形式复杂性。复杂性的小城镇风貌演替过程具体表现为量与质两个方面，包括小城镇风貌要素种类增加、小城镇风貌结构层级跃升、小城镇风貌系统的循环代谢加剧、小城镇风貌品质提升。量的增加体现了小城镇风貌系统的加速发展特征，而质的跃升则表示小城镇风貌系统结构趋于成熟与稳定。小城镇风貌发展过程是量变还是质变，主要取决于环境因子的干扰强度与系统内生竞争力及适应力的抗干扰能力的强弱博弈。外界干扰强度较小，而内生结构较稳定时，环境的变化与系统的应激适应始终保持一种良好的应对关系，表现在小城镇风貌系统的结构和样态的变化不大，小城镇风貌系统的整体样态保持较长时间内的稳定状态。例如，小城镇风貌系统的小涨落、负反馈过程就属于风貌的渐变演替。而外界干扰强度加大，作用力集中时，使小城镇风貌结构重组甚至风貌演化的时空脉络遭到破坏，具体表现为小城镇风貌样态发生明显变革，风貌空间和叙事功能发生变化、风貌要素和空间单元增加或更替、风貌系统的层级结构发生重组。这些变化称为小城镇风貌的进化，这种现象在高速城镇化进程中频繁出现。

1. 演替

小城镇风貌的演替现象普遍存在。建筑更新和空间重组都是小城镇风貌演替的表现，时间过程中小城镇风貌的演替也会导致风貌要素的数量累积。在演替情况下，现代风貌要素的丰富度和多样性都有随时间增加的趋势，传统风貌的丰富度和多样度却有随时间减少的趋势。演替的成熟阶段，它代表了系统达到某种层级阶段，获得了某种新的平衡状态。从更长的时间跨度来探视这种变化过程，这种不断由低到高，由平衡态到新平衡态的跃迁可以称为进化。

2. 进化

进化代表着系统结构的变化、功能与性质的跃迁。例如，由乡村风貌向城镇风貌转变的过程中，小城镇风貌空间拓展、风貌要素增加、风貌结构跃迁，这是一种进化过程。在城镇高速发展的过程中，有些城镇由于地理位置、发展机遇及重大变迁（如受到地震、洪水等自然灾害的摧毁），城镇风貌样态会出现颠覆性的变化，这也是一种进化。例如，南京与北京，南京是六朝古都，有江南秀丽的山水，也有历史的沧桑斑驳。与北京相比，它更多一份雅致与细腻。南京停留在江南都市的位置上，北京却得到进步和升华，作为政治中心，别具一份整齐与威严的城市风貌样态。

（二）小结

小城镇风貌系统的演替和进化是随着时间发展的自我完善和不断优化的过程。小城镇风貌优化没有终极状态，也不是一蹴而就的，它永远处于前进发展的过程中。进化——结构有序演替，样态多样协调——风貌品质螺旋式上升过程。进一步地，我们要对小城镇风貌从系统上去优化它，需要以城乡规划与风貌设计的工作模式更新为起点。城乡规划以土地利用规划为蓝本，把城市地域和空间进行斑块分割，这种作业形式破坏了小城镇生长和发展的自然地理脉络。我们以一种可持续的、动态演化的视角看待小城镇的整个时间、空间、人物、事件的演变过程，这些城镇风貌要素的集合并不是简单的地块组合或者是能够以面积为单位进行分割的空间。小城镇风貌的协同进化是整体的、由内生结构到外在样态的持续性作用结果。因此，小城镇风貌的规划设计及优化管理要有层级概念，而不是单纯的二维空间的组合问题。在深入到小城镇每个特征空间的风貌设计时，首先应该对小城镇的整体风景资源和风貌空间构成层级进行定位和梳理，由上而下地深入下去，才能真正做到有的放矢，真正把小城镇风貌的特色和叙事结构落实到每一个细节。

第三节 小城镇风貌协同进化规律

普利高津通过观察社会系统、生物系统及化学过程中的有序化演进现象，总结出耗散结构的一些共同特征，包括“活”的有序结构、对称性破缺、自催化（或自组织）的非线性作用、分叉[4:31]等特点。本章通过对小城镇风貌的形成与演化过程的分析，总结了小城镇风貌进化过程中的协同机制。在建构小城镇风貌秩序的过程中，小城镇风貌的协同进化表现出以下规律性的特征。

一、竞争动力律

竞争是协同学理论的一个基本概念。在哈肯的协同论中，认为竞争是系统建立协同机制的基本条件和运动前提。与竞争效应相对应的是协同效应，耗散系统内部及系统之间的竞争是永恒的，竞争也是系统演化的动力之源，如生物系统中种群之间及不同物种之间存在的种内竞争和种间竞争，经济系统中不同产业之间的竞争，社会系统中个体、集体之间的竞争，文化系统中不同文化派系、各种亚文化体系之间的竞争。只要系统是运动的，竞争就不可避免，因此，竞争是系统产生适应性演进的前提条件和动力之始。协同作用也是在竞争的过程中产生的，由于形成了序参量，系统的有序运动得到了加强，某些竞争条件转化为具有支配能力的优势因素，并有效控制其他竞争因素的影响范围。这样，既保持了系统的整体活力，又维持了系统的有序运动。

竞争是小城镇风貌系统适应性演进的前提条件和动力之源。小城镇风貌就是一个不断演进，不断从外界获取信息、能量与物质的非线性运动系统。同时，小城镇的风貌要素数量与种类之间存在着个体差异，在时间属性和空间分布上也存在等级差异。因此，小城镇风貌系统的各种构成要素与子系统就处于一种竞争与发展的动态不稳定的过程。我们强调小城镇风貌的系统整体性，也重视小城镇风貌各种构成要素的多元融合性。小城镇风貌构成要素的竞争关系既是小城镇风貌演化的基础和动力，又是小城镇风貌优化过程中需要有效引导与调控的主要因素。从小城镇风貌的协同进化角度看，小城镇风貌系统的竞争机制一方面准备了风貌系统自组织演化的动力条件；另一方面，促进了小城镇风貌系统的内生结构和外显样态的有序进化效果。

二、涨落平衡律

耗散理论的提出者普利高津认为：涨落导致有序。涨落就是系统内部产生了张力，致使系统出现不平衡的状态。出现了涨落，继而产生系统内部的合作与竞争关系，最终导致系统的有序进化。

小城镇风貌系统的优化与调控目标是，使它由无序向有序、低序向高序演化。同时，小城镇用地功能置换、空间结构重组、城镇边界扩展，直接导致小城镇风貌系统的构成要素与构成机制发生时空结构、功能构成、组织形态的变化，也促使小城镇风貌系统出现涨落。这种系统变量之间的链式关系效应，最终的结果是小城镇风貌系统出现相变。小城镇风貌就是在时空的演化过程中随涨落而不断震荡的动态平衡进化系统。

三、自组适应律

自组适应是指系统能够通过调适自身的内生结构或者宏观行为来适应环境的改变。小城镇风貌系统具有适应性演化的行为模式。适应性体现在结构与样态的互动适应，以及风貌整体系统与风貌局部要素的组合适应两个方面。小城镇风貌的自组适应性是小城镇风貌系统与地域环境的“交流学习”与“经验累积”下，不断选择与调试的结果。“适应 = 多样性变异 + 遗传性保存 + 环境的选择”[87:179]，在小城镇风貌系统中，对环境的变异产生了应激反应和系统进化，在此过程中，保持风貌构成要素与表现形式的多样性，有助于增加小城镇风貌系统的应变能力，以应对城镇生长中的多种可能。小城镇风貌样态与地域环境特征的不断适应，使得小城镇风貌的地域遗传基因成为风貌特色的来源。小城镇风貌与小城镇的规模、经济、文化、历史与社会等环境属性也应该相互协调。

小城镇风貌自组适应演化具有遗传与传播的运动机制，使得适应了环境的风貌要素或风貌样态被保存而延续下去，就像是生物体的遗传机制一样。小城镇风貌是小城镇叙事文本，具有表意的功能，表达了小城镇的地域特征和文化内涵。在小城镇风貌的要素选择与形式进化中，在空间特征上体现出多样性存在的特点，而在时间上，则表现出类型化与继承性的迭代状态。那些令人印象深刻的传统聚落，吸引人们的不仅仅是风貌空间的独特组织形式，更加是那些风貌样态下内涵的地域文化信息与特征行为方式，它们都是在长期的历史选择中得以保留并放大的遗传基因。

四、反馈触媒律

20世纪末，美国学者韦恩·奥图（Wayne Attoe）和唐·洛干（Donn Logan）在研究城市与建筑的关系时，提出城市触媒（urban catalysts）理念。城市触媒（图4-13）是城市中持续运作的活力元素，“它的目的是促使城市构造持续与渐进的改革。最重要的是，触媒并非单一的最终产品，而是一个可以刺激与引导后继开发的元素。”[127:82] 城镇空间的演替与更新不可避免，这种更替的结果往往意味着许多片区的空间构成要素，如建筑、景观、山水环境遭到破坏和清除。产生了许多完全不同的风貌要素，取代了既有的风貌遗存，一些历史与传统脉络也遭到消亡、断裂。这一过程带来的主要后果就是城镇风貌的身份性、识别性、延续性被颠覆。或许有另外一种由内而外、自下而上的城镇空间发展干预模式，城市触媒就是这种干预模式的催化剂。“策略性地引进新元素可以复兴都市中心现有的元素且不需彻底地改变它们，而且当触媒激起

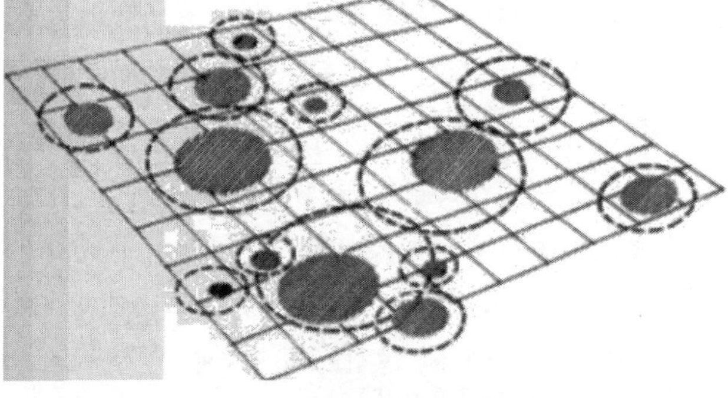

图4-13　城市触媒作用[127:84]

这样的新生命时，它也影响了相继引进之都市元素的形式、特色与品质”[127:6]。本章提出小城镇风貌的反馈媒触规律，是基于小城镇风貌空间运作的这种媒触协同观点。小城镇风貌不仅仅是一个城镇的外显表现样态，更是一种可持续运动的城镇发展资源。以某种触媒元素形成小城镇风貌系统演化秩序的催动力，不仅仅是小城镇风貌反馈机制的一种必然反应，也是小城镇风貌优化设计与引导调控的有效切入点。

小城镇风貌系统的复杂性在于构成要素及子系统之间的网络关系。复杂网络的结构原则是等级层次性。小城镇空间系统具有等级结构，映射在小城镇风貌系统上，也具有层次性。对小城镇风貌时空网络结构起统领与媒触作用的就是小城镇风貌进化的序参量，由它组织与协调其他部分在整体中的构成整体关系和演进秩序。序参量就像一个化学反应的催化剂，具有触媒作用，因为它在系统中具有活力与主导优势，能够激发其他因子起到联动效应。那些在类型上、功能上、规模上、形态上有异于其他构成部分的风貌空间或风貌标志要素，在系统结构中具有等级优势而成为组织风貌系统运动的核心触媒。根据复杂网络的重点和一般的层级关系，引导和控制核心触媒，有利于事半功倍的协同整体的变化趋势。小城镇风貌要素按照空间类型和特征属性发生聚类，渐渐改变原来风貌系统的要素构成和结构关系。聚类发生了，信息、能量、物质资源都会呈现等级差别，某种较大数量或具有代表性的要素集聚空间就以一种较为稳定的状态存在，对整个风貌系统的演进方向和结构秩序形成了调控和导引效力。这时候，小城镇风貌系统的建序触媒就产生了。

五、协同进化律

按照哈肯的观点，协同就是部分之间相互协调与合作的动力机制。协同体现了系统的整体性与共生性的内部作用机理，协同进化则是内部协调机理作用下系统有序跃迁的发展过程。从小城镇风貌的历史演绎与发展演进可以看出，小城镇的风貌要素与空间样态的发展经历了“竞争干扰—协调应激—自适应反馈—多元协同”的阶段性进化历程。从系统科学和协同学的视角来看，这是小城镇风貌系统自主进化，由简单系统向复杂系统，从无序向有序、低序向高序进化的规律性过程。

小城镇风貌的要素、结构、样态、功能、特征、意义都随时间推移而发生一系列变化，这是小城镇风貌发展的必然过程。“在生态系统中，物种之间相互影响，共同构成一个相互作用的协同适应系统。一个物种的性状作为另一物种性状的反应而进化，后一物种的这一性状本身又作为前一物种性状的反应而进化，这种方式称为协同进化。”[122:157] 生态学提出的协同进化表明了生态系统中物种之间互为条件、互相制约、相互联系、相互作用的衍生机制。管理学中的协同演进策略则强调系统在面向“外部环境向其进行输入时，系统能够通过自身正反馈机制应对不同的环境，表现出自主性、自稳定和自协调”[128]。系统科学中，协同进化是系统在其子系统及元素的组织和协作作用下，表现了功能、结构、空间、形式和整体性质的优化和完善。对于小城镇风貌系统，同样存在子系统、要素之间相互联系、互相作用的机制。而且，小城镇风貌系统的整体效应也需要各个组成部分由内生结构到外部样态的协调才共同表现出来，各子系统和构成要素的相互作用而产生的合作效果大于各子系统彼此独立的作用效果之和。因此，小城镇风貌系统的协同进化规律强调系统的整体性和协作性，以形成要素 - 系统 - 环境的协同运行机制，并促进小城镇风貌系统的有序演进。

小城镇风貌的协同进化表现为两个方面，系统整体与外部环境协同，以及内部组成部分之间的协同。环境、要素、形式、功能、结构、空间、时间作为小城镇风貌系统的组成部分，彼此之间绝不是孤立的，而是相互作用、互相联系的。首先，小城镇风貌整体样态的实现依赖于风貌环境、风貌空间与风貌形式作为物质基础来表达，具体的风貌原型也受到外部环境的条件制约。小城镇风貌系统的判读和评价也是在一个特定的范围内产生作用，脱离了环境背景的风貌空间与风貌样态就失去了自身存在的时空坐标，也就失去了地理、历史、文化的属性意义。因此，小城镇风貌系统是一个整体协同下的有机样态。其次，小城镇风貌系统的组成部分不仅依赖于地域环境条件得以确立时空身份，而且它的形式、功能、要素、结构之间也是相互协调，互为牵绊的链式关系。只有内在结构保持协调并有序的运动，才能使小城镇风貌系统整体趋向更优。小城镇风貌系统随时间的有序演化表现为风貌的要素、空间、结构、功能及意义保持统一和相互映射的关系，这也是立足于小城镇风貌系统自生与设计的协同优化的结果。因此，把小城镇风貌作为一个动态系统进行研究，就必须充分考虑整体的有机性和组分的协同性。

第五章
小城镇风貌的协同优化观

第一节 理论基础

早在 1859 年，达尔文出版科学名著《物种起源》，论述了生物的适应与进化的观点。英国生物学家托马斯·亨利·赫胥黎（Thomas Henry Huxley）是坚定的达尔文进化论追随者，他在《进化论与伦理学》中阐明了“物竞天择、适者生存”的生物进化观。进化，意味着事物由简单到复杂，由低级到高级，由冲突到适应的演替变化，蕴含了遗传、变异、重组、选择、适应等一系列演化机制。进化论，在后续发展中并不桎梏于生物领域，它适时地向生态学、社会学、文化学等其他学科拓展。在城市学科中，城市的时间、空间演替也表现出遗传、变异、重组、更新、适应的新陈代谢现象。小城镇风貌作为城镇物质空间的一种表现样态，它的变化是否也遵守这种不断进化，不断由低序向高序进化的动态规则？带着这种疑问，本章试图对小城镇风貌的形成与演化进行动态的描述。基于小城镇风貌系统要素的多样性特征与系统构成的复杂性属性，提出了系统协同的理念，希望对小城镇风貌现象做出合理的解释。

协同，是相对竞争而言的，它强调个体之间、组成部分之间、要素之间的协作。协同是不同对象之间的相互干预能力，这种能力表现为促使多方要素在整体运行过程中的相互合作的机制。本章提出小城镇风貌形成发展的协同进化观点，是基于小城镇风貌的演变机制，它表现出由某些具有建构秩序能力的要素所引领的由内部结构到外显样态的系统进化特征。本章把小城镇风貌的这种演化过程归纳为“协同进化”过程。它是在小城镇风貌与外部环境之间的物质、能量、信息的交流中，催生出风貌进化的协调性动力因子。在一定条件下，动力因子促使小城镇风貌系统由无序走向有序、由低序走向高序、由简单走向复杂的逐步进化过程。另外，“协同”也是复杂系统科学中的一个分支。协同学已发展为一个较为完善的学科体系，为本章的研究提供了理论支持。本章的论述以系统论、协同学为理论依据，本章重在阐述小城镇风貌的协同理念与基本观点，并详细阐述协同论的理论原理及它在小城镇风貌研究中的应用。

一、系统论

科学研究有两种基本方法：机械还原论与系统中心论。还原论是针对事物规律性研究中把复杂事物分解为简单的组成部分，以组分为中心的研究方法。系统论方法则是在辩证综合的视角下，把事物作为“相互联系、相互作用、相互依赖和相互制约的若干组分按一定规律组成的有机整体”[129:275]，从整体出发研究事物构成的客观规律。在社会、经济、物理、化学、人口、生态、生物等学科，系统学的分析方法有效地解决了许多复杂多元体系的形成与发展问题。系统思想在城乡规划学科的引介与应用也在逐渐成熟，城市的系统观已经确立并得到充分重视。系统观认为，世界客观存在的基本方式是系统，自然、社会、人类世界皆成系统。系统论告诉我们，系统具有整体性原则、结构性原则、等级性原则[130:34-40]。“从系统整体和构成这个整体的各种部分的相互关系来观察事物，系统原则包括：客观事物中普遍存在的系统的整体性、结构性、自组织性、层次性等。”[67:4]

（一）整体性原则

系统的整体性表现在两个方面。

（1）整体性是系统与外部环境的整体关系。系统处于一定的生存环境，并且是不断运动的。系统的运动本质在于它与外部环境之间的物质、能量与信息的交换和传递。例如，小城镇风貌作为一个系统来看，它的外部环境包括一定时空背景下的社会制度、文化观念、价值取向、科学技术、经济水平、思潮信仰等社会环境，还有居民的生活方式、民俗习惯、公众的价值取向等人文环境，也与自然生态、地形地貌、山水格局、地质气候、资源条件等自然禀赋息息相关。这些外部环境因素，一方面是小城镇风貌的物质实体要素、几何艺术形式、空间样态产生的背景条件；另一方面，这些环境信息也在不断变化，对小城镇风貌的演化与发展产生了直接或间接影响。小城镇风貌的演化不可能孤立于环境状态而独立存在，它只有与这些系统环境相互适应，才能持续、健康地发展下去。

（2）整体性是系统的组成部分与系统整体之间的相互作用关系。小城镇风貌的要素类型、艺术形式、空间场域、时间特征等组成元素并不是彼此孤立的存在，它们之间有相互的制约作用与逻辑关系。建筑的形制、艺术的风格由时代背景与功能意义来界定，风貌空间由建筑界定，空间场域的尺度、景观艺术配置、点线面组织形式，它们共同营造的场所氛围是完成小城镇风貌叙事与判读的前提。要素之间的相互协调与有机的联系，才能使形式、结构、功能、意义取得风貌样态上的统一性。

（二）结构性原则

“任何系统都是有结构的。结构是物质系统组成要素的内在联系与组织方式。也就是说，结构指的是系统各要素的相互作用中比较稳定的方式、顺序和强弱。”[130:36] 系统整体的稳定性来自于它的结构稳定性，系统结构处于稳定状态，系统整体就能保持稳定。

结构用于描述内部要素的组织模式，表现为秩序性、层次性和稳定性三个方面。

（1）结构意味着秩序，就系统的共性来看，任何系统都具有一定的时空秩序。根据城市结构原理，“城市网络的构造本质——节点、联系和分级”[82:5]，为我们提供了城市系统结构的基础概念。小城镇风貌的系统结构演化有三种类型：时空序列位移、空间要素重组、网络型构转换（图 5-1）。

（2）“组织结构是系统最明显的层次结构。系统科学提出层次结构，把系统分成子系统，讨论系统与系统的关系，这是系统科学的研究方法”[131:139]。层次结构决定了系统的多样性与多元特性，系统结构意味着系统具有相对稳定的层次构成，而系统的演化与自组织进化的必然过程是经历结构、层次的转化，而结构是系统进化的中介。

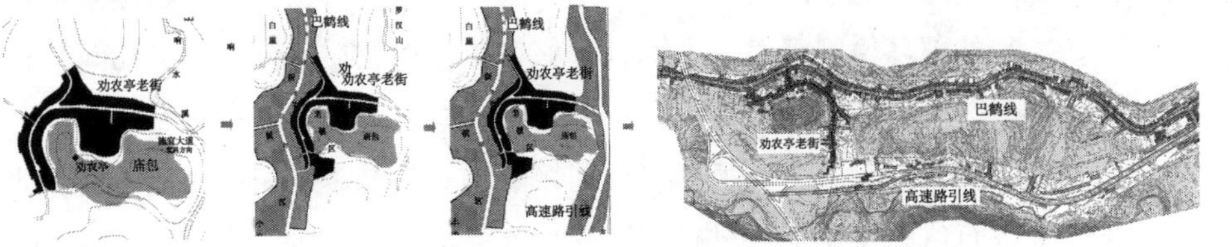

图 5-1　小城镇风貌结构演进示意图（文后附彩图）

资料来源：作者整理绘制

（3）系统结构决定系统功能与系统属性。系统内部要素之间相互作用，直接导引系统结构状态，表现为维持系统整体的动态平衡。“结构是功能的基础，功能依赖于结构”[132]，系统功能的良性发挥需要合理的结构来支持。

（三）等级性原则

“系统观把整个世界看做一个相互联系的等级序列”[67:48]，等级性体现了系统的复杂程度。系统层次之间存在张力，这种张力带来了系统的等级势差。高层级与低层级之间表现出差异，这种差异在系统的运动过程中会相互转化。一方面，系统各组成部分具有的能量、性质与特征就不是均质的，它们自然呈现出物质、能量、信息的不对称性，表现为系统层级上的层次关系；另一方面，系统等级性来自系统环境不同程度的干扰刺激，使内部组分产生的涨落幅度不同。为建立新的系统秩序与平衡态，涨落导致要素的结构重组与能量流动，分化出系统的等级构成。小城镇风貌的构成也是一个等级系统；不同要素子系统、空间系统、艺术形式子系统都有自身存在的层级结构，并且这种结构等级是长期演化与环境协调的结果。

不难理解，小城镇风貌是众多要素相互联系、互相作用的有机系统。它与社会、经济、文化、自然环境密切相关，与环境互动，并且主动与环境适应。小城镇风貌具有系统的整体性、结构性与层级性的基本特征，这是本章研究小城镇风貌系统优化理论与方法的逻辑起点。在此基础上，小城镇风貌的系统特征不仅仅是静态的构成关系。更为关键的是，小城镇风貌是不断发展与生长的有机整体。在动态演进过程中表现出的系统自组织特征、耗散特征与自适应性，又是它更为显著的系统特征。

二、协同论

在小城镇风貌的系统理念下，我们进一步认为，小城镇风貌时空系统应适应发展与演进的必然规律，即小城镇风貌的系统结构与有机秩序必须有适应成长与演进的能力。这也是协同理论视角下小城镇风貌探索的一个基本出发点。如果说系统论下的小城镇风貌研究强调的是整体秩序，那么，协同论下的风貌探索则关注秩序的适应性。系统论更多地着眼于整体效应，能有效地梳理大集合与大规模要素的聚类关系，使之体现出秩序规则。相对地，系统视角在细节与内生机理关系的分析上就显得薄弱。而协同论正是以系统的运动机理为研究对象，深入内部要素与不同聚类关系的相互作用机制，从要素的特征和构成开始，由内而外地阐释系统整体功能与属性特征产生的内生运动原理。这正是我们以动态演化的视角优化小城镇风貌演进过程中需要有效解决的核心问题。协同论介入小城镇风貌动态演进研究，为我们提供了一个有效的理论分析工具。在小城镇风貌设计中，与其怀抱面面俱到的理想，希望运用设计技法去实现所有那些与风貌有关的元素、场域与布局关系，不如在彼此相互刺激与关联反应中，从协同作用开始，去安排一个有机的联动反应过程。而事实上，面对庞大的城市系统，我们也无法做到全面深入对待每一个点、线、面、体，我们依然需要有组织、分层次地协调这些相互刺激、互相影响的部分。协同论发展了系统论的整体性原理，详细阐述了部分与整体辩证连锁反应的具体运动机制，也是实现小城镇风貌设计中各种要素之间协调合作目标的理论优势所在。

（一）协同论的基本理念

协同学由德国物理学家哈肯于 1971 年提出，与耗散理论、突变论、超循环理论、分形理论及混沌理论共同构成复杂系统科学基础理论。哈肯的协同学以脱离平衡态的系统自组织运动为研究对象，认为系统自组织是由系统内在要素与子系统之间的协同运动形成的。而协同理论则给出了这种运动的形成条件与规律。例如，激光受电子有序排列产生激光波束、化学反应中反应物的周期性变化、生物群体进化的周期性振荡等现象的发生与形成机制，提出远离热平衡状态的不同系统具有的一种类似的合作现象。系统自身演化或周期性变化的原因，是由于某种微观参量的变化所引起的不稳定反应，带动系统构成元素与子系统之间的合作协同机制，并且最终导致系统产生新的宏观样态。[133:410-422]在经济学、社会学、生物学等不同学科视野中，这些不同类型的系统的形成机理和演化过程也同样存在这种共性规律。

简言之，协同，就是合作的观点，研究系统各部分的合作问题。协同学是“关于系统中各个子系统之间相互竞争、合作的科学”[116:3]，是研究协同系统从无序到有序的演化规律的新兴综合性学科。协同学研究的对象，是处于非平衡状态的开放系统，研究“系统的各个部分如何进行协作，并通过协作导致系统出现空间上、时间上、功能上的有序结构”[134:28]。协同理论指出，任何复杂系统包括无生命的自然、经济、社会、文化系统及生命系统、人类物质世界，都是通过系统内各子系统的协调与合作机制来实现整体统一有序的演化效果。系统是否发生有序演化的主要条件是系统内部各构成部分能否形成有效的协同动力，有效的协同驱动力能够带领系统形成宏观尺度上的结构、功能、时空的有序演进。

哈肯在描述系统协同动态机制时，采用了序参量、反馈机制和支配原理来阐述协同结构和协同演化的过程规律。

1. 序参量

协同理论中的序参量是指能够描述系统宏观状态并表征系统有序程度的状态参量。“协同系统是指由许多子系统组成的，能以自组织方式形成空间、时间或功能有序结构的开放系统。协同系统的状态由一组状态参量来描述。这些状态参量随时间变化的快慢程度不相同，当系统接近于发生显著质变的临界点时，变化慢的状态参量的数目就会越来越少，有时甚至只有一个或少数几个。这些为数不多的慢变化参量就完全确定了系统的宏观行为并表征系统的有序化程度，称为序参量（order parameter）。”[135:62]例如，群体动物行为模式，具有强烈的协同效应，像蚁群的行进路线、蜜蜂交流采用的蜂舞形式，这些群体动物的肢体语言由其中统领地位的个体主导，群体遵守规则协同运动；再如，产业的积聚效应，由主导产业的吸引作用，形成产业集聚效应和产业园区形式。序参量可以比作系统有序运动的“无形之手”，直接主导系统构成要素及子系统之间产生协同机制，并由此控制系统的有序化演进过程。

序参量在协同演化过程中起到两个关键作用：媒触作用和建序作用（图 5-2）。

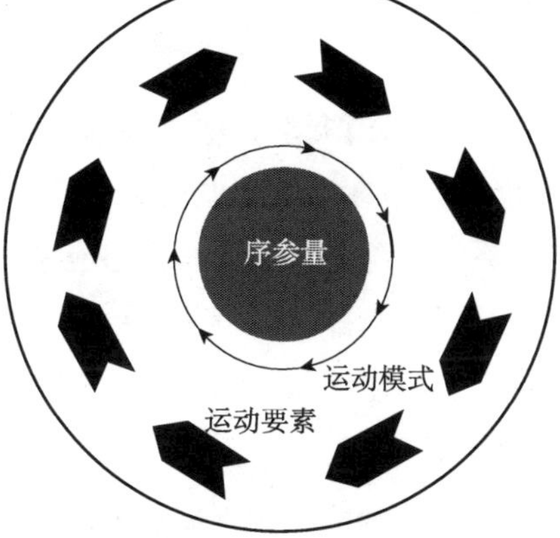

图 5-2　序参量示意图

资料来源：作者自绘

（1）序参量在系统内生结构形成与整合中扮演触媒角色。复杂系统通过要素和子系统的层级构成形成有机整体，序参量在建构系统有机结构中起到联合力和刺激力的作用。这是因为序参量自身是由系统要素及子系统之间的不同竞争作用而选择出来的，能够在长期的内部张力中不断适应和调节并最终主导系统整体结构层级秩序。序参量在这个动态过程中不仅仅是一个媒触因子，同时是一个有持续发展力的动力源，是系统秩序催动力的发生器。

（2）序参量是形成系统宏观样态与内部结构秩序的"建序之手"。通过参与内生结构建构，并占据内部要素与子系统相互联系的支配地位，由结构到整体的控制系统产生协同有序进化。系统的功能、样态与时空特征取决于内生结构的性质。通过外力因素达到对系统整体秩序、样态与时空特征的优化，只有在优化因子介入系统结构组织并对其发挥出有利于整体形态建序的影响下才能有效实现。

序参量的产生离不开竞争机制，系统的不稳定性是序参量产生的前提条件，内部竞争作用是序参量产生的动力机制。

（3）序参量是系统的特殊变量。一杯水由液态到固态，或由液态到气态，是靠温度的能量驱使水分子系统离开平衡状态，并依靠温度驱使分子运动与排列定义一种新平衡态，温度就是序参量。序参量产生的条件之一就是，序参量是耗散系统的特殊变量。系统是一个开放的，与外界环境不断交换信息、能量、物质的耗散系统。

（4）序参量是系统内部竞争与协同作用的产物。它不是某一个系统要素或子系统，它是一种宏观参量。需要激发使系统保持演化活力的刺激机制，如导入干扰因素使系统要素与子系统产生相互作用，产生竞争运动或协同运动模式，序参量在此过程中产生。

（5）序参量是演化过程中的慢变量，序参量可以随系统运动而演变。在激发系统演化的诸多因素中，序参量是那些变化较慢但作用效果较强的慢变量。产生协调各要素及子系统的参量，需要具备适应系统环境条件和系统演化动力的能力，才能在长期的适应选择中保持可持续的协同动力并制定系统运动规则，有足够的能量促使系统内生结构认同建序参量引导的运动模式。小城镇风貌演化的结果是整体样态的有序化。能长期存在于小城镇风貌演化的过程中，通过结构作用最终产生风貌系统有序进化效果的动力条件就是序参量。

（6）序参量具有建序功能。通过支配作用，序参量对系统运动模式产生干预，并引导运动方向建构系统秩序。序参量对系统要素与结构的发展过程产生支配作用，并引领系统秩序跃升。

2. 反馈机制

系统的运行存在正反馈和负反馈两种效果。系统协同机制的实现是通过正反馈催生形成有序结构，再借助负反馈维持系统在某种秩序结构下的稳定状态。正反馈与负反馈两者之间可以相互转化，也是相互影响、共同参与系统运动。

序参量是反馈机制得以实现的媒介，是系统运动与外部环境之间物质、能量、信息沟通的传导物。通过序参量来激励或缩减系统内部的合作或竞争关系，来推动系统产生正反馈或负反馈作用效果。序参量的作用程度通过系统的反馈状态来判断和衡量，在协同学理念中，那些系统表现出来的有序结构特征，与宏观不变的有序粒子排列形成的规则结构不同。“贝纳德元胞流体中的六角形花样，化学振荡的‘B-Z’反应中的生成物浓度随时间振荡和空间周期分布及扩散波都是有序结构。……这种结构是由规则粒子的不停运动构成的，因此结构是活的结构。”[4:31] 这种活结构运动模式是协同规律的特殊表现，结构是活的，活力来自外界环境的物质、能量与信息不断供给。结构随环境的不断改变和调试，在系统有机整体的功能、性质、时空特征上表现出不同的反应效果，反馈机制是这种活结构对系统产生竞争与协同作用效果的衡量物。

如果说涨落是系统宏观运动之一，反馈则是系统最重要的内生运动机制（图 5-3）。按照系统协同动力演进的内生观点，“系统的行为模式与特性主要取决于其内部的动态结构与反馈机制；系统在内外动力和制约因素的作用下按一定的规律发展演化。”[136:3] 反馈机制有赖于信息交流，系统自身的协同演化是因为系统内部动态结构的规律性演化。确切地说，系统结构与状态的协同演化是信息反馈的结果，系统宏观状态与行为取决于系统内生结构及其反馈机制。由此我们可以找到主导复杂系统的有效手段，那就是调节、控制系统的反馈机制。小城镇风貌作为一种基本的复杂耗散系统，应用反馈机制来获得对系统结构和宏观行为的有效调控作用，将是城乡规划与风貌设计中值得探讨的一种方法。

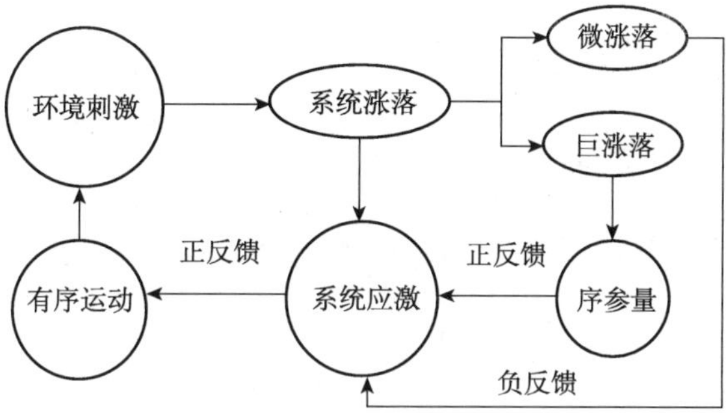

图 5-3　协同反馈机制示意图

资料来源：作者自绘

3. 支配原理

“协同学的主要思想，即是把控制参量设定到适当值，间接驾驭系统的自组织”[137:335]。系统产生支配作用与序参量的出现两者之间有重要的内生关系。哈肯所描述的序参量是具有支配作用的介质，“无论什么系统，如果某个参量在系统演化过程中从无到有的变化，并且能够指示出新结构的形成，反映新结构的有序程度，它就是序参量。”[4:49] 系统有序演化的主宰者是序参量，由序参量支配系统整体演化过程的原理就是协同论的支配原理。

哈肯从信息论观点提出，协同支配依赖序参量实现。序参量起着双重作用，它通知各原子（各子系统）如何运动，此外，它又告诉了观察者系统的宏观有序态的情况[138:56]。支配原理（图 5-4）告诉我们，系统所接收的信息与能量多种多样，系统演化中存在的变量也各有不同，但并不是所有参量都能对系统的运动模式与路径发生作用。此时，有序与无序成为支配效果的一种客观衡量标准。序的概念表现了系统的组织能力和层级水平，无序系统对应于紊乱、失衡与不适应性，有序系统则表现出有组织的、差异协同的、可持续性适应关系的建构。因此，支配理论阐述了系统自无序到有序的形成机理，说明了系统的秩序建构来源于支配参量与支配作用的客观道理。这一观点为我们调试与引导复杂系统的有序运动提供了依据。从优化的视角出发，对一个动态系统的干预最为本质的工作内容就是建立系统的结构秩序和运动规则，并维持系统以一种可持续的稳定状态在一个较长时期内有序运动。

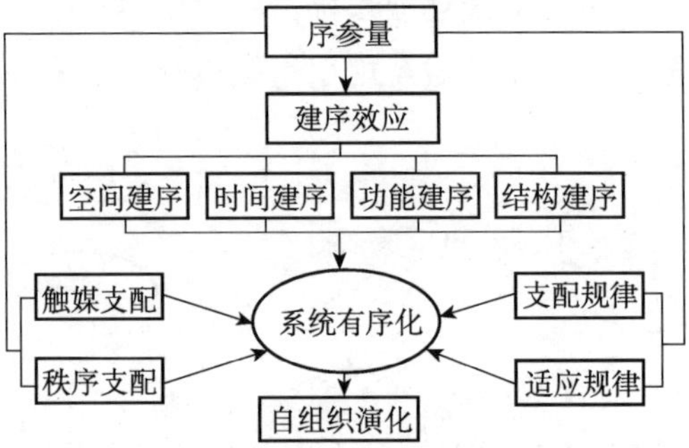

图 5-4　协同支配原理示意图

资料来源：作者自绘

支配原理适用的条件是，系统能够产生序参量。假如一个系统是均质状态，在变化过程中收到的各种信息与能量输入是均质的，那么各种竞争关系及变化参量对系统的作用力势均力敌，彼此之间的支配地位不明显，系统就无法形成一个明确的运动方向，也就意味着系统的状态与行为是不确定的，此时支配原理就会失效。从城乡规划学科来理解支配原理，我们也可以很清楚地发现城市自身的运行也是受到支配规则的作用。城乡规划的基本出发点就是合理处理城市要素与子系统之间的相互组织关系，包括空间、物质要素的整体与局部关系、重点与一般关系。城乡规划与设计工作本就是一个博弈与协调的系统工程，在不同工作内容与任务背景下，最基本的原则就是主次关系，这也是支配原理在城市学科的朴素体现。

（二）协同学解决问题的方法

1. 系统方法

协同学的方法论首先是系统方法，将研究对象置于系统范畴内加以研究。第一，判定系统的开放性和耗散性，以此作为协同学方法介入研究的前提条件。第二，对系统内部进行分层分级分析，判定系统各个组成部分之间的涨落差异。第三，研究系统外部环境，判别系统外环境经过耗散系统的物质、能量和信息的输入与交流，对系统内生结构产生的作用形式，是否产生竞争作用，竞争作用是否在某些参量的控制下转为协同效力。第四，建构协同系统，建构具备支配参量和可持续发展动力的动态有机系统。

2. 动力学方法

系统学告诉我们看待动态演化的复杂系统要跳出片段走向整体。协同学则在系统思维基础上更深化了，协同学重视的是发展中的过程。它提出系统构成整体的根本方式，那就是通过内部结构的相互作用产生的动力学系统规则的方法。“动力学方法论的含义即在系统内部寻找自主作用的关键力量及对系统内部相互作用的关系的关注。”[4:67] 在协同学中，动力的来源就是序参量，动力机制是支配原理。这是一种从系统微观结构入手分析系统动态运动的过程，是从系统内生动力入手剖析系统整体的宏观结构、功能与行为辩证统一关系的过程。系统动力学的核心观点就是，系统的宏观行为源自于其内生结构。因此，协同动力机制研究的基础是系统结构。

3. 分元方法

协同学是将研究系统运动机制的视角深入到微观构成与元素组织的层面，从层次、类型元、作用途径研究系统由无序走向有序、走向高序的积聚现象。协同学的微观分元方法的基础是深刻了解系统内生过程的机理，即使是面向城镇这样的复杂巨系统，无法全面了解全部的内部要素和微观过程，也可以通过宏观现象与运动规律来探测系统的内生机制。因此，小城镇风貌的协同学方法是一种微观元素方法与宏观现象方法的有机复合的综合方法，由现象到规律，由规律到结构的综合互补分析法。

4. 数理方法

协同学研究系统演化过程的另一个有力工具就是协同动力方程。它将系统演化的各种变量及它们的相互作用用数学模型表达出来，通过建立数学模型，分析变量与现象之间的互动关系。协同学探索系统合作现象的基本步骤是：系统时间、空间与功能的宏观演进现象—界定系统失衡的条件—分析内生结构的相互作用机制—建构协同动力学方程，求解序参量。通过协同动力学方程求解，可以精确地定位序参量。这种数理方法适应一些微观环境较为明朗的系统，对于小城镇风貌系统，希望通过微观方法模拟小城镇风貌的演化过程，还是一个较少研究的领域。

第二节 小城镇风貌的协同理念

一、小城镇风貌的协同理念

探索小城镇风貌演进中那些具有建序作用的状态量，它们是导致小城镇风貌系统出现巨涨落与正反馈的控制参量，也是描述小城镇风貌整体发展状态与质量特征的关键因素。根据协同理论，如果能够分析清楚对系统起决定性支配作用的因素及其作用机制，并加以适度的引导和调控，这将对系统的整体结构和发展起到优化的积极效果。这也是本章基于系统协同机制提出小城镇风貌协同优化理论的基础。

（一）小城镇风貌的序参量

依据协同作用机制，一旦产生序参量，小城镇风貌系统就获得了有序运动的演进动力。序参量的支配作用将带领小城镇风貌系统向有序状态运动。这一基本观点对我们参与小城镇风貌设计工作尤为重要。

小城镇风貌演进的序参量并不是唯一的。因为城镇风貌的构成要素众多，不同种类的物质实体要素、不同类型的空间要素、不同样态的艺术要素，它们都是构成小城镇风貌系统的重要组成部分。这些组织构成有自身的运作规则，整体上也是适应系统协同动力演化机制的。因此，在小城镇风貌的序参量判断中，我们并不能一刀切的以为某一种参量会占据绝对主导的地位。这也是小城镇自身复杂性的一种体现，应该以系统整体和多元协同的有机思想来深入探讨小城镇风貌复杂构成的序参量问题。我们知道，协同进化过程中最终产生建序能力的序参量，是系统演化过程中的那些经过长期优化后起作用的慢变量。那些自身变化快、存在时间短的快变量对系统的进化作用更加不显著，只有长期存在并随系统同时进化的慢变量，才是最终主导运动方向的序参量。据此，我们可以客观辨别出小城镇风貌影响因子中的慢变量，文化因子、自然肌理因子、经济因子、社会及公众风貌判读心理因子，这些都是小城镇风貌过程中的慢变量。在慢变量中，哪些能够主宰小城镇风貌系统的演化方向，哪些具有支配其他变量并带领系统由无序走向有序的能力，那么它就是小城镇风貌形成与演化的序参量。

对于不同的城镇个体，它的环境条件与发展状态并不完全相同，对应的序参量也不尽一致。但我们依然可以根据对象的特征与表现形式，通过分析判断出哪些是序参量（图 5-5）。例如，江南水乡城镇的风貌以“白墙黛瓦、流水人家”的特征成为一种标志，在这种类型城镇的风貌建构中，江南民居的建筑形制、小巷空间尺度、临水而居的生活方式成为一种综合的主导因子。这种地域文化基因可以称为序参量，在长期的城镇发展与演进中，它们始终保持一种鲜明的特色与识别性，并成为新生代城镇风貌要素的设计原型与艺术范式。例如，山地城镇，它的独特自然环境条件，决定了与地形地貌相契合的山地城镇的风貌，吊脚楼、天街等都是这种地域环境序参量作用下的风貌空间样态。经济现状也是一种风貌序参量，决定了大多数城市中心、都会城市或者现代商业中心的高密度、高强度的都市风貌。序参量是可以通过宏观想象加以辨识的，通过风貌的变化特征与发展演化情况可以判断出来。序参量也是与公众需求、审美心理及价值判断相契合的，这也是小城镇风貌序参量判断的标准之一。序参量并不是一个绝对的标准，也并非所有城镇都统一一致。不同类型的城镇，不同的城镇个体它的发展条件与形成机理有差别，我们需要针对具体情况因地制宜。

地域文化序参量，造就中外水乡城镇的决然不同的风貌样态

威尼斯风貌、小巷与拜占庭风格建筑

地形地貌序参量，山地城镇的典型风貌样态

经济特征序参量：都市中心的现代高密度风貌样态

图 5-5　小城镇风貌序参量多样性示意图（文后附彩图）

资料来源：作者整理绘制

（二）小城镇风貌的反馈机制

反馈机制是小城镇风貌各组成要素建立合作关系的桥梁。

（1）反馈机制帮助我们判断序参量。序参量是系统有序运动的必要条件，发现序参量是有效组织与调控系统演进方向的首要任务。反馈机制是变量支配能力的一种标志，可以通过提供在不同变化条件下城镇风貌的应激效应，为我们标示出变量的快慢，显示出变量对小城镇风貌演化作用强度与效果的差异。通过反馈机制，我们可以直观地判断小城镇风貌的运动模式及支持这种运动模式的序参量。

（2）反馈机制形象地描述了系统内生结构的动力逻辑关系。掌控序参量，并非一劳永逸。序参量对系统产生的作用效果同样受到环境条件制约，也需要经过系统自身的适应性调试与检验后，才能判定是否具有优势作用。这就是系统的反馈机制与环境适应性协调的重要作用。

小城镇风貌系统的有序运动的判断，有几种不同的表现形式。一种是风貌系统的量变，即小城镇风貌构成要素的种类与数量的增加，使风貌要素规模与复杂性增加。小城镇风貌空间拓展、小城镇用地功能重构、小城镇物质要素变异都能引起这种种类与数量上的复杂性增加的演化过程。这种变化过程，并不会对现有的风貌系统的序参量产生本质变化。因此，在这种情况下，小城镇风貌的定位、性质、主题及综观判断并不会发生巨变，更多的变化是风貌在细节上的优化。小城镇风貌演化在整体上是一种平稳的渐变过程，维持风貌系统在某种平衡层级上的动态持续，此时是序参量的负反馈机制在发生作用。另一种反馈机制是系统的组织程度与结构秩序发生层级上的跃迁，从一种平衡态进化为另一种更高层级的平衡态的动力学演化。这种变化过程不仅仅是内部组织结构的重构，更是序参量自身的产生与优化，并由此带来的系统整体运动方向的变化。小城镇风貌的组成要素发生性质的改变，导致建筑风格、空间类型及风貌整体形式样态发生变化，小城镇风貌的功能与意义都发生改变。此时，小城镇风貌系统产生的是质变，序参量发生了改变，带来了风貌系统演化的正反馈机制。

城镇处于不断成长的运动过程中，小城镇风貌的形成与发展也不是一朝之功。进程中的风貌系统并不是线性的运动轨迹，因此小城镇风貌的反馈机制会有相互交织与过渡的必然现象。能够分层次、分类型地探讨不同的风貌构成要素与组织结构的运动机理，才能真正有效地掌控小城镇风貌系统序参量的竞争与协同的动力学机制。

（三）小城镇风貌的支配原理

支配原理为我们提供了一种分析小城镇风貌演进过程的方法论思想。按照协同论的观点，在系统内部的竞争与协同作用下，会渐渐产生序参量。这些脱颖而出的建序因子具有支配系统其他部分运动趋势的主导能力，依靠序参量的支配指令，系统整体因此由无序走向有序，由低序演进为高序的协同发展。

从小城镇风貌的形成与发展过程，我们也能通过一些经典案例发现利用序参量支配形成有序结构的现象。例如，城镇的中心区是展示城镇风貌与城镇形象的一个重要窗口，中心区的空间布局、功能定位、建筑形式和环境景观设计在每个城镇都是一个值得重点推敲、慎重营造的风貌空间。假如我们把不同城镇的中心区截取来比较，会发现它们在建筑高度、建筑密度、空间布局形式、环境氛围和风貌意象上具有很多共同特点：高密度、轮廓线、现代都市风貌、体现城镇经济发展水平。在城乡规划与风貌设计中，由于区位条件、城镇建设要求、市场开发规则等一系列外界条件的影响，我们遵循经济效益的因子导引，中心区的建筑密度、建筑造型、用地开发强度、布局形式、空间类型自觉地表现出一种随经济性支配的风貌样态。同样地，文化也是小城镇风貌形成与演化的一个重要支配参量。一个地域特征显著的小城镇在风貌表达上也体现出一种自觉的文化表达规则。小城镇风貌构成要素与场所形式在自身文化环境基因的导引下，按照自己的形式法则和组织模式进行排列组合。即使是随时间发展，甚至现代性要素、能量和信息的冲击，真正具有深厚文化根基的小城镇也能做到传统与现代的契合、地域性与全球化的协同。在小城镇风貌的整体意象上，也能表现出一种鲜明的风貌特征。这是文化序参量在小城镇风貌形成与发展过程中的支配力量。

支配原理产生作用的一个前提条件是产生序参量。在这种情况下，我们依然不能忽视城乡规划与城市管理的协同作用，一个城镇的活力来自它高速的运转与高效的信息、能量、物质的流通。也就是说，具备了有序发展的资源与条件时，还必须依靠合理的城镇经营模式，才能实现真正意义上的城镇可持续发展。

二、小城镇风貌的协同学方法

以协同理论研究小城镇风貌，旨在深入了解小城镇风貌演化的内部活动机制。协同作用由序参量控制，小城镇风貌系统演化的序参量是哪些因子，这是深入研究的先决条件。

协同学研究系统演化的动力机制，主要步骤是：①研究激发系统非平衡相变的因素与条件；②探索序参量；③推演支配原理；④数理仿真，建立协同动力学方程与求解。协同学采用的基本概念主要是：涨落、相变、协同、序参量、反馈、支配。协同对应于竞争，耗散系统内部及系统之间的竞争是永恒的，竞争也就是系统演化的动力之源。协同与竞争是自然界及社会系统中普遍存在的一种作用关系。

小城镇风貌之所以表现出个体差异性，不同城镇的环境条件与风貌“基因”不同，孕育出的风貌样态与特征也各有特色。正是由于存在风貌要素、结构与风貌生存环境之间的竞争或协同作用，小城镇风貌表现出的整体样态也是无序或有序或高度有序的不同状态。协同学方法应用到小城镇风貌研究中，帮助我们从演化机制与进化动力的角度对小城镇风貌的形成与有序发展做出逻辑描述与理性解释。

三、小城镇风貌的协同本质

本章阐述了小城镇风貌的协同演化与优化的基本观点，包括小城镇风貌的序参量、小城镇风貌反馈机制与小城镇风貌支配原理，这是协同学理论在小城镇风貌研究中的关键概念。这些基本概念都在尝试解读一个过程，那就是小城镇风貌的形成与发展的演进过程。并且，为了说明小城镇风貌达到一种有机组织化运动状态时，其中的动力机制是什么？本章提出小城镇风貌的协同观，是对小城镇风貌动态演化动力机制的概括。认为小城镇风貌协同的本质在于，建构一种风貌有序运动的秩序，而这种秩序的关键在于两个方面。

（1）小城镇风貌演化的客观规律，也是小城镇风貌系统构成要素的相互关系在风貌发展与演化过程中的自生规则。我们通过对小城镇风貌的形成与发展过程的分析，可以发现，协同法则同样适用于小城镇风貌的运动过程。也就是说，小城镇风貌的自生规则可以概括为小城镇风貌的协同进化机制。小城镇风貌是一个动态发展的有机系统，而城乡规划与风貌设计在小城镇风貌形成与发展中起到重要的引导作用。我们需要对小城镇风貌的客观规律进行探索，以此作为风貌规划与优化设计的基础，小城镇风貌协同演进规律将是风貌协同优化理论提出的重要依据。

（2）小城镇风貌也不是完全处于自主发展的轨迹中，城乡规划与风貌设计是现代城镇发展的主要调控工具。城乡规划能够有效修正城镇发展中不健康的因素，为实现城镇的可持续发展建构良好的秩序框架。也正是基于城乡规划与风貌设计的这种主动建构秩序的作用，本章提出依托小城镇风貌自生规则与设计规则的协同优化理论与规划方法。旨在探索小城镇风貌发展客观规律的基础上，真正落实到城乡规划、风貌设计与景观管理体系中去。引导小城镇发展与小城镇风貌设计在城乡规划的建构秩序中产生可持续发展与有序性演进的行为规则，这是实现小城镇风貌协同优化的根本所在。

因此，本章提出的小城镇风貌协同观的本质是，小城镇风貌协同演进自生规则与城乡规划及风貌设计中主动建构规则的秩序建立与协同优化。小城镇风貌的协同优化在城乡规划与风貌设计中的本质目标在于：发现小城镇风貌形成与发展的协同进化规律，在城乡规划、风貌设计与景观管理中遵循小城镇风貌的这种自生规律；同时，也在规划设计与建设管理中反馈规律应用的效果，及时优化小城镇风貌的秩序结构，建立适应小城镇发展条件的风貌优化过程。

第三节　小城镇风貌系统协同的基本观点

一、系统观

系统，“是具有特定功能的、相互间具有有机联系的许多要素所构成的一个整体”[130:24]。恩格斯把世界看成相互联系互相作用的复杂系统。他指出：“我们所面对着的整个自然界形成一个体系，即各种物体相互联系的总体。这里所说的物体，是指所有的物质存在，从星球到原子，甚至到以太粒子。这些物体是相互联系的，这就是说，它们是相互作用着的，并且正是这种相互作用构成了运动。”[139:54] 可见系统观的基本认知是，物质世界是系统的，系统是客观世界存在的基本方式，即自然、社会、人类世界皆成系统。世界的系统性要求我们以系统观念认识与分析客观事物，即认识事物的逻辑起点在于基于系统的整体视角。可以说，系统观从一种认识经验上升为哲学方法论层面。

系统思想的基本观点认为，一般系统具有整体性原则、相互联系原则、有序性原则、动态原则。

（1）整体性是系统理论的一个基本原理，并且系统的整体并不是各部分的简单相加，系统整体大于各部分之和。系统整体性原理阐述了系统组成部分之间的相互关联而产生的系统整体的功能、行为、特征和相态。

（2）相互联系性是系统生命运动的动力之源，体现在两个方面，系统内部构成要素、子系统之间的相互联系，还包括系统与外部环境之间的物质、信息和能量的相互流通作用。

（3）有序性体现在静态和动态两个方面，静态有序指系统要素结构和子系构成的等级、层次关系，甚至形成复杂的网络体系。动态有序表现为系统运动和演化的无序向有序、低序向高序进化的过程。

（4）动态性来自系统受到外部环境或系统自身结构的不稳定因素影响，使系统的状态或行为偏离稳定状态，向一种新的结构或状态变化的趋势。系统动态变化的过程和强度表现了系统的活力和稳定程度的强弱。流水不腐，看待事物的发展生长，不应固守现状，动态稳定才能促使系统不断更新进步。

因此，哲学视角的系统观要告诉我们的是一种认识事物的整体性方法，被用做认识事物、分析复杂构成关系的重要理论工具，并在各种交叉学科领域内证明是有效的。作为分析工具的系统方法就是在系统的整体视野下，分析系统与子系统、系统与要素、要素与要素、系统与环境的相互联系和相互作用，继而揭示研究对象的系统构成和运动规律，最终形成全面认识事物，并优化和解决问题的一般方法。

小城镇是一个多要素、多结构、多层次、多目标的动态复杂系统。小城镇风貌是小城镇系统的一种表现样态，它不仅仅与小城镇的物质资源对象相吻合，而且与小城镇的社会、经济、文化、生态等众多子系统及因素密切相关。假如把小城镇风貌作为一种城镇叙事文本来理解，那么，它是由具有差异性的情节片段或类型化的叙事语言，以及彼此之间相互关联或相互排斥的推进关系所组成的系统。仅从现象或形态的角度孤立地研究小城镇风貌，显然是不完整的。对小城镇风貌的对象研究及对小城镇风貌问题的探索，首先就应该建构小城镇风貌系统的构成体系，继而从要素、子系统的性质、结构和变化过程的剖析来揭示小城镇风貌系统形成与演化的规律。在系统观视角下研究小城镇风貌，它能使我们发现小城镇发展和营建过程中，影响风貌样态的因素，以及小城镇风貌演化的条件、方式、途径等规律性特征。这些客观信息将在我们建设小城镇、营造美好人居环境过程中发挥积极引导作用。因此，在系统观的指导思想下，把小城镇风貌对象看成是一个复杂的系统整体，同时又与其他因素与结构体系相互作用、相互联系的集合体，才能层层展开剖析而得到正确的认识。

二、过程观

小城镇风貌的形成并非一蹴而就，也不是依照规划蓝图照搬而来。小城镇风貌是在经年累月的积累后得到的多样生动。“世界是物质的，物质世界是系统的，系统是不断运动的”[67:54]。运动是物质的存在方式，包括时间演进、空间位移、结构重置、功能转换等变化和过程。系统运动的本质在于，系统内部要素与结构之间的物质、能量与信息的传递联系，以及系统与外部环境之间的物质、能量与信息交流作用。运动使系统获得演进的能量，使系统获得生命力。小城镇风貌的系统运动过程具有多样性，具体表现为风貌形成的时间流动、风貌空间更替、风貌相态有序化、风貌系统组织层次跃升。

（一）小城镇风貌在时间中的拼贴落影

如果我们把时间延展到足够大的跨度，可以看到小城镇风貌的形成始终处在或快或慢的变化进程中。我们可以容易地捕捉到城市在漫长历史中前行的轨迹，那些历史街区、遗产建筑、文化风物无疑都在向尝试解读城市的人们提供线索。小城镇风貌是过去与未来的统一体，告诉人们城镇的过去境况，也孕育了城镇未来的趋势。而城乡规划者、建筑师和管理者，在这场城市运动中的角色是帮助城市顺利走向未来健康人居环境的实践者。立志审视历史风貌与现代精神的共处关系时，时间为我们提供了清晰的脉络关系。柯林·罗在他的著作《拼贴城市》中论述建筑及城市的拼贴构成理念，把建筑师和规划师比作“拼贴匠”，采用手边的任何材料和资源，包括不同时间段下的城市实体与事件，以拼贴创造结构并赋予它功能效果，而这种拼贴做法的逻辑起点是来自于城市有机生长的自然法则。

（二）小城镇风貌空间更替产生风貌样态改变

随着经济的发展和社会生活结构、行为模式的变迁，城镇的时域、空域界限不断突破，城镇空间结构更新重组，城镇环境样态新陈代谢。小城镇风貌的形成是时间累积过程中不断叠加、拼贴的结果。随着时间延续和空间拓展，小城镇风貌体现出不同的样态。小城镇风貌依托空间语言叙述自身的功能和意义，而城镇空间在历史进程中以一种空间演替和结构重组的方式新陈代谢，这种城镇的生长和代谢的行为就是城镇化的直观表现。小城镇风貌空间的更替演进反映的是人类、社会、城镇的不断发展变化过程，而我们需要从中获得的知识和信息就在于发现这个过程的运动规律。

不同历史时期的生活方式、建造技术水平、文化艺术思潮、社会制度及精神价值观念是有所区分的，因此，在不同时间背景下的空间组织形式、空间实体功能、空间文化符号、空间认知意义的特征并不一样，带给人的风貌体验也不尽相同。明确小城镇风貌形式的时间属性，并赋予它所在空间环境的时间信息，依此脉络，作为城镇风貌的读者，也就能够明晰自己所处的时空位置，也才能够找到自己所期待的场所信息。

（三）小城镇风貌样态的量变到质变

小城镇风貌的构成要素涵盖了城镇里的人、事、物所有构成因子，它们会以实体或者文化属性甚至精神中介的形式附着于风貌载体之上。小城镇风貌系统的演化过程是一种量变到质变的变化过程。

我们往往是通过建筑物、构筑物、景观小品等实体要素的尺度和形式的点、线、面、体、风格的渐变而直观感知到城镇风貌的变化，这种变化是风貌要素的尺度变化和规模变化，并非是类型的更替。这种风貌原型上的渐变和进化，并不形成新的风貌样态秩序，只是表达小城镇风貌要素的积累与渐变的程度。由量变到质变，将带来小城镇风貌的要素变异和结构等级的跃迁。例如，风貌要素的类型和风格变化，打破原系统的稳定性，并产生新的系统要素。如果这种新类型能够适应系统并融入系统，甚至强大到统领系统使之秩序关系重组，那么就会使风貌系统发生内生特质的改变，带来风貌子系统和要素结构的层级跃迁。这种跃迁的前提是接受环境的选择，是否适合城镇社会、经济、文化、生态环境，是否满足城镇功能定位和形象特征，是否符合公众的审美意识、价值判断和情感心理，是否具备城镇社会文化系统的持续发展潜力等。作为小城镇风貌的设计和管理者，尊重并理性对待小城镇生长环境的适宜性规律是小城镇研究和管理工作的本质所在。

（四）小城镇风貌系统结构的螺旋进化

小城镇风貌系统的要素数量和结构关系的进化，是随系统进化而更加有组织、有秩序的相互作用效果。等级性是体现系统复杂程度的基本量，体现在系统的内部结构和外部形态上，不同的层次及相互之间的联系和组织，共同构成系统的整体特征。系统结构之间存在张力，这种张力带来了系统的等级势差。高层次与低层次之间表现出差异，这种差异在系统的运动过程中会相互转化。

系统要素对系统发生影响，首先是通过系统结构或者所属子系统为路径来传递能量与信息。低层级元素一般情况下不会直接对系统整体产生颠覆性作用，而是以层级递进的方式由低系向高系再向整体发生作用。系统发生的结构变化也是由不同子系统之间的相互构成关系的更替和演化为切入点。也就是说，系统整体的有序性和完整性，首先是内生的结构有序和层级关系进化产生的。对小城镇风貌系统的塑造和优化，并不是简单的物质要素的设计和营造，更为有效的方式应是遵循小城镇风貌系统演化的有序进化机制，使风貌要素之间的组成模式和结构关系趋于有序，最终实现小城镇风貌在人为建设和管理中由无序到低序、再向高序的引导和控制。这种有机生长、层级有序的系统发展规律，其实是生物学、生态学等自然科学的基本认知，在城市科学中也并不陌生（图 5-6）。只是城市系统复杂多元，理清其中所有组织关系甚为困难。但从小城镇表现出的风貌现象来看，我们并不能否认这一规律依然适应于小城镇系统及与城市体密切相关的小城镇风貌系统。

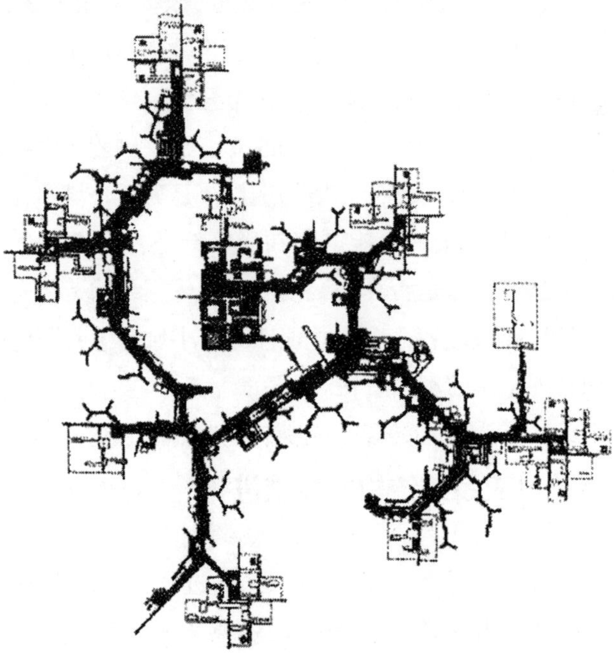

图 5-6　有机生长的城市 [140:100]

三、自组织观

自组织是系统在时空中结构与功能有序演化的过程，是由无序走向有序，由低序走向高序的自我调试的演进过程。自组织对应于他组织，“如果一个系统在获得空间的、时间的或功能的结构过程中，没有外界的特定干涉，我们便说该体系是自组织的。这里‘特定’一词，是指那种结构或功能并非外界强加给体系的，而且外界是以非特定的方式作用于体系的” [141:11]。可以这样理解，自组织是事物自发、自主地由无序走向有序的演化，并形成时间的、空间的或功能的结构的过程。

城市自组织论认为城市是内生自适应规则和外在自选择机制综合作用下的进化过程。布鲁塞尔学派的彼得·艾伦（Peter M.Allen）以耗散结构理论方法对城市的产生、发展和演化进行了自组织模拟和数理模型推断，证明了城市的自组织规律 [142:29]。

本书认为小城镇风貌是附属于城镇系统的自组织系统，具备一般自组织系统的共同特征。

（1）开放性。小城镇风貌系统是开放系统。具有开放的边界，与环境在社会、经济、文化、自然生态环境中互动并获取演替的能量与物质。

（2）非平衡的有序化、结构化演进。小城镇风貌并不是一蹴而就，而是在长期更新、演替后，不断趋向结构化、有序化的整体协调结果。一个城镇它的风貌生成的经济、社会、生态环境不同，风貌要素在数量和质量、风貌空间规模和分布、风貌演化时间长短和结构分布上都表现为非均质、非平衡态。正是这种内生机制和外显样态的不平衡性，成为小城镇风貌系统不断运动的动力。在宏观上，小城镇风貌的样态和时空分布表现为一种形成有房结构、有序结构，并维持这种有序化不断优化的演化过程。

（3）来自系统内部的组织力。在这种自组织过程中，人并非游离于或者凌驾于城市之外的单独个体，甚至恰恰是其中一个灵魂的要素。作为城镇主体的人既是城镇风貌的营造者又是城镇风貌的判读者，小城镇风貌就是建立在人与城互动基础上的产物。人所具备的主动性和能动性，一方面可以深刻认识和探索城镇发展的基本规律；另一方面，在面对发展问题时还能积极应对，运用适当的工具和方法对发展过程进行修正和调整，以适应环境要求。所以说，小城镇风貌不是由人凭空创造的，却是在人的不断参与和组织下引导生成的。它是一个开放动态的自组织系统（图 5-7）。

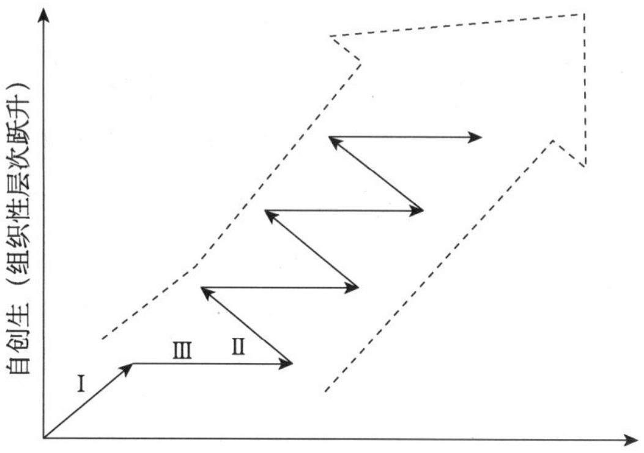

图 5-7　小城镇风貌自组织演化示意图 [4:11]

注：图中Ⅰ、Ⅱ、Ⅲ表示不同等级结构

具体来说，小城镇风貌的自组织机制体现在两个方面：小城镇风貌系统生长环境的自适应生存规则和人的自主优化与调控作用，小城镇风貌是这两方面不断调试和反复适应的外显结果。

四、适应协同观

物质世界是一个差异协同体，包含对立统一关系。系统构成要素在数量、性质、功能上并非均质分布，而是必然性地表现出差异。这些差异是导致系统内部出现涨落，产生竞争与协同进化的必要条件。1969 年德国科学家赫尔曼·哈肯提出系统协同思想，认为自然界和人类社会的任何复杂系统普遍存在无序、有序的相互转化现象。当系统内各部分独立自主运动占主导时，系统呈现出无序状态；当各要素相互协调与协作时，整体系统呈现有规律的有序运动状态，无序的极端是混沌，有序即协同，这是一个普遍规律。引入协同学理论到小城镇风貌的研究，并非简单的理论嫁接。以协同论为分析工具探讨小城镇风貌问题的优势在于，它能够更好地阐释小城镇风貌形成与演进的动态运动机制。在此基础上，提出的小城镇风貌协同进化理论能够最本真地还原小城镇风貌运行的自然规则。以此作为小城镇风貌设计和管理的基础，是对小城镇可持续发展的理性应对之道。

（一）空间协同

小城镇风貌空间的协同更多地体现为一种对地域环境和生活行为的尊重和适应。我们从中世纪的一些城镇及一些传统小镇的风貌肌理中，很容易找到佐证。伊利尔·沙里宁谈及城镇空间格局的形成时有这样的论述：“中世纪的城镇——古典的城镇也如此——是按照某些原则建造起来的，而这些原则必须被认为历代所有城镇建设的基本原则。我们还要强调指出，现代的集镇或城市之所以杂乱无章，就是因为放弃或遗忘了这些原则。”[68:26] 自然界有一条普遍原则：表现原则[68:9-11]，即表现相态是为真实说明藏在形式之下的结构涵义。当我们把注意力转为城镇空间与自然环境相互协调的现象时，将发现类似的例子。城镇空间的样态本能地与经济、文化、交通、地形地貌环境相联系，以组成和谐构成的城镇空间环境。从空间选址、街道尺度、房屋体量、建筑形制、檐口和窗花处理、屋顶和群体轮廓线，由场所到建筑细部，由功能到意义，由体量到比例，都有一套公众默认的潜在规则。这是一种下意识的行为模式，没有统一规划规则的城镇，城镇建设的个体自然地按照地域环境原则自觉行为，因此即便是不同个体的单独行为，在共同的地域基因支配下，也能相互协调形成有机城镇空间（图 5-8）。

传统城镇的风貌空间呈现一种与环境、时代相适应的协同性，因而具有独特的风貌识别性

图 5-8　传统城镇空间风貌的适应性协同表现（文后附彩图）

在城乡规划的效力下，小城镇风貌空间在考虑选址、功能定位、建筑布局、形式语言时，有两种不同的力量在博弈。一种是未经规划师整体空间组织的地域性适应规律，它是尊重地形地貌、山水格局、生活方式和经济水平的现实条件，自发形成的一种构成规则。另一种是现代化条件下的新形式、新技术、新文化和新经济优势对传统规则的渗透和冲击。而我们需要维持的恰恰是新要求下的新旧和谐在空间上的协同效应。因此，我们必须首先深刻理解原生规则，才能植入新要求，做到两者的协调配合。

（二）时间协同

时间协同指小城镇风貌样态在时间上的连续性和延续性特征。如果结合小城镇的社会、经济、文化、历史、自然等一系列环境信息来判读小城镇风貌更深层次的叙事意义，同样可以发现，某些风貌形式代表了地域的文化基调，而这些具有基因信息的风貌语言，将是小城镇的形象、特色与精神文化的最具标识性和魅力的重要组成部分。

对小城镇风貌叙事意义的表达，最为显著的是小城镇历史文脉的建构与小城镇空间肌理的延续。具体来说，小城镇风貌的意义在于时间意义、文化意义、功能意义与发展意义。时间流动、文化延续、功能表征很多都集中在历史风貌系统中。城镇发展脉络与城镇精神意蕴最直接的载体就是那些历史遗迹和隐含演进机理的象征物。另外，小城镇风貌的新生要素，在与风貌整体意象的协调中，最为和谐的存在方式就是在发展中延续城镇叙事意义。因此，小城镇风貌的时间表达也体现在尊重传统和延续创新两个方面的协同。

（1）连续性原则是新旧协调原则。在巴黎（图 5-9），人们不仅仅可以轻松参观最原真的历史遗迹，同时也能在日常生活中欣赏那些平凡又极具城市风情的街道美景。“巴黎传统街道景观的特征之一——建筑檐口线的连续性”[17:48]，这是城镇风貌分区管理条例中的一个硬性控制内容，并在现实的城市建设中得到严格执行，同时也获得了极大的成功。在城镇风貌形成过程中，这一细节性内容说明，建筑界面线形要素不连续，会使得城市街景变得凌乱不堪。而公众在解读这样的城镇风貌时，也并不总是把它理解为城镇多样性的结果，而是在风貌意向中视其为混乱、破碎、零散、消极甚至是灾难。

（2）延续性，主要指善待城镇历史文化传承与创新的脉络。尊重传统，主要是对历史风貌要素的保护。对于城镇原有的历史建筑、传统建筑、文化标识物的保护，尽量予以保留，那些功能、形式濒临淘汰的建筑物、构筑物，鼓励以开放的态度对待，对它们进行更新改造，同时赋予历史建筑新的功能和象征意义。这种态度和做法体现了规划设计中对城镇传统和文化进程的尊重。当下，我国的快速城镇化中新区的建设量极大，更多的旧城区面临改造和更新。对待这些空间的现状肌理，尽可能地保留其中时光流逝的痕迹，以保护性更新和再利用的理念使它们在未来也能发挥功能和历史意义。这并不违背城镇更新代谢的基本规律，也不会给市民造成认知障碍。

街道空间连续性，界面的完整与秩序性，传统与现代的协调过渡，
以及随处可见的街景细节，构成巴黎街道美学特征

图 5-9　巴黎的街道美学

资料来源：作者整理绘制

（三）物质要素协同

“人们生活在物质环境中，而物质环境都是有体有形的，是一个形象的世界，良好的生活环境应当是各要素间呈现‘有机秩序’的‘体形环境’”[68:13]。小城镇风貌的形体要素之间的有机结构和协同演化正是城镇环境在物质上、精神上和文化上趋于健康的基本原则。

小城镇风貌的文化意义和地域精神需要落影在每一种风貌要素上，包括建筑物、构筑物、标示物，涵盖了从屋角装饰到建筑群体、从交通标识到街头座椅、从建筑环境到公园绿地的任何可感知可意象的事物。通过艺术形式语言，运用构形、比例、节奏、韵律、材料和色彩的组织，创造一种具有地域风格和精神内涵的小城镇人居环境和风貌形象。这些要素不会任意拼贴，小城镇风貌规划设计工作的目的就是努力发现小城镇自身的特征，以表达出适合地域环境的时间、空间、文化、历史的表现形式，并使它们彼此协调组成良好的互动关系，为烘托小城镇风貌特色而服务。

要素协同不仅表现在小城镇风貌要素类型的配置协同，还表现为同类要素在艺术风格和形态尺度上的协同。在城镇居住单元中，以街坊形式规划的住区表现在街道尺度和住宅围和方式方面，依然形成了传统、熟悉、人性化的街道空间。虽然是新建住区，却依然给人一种亲切、传统的空间尺度。这是小城镇风貌要素协同的一个重要原则。

（四）结构分形协同

关于城镇形态的观察和分析，中外研究成果均证明，“成功的城市形态在本质上是分形的”[83:46]。这一事实主要反映在城镇二维平面的映射关系上，表现出城镇宏观尺度的点、线、面的构图关系。而小城镇风貌的协同现象映射在城镇实体的视觉画面是，小城镇空间的分形结构同样可以扩展到建筑、景观、标志物等风貌构成要素层面上（图 5-10）。例如，小城镇建筑风貌的街景界面通过形体几何划分手法，可以对不同尺度、不同范围的风貌空间界面按照整体到局部的方式进行细分。这说明，小城镇空间美学的平面构成规则在小城镇风貌感知中同样适用。例如，具有明显分形边界的风貌要素的识别性较高。与外部环境的空间边界模糊不清时，小城镇风貌的适应性就较低。

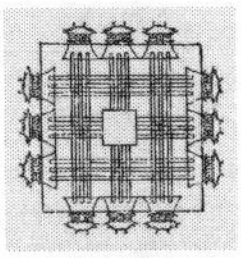

■ 礼制规则在营城、空间、建筑形制及群体组合的不同尺度上的分形同构协同表现

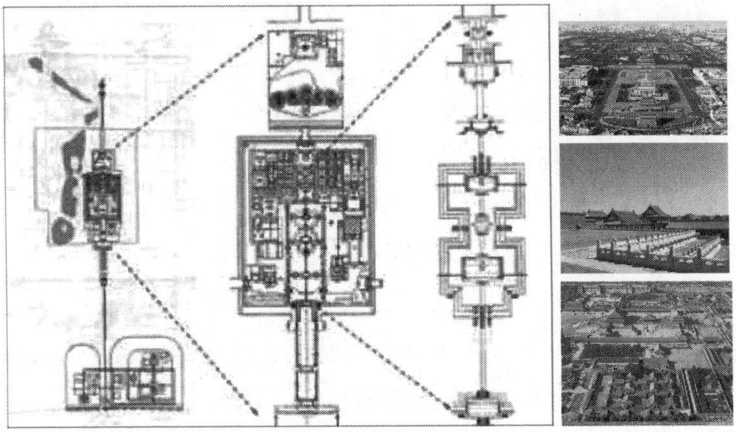

图 5-10　小城镇风貌分形同构协同解析 [143:244]

小城镇风貌结构分形的一个积极效应，就是能够明确地剥离出小城镇风貌艺术形式的不同子结构。小城镇风貌的分形结构，可以理解为城镇向读者传递的一种风貌信息。分形结构的几何形式可帮助读者形成小城镇风貌系统的基本构形语言，辅助读者建立起小城镇风貌由局部向系统的推演关系。

在十分复杂的小城镇风貌样态形成的过程中，围绕风貌要素、风貌界面和风貌形体组织的详细结构进行多样化分化和多尺度分割，最终创建出适合地域环境的风貌分形几何。通常情况下，这些分形结构与地域环境之间是长期适应与协同的筛选与淘汰的关系。具体来说，从小城镇风貌界面形式中，越能剥离出边界清晰的分形结构，则表示这个风貌系统的适应性越强；也表示这个风貌系统的组织结构越有序，直接证明了它具有更好的生命活力。反之，越是混乱的风貌系统，越是不宜细分出子层次的几何形式，多元要素无法按照某种有序的子结构有机组织成为一个整体，那么它的活力和环境质量就越差。也是基于这一观点，对于小城镇风貌的系统分析可以从结构入手，以点、线、面、体的构图关系为分析对象，由局部来映射风貌系统的有机构成组织。我们也可以得出一个结论，成功的小城镇风貌必然具有一定的集合特征；同样地，我们在塑造小城镇风貌时，应当注重挖掘并珍视这些几何构成的原型和嬗变形式。

（五）系统协同

系统协同的有机原则是生命体的基本组织原则。显微镜下有机的细胞组织意味着生命，解剖术中有机的系统组织意味着机体健康。机体相互协调的能力和秩序是生命和生命运行的根本，这是生命体系的普遍真理。

小城镇风貌在整体上呈现出健康有机与持续演化的状态，必然依靠空间秩序、形体秩序、要素秩序、社会秩序、文化秩序的系统协同。它们互为前提、互为因果，彼此之间相互作用并产生联动效应。从全世界范围来看，尽管文化基因各有不同，无论是那些自然规则主导下形成的传统聚落，还是经过理性规划后建设的现代都市，城镇风貌的系统形态构成关系都具有某种共同点，那就是，城镇风貌的形式和构成机理遵从着相同的连贯性规则。这种连贯性规则就是对系统生境和环境条件的尊重和协同。“城市的主要目的，是给居民提供生活上与工作上的良好设施”[68:21]。在满足功能的基本前提下，协同规则与小城镇风貌的相关性主要贯穿于三个方面：形式层面、意义层面、环境层面。种种迹象表明，忽视协同规则的城镇营造行为，在很大程度上要为大量出现的非理性建设后果承担责任，正是无序、短视的设计行为导致了小城镇风貌的破碎和失范。

第六章 小城镇风貌的协同优化理论

本章详述了小城镇风貌的演进过程及其协同规律。在此基础上，小城镇风貌的规划设计与管理工作理应遵守城镇自身的发展机制。本章提出小城镇风貌的协同优化理论，作为小城镇建设和风貌设计管理中营造小城镇环境、优化小城镇风貌的理论依据。演化是系统孕育、发展的变化过程，优化则是系统演化的良性发展方向。优化，是系统哲学中物质世界发展的趋势和方向，“是指系统整体具有一种由低级到高级，由简单到复杂的发展方向和总趋势”[67:108]。小城镇风貌形成与演化的过程，反映了小城镇建设思想和小城镇艺术形制的阶段性特点，也表达了小城镇风貌演进的基本规律。这些特点和规律，是小城镇风貌规划与优化设计工作中不能忽视的基本原则。小城镇风貌的优化，是解释风貌内涵和建构风貌秩序的过程。基于小城镇风貌协同优化的城镇用地布局、空间组织及景观环境设计的动力是什么？在突破原有结构模式的条件下，新建秩序的合理性何在？小城镇风貌的结构调整与样态优化应该如何适应城镇发展及城镇空间网络系统？小城镇风貌系统内部协同的作用机制应该如何在优化设计过程中进行衔接与引导？由小城镇风貌形成与演化的基本规律，使小城镇风貌系统的内部结构和外部环境条件相适应而呈现优良状态，使小城镇风貌系统的时空结构与整体样态，以及系统演进出现结构、功能、过程的优化，是小城镇研究与人居环境营造不懈的价值追求。

第一节　小城镇风貌协同优化理论基础

一、优化理论

（一）系统优化的基本理念

按照认识事物与开发、改造事物的逻辑关系，我们可以把系统理论分为两大板块：系统认知板块和系统优化板块。系统认知就是认识世界，认识客观世界的运动规律，为了表达现象和描述运动的行为。系统优化即发展事物、改造世界，是探讨在客观运动规律的前提下，如何使系统状态和行为过程处于进步与最优趋势，如收益趋于最高、资源消耗趋向最小、周期缩短、性能向最好提升等优化目标[144:2]。事物总是与这样、那样不同的要素相关，我们面向系统问题时，总是希望采用的决策措施，能够在有限的资源条件下得到最好的效果。这种为追求优势效果的理念与求解方法几乎在各个领域存在，理论提升与实践修正后生发出系统优化理论和系统工程方法。

优化，本身是一个普适概念，即取其精华，去其糟粕，不是为了达到最优目的，而是为了某一既定目标使事物整体达到较好的状态和更优秀的整体水平。“系统优化的特点是从系统的全局观点出发，协调系统内部各个组成单元之间的连接关系，以及各个单元本身的操作参数，使整个系统按照预定的目标在整体上达到最优化。”[145:1]系统优化首先是系统的整体优化，一方面，系统构成的要素与子系统众多，通过调节它们之间的构成关系使得系统整体的性能达到一种优秀的状态；另一方面，系统是一个多目标体系，系统优化就是一个多目标协调的综合决策过程。因此，系统优化是一个过程与目标协调的整体。另外，系统优化提出了统筹规划的最优化技术观点。

在现代系统优化领域，管理学、工程学、数学、自动控制等学科视野下的系统优化已经形成了专门的学科分支。通过这些既有的优化研究，我们发现，由于系统组织规模庞大，运行过程中需要考虑的内部要素与外部环境的影响有很多。因此，系统优化的基本理念是“分解—协调”的方法，通过模型简化法、分元控制法与综合统筹决策来实现复杂系统的优化决策。从这个角度来看，系统优化也是一个协同的过程，系统优化就是一种协调的工作模式。

（二）小城镇风貌的优化理念

既然小城镇风貌的形成与演化具有复杂系统的运动规律：由无序走向有序，由低序走向高序，为什么本章还要从城乡规划与风貌设计的角度提出小城镇风貌的优化理念？假如没有规划设计的干预，我们也会在那些未经过高速发展与过多修饰的传统城镇看到一种浑然天成的风貌组织肌理，表现出的城镇风貌依然是具有时间、空间、功能与意义的统一有机体。恰恰相反，在那些处于城乡规划与景观设计理念指导下的现代城镇中，却越来越多地产生迷失感、无序感、空虚感……让我们找不到时间、空间的坐标，让我们看不到城镇的活力与生命规律。正是因为我们从事的城镇建设与城镇风貌营造行为与小城镇自身的运动规则相互干扰，甚至相互排斥。规划设计的干预对于城镇人居环境的和谐宜居，以及城镇风貌的整体优化并不是一种健康的调控效果，反而带来城镇生长的负担，产生一系列城市病，这是当代小城镇建设与管理的严重问题。小城镇要发展，就无法避免规划设计的干预力量。城镇化是小城镇发展的必然过程，小城镇规划设计与城镇化建设要求及小城镇地域环境条件的协同共生才是建设发展的基本原则。因此，小城镇风貌的优化理念，应该做到尊重小城镇的发展规律，主动去适应小城镇机体的活动需要，面对区域竞争与合作、创新发展与理性保护的博弈问题，探寻一种合理的解决之道。

二、小城镇风貌协同优化的理论建构

（一）小城镇风貌优化的必要性

小城镇发展需要实现的目标诉求非常多，小城镇空间承载了社会、经济、文化的发展效益，并不总是能够兼顾到环境品质与风貌样态的协调互动。小城镇空间开发的主体不同，关注的价值体系也不相同。所以，在这种多目标、多主体的复杂状况下，小城镇风貌的优化将是一个系统工程。

对于小城镇风貌表现出竞争过度、反馈异化、支配失衡的现实问题，需要确定解决问题的目标层次，建立系统统筹的优化框架。缺乏系统统筹，就无法实现资源的合理分配，物质要素的功能、形式、特征的差异在群体组织中会表现出过度竞争的现象，小城镇风貌的特色与个性就不能很好地体现。追求高效率、实现城镇化，小城镇的空间开发与建筑设计从理念到建设的周期大大缩短，甚至在构思阶段就无法理性审视与地域环境和周边要素的相互影响。这种城镇建设模式给小城镇环境的可持续发展带来了恶劣影响，优势资源得不到保护和凸显，劣势因子不断出现并且累积。久而久之，小城镇风貌系统充斥着各种经不起推敲的形式要素，对未来的城镇建设造成了沉重的负担。于是不得不一次次重新规划、不得不一次次重建，这是造成小城镇风貌反馈异化的主要原因。而作为城乡规划与管理的决策主体，参与规划构思的设计师及政府部门，如果不能纳入公众意见，不能吸收本地建设规则与设计模式，将无法激励城镇的良性运转。这种主体的判断偏颇及城镇经营的激进做法，直接造成小城镇风貌发展的支配失衡。以上这些都是小城镇发展过程中，由于忽视小城镇风貌的系统协同机制而造成的现实问题。城乡规划既是一种技术手段，也是一项公共政策，从优化小城镇风貌的视角来看待我们的规划与建设行为，其中仍有众多内容有待完善。

（二）提出小城镇风貌协同优化的理念

小城镇风貌的协同优化是针对小城镇发展与风貌设计过程中产生的问题而提出的，目的是建构一个可持续发展的及能够有序演进的小城镇风貌系统。实施过程需要优化小城镇风貌的整体样态，以营造一个健康的城镇人居环境。小城镇风貌首先是给人一种整体映像。从公众的认知心理出发，这种风貌映像的形成依赖于认知主体对风貌构成物质要素、艺术形式的识别、解读和意义生成的一系列连锁反应。产生小城镇风貌认知与判读的途径包括视觉感知、行为体验、空间意象，小城镇风貌不仅仅需要有一定数量的构成要素，还需要把这些构成要素按照时间、空间、主题的要求贯穿起来，以形成一个完整的叙事文本。

另外，小城镇风貌叙事文本并不是静态的画面，它还是一个动态发展的过程。小城镇风貌这个故事的发展与情节推进永远是与时代、空间和环境背景的变化息息相关的。如果忽视风貌的这种整体协调性，无视风貌的动态演化性，就会造成无序城镇、片段城镇、趋同城镇、不可持续城镇等种种城镇风貌问题。基于此，本章根据小城镇风貌的形成演化规律，以协同理论与系统优化理念为基础，提出小城镇风貌的协同优化观点。

小城镇风貌的协同优化有两个基本理念。

（1）从系统整体机能优化的角度，提出小城镇风貌的要素、结构、功能、意义的协同优化。小城镇风貌构成的空间、建筑、景观体系，任何一个要素都不能单独支撑一个完整的风貌形态。小城镇作为由多系统多要素组成的动态演化系统，各个子系统之间的联系与组织是依托构成要素的功能、形体、结构与意义的相互支撑而有效运作。小城镇风貌的系统优化首先要保持系统内部的协调一致的运作特征，即保持系统的多样统一性。小城镇风貌要素及子系统在不同功能、不同形体特征、不同生存环境层面要保持个性与特色，借由合理的组织与秩序结构，在整体上又形成一个和谐的有机体。

（2）从小城镇风貌演化规律出发，提出小城镇风貌演化秩序的协同优化。根据小城镇风貌自身形成与发展的协同进化规律，同时统筹考虑城乡规划与风貌设计工作中建构的小城镇风貌秩序，本章提倡依据小城镇风貌自生自长秩序与设计构建秩序的相互协同与合作的系统优化理念，建立小城镇风貌协同优化的动力机制。小城镇风貌协同动力机制是优化设计的切入点，最核心的方法是通过控制序参量，激励小城镇风貌系统的自适应与可持续运行。根据协同作用规律，协同机制一旦产生，系统就会自发走向有序的自组织演进过程。建构小城镇风貌的持续性秩序化演进模式，实现了小城镇风貌的系统优化，且协同也使得风貌整体获得演进意义上的优化。

值得说明的是，本章提出的小城镇风貌的协同优化观点，并不是强调找出小城镇风貌形成与发展问题的最优解。而是说，通过一种渐进的、理性动态的调控过程，有效地引导小城镇风貌的设计与建设行为，以期在小城镇发展的漫长过程中达到风貌样态的逐步改善与健康发展的可持续性效果。这种优化模式可以理解为一种动态设计的操作方法，是以现状或者历史过程为依据而进行的可持续性的系统优化。

三、小城镇风貌协同优化的理论内涵

小城镇风貌的协同优化理论是建构小城镇风貌系统协调与动态演化秩序

的优化理论，是建立小城镇风貌的要素、结构、功能与意义的系统内生合作机制，并激励小城镇风貌形成与演化的动力机制的方法论。小城镇风貌的内生合作机制以小城镇风貌的协同进化规律为基础，顺应小城镇风貌的竞争动力律、涨落平衡律、自组适应律、反馈媒触律与协同进化律。激励小城镇风貌形成与演化的动力机制来自城乡规划、风貌设计与景观管理的调控作用，建立四层阶优化论，分别为小城镇风貌的功能、结构、相态与意义四元映射论，刺激反馈论，核心媒触论与支配协同论。小城镇风貌自生规则与设计秩序的协同效应是小城镇风貌协同优化理论的核心。

第二节　小城镇协同优化理论解析

对于系统优化的问题很多时候是通过线性方程来求得最优解，继而制定出相应的优化措施。这样做的前提是，对象系统是可以通过数学模型进行模拟的，而建立数学模拟的前提是系统涉及的要素与层级构成不过分复杂，可以有效地把系统分解并简化为若干部分，才能最终实现系统求解。而面向小城镇风貌系统时，不可否认，它的构成要素几乎涵盖小城镇组成的所有人、事、物要素，并且它们是相互联系的一个复杂的巨网络系统。由于时空维数高、计算复杂性大，若希望通过线性方法分解小城镇风貌系统，在技术上难以实现。即使从某些独立单元做局部的模拟探讨，如城镇交通网络优化、城镇空间拓展与土地利用优化等内容，已有学者进行了数理分析与结论探讨，这些研究虽然是城镇研究中的前沿成果，对本研究也有重要的指导意义，但不足以说明城镇风貌的整体关联状态。小城镇风貌是一个城镇的整体意象，需要建立一种整体视野下的风貌设计与调控方法。因此，小城镇风貌的协同优化可以借鉴系统优化的“分元—协调”方法，以宏观与微观相结合的方式，从层阶控制的层面，探讨小城镇风貌优化的发生、发展、设计与管理的系统方法。本章阐述了小城镇风貌协同演进的自生规律，城乡规划与风貌设计作为一种主动干预小城镇风貌形成过程的动力，通过协调它们共同建构小城镇风貌秩序的方法，引导小城镇按照主体需求发展的行为模式。

本章运用系统论与协同学的观点，对小城镇风貌形成与发展的外部条件和内在机制，以及小城镇风貌演化的基本特点和规律进行了系统分析，阐述了小城镇风貌协同演进的基本观点。本章提出小城镇风貌的协同优化理论，是在尊重自生规则的前提下，希望把规划设计的建构秩序有效植入小城镇风貌的形成与营建过程，并使之健康与可持续的运动。采用层阶控制的具体方法，首先把小城镇风貌的形成演进过程分解为各自独立，又相互关联的阶段层级单元，然后在分层探讨后，综观统筹，协同合作形成整体优化的框架。根据协同动力理念，竞争激励、序参量、反馈机制、支配律是小城镇风貌协同发展的关键步骤。基于此，按照系统运行的条件、要素、结构与动力四个优化层次，把小城镇风貌的协同优化理论分解为四个部分：条件优化——功能·结构·相态·意义四元映射论，结构优化——刺激反馈论，要素优化——核心触媒论，动力优化——支配协同论（图 6-1）。

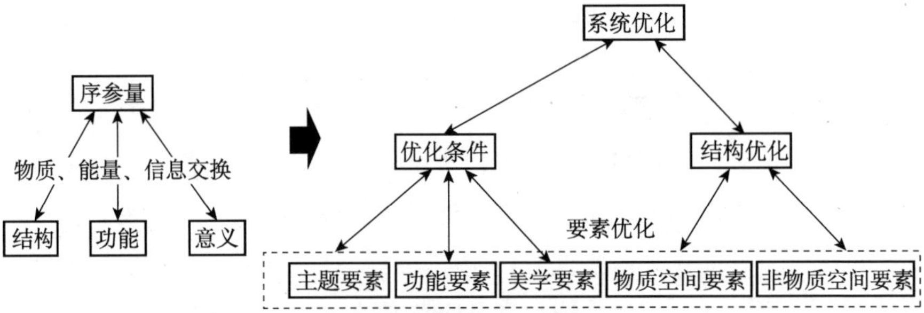

图 6-1　小城镇风貌协同优化层阶框架图

资料来源：作者自绘

一、条件优化：“功能·结构·相态·意义”四元映射论

条件是小城镇风貌的生发起点。对象优化工作的前提，首先是创造适宜改造与创造的条件。对于营造一个城镇的风貌来说，首先就要了解对象城镇的风貌生存条件，找准小城镇风貌的主题定位，了解小城镇风貌形成与发展的时间与空间结构，评测现状风貌样态的组织模式、活力水平和存在问题，最大限度地表现小城镇风貌的内涵精神和意义，凸显小城镇风貌外显的形象特点与品质。

城镇化是小城镇发展的必然趋势。在这样的大背景中，小城镇发展有高效、现代、先进、经济的效益追求，势必需要在土地资源开发形式、城镇空间结构、建筑单体形式、景观艺术布局等具体建设项目上有所响应。一旦处理不好，就会出现效益与资源失调的城镇问题，如环境恶化、资源浪费、特色丧失等风貌建设误区。我们探讨小城镇风貌优化的目的，就是希望在加快小城镇建设的过程中保护小城镇风貌的特色资源，营造一个和谐的人居环境，保持小城镇与地域环境的可持续发展模式。如何使小城镇风貌既能够赏心悦目，又能够尊重城镇发展基本要求？一个最基本的理念就是以城镇现状条件为基质，找准城镇定位，使小城镇的功能与时空结构相协调，使小城镇形态与风貌样态相配合，使城镇文化与地域精神意义相契合（图 6-2）。

	商务区	公园区	合计
先期建设面积（公顷）	160	90	250
写字楼面积（万平方米）	215	32	247
住宅套数（万套）	1.01	0.56	1.57
住宅容纳人口（万人）	2.1	1.83	3.93

图 6-2　巴黎拉德芳斯片区开发与风貌营造（文后附彩图）

资料来源：作者整理绘制

小城镇风貌存在的外部环境条件包括自然地形地貌条件与地域特征文化属性，它们构成了小城镇风貌的个体差异特征。这部分外部条件是我们优化工作的基础资料与宝贵资源，是我们需要尊重的环境背景。从主动介入小城镇风貌营造的角度来看，我们可以做到的是，以一种尊重环境和适应环境的思路对待小城镇建设和风貌营造工作。具体来说，小城镇风貌功能，指风貌形式具有的表意功能和审美功能。小城镇风貌是一种叙事文本，承载了城镇功能、文化、精神、社会、经济等多样意义。另外，小城镇风貌是一种艺术载体，为公众提供审美体验与文化心理依托。小城镇风貌结构，指小城镇风貌的空间要素、物质要素与艺术要素在形式、组合、分布、规模、格局的相互构成关系，可以分为空间结构、时间结构、等级结构和功能结构。小城镇风貌相态，指风貌要素与结构共同表现出的显相样态，是风貌感知与判读的直接视觉刺激物。小城镇风貌意义，是表达小城镇自身的时间、空间、功能、属性、文化等各种内涵，给人产生心理上的感应与意象。功能、结构、相态与意义统一在小城镇地域环境背景下，共同构成小城镇风貌的有机整体。小城镇风貌的功能、结构、相态与意义也是相互依赖、相互作用的，相互之间互为逻辑、映射关系。因此，小城镇风貌是四元统一体，在城乡规划与风貌建设决策中，选取风貌要素、定位风貌功能、表达文化意义、确立结构形式并不是没有依据的。相反地，从系统优化视角来看，更应该慎重对待小城镇风貌孕育发展的环境与变化，最根本的是实现四元结构在环境适应条件下的有机复合。

二、结构优化：刺激反馈论

结构是小城镇风貌的叙事逻辑。结构主义认为：世界不是由事物组成的，而是由关系组成的。我们对结构的把握主要是通过现象与行为的特征来反馈结构的性质与功能，结构是小城镇风貌相态的决定者，是小城镇风貌整体意义的逻辑起点。

小城镇风貌的结构优化需要由小城镇风貌演进的协同反馈机制来介入。假如我们相信仅仅依托对风貌要素的营造和美化就能塑造全新的城镇风貌，那么，这就将陷入对城镇空间、建筑、景观的表皮设计与美化的误区。事实上，在现实操作中存在一种“穿衣戴帽”的城镇风貌更新的做法，一些不经推求、急功近利的风貌形式就是这样充斥了我们的生活环境。长久看来，它们很快会被淘汰，并不适应城镇深层结构的需要。本章提出的小城镇风貌结构优化是小城镇风貌协同优化理论的一个重要组成部分。通过建构一个“活”结构，由内生动力来选择适应小城镇地域环境条件的风貌要素，由内生结构的有机发展带领小城镇风貌的自主演进。这是小城镇风貌结构优化的核心，也是协同反馈机制引领的小城镇风貌自主优化模式。

结构是统一要素的唯一规则，将要素多样性与结构支配性统筹起来，即使要素再多样、再变异，只要深层结构的协调一致性不变，就能避免小城镇风貌走向无序或者趋同的误区（图 6-3）。

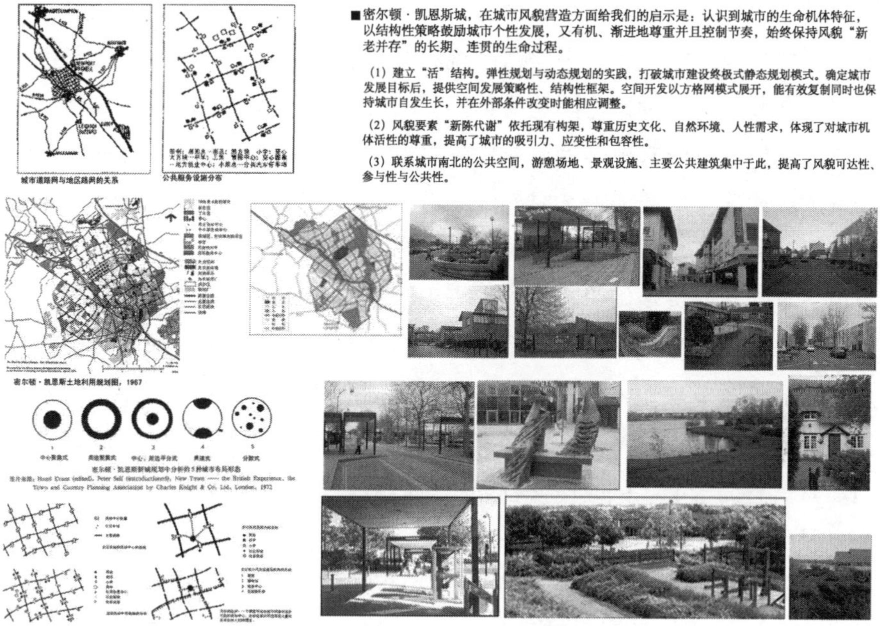

图 6-3 密尔顿·凯恩斯新城的“活”结构与风貌设计（文后附彩图）

资料来源：作者整理绘制

1）小城镇风貌结构的两个层次：表层结构和深层结构

表层结构是小城镇风貌要素之间的物态组织关系，包括时间结构、空间结构、等级结构、功能结构。深层结构是由地域文化和生活方式长期形成的约定俗成的规则，如文化规则、城镇化规则、城镇空间组织规则等。表层规则受深层规则指引，是深层规则的外在体现。“结构不是由一个会编织的手产生出来的，而是由系统自身产生的”[137:5,6]。这就是系统自组织现象的内在机理所在。小城镇风貌结构的优化，并不是重塑结构，而是在遵循风貌系统内在机理与外在结构的基础上，通过风貌构成要素的合理组织，形成与城镇自身形成历史及肌理相配套、相符合、相适应的风貌感知结构。这是由里及外地凸显小城镇发展历程、小城镇演化脉络、小城镇文化特质的叙述线索。

2）小城镇风貌结构优化的两个方面：风貌结构最优原则与风貌序列建构原则

小城镇风貌结构最优原则，强调小城镇风貌组织要素与体系单元的稳定而且有机的内生构成关系。小城镇风貌的感知个体行为方式、小城镇风貌空间组织结构、小城镇风貌要素构成模式有多样选择可能性。因此，小城镇风貌系统更加增加了可控制的难度。对于复杂问题的把握，最有效的方式是建构起有序的组织规律与结构模式。小城镇风貌的感知路径来源于个体的行为方式，并不一定完全按照规划设计蓝图从头到尾去完成。个体体验城市可以从城市的任何方向、任何点取向其他多种可能性延展方向。小城镇风貌空间序列需要建立起若干主题明确、层级清晰、时间区划有序的整体结构。并且，面向个体行为的不可预知性，小城镇风貌空间与要素组织的序列与广度应尽可能地多向度、多导引、可逆转的灵活组织。理论上来说，小城镇风貌系统所包含的展示空间与节点要素在结构序列上应是一个多向层级展开的网络系统。风貌体验个体可以从城镇的任意节点切入风貌系统，并从不同的可能路径上得到多样的城镇风貌体验。这就要求风貌网路系统具有明确的定位与导向标示，使不同运动轨迹的活动者具有简洁明了的时空坐标系，可以从最快最优的视角获得城镇环境视觉信息及建构城镇风貌的整体意象。

小城镇风貌序列建构原则，基于小城镇风貌演进脉络与特点，综合运用积聚、重复、对比、导引、符号提示、重现等一系列空间环境设计及组织手法，把小城镇风貌的片段、标示、节点及轴向按照一定的秩序，分层级的以多样性的主题构成有机的风貌展示系统。这种有机的风貌组织突破空间便利性和参与性，走向空间的体验性与艺术性，能使庞大的风貌要素系统有序的结构化，构成引发公众情感依托与共鸣的层次清晰的场景环境，指引人们按照空间序列与时间先后的有向坐标系统清晰地感受既和谐又充满变化，且具节奏感的城镇印象和城镇风貌体验。当然，小城镇风貌系统的序列组织是复杂的，构成小城镇风貌的因素多样，风貌特征与主题也千差万别；同时小城镇风貌的时间演化过程与方式都是不可完全掌控的动因。因此，小城镇风貌的结构序列需要在庞杂的变化因子中找出相互的联系和组织关系，并挖掘随机因子中处于主导地位的重要因素，作为小城镇风貌系统的建序因子，从而组织并协调其他构成要素编排出一个完整连贯有节奏变化的城镇故事。

三、要素优化：核心触媒论

要素是小城镇风貌的组织基础。用来表现小城镇风貌的构成要素有三种，分别为空间要素、物质实体要素与美学艺术要素。风貌空间由建筑物、构筑物、环境景观等实体要素界定，建筑物等实体要素则是通过点、线、面、体、色、质等艺术要素来描绘。在城乡规划与风貌设计中，表达非物质性的设计思想、城镇文化、精神意义都需要以物质要素系统为载体。小城镇风貌是由一系列要素组成的具有一定结构和功能意义的整体，要素系统是小城镇风貌系统中一个重要的子系统。把小城镇风貌要素作为一个整体单元来思考和管理，使风貌要素在个体形式、群体组织和整体功能达到最佳状态，实现优化效果（图 6-4）。

图 6-4　小河直街历史文化街区保护与风貌更新（文后附彩图）

资料来源：作者整理绘制

1）要素优化是对各种构成部分的有机组织

城乡规划与风貌设计工作是分层次逐步深入下去的，面对城乡风貌营造与建设，同样应该采取层次递推的方式理清系统关系。与其说城乡规划与城镇风貌设计关注的是要素本身，不如理解为，它关注的不仅仅是要素，更多是对各构成要素之间的互动关系和内生规则的建构。实际上，以“形式”为小城镇风貌相态的本质追求，要素的组合引发了城乡规划、风貌设计对城镇风貌显性界面的艺术性诉求。这也一直是规划设计工作的基本内容之一。然而，设计的本质最为贴切的对象应该在于处理好众多要素的相互协调关系，这种协调关系是可以被人们强烈感知的有机秩序感。要素是可以看得见、摸得着的视觉现象，而有机秩序感则是看不见、摸不着的非物质语言，是通过要素传达出的一种深层结构意义。我们之所以能够对小城镇风貌产生深刻映像，那是因为风貌要素按照某种深层规则而组织形成一个完整的叙事文本，各种要素之间是相互配合、各司其职的。因此，小城镇风貌要素的组织不仅仅是实体形式的秩序建构，还包括小城镇风貌文化与意义等内涵规则的体现。

2）要素优化关键在于探索序参量，要素并不是同等对待的，优化内容有主次之分

小城镇风貌的要素很多，甚至可以说是复杂的网络系统，相互之间有这样那样的互动联系。是不是所有要素都同等对待，把每一个地块、每一条街道、每一栋建筑甚至每一株植物都纳入到风貌优化的内容中呢？显然，我们很难通过一个规划设计解决所有的空间问题。因此，小城镇风貌要素优化也是一个主次协调、差异互补的组织过程。

本章提出协同优化理论的重点在于，对小城镇风貌的动态运动的持续性引导与动力补给。其中一个重要的内容就是，使小城镇风貌构成中的优秀要素得到持续性发展，并使这种优势保持和放大，最终形成一种或几种支配力量，以它们为秩序建立者，来协调其他风貌构成要素。空间要素按照地块区位、用地性质、开发定位不同，城镇中各个区片自身具有等级差异和性质差异，因此，在小城镇风貌系统中的地位和作用也不同。我们需要根据城乡规划战略和小城镇自身条件，合理定位，找出城镇空间中的重点片区、重点地段，作为小城镇风貌空间序参量。着力打造这些重点空间要素，形成小城镇风貌特色和展示窗口，给人强烈的感知映像。例如，城镇历史街区、城镇中心区、城镇滨水区、地域建筑展示区等，不同城镇的空间结构和发展战略不同，有不同的风貌区。

小城镇风貌物质要素序参量的建构主要是建筑、标志景观和环境标识物的协调配合。建筑有群体建筑和单体建筑两种表现形式，统一的建筑风格和建筑形制往往能够形成鲜明的风貌意象，带有地域风格的建筑更是风貌特色的主要标志。地标建筑也是凸显城镇发展水平和文化精神的一种载体。公共建筑作为个体要素是体现小城镇风貌的一个重要部分。因此，在城乡规划与风貌设计中，对重要建筑的处理和选型应该纳入其中统筹考虑。景观标志和环境标示是一个城镇环境细节的体现，能够很好地表现小城镇的环境品质和文化特质。景观和标示系统是小城镇风貌的一个子系统，它同样需要与城镇功能、地域文化、城镇化路径相适应。

四、动力优化：支配协同论

动力是小城镇风貌有序运动之源。小城镇风貌的发展动力是序参量，以及由序参量组织的支配协同力。我们说结构优化是建构活的结构，而结构的活力则是来自于支配力。因此，动力优化不仅仅是要植入序参量，而且要刺激并引导序参量成长为具有支配能力的活力变量。如何促使风貌系统形成持续性的支配活力？协同学给了我们启示，那就是以要素为基础，以序参量为中心，输入与之相共生的、连续性的物质、能量与信息，促使序参量自身不断与环境适应，促使序参量支配能量不断增加与累积，最终形成一种持续性的动力发展过程。从这个角度讲，动力优化是一种过程优化模式（图 6-5）。

图 6-5　哥伦比亚城市发展目标与风貌营造动力协同（文后附彩图）

资料来源：作者整理绘制

以小城镇风貌活性为目标的过程优化模式，按照表层结构和深层结构两个层面建构风貌内生动力，我们可以具体化为物质层面的动力和经济、社会与文化层面的动力。

物质层面的动力主要通过城乡规划与城市开发提升空间环境质量，促进人对城市的判读与识别性。尊重小城镇风貌多样性、营建风貌体验空间、提升风貌场所的可达性，完善小城镇风貌发展延续性和增强小城镇风貌可识别性。

按照广义文化的概念，经济、社会也是隶属于城镇文化的范畴。增加小城镇风貌文化层面的活力，主要是风貌塑造尊重城镇文脉、以良好风貌体现并提高城镇空间经济效益、以小城镇风貌资源促进城市开发、重视公众行为模式和风貌判读心理、提倡公众参与。

要注意两个原则，连续性原则与有机演进原则。

连续性原则指适应并协同风貌过程性与延续性。小城镇发展是一个连续进化的过程，不同历史过往在城镇发展蓝图上会留下一些具有时代意义的痕迹，建筑、街区、景观、雕塑、构筑物等，这些历史遗存是小城镇历史脉络的标志物。小城镇风貌的塑造也需要提炼城镇演化的“印记”，这些标志物往往更符合人们对小城镇风貌的认知，需要适当保留并延续小城镇风貌发展的文化脉络。

有机演进原则，不言而喻，小城镇风貌在空间环境更新改造及开发利用过程中，始终处于变化状态。动力优化的实现机理有两个基本前提，其一，是小城镇风貌的自组适应性协同演进；其二，是协同性激发的媒触效应。发现并有效导入序参量，通过结构建构小城镇风貌协同动力的顺畅反馈路径，保持物质、能量与信息的动态交流与相互学习状态，最终在一个阶段性的时间内适应风貌系统的连续变化。

第三节　小城镇风貌协同优化理论的应用

一、小城镇风貌协同优化理论解决问题的方法

（一）宏观现象法：导入序参量

对于大量动态系统，输入必要的物质、能量与信息，这是一种激励竞争，促进系统内部相互作用，保持系统运动活力的一种必要方法。这种方法产生的效果可以通过系统的时空结构和功能特征等宏观现象体现，适当的竞争激励有利于系统机体的整体动态运动。竞争，也有它另一种系统效果，那就是造成机体失衡，竞争负荷过大会造成机体衰退甚至死亡。这种竞争现象在生物系统中

经常出现，小城镇风貌的无序与紊乱，同样也是在这种简单的逻辑过程下由于竞争失衡造成系统衰退。我们鼓励竞争，更重要的是有效引导竞争作用力，能充当这一协调作用的要素就是序参量。因此，本章提出小城镇协同风貌优化理论的首要观点就是导入序参量，协调竞争机制。

（二）微观结构法：刺激正反馈

反馈机制是系统动力过程的微观机理，反映了系统内部各要素及子系统应对外来序参量的行为模式。通过观察与引导反馈机制，我们可以判断序参量的支配能力对系统的动力作用是否有利于系统的有序演化。小城镇风貌优化的基本目标是，促使风貌的运动模式由无序走向有序，由低序走向高序。使风貌系统发生这种运动过程的微观机理是正反馈。因此，小城镇风貌协同优化的微观过程是刺激正反馈，促进结构优化。

（三）综合协调法：调节支配平衡

小城镇风貌协同优化的根本出发点在于，以及提倡风貌系统各组成部分之间的合作，以及提倡风貌与环境之间的合作关系。风貌要素之间的合作是与竞争相抗衡的反作用力，它是保持系统有机整体性的必要张力。风貌与环境的合作是适应与协调的综合效应，自主剔除不合规则的干扰因素，自主形成发展优势，并让优势持续作用构成发展动力，支配系统整体的优化运动。

二、小城镇风貌协同优化的应用框架

根据实证研究可以发现，小城镇风貌的形成与发展是在大部分要素中进行的合作协调活动。为此，对这种运动对象的优化行为，我们需要分离出某些主要因子的活动模式，并且需要引导各种复杂模式的相互协同，也就是促使各部分的相互合作（图 6-6）。

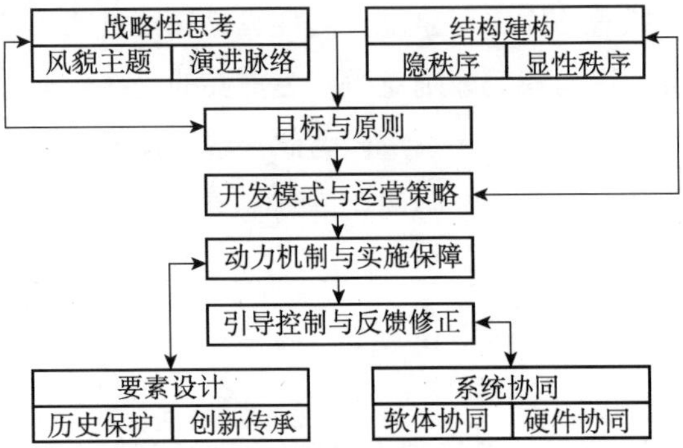

图 6-6　小城镇风貌协同优化实现框架

资料来源：作者自绘

简·雅各布斯在其经典著作《美国大城市的死与生》中提出，城市鲜活生命力来自于“各种各样的多样性，各种互为联系、互相支持、错综复杂的多样性”[146:265]。同样地，这种鲜活的多样性也造就了小城镇风貌的有序复杂性。面对这种复杂性问题，她认为，理解和解决问题的方法在于分解主次因素和梳理系统关联关系。值得注意的是，城镇从来不会如我们预期的那样一帆风顺地走下去，实际上，城镇总是在不断变化的条件下完成各种要素的合作。其中，一个重要的合作前提就是，城镇发展的基本方向与基本结构在某一个长时期内被确定下来。例如，我们制定了城市的发展战略，产业布局与产业结构就是在不断地发展并与之相适应。小城镇风貌在一个很长时间内的协同目标即是这个城镇的风貌主题，以及与这个主题相匹配的风貌样态构成模式。所以，确定小城镇风貌的战略主题是协同优化的第一个步骤。

第二个值得注重的工作步骤就是，在最适合当下发展现状及演进趋势的条件下，优化和提高风貌要素及它们各自相互交流与适应的效率。信息交流与相互学习是小城镇风貌演进与协同的基本途径，也是本章建构小城镇风貌协同优化理论与优化方法的基础认知。小城镇风貌系统是一个信息流通网络，风貌的要素都是携带信息的节点。小城镇风貌的运动并非像一个完全由程序预设的计算机系统，而是如同人脑般复杂灵动的高级结构。“作为一个功能性复杂系统，它启发性地描述出自身是如何通过转换连续的手法，来优化组件之间的互动。”[82:157]这种转换连续手法就是系统结构，结构支撑起网络骨架，并成为信息流通、识别和交流的通道。提高小城镇风貌演化的信息交流与文化适应的效率，重点在于风貌结构的优化。

第三个步骤是，结构需要内容来丰富，小城镇风貌结构服务的目标是风貌要素。要素是小城镇风貌的基本单元，而小城镇风貌整体功能的实现在于基本要素的协调。本章的另一个重要观点是，小城镇风貌要素的协同是由于它们彼此之间的相互适应，以及不断增强的适应性耦合关系。一方面，发现各种要素的适应性活动模式；另一方面，把相互适应的要素集中起来，以增加整体应对环境变化的效果。因此，结构优化的进一步内容就是要素优化。除此之外，还有一个为实现优化目标而准备的步骤，那就是对演进过程的引导与控制。当小城镇风貌并没有如我们预期的那样发展时，恰当地在风貌系统中导入媒触因子，如导入序参量，以刺激风貌演进向我们希望的方向前进。同时，过程优化还包括对干预效果的及时修正，面对不断变化的环境，为后继发展储备能量。

具体来说，“城市就像生命科学一样也是一种有序复杂性问题。……十几或者是几十个不同的变数互不相同，但同时又通过一种微妙的方式相互联系在一起。……就像生命科学一样，可以通过分析将其分化成许多个互相关联的这样的问题。这些问题表现出很多变数，但并不是混乱不堪、毫无逻辑可言；相反，它们互为关联组成一个有机整体”[146:485]。让我们从这种系统整体性和有序结构的观点出发，结合小城镇风貌的具体特征，把风貌这种多样性要素组织的复杂关联系统按照分解与联络的思维进行理解和介入优化。可操作的方式是，先确定风貌系统的问题症结或者主要诉求所在，再探究影响这个主要目标的主要参量与影响因素，然后梳理在形成整体样态与运动过程中这些具体因素之间的相互作用关系，最终探究一种可切入的方向或因素进行辅助性优化策略。那么，我们可以把小城镇风貌这种动态复杂系统按照以下四个层次进行分解理解：小城镇风貌主题、小城镇风貌结构、小城镇风貌要素和小城镇风貌系统。进一步阐释这个思路，主要着眼点在于，对过程的追踪，对机理的梳理，对要素的深化，对整体的统筹。

（一）小城镇风貌主题：对风貌形成过程的梳理

应该明确的，本章探讨的小城镇风貌并非只关注于空间、建筑、景观、艺术形式等物质实体，小城镇风貌更为重要的本质是感知意义。从某种程度上说，风貌信息更胜于它的形式。我们之所以探讨小城镇风貌在空间、建筑等实体上的形式样态，那是试图从这些样态组织中发现一种规律。这种规律也并非简单的形式美学规律，而是形式规律背后涵盖的风貌动态系统所寓意的社会组织秩序、公众行为模式、建成环境意义。本章把这些归纳为风貌秩序，以利于我们深刻探讨小城镇风貌与城镇公众主体之间的互动关系。

假如我们单纯地从小城镇风貌给公众带来的感知意义来看，剥离它的形式载体，实际上小城镇风貌是由各种信息在城镇系统中流动，并且时刻与人交流的信息集合。我们有这种经验，当处在一个场所中，目之所及的任何东西都能给我们传递信息，来自于建筑、道路、交通、标识语、人的行为等，我们会观察路边的建筑、体验道路交通情况、查看标识导语、阅读广告文字，甚至关注到行人的活动，在这个短暂过程中，我们就能接收到大量的信息，根据这些信息，可以判读一个城镇的风貌。假如这些信息没有主次、庞杂错乱，让我们无法经过大脑认知处理得到一个清晰的“知识”或者“概念”“结论”，那么我们就无法判定这个场所，也无法留下深刻印象。因此，基于风貌信息流通的秩序性要求，要形成一个鲜明的风貌印象，首先要对小城镇风貌进行主题定位，并在此基础上，对小城镇的风貌空间、建筑等要素形式进行相应的类型区划。

不难理解，风貌信息与风貌秩序是统一的，“复杂的信息交流模式协调着城市的功能，推动着城市的动态发展，并确定其结构的演变。”[82:159] 基于小城镇风貌的信息传达功能对风貌物质形式及人对风貌认知的主导意义，我们应该大胆突破城镇发展的用地布局和结构需求的主体性。应该关注城镇信息流动需求，而非形式或者视觉效果的追求。也就是说，我们不能执著于规划出来的形象来了解一个城镇的精髓，真正需要尝试的是通过建构有机的信息流通系统来展示小城镇的文化内涵。毫无疑问，风貌是最好的传达载体，同时小城镇风貌的优化也应该坚持对风貌判读信息网络的建构为基本出发点。确定信息系统（确立主题与子题），同时建构信息载体（主体空间与子题载体）和流通路径（建构视觉廊道，突破形式语言障碍，增加可达性、要素之间的相互识别性和联络性），使内容与故事流动起来。

对小城镇风貌进行对象优化的前提是，把它看做是各种要素按照某种秩序、规则联系组织起来的叙事文本。小城镇风貌的形式要素优化与风貌的内容意义这两者是统一的。形式要素的规划设计并非设计者随机行为，而是尊重某种功能的、文化的或者其他设计诉求下的统筹理念。这种统筹理念往往是小城镇风貌设计的战略决策之根本目标，在这里我们把它称为小城镇风貌的主题。根据小城镇的现状条件、风貌形成过程、城镇发展建设定位等一些具体要求，对小城镇整体风貌定位和立意进行构思，分布到风貌空间和风貌要素组织中，确定时空结构和各部分风貌空间的子主题选择，以求准确表达小城镇的风貌意蕴和城镇形象特色。

小城镇风貌主题的探究也并非是对城镇的物质形式或者文化历史的简单梳理，以得出一个相对集中的叙事思想。优化小城镇风貌信息体系并不是简单的设计蓝图，我们不能预设一种结构并假定它就是城镇信息网络。某种程度上，小城镇风貌信息流通是小城镇自我发展、自生行为的功能，人是信息网的一个重要角色，并且分分秒秒都处于信息流中。我们只能通过对小城镇历史与现状的分析和了解，利用一定的能力去引导、优化小城镇风貌的信息交流，使它更利于主体的认知习惯，但并不能奢望去控制风貌信息交流的方方面面。因此，对小城镇风貌的优化，需要确定一个主体目标，确立主题，分明重点，而不是面面俱到。小城镇风貌主题的确立与城市发展战略及城市空间环境发展战略直接相关。必须以城市功能定位、文化定位、经济发展目标为基础要求，最终协同城镇环境品质目标、城镇品牌形象目标、城镇文化战略目标共同打造城市核心竞争力。以小城镇风貌为城镇发展的战略资源，为城镇的经济腾飞、文化建设和生态文明的可持续发展奠定基础。小城镇风貌主题确立又不同于城镇经济、社会、文化的发展战略。小城镇风貌主题是一种核心能量，它甚至可以不是一组具体的数据目标或者几条原则口号。它可以是城镇的一种独特发展模式，或者是一种地理特征，甚至是一种特殊的人文风情，小城镇风貌可以是抽象的信息，但它必须能够经过形式语言转化到物质空间。

（二）小城镇风貌结构：对风貌自适应机制的正反馈激励

小城镇风貌是通过调节自身机能，协调各部分的复杂结构来完成环境适应和进化工作。判断小城镇风貌机能协调性，以及风貌与环境适应性的途径是，观察与分析小城镇风貌发展演进过程中出现的反馈机制。结构是应对系统复杂性的最好分析途径，“有些规划师将传统的城市视为简单的物理组合，那些不合情理的随意连接会使规划者错误地认为：只要清理视觉上的复杂性就能解决城市问题。这种想法是建立在对系统架构的误解上的。”[82:163] 现代城镇是信息、能量、物质高速运转的网络系统，难以尽在掌握的复杂性是产生城镇问题的根源。抛开物质形体的结构“秩序”，城市社会、经济、文化属性决定了它内生的互动关系是更加难以控制的复杂存在。对这种外显相态的结构我们可以通过规划手段进行干预，那些内生运作规则却是城镇自我演进的一种基本过程，更加有效的方式是珍视它，并且遵守它，把它作为一种理念转化为视觉形式的秩序建构。

作为决定小城镇风貌形式秩序的内生规则的判断，可以通过风貌演进过程中的反馈机制来判定。本章在小城镇风貌协同演进机制的探讨中，论述了小城镇风貌自适应机制下，风貌系统在发展过程中产生正反馈效益。只有风貌的要素或者结构变化适应了它的系统机能，同时也与外环境相适应，风貌系统才会出现向结构跃升、要素增加、系统复杂性和等级性良性发展的正反馈。这种反馈机制可以通过观察小城镇风貌组成要素和风貌整体的样态来判断。因此，对结构的优化遵循两个原则：第一，内生结构为主导，实现系统功能、外显结构的良性发展。第二，规划赋予风貌物质形态“秩序”的视觉环境，先决条件是保持小城镇自身的有机的运行模式和活力的生活状态。最不可取的做法是忽视小城镇的基础多样性和传统活性，以规划手段改变或替换小城镇“原生态”的网络联系。形式上的秩序并不能真正形成可持续的发展动力，真正的动力来自于系统自生秩序结构的建构。

1. 时空结构

时空结构的网络联系，形成更多的信息交流与转换节点，增加风貌能量与信息的流通效率，同时也是为更好地展示小城镇风貌提供一个易查询、可识别、易识别的时空坐标系统。一个改善的方式是，在时空结构中融入更多的信息、能量、物质的交流节点，目的是创造更多的连接点，提高信息传输的速度和效率。

2. 等级结构

从系统的观点看，信息、能量、物质在系统的流动并不是随机的，而是以层级为最初方向。也就是说，信息、能量、物质首先是从第一层级到第二层级，再到第三、第四层级，它不会直接从第一层级到第四层级直接产生对话。因此，系统的构成要素、子系统之间是按照等级差别严格划分的，它们之间的相互关系也是以等级差别为界定的。小城镇风貌结构优化的另一个重要内容就是，对风貌等级结构进行“秩序化”优化。小城镇风貌的等级结构也映射在物质形态上，能量、信息、物质在数量、规模上的差异，是等级构成的基本条件。由于携带的风貌信息、能量及要素数量、尺度的不同，小城镇风貌的空间、建筑、景观它们各自在内部具有等级性。

对等级结构的优化，首先是理清小城镇风貌等级结构。其次，是对现状等级结构的评估。要依托小城镇风貌主题战略要求，拉开等级差异，减少因为层级趋同而造成的竞争和相互消减的状况。这种做法有两个作用：①减少小城镇风貌信息弱化与减少的现象；②减少对现状小城镇风貌系统结构中逻辑联系的破坏性。

（三）小城镇风貌要素：确立风貌演进序参量

很显然，小城镇风貌所处的生长环境，如社会的、经济的、文化的、公众的因子，它们是小城镇这个开放系统中备受冲击的组成部分，信息、能量及物质的东西都在这些载体中得到自我更新与进化。但是，我们所探讨的小城镇风貌的优化方法又要尝试着在这些不确定因素中找到一种平衡状态，使大部分的、最主要的一些因素能够跟随我们的计划做出相应的反应和动作。因此，不仅仅是对风貌本身物质形态的发展现状的深刻认知，也并非给定一个恰当的风貌发展战略主题即能引领未来的方向；最为重要的是，我们要适当地插入一些启发式的、具有催化能量的实时“模块”，这些模块能够启动风貌系统自身演进机能的自我修复、要素之间的相互识别、建构组织等级秩序的功能。在小城镇风貌的协同优化过程中，这些模块就是序参量。

小城镇风貌的改变无处不在。序参量在小城镇风貌优化中的作用就是，帮助形成小城镇风貌向有序方向发展的动力，这样就可以通过序参量为介质适当地修正风貌系统的运动行为。我们应该确定适当的小城镇风貌序参量，以适应变化的环境条件和主体需求。序参量是宏观参量，是对风貌结构，确切地说，是对小城镇风貌隐性秩序的形式转化。小城镇风貌的影响因子诸多，而且风貌要素本身也有不同类型。试图建构某一种主导参量让它对系统的每一个部分都起到作用，这本身就是不现实的。可行的方式是，按照风貌要素类别，寻找适应竞争与变化条件的参量，用综合集中的方式优化参量对与它相识别、相适应的其他要素生成统领作用机制。当形成一个秩序中心以后，自然产生等级和信息交流，因而序参量代表的隐含秩序自然地复制到其他物质实体上，也就完成了系统的协同建序过程。

（四）小城镇风貌系统：协调风貌的演进过程

“计算机系统的重要启示就是硬件和软件的分离……和计算机系统一样，实际上城市也是在两种不同的空间运作：信息交流的网络，以及独立的物理结构的空间。”[82:164] 前者代表着城镇系统的运行模式，而后者则是在模式规则下的系统行为。

本章提出对小城镇风貌系统优化的设想，基本的理念正是基于对风貌系统“硬件”系和“软件”系二分的认识。首先，本章的一个重要观点是小城镇风貌的协同论，核心思想是风貌外显相态与内生规则之间的协调与合作思想。这种思想也说明了小城镇风貌的物质形态“硬件”与内生秩序“软件”之间的协同关系。其次，本章还认为小城镇风貌生存的外环境，包括社会、经济、文化、自然等属性在长期演进中磨合而生的内在规则，以一种内生协同力量主导着风貌的外显相态。所以说，通过对小城镇风貌内生规则的模式化处理，把这些规则抽象为各种不同类型的作用模；再把它们反馈到风貌的外显物质形态上，包括小城镇风貌的空间模式、建筑语言模式、艺术要素模式等。模式是可以不断复制的，也可以根据发展需要而修正和优化，这就实现了对小城镇风貌形成与演进过程的调控和优化。

城乡规划与风貌设计的做法是，把城镇空间看做是可以重复使用的基本单元，空间重构是城镇发展中最常发生的事情。例如，对一个城镇片区进行城市设计，根据发展定位，我们在这个片区内增加了许多功能单元，交通也做改善，甚至用地也在做调整。最终的效果是，这一片区的功能、建筑形式、群体密度都出现了一种新样态。事实上，这是一个功能至上的简单做法。这一片区或者自成体系，但是它的建筑要素、空间形式、景观布局、绿化及人的生活行为都不是仅仅内生于这一片范围，这些构成部分是参与到整个城镇的生活运作中，信息、能量、物质都是开放到更大的范围中。假如说，我们并不是单纯地考虑小城镇风貌的优化，而是仅仅考量到空间功能与形式的新陈代谢，那这种功能与信息二分的现代规划程序产生出风貌趋同、庞杂、无序等异化现象，事实上并不值得惊讶。

借此，本章并不是强调小城镇风貌规划与设计的重要性，面对我们当下的城镇建设与管理的状况，我们更应该反思：风貌是一个城镇给我们的最直观的城市样态，在追求更高更快效益时，我们是否更应该立足于城市生活本身？“把城市的硬性组件极端的视觉简化……物理分离和职能分离的方法瓦解了城市建设结构中的功能复杂性，并且覆盖到人们日常活动的方方面面。”[82:167] 以小城镇风貌为思考起点，我们应该审视城乡规划程序的合理性和优化可能，正视城市生活的主导性、多样性和活力是所有建设之本。

小城镇风貌的系统协同优化将是一个缓慢的进化过程。一个城镇现有结构的建立，这本身就是经过漫长演进后的产物。如果颠覆它，再重建它，那将是一种极端浪费。一方面，它破坏了小城镇已磨合形成的信息、能量与物质的流动系统；另一方面，新建构的结构形式势必需要足够的时间适应和调整，以形成新的信息环境。“众所周知，人类最令人难忘和鼓舞人心的建筑成就不会极其精确，也不会完全一致，同时也没有遵从绝对的几何学。而且，民居建筑比今天任何大规模生产的建筑更加令人舒心。它通过高度重视情绪和感觉反馈及非机械的精确性要求不断发展演化。”[82:214] 因此，对小城镇风貌的系统协同优化，提倡的是过程的审慎性和渐进性。这个优化过程严格依赖于小城镇风貌系统在要素、结构调试中的效应反馈，以确定所进行的干预决策适应小城镇风貌的形成与演化行为。

第七章 小城镇风貌协同优化设计

小城镇风貌的协同优化是一个系统工程。风貌作为小城镇空间环境的视觉意象，必须真实反映小城镇演进过程的真实性与动态性。当然，在这一过程中，小城镇风貌依附的城镇空间、城镇建筑与景观体系的动态变化，是决定风貌样态的先决条件。因此，小城镇风貌的协同优化必须与城镇各层次的规划设计保持协调与衔接。小城镇风貌优化，它并不是一种规划类型，而是一种营造小城镇人居环境的理念。小城镇风貌的形成与优化，并不是一张风貌更新设计图纸能够完成的。它需要各个层面的规划内容相互配合、各种规划手段和管理方法相互合作，以小城镇风貌优化为目标的长期优化过程。基于此，本章提出小城镇风貌优化的规划设计方法，是面向城乡规划工作内容与程序的系统方法。

第一节　城乡规划视野下的小城镇风貌优化

本章提出小城镇风貌的协同优化，是基于小城镇风貌形成与发展的客观规律，即以小城镇风貌演进的协同规律为基础的。协同的本质在于秩序。小城镇风貌的协同演进秩序阐释了风貌形成过程中秩序形成的外部条件与内生机理。提出了小城镇风貌演进过程中的两种共生秩序的动力学机制。一种是小城镇风貌内生的隐秩序。综观中外城市，中世纪城镇和古村落它们能够保持一种持久的吸引力，就在于那种整体风貌魅力及形成这种美丽背后的隐性规则。这种隐性秩序是小城镇自身长期适应环境沉淀而成的“风貌基因”，自主主宰小城镇风貌的内生结构和外显状态。另一种是建构的秩序，面向城镇化要求的现代城镇，城乡规划与风貌设计主动参与小城镇的形成与发展过程，为小城镇建构了新的空间结构。小城镇风貌就是在发展与适应中由这两种规则共同作用的产物。然而，我们却发现它在发展进程中出现了诸多风貌问题与难题，并不是所有城镇都呈现一种积极健康的风貌状态。究其原因，本章认为遵循事物发展的客观规律是保持持续生命力的前提。小城镇风貌问题产生的原因和解决之道在于：小城镇风貌自生规则和城乡规划与设计所建构规则的协调与协同，这是小城镇风貌优化最基本的逻辑起点。因此，本章首先探究小城镇风貌演进的协同规律，梳理小城镇风貌的秩序建构机理；接着由现象到理论，以协同学理念为基础，以自生秩序与建构秩序的协同为切入点，建构小城镇风貌的协同优化理论。同时，阐述小城镇风貌协同优化理论的设计方法，面向城乡规划与设计的各个层面与各种规划类型，探索风貌自生机制与主动调控的协同机制。

一、小城镇风貌协同优化的秩序规则

适应与进化，是小城镇风貌形成与发展的内在规律。

本章探讨的小城镇风貌协同进化规则有五个方面：竞争动力律、涨落平衡律、自组适应律、反馈媒触律和协同进化律。这五个演化规律是对小城镇风貌形成过程的抽象描述，从本质上来说，它们集中体现了一个理念，那就是适应性和有序进化。小城镇风貌的生存与发展是与环境条件密切相关的，一切风貌要素与风貌结构的产生都是以环境信息为准则，包括客观的自然、人文信息，也取决于城市市民主体对城镇环境与风貌的主观意识和心理模式。所以我们谈及风貌优化也离不开协同原则，与地域条件协同、与市民主体协同。把小城镇的现状条件与市民需求看做风貌生长的背景环境，它为风貌系统输入了物质、能量、信息，构成了“小城镇风貌基因”，成为组织风貌机体的内生规则。那么，小城镇风貌优化首先需要遵守的原则就是尊重小城镇自生秩序。小城镇风貌空间营造、小城镇风貌要素塑造、小城镇风貌结构建构、小城镇风貌意义提炼都必须充分考虑与环境的关系。引导与环境的合作、共生关系，是小城镇风貌协同优化的一个主要目标。为了建构适应环境条件的风貌秩序，按照风貌构成体系，我们把小城镇风貌形成与发展中的自生规律性概括为四个方面：小城镇风貌空间的肌理延续、小城镇风貌要素的特征适应、小城镇风貌结构的涨落有序和小城镇风貌意义的自明表达。

（一）小城镇风貌空间的肌理延续

空间，首先要满足使用功能。小城镇风貌空间是在用地规划统筹框架下的功能斑块，是具有功能性质的类型空间。空间的布局、秩序、组织模式与功能类型直接相关，因此，居住用地、办公用地、教育用地等不同风貌空间表现出不同的片段面貌。在满足功能的前提下，空间的布局和组织方式是保护、延续地域空间肌理。通过不同类型的空间构成分析，提炼长期以来形成的空间模式、梳理街巷组合、归纳适应小城镇活动习惯的空间尺度，把它们作为基础信息适当地落实到小城镇空间开发与风貌设计中（图 7-1）。自然而然地，小城镇空间映射了一种城镇自身的组织规则。一方面会制约空间结构和功能的异化；另一方面，为空间延续和发展提供了一个适应性框架。空间分析是获得肌理信息的最主要方法，通过空间分析得到适应小城镇环境基质的空间模式和空间结构，是最有效的适应性框架。

（二）小城镇风貌要素的特征适应

这里谈到的小城镇风貌要素主要指物质实体要素、艺术要素。物质要素包括建筑物、构筑物、环境标识物，这些物质要素可以抽象为点、线、面、体、色、质。小城镇风貌要素是界定风貌空间的物态要素，如果说对空间的风貌意象来自于体验与参与活动，那么要素则是最为直接的视觉刺激物。要素是表达小城镇风貌信息的直接载体，对小城镇风貌产生最快作用效果的手法就是对物质要素的更新与设计。

小城镇风貌要素也是在动态变化和演化的，表现为建筑形式、细节构成（造型、体量、材质、色彩、构造等）、环境景观小品设置、环境标识物在城市发展与更新重组中随功能、定位、需求的演变（图 7-2）。类型学中提出“原

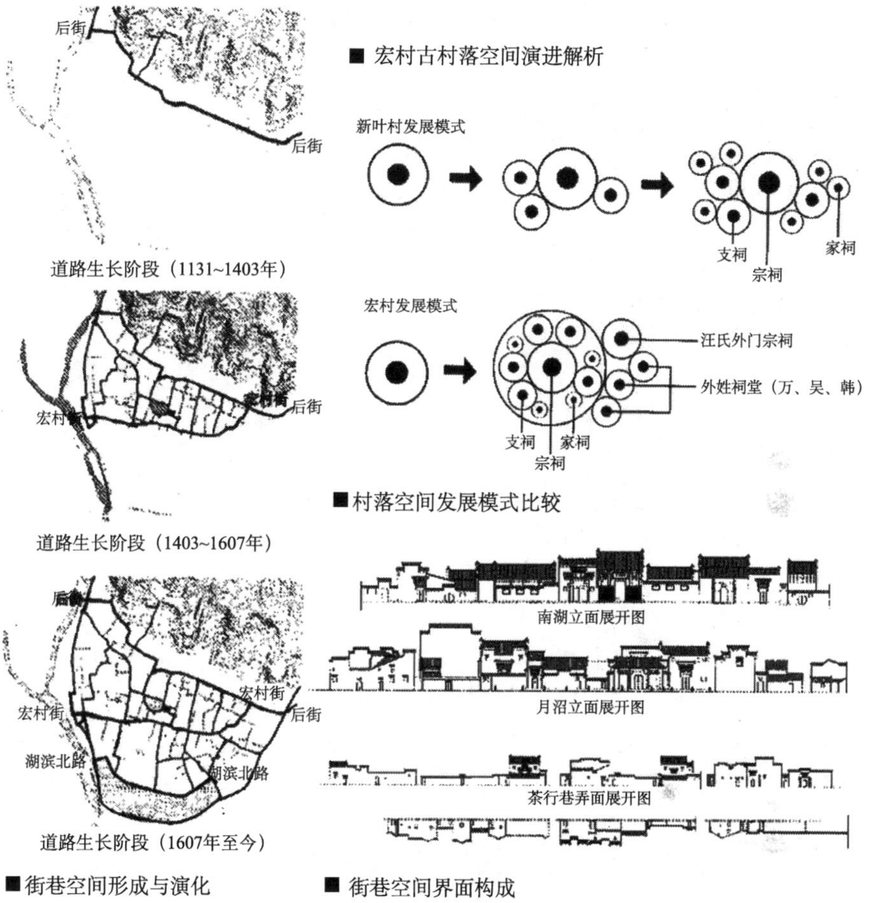

图 7-1　小城镇风貌空间秩序与肌理延续 [148]

型”概念，即是对这种特征模式的阐释。小城镇自身多样性和动态演进性是不可避免的客观存在，而在这些纷杂的拓扑结构中是有自身逻辑规则的，这种具有模式语言的特征构成是适应自身地域环境的内在规则。形式改变，风格不变，就是这个道理，即便外显样态出现或繁或简的不同渐变样式，凭借构成模式依然能够定位它的类型和发展阶段。在小城镇风貌要素优化中，对要素原型和演化过程的分析是适应环境协同优化的基础工作之一。这种工作方式也是一种传承创新的思维，不必故步自封地对城镇传统抱残守缺，可以开放大胆地对它进行有依据的创新，传承式的创新。

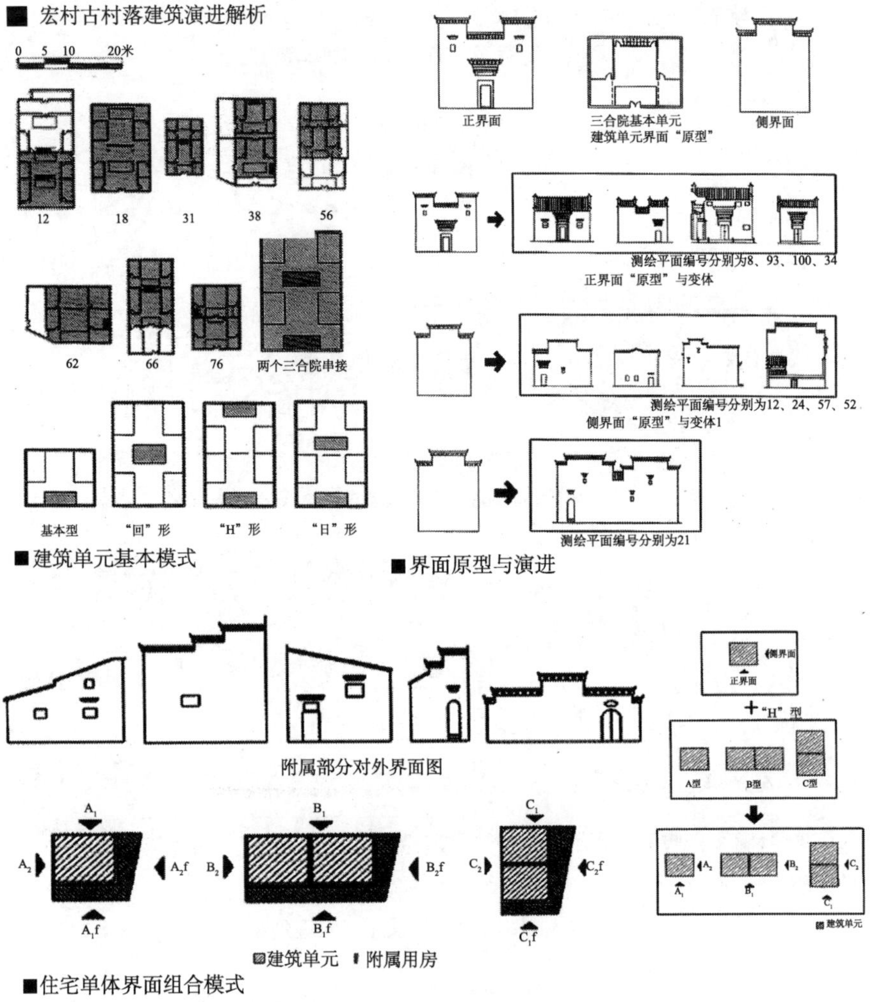

图 7-2　小城镇风貌要素特征演化与传承 [147]

（三）小城镇风貌结构的涨落有序

结构是组织空间与实体要素的框架。小城镇风貌结构是构成一个完整的风貌叙事文本的组织脉络。小城镇风貌结构表现为时间结构、空间结构、功能结构、等级结构等不同方面。时间结构反映小城镇风貌空间与要素的历史与发展进程。空间结构体现了风貌空间与要素的分布与组织关系。功能结构依托于小城镇用地组织，对风貌空间与要素进行功能界定与组织布局。等级结构体现出风貌空间与要素在整体体系中的地位与层级关系。

小城镇风貌结构最为深刻的意义在于，它对风貌相态与发展演化的动力协同作用。涨落带来有序，是协同理论的基础。我们说小城镇风貌是随环境条件自适应演进的协同体系。这种演化正是通过风貌的内生结构涨落与调适的复合作用机制达到结构秩序化，再由内生结构组织外显空间与要素，形成小城镇风貌系统的无序向有序、低序向高序的发展。因此，结构是小城镇风貌系统稳定状态的控制装置。涨落代表不平衡态，优化则是在刺激涨落不平衡后，引导系统走向新平衡的方法。

事物具有两面性，本章中也阐释了小城镇风貌结构涨落也会产生两种效果：正反馈效应和负反馈效应。小城镇风貌结构优化的目标则是引导结构涨落向正反馈方向运动。风貌结构不仅仅是时空构成关系，也是时空关系蕴含的功能与意义的协调关系。一个具有整体性、有机生长的小城镇，它的风貌构成也是有不同时间阶段的空间要素与时间脉络的协同。同时，在这些构成关系中表达出一种强烈的风貌主题与文化意义。这是小城镇风貌结构涨落有序的本质所在。所以不仅仅是单纯地从物质形式上去探讨小城镇风貌的构成，而应该是把它作为一个有机生命体，从一个长久的可持续发展的“活”结构去表达小城镇风貌的动态过程。简单来说，涨落有序的结构是小城镇风貌运行的结构，而不仅仅是形式与功能的几何结构。

（四）小城镇风貌意义的自明表达

意义不是脱离物质的东西，而其自身是物质的一个重要构成部分。意义是语言的结果，小城镇风貌意义就是风貌空间语言、风貌建筑、景观语言在风貌结构组织下形成的表达，是对空间、物质要素的城镇整体环境的认知与感知结果。

从认知心理学角度，我们说小城镇风貌是小城镇物质环境与人的完整认知过程的产物，需要主体人与城镇两者共同参与完成。在规划设计与城镇管理框架下呈现出的小城镇风貌样态，带有设计者与管理决策者的主观意象。实际上，小城镇风貌又是一种中介，实现设计者与读者之间交流的中介。那么，使用者的意义与设计者的意义就需要对称传递才能够完成城市风貌的阅读判断行为。一旦风貌语言不在公众认知心理模式体系之内，认知链条就会受阻，信息传达不畅，就会出现误读、无法解读的现象。这也是我们认为一个城镇是否具有自身特征的主观判断逻辑。因此，小城镇风貌意义需要有自明性表达，包括风貌语言和风貌叙事结构脉络都要注重城镇自身特征，要挖掘公众风貌认知心理模式。小城镇风貌意义的自明性优化是在风貌空间、风貌要素、风貌结构三者的共同优化下体现出的一种整体效果，代表了小城镇风貌整体趋优的过程。

二、协同优化设计：小城镇风貌的主动设计与自生协调

优化，是系统动态趋优的过程。小城镇风貌的优化需要借助城乡规划、风貌设计与景观管理方法，去主动创造风貌发展的优势条件和持续性动力。协同优化理论为这种优化行为提供了理论支撑。

通过对小城镇风貌的形成演进过程的分析，我们发现，小城镇风貌系统具有协同耗散结构的共性特征，即风貌要素、结构和整体样态在适应环境前提下，具备无序向有序的协同演进规律。有了这样的研究基础，坚定了我们采用协同优化的理念，说明在营造和谐健康的城镇环境和小城镇风貌设计中具有逻辑可依性和实践可行性。实际上，小城镇风貌的协同演进过程并不是单纯的自生自长过程，它更多地依赖主体人的主观能动性和创造力。可以说，小城镇风貌是城乡规划与风貌设计的一部城市电影。它再现小城镇历史注脚与发展轨迹，告诉我们城镇文化的主题，以及城镇与人是怎样生存与发展的。因此，我们才会对一个城镇产生深厚的情感依赖和浓厚兴趣，而城乡规划与风貌设计的成功与否直接关系到这部城市电影的受关注度和好评度。

城乡规划与风貌设计是城市学科的一项成熟的技术手段，为优化小城镇的风貌特色与物质环境品质，它完全具有操作可行性。只是我们需要有理性的、正确的操作理念。小城镇发展的自生规律与小城镇风貌的演进机制就是我们为优化风貌环境做出的前提探讨。尊重客观发展规律，以协同理念引导城乡规划与风貌设计行为，倡导高效的城镇管理效应，是主动调控小城镇风貌生长的核心思想。

基于小城镇风貌的发展规律，必要的风貌空间模式分析、风貌要素特征分析、风貌结构序列分析、风貌叙事意义分析是优化过程的重要工作内容。目的是探索小城镇风貌要素与组织的内生规则，为输入优化信息和介入优化手法提高适应性。另外，小城镇风貌并不是一个狭义的规划设计类型，更应该把它

作为对城镇环境与城镇品质衡量的直观感知。良好的城镇风貌可以说是建设城镇、营造城镇环境的基本准则。因此，小城镇风貌优化就不是凭借一种单纯规划手段能一劳永逸的事情。它是一个系统工程，需要以优化城镇风貌为理念渗透到城乡规划的各个规划层面和各种相关管理工作中。

三、秩序建构：小城镇风貌自生机制与设计机制的协调

本章论述的逻辑起点在于竞争与协同这一自然界和人文、社会系统普遍存在的现象。协同学方法从动力机制视角对各种开放演进系统的形成和过程做了动态描述和现象解释。应该说，从系统协同优化理念探讨城乡规划与设计工作下的小城镇风貌形成与演化，是最为贴近城镇运行本质的方法。

（1）鼓励竞争。提倡小城镇风貌内部要素相互运动，一方面形成影响系统运动的结构网络；另一方面促使序参量产生。小城镇风貌的构成要素共存共利的运行结构，有利于城乡规划输出的物质、能量与信息的流通、反馈与动力演进。竞争以自适应性为原则，适应环境条件与小城镇风貌自生规则的物质要素与结构不断进化与优化。不适应规则者被剔除淘汰，即主动参与小城镇风貌的竞争机制，接受风貌演进规则的挑选与优选程序。

（2）重视协同。提倡小城镇风貌构成部分的相互合作，在竞争与适应过程中向协同关系发展。深刻认识了小城镇风貌协同优化的演进规律，借此提出的城乡规划信息与能量能够有效切入风貌动态演进的全过程。通过激励与保护某些优势参量持续发展，并不断优化，从而形成风貌协同进化的动力源，这正是序参量的主导作用。这种协同动力学优化模式既是呼应风貌自身隐形规则，也是小城镇风貌有机演化必须遵守的合作原则。因此，协同优化的小城镇风貌规划与设计的关键在于，引进序参量，建构活结构与动态支配的全过程协同机制。

城市规划作为外来信息、能量与物质的输入者，对小城镇风貌产生的作用程度与作用效果如何，关键在于外来体系与自主体系的匹配度有多高。这也是一个基本的竞争与协同问题。当代表建构秩序者的城乡规划与代表自生秩序的风貌演进规则相互协同，合作共生，那么小城镇风貌就能朝着更优化的状态迈进；反之，当两者之间竞争排斥，小城镇风貌极易导向无序、混乱、碎片化。当然，我们也应该辩证地看待城乡规划的主动性，城乡规划与风貌设计是

万能的吗？城乡规划就能完全左右和控制风貌的形成与样态吗？答案当然是否定的。本章不提倡城乡规划“决定论”，同时也并不认为小城镇风貌是可以完全通过设计来确定的。小城镇有它自身的选择与淘汰机制，会协助城乡规划甄别适应城镇环境条件的要素，也会把不适宜地域环境的要素渐渐剔除风貌系统。所以理性的城乡规划与风貌设计决策应当是尊重历史、立足当下、前瞻未来的三位一体系统复合机制。小城镇是动态运动的，城乡规划理念与风貌设计方法也需要与时俱进。我们始终应保持一种系统动态观念，从认识论上深刻体会城镇的复杂性与网络性，方法论上对城镇的分析工具要保持动态性、系统性和协同性，在操作上保持务实性、理性、互动性和导控性。

第二节 小城镇风貌优化设计的原则与目标

一、小城镇风貌协同优化设计的原则

在小城镇风貌优化工作中，目前尚没有建构起一种具有针对性和普适性的原则方法和评价理论。本章主要研究以系统协同理念对小城镇风貌进行优化设计的方法，协同优化方法是以小城镇风貌的可持续发展和公众对小城镇风貌的共性判读为逻辑起点的综合方法。小城镇风貌的形成与品质是为人的认知、审美和情感需要服务的，是为了创造良好的城镇空间环境和视觉意象，使城镇成为适居、宜居的人居环境。进行小城镇风貌的优化，优化工作者和决策者首先要确定优化的对象和优化的原则。小城镇风貌作为城镇的空间、功能与意义的综合体现，小城镇中的人、事、物都是风貌优化对象，尤其是小城镇物质环境要素，是小城镇风貌优化的直接对象。同时，小城镇风貌的感知判读涉及主体与空间环境客体的交互作用和影响，公众对风貌样态与风貌品质的反应与态度也值得重视。可以说，小城镇风貌的优化具有系统性和复杂性，要求我们采用系统协同的理念从不同角度、立场和要求权衡对待。根据小城镇风貌设计的规划程序、目标和内容要求，小城镇风貌优化的原则包括：经济性原则、形式美原则、功能价值原则、特色原则、人本原则、协调原则和有序发展原则。

（一）经济性原则

满足使用、经济条件下注重美观，是我国早在20世纪50年代提出的建设方针。即使在今天，提倡兼顾城市建设能效、高效目标时，依然需要协调经济、适用、美观三者的关系。小城镇风貌优化是风貌规划与设计的具体化，建设技术的恰当选择首先要与城市的经济条件相匹配。

小城镇风貌的样态与城市经济基础密不可分。一方面，地域经济条件影响公众的消费行为、审美需求及文化习俗的差异，带来风貌的价值判断标准不同。小城镇风貌意象是公众判读的直接结果，公众对风貌营建的直观视觉效果更为关注，却较少考虑功能、意义主导下的造价、资源消耗等隐性内容。小城镇风貌设计的另一个主导群体就是规划设计者。规划设计者往往注重设计理念与造型形式的新奇特，对于它们是否与现实条件相适宜、是否经济有效，缺乏深入探讨。从小城镇风貌评价主体视角审视优化建设行为，首先就应该树立起经济适应性原则。另一方面，我们应该认识到经济性并不全是狭义的建设成本高低的问题，更要统筹考虑如何利用有限资源，适时适地的高效利用。造价低并不是功能差或者不美观，有机协调各种技术手段和当地材料，综合利用，同样可以实现功能、经济与审美三者共赢。

（二）形式美原则

“美的标准定义是：美是事物的一种特质，它使人的感官和理智感到快乐和愉悦。”[148:22]对形式美的追求，是设计学科共同的课题。人对一个城镇的风貌审美，主要来源于城镇风貌空间与风貌建筑、景观、标识物等物质形式的感知。确切地说，我们通过对风貌空间的尺度、组织方式、体验感觉，包括建筑体型、风格、色彩、细部装饰、景观雕塑、环境标示、构筑物等一切外在形式形成风貌审美的视觉认知与感觉判读。小城镇风貌的美学原则，不仅仅体现在风貌要素与组成形式给人的良好环境秩序与心理认同，更是建立在人、城、环境之间协调运作与良性运动轨迹的基础上。小城镇风貌的形式美不单是表形相态的构成法则，更是小城镇自身的深层次结构、功能、意义的生命发展与持续之美。

（三）功能价值原则

小城镇风貌功能较为复杂，它与风貌要素及结构的组织机制密切相关。本章仅从视觉感知与心理认知的层面讨论小城镇风貌的功能。从小城镇风貌认知主体的物质需求和心理需求来看，主要有以下几个功能：表意功能、审美功能、叙事功能、识别功能。

（1）我们谈及的小城镇风貌是由空间与物质形式作为表现载体，小城镇风貌优化对象就是这些空间环境要素。因此，优化的前提是满足空间功能与建筑、景观的使用功能要求，在城乡规划与风貌设计的功能定位基础上，再探讨功能涵盖下的意义象征和审美表现。

（2）我们单纯把小城镇风貌作为城镇表达自己的一个文本，它就具有了叙事功能、表意功能、文化传达功能、审美功能和识别功能。综观来说，小城镇风貌的一个更重要的作用是向读城者传达城市信息，包括小城镇的历史、现状、发展、文化、社会、经济、自然等一切有意义的信息。因此，小城镇风貌优化要注重可读性和易读性，信息传达依赖于视觉、感觉与认知全过程链式反应。风貌形式语言与市民认知模式之间的信息对称与匹配，将是风貌优化的一个重要原则。这也是小城镇风貌与环境、地域条件、主体行为相互协同的一个基本要求。

（四）特色原则

小城镇风貌是表征城镇特色的重要载体。小城镇特色包括自然特色与人文特色，自然特色是小城镇的自然山水构架与地形地貌条件表现出的一种与其他城镇相异质的代表性状态，如滨水城镇、山地城镇就是在独特的自然条件下孕育而成的特殊环境风貌。人文特色是小城镇历史、经济、社会、文化等内隐规则作用下使城镇呈现出差异性的风貌样态。小城镇发展与形成过程使小城镇风貌的时间脉络与历史印记具有不可复制性。小城镇的社会规则、经济条件、文化背景都是小城镇风貌的影响力。而那些具有历史价值、文化价值的风貌要素与空间是小城镇具有竞争力的特色资源，如历史风貌街区、殖民建筑群、民俗村，都是带有地域特色与传统特色的重要城镇风貌空间。

小城镇风貌协同优化的一个重要内容是传统与现代的协同。既要保护和传承城市历史与文化传统，又要积极适应时代发展需求，要合理创新，体现城市活力与发展势头。我们对待小城镇风貌特色，也需要贯以理性与谨慎的态度，真正有价值、有代表性的要素要坚决保护。但并非所有城镇有适应历史文化名城的称号，并不是所有城镇都能以文化立市。小城镇风貌特色原则的决策与实施也需要根据城市特点因地制宜。

（五）人本原则

以人为本原则是科学发展观的基本观点。小城镇风貌的营造和发展最终要为人服务，为实现人的生活与精神需求。公众是城镇建设的主体，是城镇生活的构成者，小城镇风貌之所以具有存在与优化意义，也是为适应公众的环境认知、场所参与、空间感受与审美需求的。小城镇风貌优化是为创造一个适应人适宜栖居的人居环境而努力。人本原则的小城镇风貌优化是小城镇建设与人协同的基本要求，需要以公众的生活需求、行为习惯、审美心理、精神诉求为出发点。

（六）协调原则

“和谐一方面体现本质的差异面的整体，另一方面也清除了这些差异面的纯然对立，因此，它们的相互依存和内在联系就显现为它们的统一。”[149:180,181]一个简单的道理，“要把城镇建设好，光靠多建漂亮的房屋不会收效，除非这些房屋能适应当地相互协调起来。这就像在自然界中一样，光靠各种名贵的树木和植物，不能形成美丽的风景，除非这些树木和植物的单体和群体，都能适当的彼此协调。”[68:45]威尼斯圣马可广场由公元800年开始建造，直到公元1800年持续了1000年的发展和变迁。总督府、图书馆、市政大厦、高塔，它们的体态、材质甚至色彩都不相同，且每栋建筑产生和代表的时代信息和历史意义也不相同，它们相互组合在一起，通过节奏、主次、尺度、比例、韵律的协调使群体始终保持着形式上的和谐关系。法国制定第一部历史建筑及景观风貌保护法令《马尔罗法》，依据的一个基本观点就是，历史建筑、历史景观需要有协调的背景来衬托。对历史风貌景点的保护不能执著于一点，而是要一点到面，以历史保护景物向外可视的500米环境范围为控制对象，从环境保护构想出发，在保护范围内进行引导和控制。而针对不需要进行保护的建筑，街道景观的管理中提出，沿路新建筑的建设应力求与现状建筑在尺度上保持一致。如果一座建筑过于凸显于它所处的环境背景，这并不是一种增色行为，相反地，它将破坏景与境的整体性，即破坏景观的协调，也使整个画面破碎。

（七）有序发展原则

秩序是小城镇风貌协同机理的核心，建构小城镇风貌的动态有序化演进结构系统是本章协同理念下优化工作的本质。小城镇风貌有序发展原则是指通过优化与管理，促成风貌有机体与周边环境的有序性，使之与不断发展变化的自然体系、经济体系、文化体系、生态体系保持协调一致。小城镇是一个大范围里无数要素共同排列的一个体系，小城镇风貌试图体现这个整体的某些功能、结构、意义，把空间组织、要素排序、结构关联与功能合理相统筹起来，组成一个动态运营系统，必然需要某些规则和秩序来维持、规范整体行为。城乡规划与风貌设计是建构小城镇风貌秩序的一种重要手段。现状城镇是历史规则的产物，未来城市建构体系也不是随机的。小城镇的时空肌理真实地遵循着历史雕刻的规则，深刻反映了小城镇内在实质的形式特征。无论是未经规划框架而依据地形地貌环境和地域生活条件天然形成的传统城镇，还是在规划设计指导下构建的现代都市，都反映了城镇形成与发展的规则与秩序本质。只是前者多体现为一种天然的符合自然的规律，后者则彰显规划制约与建构痕迹。小城镇风貌有序发展就是为协同自然规则与人工建构规则，使城镇历史环境、现代环境与未来愿景有机地协调起来。

二、小城镇风貌优化设计的目标

一个完整的优化过程有两个内容是不可缺少的，优化的目标和优化实现的条件及方法。根据系统优化原理，各种不同的系统，在与外界环境进行物质、能量、信息交换中，都在依据系统存在和运行的适应性条件，选择某种合理的结构形式，或者凸显某种适宜特性和功能，或者选择最简捷的运动路径，最终以不同的目的和方式实现样态优化或过程优化。小城镇风貌系统也同样遵循系统优化这一基本规律。小城镇风貌的适应性秩序建构与系统协同可持续发展毫无疑问是优化工作的基本目标。

（一）环境适应目标

环境适应目标为小城镇风貌保持体系各要素与环境之间的协调关系。“所谓适应性，就是指能够与环境及其他主体进行交互作用，主体在这种持续不断的交互作用过程中，不断地学习和积累经验，并根据学到的经验改变自身的结构和行为方式。”[150:37] 根据本章探讨的小城镇风貌协同优化基本原理，风貌生长与发展存在协同进化机制，协同进化机制本身描述了宏观演化条件与微观结构行为互为条件，相互协调和合作共生的动力学机制。宏观演化条件是系统生存与发展的环境条件，协同进化的核心是系统与环境的适应和协调。与环境适应，是协同优化的基本观念之一。小城镇风貌要素、结构与生存环境的多样统一，才能在长期的演化过程中不断积累优势能量，最终使城镇的风貌整体趋优。

小城镇风貌与环境适应的过程中，人是这个组织体系中的重要成员。正是由于城镇主体具有主观能动性与创造力。人类在认识城市的自然基础、经济发展条件与社会文化环境下，可以根据自己的行为、需要，以规划、设计、建造、管理等方式参与改造环境。对于小城镇风貌设计活动而言，人既是风貌环境的改造者，也是风貌环境变化的响应者。我们在城市中的建设行为和生活方式，都可以作为人与环境适应生存的反馈信息，可成为长期持续性改造环境、适应环境的行为依据。一个城镇的风貌作为一个开放系统，它只与自然、人文、社会经济等外部环境具有适应能力，体现为应对涨落波动的积极反馈、应对环境刺激的自适应调试、应对环境信息输入的自学习能力。

（二）系统协同目标

系统协同目标是小城镇风貌的整体动态协调目标。为建构小城镇风貌各构成要素围绕整体优化目标的协同方法，使小城镇风貌整体呈现有序构成样态，内生结构呈现动态活力，以结构动力推动风貌整体的协调运动与有序演进。系统协同目标不仅在于认识小城镇风貌系统的特点和协同规律，更主要的是利用这些规律去引导、控制、管理一个城镇的风貌营造工作，使小城镇风貌符合人的需求，并能动态稳定地向更优势的状态运动。另外，小城镇风貌的优化是一个多层次、多诉求的综合工程，需要以系统相关性思维看待各种行为要求，需要统筹兼顾各利益主体的组织要求，同时要积极应对小城镇自身的发展意义。所以说，小城镇风貌优化是一个多方协调的系统工程。

实现小城镇风貌系统协同是具有复杂性的工作，面向城乡规划与风貌设计的协同机制实现可以概括为信息协同、组织协作和管理协同三个目标层面。

（1）小城镇风貌信息协同。主要是指保证风貌信息收集、整理系统的全面性与沟通、交流的顺畅性，这是规划与设计优化工作的基础。风貌优化决策涉及各种不同主体对象和不同的决策者，从调研到优化决策的全过程，需要保持信息的开放性、交互性和实时协调，采集各种不同的相关信息，综观考量与分析。

（2）小城镇风貌组织协作。主要是规划设计和建设实施的组织协同。面对各种风貌资源，解决各种风貌建设需要及各种风貌问题，规划设计与建设实施始终要秉承环境适应性、设计合理性和决策协作性。

（3）小城镇风貌管理协同。小城镇风貌不仅仅是规划设计与建设问题，这些决策方案最终的实施效果很大程度上取决于城镇管理与调控机制。以协调合作思想为指导，综合运用现代管理方法，促使小城镇风貌各种要素按照协同运作的方式进行整合，使风貌整体实现趋优效应。

三、小城镇风貌优化设计的评价标准

“评价是指个人或群体依据某种标准对事物所做的价值型判断或取舍。”[151:11] 对小城镇风貌进行优化之前，首先要对其现状进行质量与问题评估，以确定优化的方向、目标与内容。一个健康的、优秀的城镇风貌的基本标准是，视其能否在长期延续过程中保持持续的社会、经济、文化、生态效益。通过对小城镇风貌形成与发展的内在规律和外部联系的研究，我们可以从直观感知角度对小城镇风貌优化做出以下评价标准。

（一）经济性评价标准

经济性评价包括适地性、可操作性、资源利用高效性标准。

适地性，强调的是因地制宜的风貌营造理念。首先要深刻认识基础环境，包括自然环境、社会环境和经济环境等城市基本条件，并尊重小城镇风貌形成与发展所处的这些基础环境条件。环境背景和城市风貌空间、形式、结构与意义密切相关，甚至有它们作用于风貌形式与相态的天然规则。以这些基本规则为起点，构思与定位小城镇风貌的形式要素与功能结构，采用适宜于地方环境条件与公众风貌认知模式的形式要素和空间组织语言，既能够达到很好的风貌认知契合度，又规避了营造中的技术偏差和资源浪费。

可操作性，小城镇风貌最终产生资源价值与表意价值的前提是，以现实存在真切地为市民提供可参与的风貌空间场所和可感知的风貌要素。规划与设计理念要真正落实在物质对象上需要具有现实操作性，符合当地建设条件，在技术上、经济上、资源上都要满足可操作性要求。

资源利用高效性，小城镇的自然资源与人文资源是有限的，小城镇建设要避免大拆大建的开发模式。优化设计的一个基本目标诉求就是保证以最小的资源投入获取最佳的综合效益，对资源的高效率利用是其中一种有效的低投入高产出的优化方法。一方面对于小城镇的自然风貌资源我们应该秉承保护、保护性开发的理念，从可持续发展视角对待河流、绿地等风貌资源，尽量保持它们的环境生态效应，并通过导控敏感空间的建筑、景观组织，使自然风景成为区域共享的优美风貌。另一方面对于小城镇土地、矿产等具有生产价值的资源，更要理性对待，既要兼顾小城镇经济发展效益，又要以生态、持续性为原则，实现开发价值与公众诉求共赢。

（二）形式美评价标准

形式美的规律在建筑学领域有比较系统的内容。建筑形式美学探讨的形式要素的结构方式与组合规律包括多样统一、对称均衡、对比协调、尺度比例、节奏韵律。建筑是小城镇风貌空间围合的重要物质要素，是形成风貌界面的重要参与载体。因此，建筑美学是小城镇风貌美学原则的一个重要标准。另外，本章探讨的小城镇风貌并不仅仅是建筑一种要素，更是涵盖了空间、景观的整体环境美学要求。所以，小城镇风貌形式美学是一个城镇的整体形态美与环境美，包括结构有序、功能契合、尺度宜人、形体优美等一些宏观感知标准，还有城镇环境细节上体现出的品质与精致，如环境小品、标识系统设计的细节和精美。综合来讲，对于小城镇风貌这样要素众多、内隐意义同时兼顾系统整体功能的复杂对象，体现在整体的美学标准应该是两个方面：相态形式美，即构成形式的统一、均衡、比例、节奏、尺度规律；内在意义美，即形式具有的意义和内容的可读性与可意向性。

（1）感知小城镇风貌美学的是来自视觉刺激的相态形式美。毋庸置疑，关于构成形式的美学规律性，是小城镇风貌具体要素设计与细节处理的根本规律。对于小城镇空间、城镇建筑、城镇景观，甚至到城镇标示系统、环境细节等更小的尺度上的规划设计，在手法和美学规律上已有完整的指导理念，在此不再赘述。多样统一、对比均衡、节奏韵律、尺度比例这些基本规律是小城镇风貌优化中处理空间与物质形态的具体美学依据。

（2）小城镇风貌美是由感知活动参与完成的，具有内在意义美。小城镇风貌的美学还来自于审美主体与风貌形式之间的判读交流。一个能让人产生美感的城镇，首先是具有魅力与吸引力的城镇。小城镇的吸引力来自于它所具有的独特风貌意义与风貌内容。所以，小城镇风貌形式美学与风貌内容、意义是统一的，就如同功能与形式的关系一样。这两者也是相互映射，相互支持的。

综观来说，小城镇风貌美学优化是外在形式与内显意义的统一和协同。形态要素的组织与功能意义的表达从根本上是统合协调的。

（三）功能价值评价标准

功能价值评价包括可达性、可读性、识别性、审美性、意象性等标准。

（1）可达性包括视觉可达性和行为可达性两个方面。一方面，小城镇风貌作为视觉对象，在形成主体感知和认知的全过程中，首先是视觉感知。小城镇风貌是一种公众资源，良好资源要能够为公众共享。例如，小城镇的山水风景在城乡规划与风貌设计中需要适当地引入城市；小城镇文化传统也可以通过物质形式得到展现和表达，以增加公众对场所的地域感和归属感。另一方面，是行为可达性。小城镇市风貌感知是需要人参与活动的，通过对风貌空间的参与、使用得到主观感受。同时，小城镇风貌空间与物质形式是一个整体，场景、节点之间应该有时间、空间的逻辑联系，这种联系是风貌叙事的时空秩序，是需要人近距离体验的。便捷的城市交通系统，宜人的步行系统，充分的公共空间，都是为增加风貌空间可达性需要考虑的优化内容。

（2）可读性，是小城镇风貌感知判读的基本条件。小城镇风貌空间与要素要有内容表达与意义传达作用，更为重要的是，这些内容与意义是能被公众理解与认同的。这需要深入探讨城镇的风貌基因，即小城镇风貌逻辑构成的隐性规则和公众认知的普遍模式，以此为标准使小城镇风貌的设计语言具有可读性。

（3）识别性，是可读性基础上的更深入要求，代表的是一种更为本质的风貌特质。识别性往往与地域性和传统性相联系，成为城市长期以来积淀下的普遍规则的再现。包括对传统要素的保护和对现代要素的地域性表达两个方面。

（4）审美性，是小城镇风貌的一种最基本的功能特征。在没有文化附加值的要求下，为主体提供优美的环境是城市最基本的功能诉求。除去空间、建筑等城镇风貌构成要素的使用功能，审美是一项不可忽视的功能。对美的追求几乎是人类的一项基本需求，因此，小城镇风貌美学功能是不能规避的一种优化目标。

（5）意象性，从一种简单的小城镇风貌体验出发，对一个城镇的风貌感知可以概括为这个城市给人的一目了然的映像。小城镇风貌意象就是人对城市上升到心理、情感层面的映像。城市是人类生活、生产、生存的容器，人与城的情感交流来自最基础的空间体验和建筑感知，城市风貌就是人与城精神交流的图景。所以小城镇风貌不仅仅要契合使用功能、审美意义，还要注重体现人居环境的情感共鸣。

（四）特色评价标准

特色评价包括生态性、差异性、历史感、品牌性标准。

（1）生态性是基于小城镇的自然生态环境与文化生态环境提出的风貌优化标准。自然生态性是指保护与凸显小城镇自然风貌，以自然地貌与生态环境为风景资源，营造小城镇的绿色空间，体现小城镇的自然美景和生态风貌。文化生态性是基于小城镇文化趋同的全球化时代背景，提出小城镇风貌与地域文化之间的适应性关系，以小城镇风貌为表现视角进行城镇文化的保护、继承、更新，实现小城镇文化风貌的可持续发展。

（2）差异性体现出特色的本质，小城镇风貌特色代表了一个城镇具备了与其他城镇显著差异性的价值。有的城镇因为自身自然环境与气候条件与其他城镇有显著差异，因此有山城风貌和水乡风貌之分。有的城镇因为经济发展水平不同，有国际都市与中小城镇的风貌差异。总之，小城镇自身具有显著差异性的资源可以作为一种特色风貌形象来营造，以此形成小城镇自身的场所感与身份性。

（3）历史感，是具有历史延续性与文化资源性的城镇所特有的一种风貌状态，这种城镇往往因为其独特的人文风情和历史过程而具有吸引人关注的能量。因此，在营造小城镇风貌特色时，对待具有历史、文化资源的城镇，注重营造历史感、发扬文脉精神是小城镇风貌保护与优化的一个重要内容。

（4）品牌性，是小城镇参与竞争谋求发展的一种策略。不可否认，小城镇的品牌效应对吸引投资，提高城镇知名度有很好的宣传作用。小城镇风貌优化注重打造品牌性，旨在突出小城镇的地域特征与文化特色，使小城镇风貌可以成为一种资源为城镇的可持续发展做出自己的贡献。当然，小城镇品牌本身也是小城镇风貌的一种代言，因为所谓风貌就带有城镇特质与品质的定位，并不是说小城镇风貌一定就是一种品牌打造，但是，作为一种优化目标，带动小城镇发展成为一种有代表性的状态，也可以作为一种长期发展的目标来对待。

（五）人本性评价标准

人本性评价包括方向感、场所感、人性尺度、情感共鸣等标准。人本性的小城镇风貌评价标准主要以人对城镇风貌的主动性体验和认知判读经验为出发点，使城镇风貌给人带来环境适宜体验和审美价值体验。

（1）城镇应该为人提供时间、空间的坐标系，不管是生活在这里的居民，还是路过或游览的外地读者，都应该在城镇中获得一种明显的方位感和亲切感。一些城镇在空间处理和造型语言上太多样或者太统一，就会造成人在城镇空间中的无助感和压迫感，失去了方向性，也就不可能定位自己所处的空间位置，更谈不上理解和解读这个城镇的风貌了。

（2）营造城镇的亲切感来自于场所感。每个城镇虽然具有自己的特性与基质，但人对城市、空间、建筑等的组织形式有一种共性的尺度感和共性的场所信息。例如，对街巷的感知，即使在不同城镇，不同形式的水街、天街在尺度上、步行感觉上都是有一种小尺度、宜人性、生活性的共同感知体验规律在其中的。所以，对不同类型的风貌空间，采用适当的风貌构成要素、包括建筑形制、色彩、材质、尺度，都需要尊重类型空间的自身构建规则。谈及此，就不得不谈到人性的尺度，在现代城镇建设中，追求规模、效益的行为中，经常有尺度失衡的做法，如大广场、超高楼的设计，是否真的适宜人的行为模式？这本身是城乡规划、风貌设计中需要认真探讨的细节问题和基础问题。

（3）城镇风貌真正打动人、吸引人的魅力是它与人的情感共鸣。人与城的关系处理中，解决了活动容器的需求，就要追求精神需求了。城镇环境场所与人之间的良性互动就是人与场所的共鸣，基于设计营造的城镇风貌场景如何影响人对城镇的情感判读的问题。1985 年，伊恩·本利特在著作《建筑环境共鸣设计》中指出，一个场所的设计能够影响人们的感官与共鸣的因素表现为多个层次，包括可达性、多样性、可识别性、场所活力、视觉适宜性、丰富性和个性化[152:1,2]。同理，城镇风貌更多的是追求人与城的共鸣，以满足人的精神需求。因为审美、表意、叙事都是为了表达城镇自身的性质，最终使城市成为人心理中的一个符号、图景，完成人与城的沟通与对话。

（六）协调性评价标准

协调性评价包括持续生长性、视觉舒适性、宜人性、博弈共赢性等标准。规划师、建筑师的工作目的，简单地说就是为创造良好的人居环境，满足更好的生活方式。人与城镇的协调是良好人居环境、更好生活方式的本质要求，包括人与城镇环境的发展协调、城镇自身环境要素与结构发展的协调。协调性所强调的是系统各构成要素、局部之间的合作、共生的组织关系。协调性的首要标准是城镇风貌作为城镇自身机能的一个组成部分，与城镇的生存环境相互协调，只有机体与环境相协调，才能在长久的演化与生长中昌盛不衰。持续生长性就是城镇风貌协调性判断标准中至关重要的一条，城镇风貌要素与结构协调、功能与意义协调、系统与环境协调、整体与运动协调，不仅仅是追求风貌形式，也不是单纯追求功能、生态、环境效应，而是人与城镇整体的协调动态发展诉求。视觉舒适性是最基本的风貌感知，是风貌形式协调、功能协调、意义协调的高度统一。宜人性代表了城镇风貌特征下环境给人的情切感、识别性、场所感、归属性。城镇风貌给人怡然舒适的感觉，是城镇本身空间环境宜居美妙的体现。博弈共赢性是指城镇风貌优化主体之间的协调机制，由于设计者、管理者、建设者等风貌优化与营造主体有不同的需求和价值判断，或者往往在某一方面的要素特征或价值取向作为规划设计的导向建议，而不会过多考虑整体性。作为设计者，在此过程中的角色定位应该是脚踏实地地研究城镇真正的需求，研究如何解决各方博弈中存在的具体问题，作为利益协调者的角色使各方需求和不同问题得到解决，而达到共赢目标。

（七）有序发展评价标准

有序发展评价包括层次性、结构活性、组织有序、耦合关联等标准。有序发展在于提倡城镇风貌要素与结构的秩序建构下，整体的良性演进。小城镇风貌不是一朝一夕形成的，有序发展体现了小城镇风貌的形成过程，与作为结果的城镇风貌是有区别的，有序过程体现了小城镇风貌的动态性与演进性。小城镇风貌优化的对象不仅仅是空间与物质要素，也是城镇风貌在时间、空间中的生命过程。伴随城镇空间拓展、城镇功能重组、城镇要素代谢的演替活动，如何使小城镇风貌在这种动态过程中保持新旧协调、主次有序的有机发展态势，是城镇风貌有序优化的基本价值诉求。小城镇风貌协同优化的不仅仅是形式，更为内生的力量在于风貌过程优化，过程优化的切入点在于结构与形态、功能的协同。因此，小城镇风貌有序演进的评价标准包括风貌系统的结构层次性、结构活力、系统组织有序性、要素耦合关联性等关系判断标准。

第三节　小城镇风貌优化设计的模式与方法

一、小城镇风貌协同优化设计模式

将协同理论应用到小城镇风貌设计和小城镇风貌优化问题中，关键是把握小城镇风貌的对象本质。从协同优化理论出发，小城镇风貌协同优化方法认为优化的着眼点在于尊重并引导小城镇风貌各要素间的协调互动和合作关系。这种秩序规则和动态机制正是实现小城镇风貌优化与演进目标的重要途径。通过协同机制到序参量引入来促使小城镇风貌的整体状态优化和演进过程有序化的终极目标。因此，小城镇风貌协同优化的本质在于秩序，建构起小城镇风貌的结构秩序、要素秩序、演化秩序。根据这一内涵，我们建立小城镇风貌协同优化模式有三种：结构优化模式、要素优化模式和过程优化模式。

（一）结构优化模式

小城镇风貌的变化主要发生在时间维度和空间维度上，但我们很难从量化的面积、体积、长度去衡量变化的趋向。因此，本章从小城镇风貌自身的时间、空间属性来探讨风貌优化的向度。城镇的空间与时间本身是一个内涵与外延极广的对象范畴，城市学科中对空间、时间的解构方法有效地消解了这种广度与深度的不可及性。结构是探讨城镇空间及它在时间流向中变化行为的特定方法。基于可行性，小城镇风貌优化不仅仅是物质实体代谢或者城镇表层相态的更新，也包括自身组织机构协调下的自主性持续发展。所以，小城镇风貌优化首先是内生规则与外显构成的优化。

根据系统理论，我们知道结构才是决定事物功能与特征的内生原因。结构是关系的集合，从控制论视角理解，结构就是信息流的轨迹。在小城镇风貌结构中，起到信息流通作用的根本机制是反馈机制。从这个角度来理解小城镇风貌的结构优化模式，那就是风貌信息的反馈流动与回路的优化。小城镇风貌结构在风貌形成与设计中起到联结和流通作用，传递了小城镇风貌信息，同时把小城镇风貌空间与物质要素以一种内在联系串联成为一个有机文本。小城镇风貌结构一方面统领风貌要素，另一方面引导主体的风貌认知行为和判读过程。结构本身就是一种风貌秩序，是小城镇风貌组织和导读的秩序。值得关注的是，结构的应用必须具体到两个条件，第一是携带风貌信息与规则的载体；第二是小城镇风貌信息载体是活动的、运动流通的活力载体。也就是说，小城镇风貌结构既是协同能量携带物，又是系统协同作用的影响物。

小城镇风貌结构优化也就具备了两种基本模式：载体结构优化与路径结构优化。载体结构真实反映了小城镇风貌要素在时间、空间和功能的集合状态。主要是对现状风貌结构，包括时间结构、空间结构、功能结构的完整性、系统性修复与织补。路径结构主要是指小城镇风貌在时间、空间、功能结构完整有机基础上的涨落张力设置。目的在于凸显城市风貌结构的层次性、等级性、主次性、协调性，使风貌形成一个有机有序结构。载体结构优化是效应结构优化的基础，只有清晰、完整地表现出小城镇风貌必备的构成关系，才能在此基础上进行有机结合与疏散的组织工作。载体结构更侧重现状梳理与完善性，是一种静态模式。而路径结构则是为结构注入一种信息、能量张力，突出差异性，为结构的运动做准备，它是一种动力性结构模式。这两者在小城镇风貌结构优化中并不是完全的二元两分状态。在协同理念下的优化模式是完整性与差异性的协调关系，这两个层面的优化方式，其最终目标在于建构小城镇风貌递阶层级优化结构（图 7-3）。

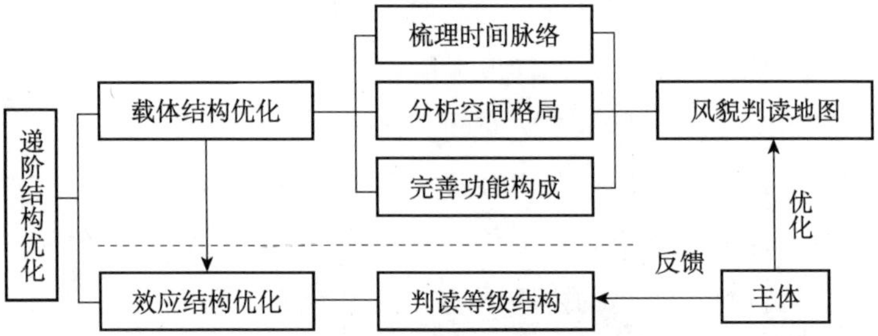

图 7-3　小城镇风貌递阶结构优化模式

资料来源：作者绘制

（二）要素优化模式

小城镇风貌优化与空间、物质实体要素息息相关。要素系统创造了一个城市风貌组织样态的规则和模式惯例，而不仅仅是形式、形态或者材料、色彩，城市的内涵和意义在风貌要素系统中也表现出重要吸引力。要素是小城镇风貌协同演进与优化的活力剂，要素优化是序参量植入与建序能量释放的两个过程。小城镇风貌要素秩序建构的核心是协同序参量。

具体来说，小城镇风貌要素优化应用了协同理念的媒触效应。也就是借助序参量的活力作用，发挥关键要素的建序活性。通过组织小城镇风貌要素构成秩序，使小城镇风貌要素系统体现出层级性的系统秩序。基于要素优化的这种内生机制，我们把小城镇风貌的要素优化模式称为序参量媒触优化模式。触媒是生化反应中的基本术语，触媒具有催化作用，对反应主要有启动反应程序和加快反应速度两种积极作用。把媒触作用引入风貌系统中，与序参量的协同机制在本质上有极大的类似性，都是通过动力作用带动系统按照某种预定规则或发展方向行为和运动（图 7-4）。

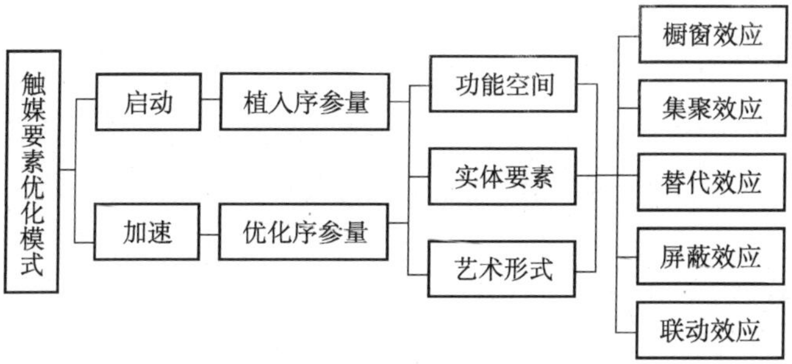

图 7-4　小城镇风貌触媒要素优化模式

资料来源：作者绘制

在小城镇风貌要素的优化机制启动后，序参量对城市空间、建筑等物质要素和点线面等艺术形式的影响主要表现为五种效果，集聚效应、屏蔽效应、替代效应、橱窗效应和联动效应。成功的要素植入对小城镇经营可以是一种链式的良性反应。例如，文化作为一种资源以适应性的要素植入城镇运营主体，在小城镇开发中就具有启动或者加速城镇发展的联动效应。例如，提到英国伦敦的文化战略的成果经验，根据英国公共政策研究所的探索发现，城镇公共艺术在城镇竞争与城镇风貌营造中就具有这样的媒触联动效应，主要表现为以下七个链式反应上：塑造城镇风貌特色；吸引外来投资；推动文化旅游产业；提高土地利用价值；创造社会就业；提高公共空间利用率；促进历史建筑保护[153]。可见，植入一种适当的要素带给城镇的活力影响将是全方位的。序参量的形成是长期的竞争与协调的产物，我们需要通过对小城镇风貌的系统分析。对小城镇风貌形成过程的演进分析，找出形成的动力机制与关键的序参量。通过规划设计与城镇风貌管理来引导这种风貌序参量的进一步发展、成长与自身优化，以实现小城镇风貌系统的持续性动力秩序建构过程。

（三）过程优化模式：小城镇风貌设计管理

“过程是事物发展变化的连续性在时间、空间上的表现。”[154:233] 动态的过程思想是哲学方法论中的一种基本思想。恩格斯提出，“世界不是一成不变的事物集合体，而是过程的集合体。”[155:240]小城镇风貌是在一定的时间和空间中运动和发展着的，过程优化理念探寻一种与风貌形成过程相同步的调控方法，去认识和引导小城镇的环境和风貌样态营造过程。过程优化方法也充分体现了人在城镇建设与发展中的主观能动性，人作为风貌协同演进中的主动参与者，体现出正确的风貌营造活动对一个城镇整体的风貌状态和运动过程将是多么至关重要的创造。小城镇风貌已经是小城镇发展战略和城乡规划与设计的重要组成内容，系统地融入到小城镇环境营造与优化的规划体系中，是一项具有统筹意义的活动。

小城镇风貌的过程优化是基于风貌系统的协同演进规律而提出的。本章认为，小城镇风貌在小城镇发展过程中表现出螺旋上升的周期性演进规律。小城镇风貌的每一次自适应演进，一方面，在风貌样态上表现出相比原风貌样态的更多层次与复杂性的秩序结构；另一方面，在空间功能与要素结构等耦合组织上与跃升前的层级状态具备一定的分形特征与相似性，也客观的存在结构、功能、时空要素上的进步发展。过程跃升表明信息、能量与物质在系统结构之间的有机联系和有效作用。小城镇风貌的形成过程离不开主体建设活动，城乡规划与风貌设计为小城镇风貌营造提供了一种驱使功能、结构更加完善、稳定的演进动力。小城镇风貌要素发展与组织结构突破系统层级的维稳张力，同时建立一个更优层次的内生结构关系和运动机制，促使小城镇风貌的各种要素形成一个更完整的有机系统。这就是小城镇风貌协同优化过程的核心工作内容。

过程优化借助城乡规划与风貌设计的工具，把主体需求、意识、理念等信息转化为物质空间形式语言，落影在小城镇风貌系统上。同时，在城镇长期的动态发展中自主适应于地域环境的淘汰机制，选择出最适应小城镇环境条件与自身特质的组合形式，最终表现为一个具有地方特征规则的风貌结构系统和叙事文本。从信息输入、适应性调试、规则建构三个基本逻辑过程把小城镇风貌的协同演进纳入城乡规划与风貌设计的动态调控与系统优化过程。这就要求我们保持一种循序渐进的规划建设模式，积极倡导公众参与和共同决策的设计模式。要实现多元主体与责权部门的协同合作行为模式，为实现城乡规划与建设管理的统筹而努力。

二、小城镇风貌协同优化设计方法

小城镇风貌的协同优化是一个系统工程，也是一个多方协调的全局过程。我们不仅需要建构理论支撑体系，还需要思考如何操作实施，并且要探讨怎样有效、高效地实现优化目标。本章指出，小城镇风貌的协同优化设计方法主要由小城镇风貌的系统保护、修补、管理与过程优化组成。优化的对象由风貌环境信息和风貌系统要素两种形式共同构成。

（一）建构小城镇风貌网络结构

结构是小城镇风貌信息、能量、物质的联系通道。一个能够自我修复与适应调试的有机系统，首先要建构一个完善的网络体系。这个网络体系要保证通畅的交流途径，就必须具有等级张力，能量、信息、物质在小城镇风貌系统的不同等级层面相互流动。另外，这个结构体系也要具备稳定的动态演化趋势，能够使系统由无序走向有序，甚至由低序走向高序。一个开放的系统，信息流通与可持续生长是最重要的，结构的完善毫无疑问是系统优化的前提。

小城镇风貌结构优化的目的是：①形成小城镇风貌要素组织的构成秩序；②增加风貌单元联络节点以获得小城镇风貌的时空等级结构，建构风貌信息、能量和物质流通通道。小城镇的空间结构、规模结构、等级结构一直是城乡规划与土地开发利用的首要组织任务。而在小城镇风貌优化设计视角下考量风貌的物质空间、建筑环境、景观艺术等构成实体的布局结构时，更有针对性的考察任务是：在满足小城镇发展需求和功能原则的前提下，把公众对小城镇风貌物质环境的感知纳入规划设计目标。包括：小城镇风貌空间的结构秩序——主题突出，主次空间相协调；连通性——增加公共空间的风貌转换与信息展示节点；等级性——提倡主题要素集中，增加同一层级内要素之间的互动联系，形成积聚效应；减少风貌层级结构间的过度渗透，避免风貌要素之间的竞争反应和消减效应；识别性——保护地域特征载体，珍视小城镇风貌的历史轨迹；动态修正性——提倡不同尺度下的风貌类型多元构成，用简单图式通过组合变化形成新的结构关系。

（二）通过要素引导生成序参量

序参量，作为小城镇风貌要素组织动力的载体物质，本质上是一种动力引擎，但并不是所有的要素参量都可以作为序参量。作为序参量，前提是要具有支配活性，适应小城镇的地域环境条件和主体的多样性要求。对小城镇风貌系统而言，序参量相对于其他构成要素，它具有对它者的影响力和作用力。具体而言，就是在序参量要素与风貌其他要素发生的互动作用关系中，它能够识别与自身相适应的个体，把它们吸引积聚在一起，并且逐渐地组织起这些要素，激活它们的优势能量，共同向一个新的功能或更高层级的目标发展前进。另外，序参量自身必须具有随条件变化而应激修正与优化自身的特征，这是一种自我修复与适应的活性。这一特征很重要，只有这样，才能保证它在长期的活动中始终处于优势地位，同时才能保证整个辐射群落处于可持续的发展过程。基于这两个基本要求，在对小城镇风貌的规划与设计中，我们可以主动探寻这些具有建序能力的优势因素。在遵守它的运动机制的前提下对其进行一定的引导，可以产生"以点带面"的媒触效应，这样对小城镇环境与小城镇风貌建设的效果有一种主动的引导与优化作用。

既然强化要素的适应性，提高要素的活性是序参量优化的基本途径，那么如何在小城镇的空间、建筑、景观及环境标识体系中具体实现它呢？事实上，我们可以从小城镇风貌基质中探寻具有适应性的原型要素，作为序参量选择的基础。这里要避免走向两种极端，对原型的极度尊重，大量复制，产生灾难性后果。对原型的抛弃，无视适应性与演化机制，同样产生灾难性后果。通过对"原型"的适应性设计，可以有效地引导优势因素不断累积，使之具有规模上、功能上与意义上的建构能力。例如，空间形式地域性、多样性和时代性协同设计，在建筑设计中，以建筑织补法倡导旧建筑的再利用、以装饰法保持建筑细部的精致与生动，以联系法形成界面的完整与延续。同时环境设施也是一种辅助要素，如建构认路系统、地点认同，改善卫生、污水、垃圾处理等做法都能对小城镇风貌要素产生协调作用。

在引导序参量过程中还要注意反馈性规律，保持适应性与反馈机制的联动，以判断设计理念的应用效果，并根据不断变化的条件，实时修正设计内容。实际情况是，城市学科在理论应用和实践操作中，恰恰欠缺对一个规划设计方法或者思路的可靠的适应性监测，同时这种缺失已经造成了诸多问题。值得庆幸的是，我国的城乡规划实施机制中，强有力的中央政府是统领规划战略决策和保障决策实施的基本前提，这在一定程度上为规划决策和城镇管理的各方利益者提供了相互协调和彼此协同的平台。从这个角度来讲，我们在小城镇风貌设计中提出适应性协同与序参量动力的优化理念，是符合我国城镇建设模式的，关键是如何在这种复杂关系中找到平衡。

（三）小城镇风貌的过程控制与系统管理

本章对小城镇风貌的优化正是基于城乡规划与风貌设计的方法程序，探索在小城镇发展与小城镇风貌演进的过程中，协同演进的动力作用机理和实施策略。尝试从小城镇风貌现象中发现它形成与发展的普遍规律，建构起城市空间、物质实体与社会、经济、自然环境的相互联系，从而更好地站在城镇决策者和城镇管理者的视角对小城镇风貌的协同优化进行有效的引导与调控。本章对我国城镇风貌的理论与实践现状做了梳理，针对西方国家在城市风貌营造与景观环境管治工作的成功经验，相比之下，我国小城镇风貌问题的解决之道，最终也势必需要依靠完善的规划制度和城乡管理机制来实现。从城乡规划学科的应用性视角来看，我们提出在协同优化理念基础上更需要的是更为务实的、更具可操作性的具体方法及实施策略。

小城镇风貌的设计与管理过程应该是自上而下的设计与自下而上的管理相结合，自上而下为主，自下而上为辅。通过政府部门制定小城镇风貌营造战略措施，推动城镇环境建设的积极优化，来自城镇公众的集体智慧为小城镇风貌营造提供有价值的决策依据。自上而下是个体决策，精英判定的决策模式。自下而上是集体智慧，集体决策，公众参与的决策模式。这两者的结合，会产生出适应于城镇功能要求和人类情感需求的效果，优化的意义即在于此。例如，营造优秀的精细的城镇金融中心、商贸中心，规划多样统一的办公建筑类型，充分利用现有公共空间，积极开发公众活动的人气场所，保护城镇历史资源，创新性凸显城镇风貌地域特色，积极保护城镇自然山水格局，突出生态特色；从细节处入手，营造小城镇景观标志系统与环境标识体系等，有利于小城镇风貌整体性与价值提升的设计策略，在这种复合模式的规划体系下能够得到更好的落实。

三、小城镇风貌协同优化设计条件

本章提出，小城镇风貌的系统协同理论的具体实施并非一蹴而就的蓝图效应。事实上，城乡规划体系中几乎所有规划类型的实施都会对一个城镇的风貌样态带来影响。小城镇风貌是社会、经济、文化、自然等多影响作用的复合合力结果，因此，小城镇风貌的优化方法是落实在各种层次的不同规划类型中。我们需要明了的是，针对具体的城镇对象，它的风貌性质、特点及发展要求给我们的风貌建构工作提供了时空参数。协同优化的逻辑起点就是珍视这些时空参数，从战略到结构再到要素层级，深入地建构一种风貌自上而下的优化方法。小城镇风貌优化设计方法是基于小城镇环境营造为基础的适应性设计方法，并不是为强调一种超前的或者完全创新的设计基础，而是试图提出一种设计过程中的基本思维：即我们应该面向小城镇对象本身，从人的基本行为、情感出发，对我们一直沿用的设计程序做出适应性的优化。尽管我们所接收到的设计教育是全国乃至世界范围内规划设计所采用的基本设计程序，然而，不可否认这些设计程序并没有把人对环境产生愉悦、舒适、宜人、感动、情感作为基本的设计准则。往往在应对社会、经济、文化发展目标后精心准备的构思落实到建成环境后，被认为是一件与大众需求无关的设计创作。小城镇风貌正是基于人对建成环境的感知而具有了意义，规划设计行为又或多或少地对建成环境带来风貌的变化，我们无法再忽视它对人类情感和认知心理的影响。面对这一问题，理性的出路就是去探寻一种具有适应性的规划设计方法，这种规划设计方法涉及并与各种规划类型有关。

（一）宏观层面加强小城镇风貌战略性思考

小城镇风貌的战略性思考应该纳入小城镇发展战略规划、城镇总体规划、城镇分区规划等宏观框架中。关于一个城镇整体风貌特征与风貌主题的研究，应该站在小城镇整体甚至是区域范畴内去考量。面对一个区域内多个城镇，或者是同类型城镇的发展与竞争，如何体量本城镇的风貌特征与特色，营造一个小城镇的文化竞争力和城镇品牌，是提高城镇竞争力的重要内容。同时，一个小城镇的自然环境、文化环境与制度环境是所有开发项目的背景，在总体规划法定框架内，应该有针对性地对适宜保护的自然风景与人文资源进行区划，并且是作为一种整体思路体现在城镇发展战略中（表 7-1）。

表 7-1　城镇风貌战略性思考内容一览表

内容	策略
风貌战略目标与定位	城镇风貌定位、特色，城镇风貌战略目标，城镇风貌目标原则
自然资源分项	河流、山林、自然保护区、主要生态联系通道、高生态价值地带（湿地、滨水地带）、大型水域、地形地貌、气候等主要影响因素评估，制定强制性风景保护资源名目与区划
经济空间分项	中心商务区、产业园区、港口等重要风貌展示地段的协调性内容
历史与文化价值空间分项	历史资源价值评估与区划、环境协调区划
公众判读 心理与战略响应	公众风貌价值敏感区图示、眺望性景观战略

注：针对性内容适宜在城镇发展战略研究、城镇总体规划、城镇分区规划等宏观规划层面以城镇风貌发展专题形式加以完善

资料来源：作者绘制

“战略性规划，多被定义为协调性的行动框架，主要用于面对较多不确定和冲突及较多参与者的存在，使得规划境况变得复杂时”[156:6]，为空间变化的行动制定的政策、目标建议和决策框架。小城镇风貌优化的战略意义在于实现人类对城市的美好愿景。小城镇风貌战略性规划机制在于，通过对风貌形成与发展过程及原因的考察，洞悉小城镇风貌发展中发挥主要作用的部分；确定风貌发展的整体目标与主题定位，以及城镇发展过程中需要保护与延续风貌要素、形式及非物质文化资源，实现城市资源环境的整体优化。具体来说，制定一个空间行为的行动决策框架，具有很强的前瞻性和政策性。它的成果内容涉及公众的利益，甚至更是一个社会性内容，而不仅仅是一张蓝图的具体行动方法。所以，作为战略性决策者必须兼顾规划主体、规划客体和规划目标的协同分析。小城镇风貌战略性规划主体主要考量的是公众的环境感知与心理反应。小城镇风貌是一种公众资源，那么规划主体就不仅仅是政府代表、规划师、专家和权威组成的精英群体，还包括最重要也最大众的市民公众主体。公众主体的城镇风貌感知模式、环境心理行为、价值判断等都是小城镇风貌战略性规划的内容。规划客体主要是指规划对象，研究客体构成、特征、功能、结构及各组成部分的互动关系。规划目标即是基于主体需求和客体条件的协同下，对对象未来发展的可能性与可行性进行统筹考虑后的决策建议和行动方法。小城镇风貌的战略性规划内容作为对城镇整体环境条件的认知分析，同时考虑到小城镇开发活动对城镇环境的改变，具体表现到小城镇风貌这一宏观层面的影响。针对专题研究可以作为区域发展战略、城镇总体发展战略、城镇空间发展战

略、城镇文化发展战略的一个前期分析过程。在规划内容上，考察城镇发展政策与空间战略对小城镇风貌的关联效应。

（二）中观层面建构小城镇风貌有机结构

在城市分区规划、控制性详细规划、城市设计、修建性详细规划、城市风貌规划等以空间斑块为主体的规划内容中，适宜对城市的空间开发与城镇风貌持续性发展进行结构性联动引导。主要是基于土地开发和风貌空间活力的营造，逐步引导建构具有整体性和多样性统一的城乡风貌空间网络。

实现空间功能与风貌结构的适应性。小城镇风貌的形式表现样态与物质要素在空间上的分布结构，以及空间的功能性质之间有很强的关联性和映射性。居住空间在建筑形式和由此表现出的空间风貌与工业空间的风貌就有不同，这是由空间功能决定的风貌与功能的适应性。小城镇空间结构表现出等级关系、功能关系和空间的互动关系，由此，我们可以判断出小城镇风貌要素在构成整体形态时所处的位置与地位。例如，历史街区与中心商务区在一个城市的发展与形成中往往代表了最初始与最现代的演进轨迹，在城镇风貌的整体构成中，它们往往被视为最能表现这个城市的历史风貌与现代风貌的核心片区，在城市风貌结构中自然处于重要的地位。另外，公共空间也是小城镇风貌结构的重要片区之一。公共空间是小城镇的活力空间，也是公众感知空间、体验小城镇风貌的重要场所。因此，街道、广场、滨水区、文化娱乐区等重要公共空间是体现小城镇风貌特色的重要片区。一个城镇它的空间结构形成和发展与社会、经济、文化发展要求相适应。从本质上说，小城镇的空间结构也是解读城镇风貌的时空坐标系统，从中可以体会到小城镇发展与变化的脉络。从小城镇结构入手，进行风貌叙事的脉络梳理，是建构风貌认知地图最直观、最有效的做法。对小城镇的自然山水结构要尽量保护，并以此作为小城镇建成环境的背景风景，把它纳入小城镇风貌系统中统筹建构。城镇历史资源是小城镇风貌的宝贵财富，也是风貌特色的来源，我们应该积极保护、再生。划定小城镇历史街区、界定小城镇历史建筑、评估小城镇历史资源价值，并制定有针对性的保护措施，是小城镇风貌优化的重要内容。城镇功能区划是城镇总体规划、土地利用规划的基本内容。在制定相关规划时，把城镇整体环境优化与小城镇风貌理念纳入作为参考意见，城镇功能结构与用地布局直接影响小城镇风貌形成与发展的整体样态和趋势。从规划之始就具备前瞻性考虑，这对未来的城市分区建设、城市设计与详细性规划都是一个最好的控制与引导框架。

序参量要素在空间集聚与等级构成的适应性。城镇功能结构与风貌结构的统筹协调后，将给我们一个明确的信息指引。哪些片区处于城镇风貌结构的高层级态，这些是需要优先发展、重点打造的。那些处于协调层级态的空间斑块则应该处于相应的协调位置，在小城镇风貌形式表现上与主题片区表现相协调，而避免之于竞争或消隐。处于风貌高层级态的空间斑块在与周边空间环境的相互协调中，并不是一枝独秀，而是为了带动周围环境的协同发展。这种协同发展将不仅仅是一种风貌样态的协同，而是以社会、经济、文化为内生动力的整体环境活力的持续性发展模式。这是因为，一旦城镇空间聚集了一定数量的建序参量，这个空间将成为地区发展的引擎。它的风貌资源只是一个媒介，真正形成序参量动力的是要素与环境在社会、经济、文化发展条件、内生规则的协同前提下，产生的适应性要素形式及要素运动的媒触效应。从这个角度说，小城镇风貌序参量在空间的积聚并且呈现等级性分布，不仅仅是一种风貌优化效应，同时也是一种城镇活力触动效应。在城镇风貌设计、详细规划中，我们关注城镇空间营造为城镇经营带来的经济、文化效应，那么，以序参量的等级建构为规划理念将不失为一个值得尝试的做法。

小城镇风貌结构性引导内容主要基于四个方面：①通过“序参量的集聚”来寻求一种等级平衡；②用地功能不仅是空间结构的主题，还是小城镇风貌叙事的时空脉络；③高风貌等级位态的空间斑块作为协同发展的媒介；④线性基础设施作为信息、物质、能量流通的结构化框架。

（三）微观层面实施小城镇风貌设计导则

微观层面的小城镇风貌协同优化引导主要体现在城市设计、修建性详细规划、城镇风貌规划、城镇风貌专题研究等内容中。设计导则，“是对未来城市形态环境元素和元素组合方式的文字描述，是为城市设计实施建立的一种技术性控制框架。”[157:7] 设计导则对城市开发环境的品质和空间的整体性有重要的衔接作用。在城乡规划与建设活动中，不同层次、不同范围的规划设计内容并不相同，这就带来了一个不可避免的现实问题：城市空间被人为切分为不同的设计范围，如何保证城市的整体性与有机联系？小城镇风貌的营造是最应当考虑城镇整体环境特征的。我们显然不能把它看做是不同风格、不同区段、各种建筑及景观之间的拼接。我们之所以探讨小城镇风貌的整体优化，就是把它作为城镇主题的叙事文本，作为一个时空表达载体，具备了时间、地点、人、事件的有机故事性。

小城镇风貌设计导则的建立，是从整体连续性入手，关注于局部的要素细节。通过对长宽高尺度、规模、形制的定量界定，以及对形式、色彩、构成、材料、组合方式的定性引导，形成一个构成模式内的协同和秩序。以这种简单模式作为小城镇建设的形式模板，具有可复制性，也就具备了应用的可操作性。因此，设计导则不仅是城乡规划与城镇风貌设计中常用的规划内容，也是小城镇管理的一种实施性手段。

小城镇风貌的设计导则编制主要侧重城镇的文化特征与风貌形式、形态的协同性发展，应考虑以下几个方面议题：①强调小城镇风貌主题，增加空间环境可读性；②实现小城镇特色与促进城市多样性；③与自然环境的协调关系；④建筑形式语言的适应性与群体组织的连续性；⑤提供愉悦性、人性化的公共空间；⑥关注环境艺术品质。借此，小城镇风貌设计导则的主要内容包括：城镇空间形态语言演进分析、建筑形式语言演进分析、建筑界面、公共艺术与主要景观布局、绿化植被设计、标识系统、广告牌匾、道路交通、城市家具等。空间形态语汇，提炼地方空间形式，归纳出一套适应地域行为模式的空间形态语汇。建筑形式语汇，提炼地方建筑形式，归纳出一套适应地域特征和功能要求的建筑形式语汇。建筑组合与街道界面，界定沿街建筑立面细部组织形式，明确相邻地块间沿街建筑界面的相互位置、高度、宽度，以形成连续、统一的街道界面。建筑色彩、高度区划，确定小城镇主色调，原则上控制各地块的建筑主色调，形成整体协调色彩关系。营造城市天际轮廓线，确定主要风貌眺望点、视觉廊道，提高小城镇风貌的可达性。

（四）完善风貌设计管理体制

“城市规划管理包括规划决策和规划实施管理两部分，这两部分构成城市规划管理的全过程。”[158] 规划管理是实现市民生活需求，并促进城市空间开发、社会发展、经济提升和文化可持续前进的协调手段。城乡规划的决策建议与行动框架要通过政府的行政管理落实到空间实体与环境形态中，城市环境的品质与城镇风貌的样态是城乡规划与设计管理时效性、执行能力的一个衡量表现。小城镇风貌出现无序、浪费、雷同等发展问题，与城乡规划的决策、实施中利益冲突、价值失衡、协同不力等状况有直接关系。城市建设行为中的经济利益、社会利益、自然生态利益应该是相互协调的，而规划管理的目标关注于经济利益时，就会造成城市建设行为急功近利，土地超强度开发、历史文化遗产遭到破坏、生态环境被蚕食，市民生活的美好城市环境品质就得不到满足。同样地，规划决策与管理主体也不能仅仅狭义地认为是政府主体，公众、市民同样应该具有规划决策与监督实施的话语权。各种职能部门之间的工作协调，规划利益群体之间的博弈协调，开发需求与环境条件的理性评估，在城乡规划管理中应该以公平、合理、理性的协同理念，保证城乡规划理念及城市控导行动得到实施。

健全小城镇风貌与景观环境的法律法规、技术标准。城乡规划的管理需要纳入正常的法定管理程序，需要完善具有可操作性的法律依据文本。小城镇风貌与景观环境的管理需要执法主体具有协调自然、人、文化、空间的综合调控能力。事实上，现行的城乡规划管理体制作为监管职能的地位与作用还相对薄弱。城乡规划的内容与表现语言在管理实施的角色转换也具有一定的不易操作性。例如，控制性详细规划中提出的用地开发控导指标，更多地关注于设计条件满足与开发效益的实现，而关于城镇环境品质等美学、艺术和环境心理的软性要求往往疏于涵盖，同时在判断标准上也并不具有数据化与图示化的可操作性特点。另外，还要强化小城镇建设的系统整体性，强化管理。注重局部与整体动态平衡发展，鼓励沟通式规划与公众参与。

四、案例解析

（一）九江市八里湖东岸茅山头片城市设计

九江市八里湖东岸茅山头片区城市设计项目是一项城市新区建设的实践。城市设计框架下的风貌协同设计按照三个逻辑步骤展开：①植入序参量；②刺激正反馈；③遵守支配律。植入序参量，为城市空间设计与运营植入动力因子；刺激正反馈，引导空间运动的最优方向与状态；遵守支配律，梳理空间环境体系的构成性，放大网络结构的层级特征，支配城市系统的有机、有序生长（图 7-5）。

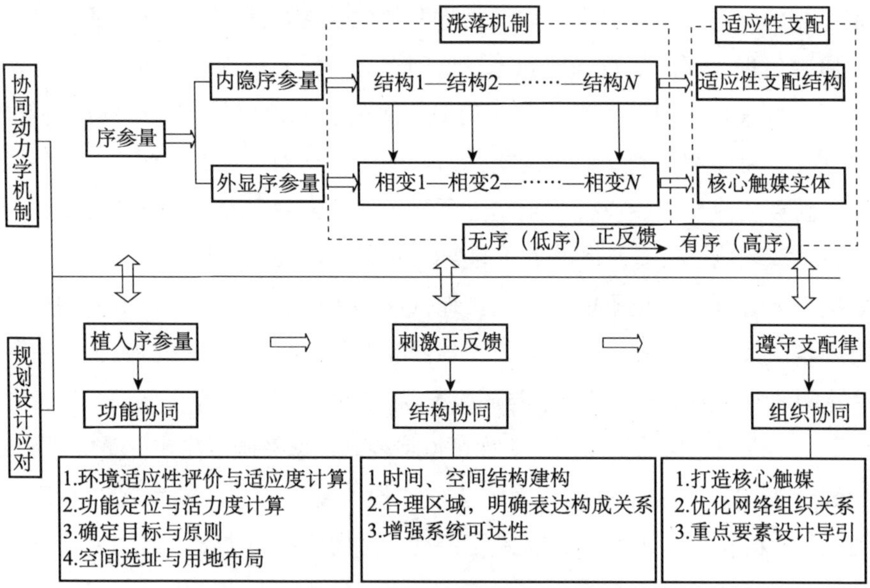

图 7-5　城市设计框架下风貌协同优化实现

城市风貌的协同理念落实在空间、建筑、景观等实体要素，体现在宏观、中观与微观三个层面：宏观层面以土地利用为主的用地斑块功能与意义协同，中观层面以空间结构与功能变化为主导的场域的演化脉络协同，微观层面以建筑、景观为主的实体要素形式与文化叙事协同。从功能协同、时空结构协同、网络组织协同三层次来展开设计。其一，功能协同，城市用地功能定位合理，适应环境条件，能增加用地活力。其二，时空结构协同，首先认识城市风貌时空结构形成脉络，构建城市生长的时空坐标系统；其次，尊重城市发展规律，理性预测规划区的发展阶段，确定空间组织与设计的重点部分，并考虑空间功能与形态设计和特色营造的协调，展开城市风貌界面和建筑实体的空间区划与节点设计。其三，网络组织协同，系统统筹规划区与城市整体、规划区各片区与要素的组织关系，把握整体和部分、重点与一般的配合原则。

1. 植入序参量

（1）尊重环境适应性（图 7-6）。基地西邻八里湖，北为十里河，用地开发既要遵循城市防洪和蓄水要求，又要珍惜滨水高经济价值、景观价值的开发优势，最终提出环湖保护性利用策略。

图 7-6　用地现状图与适应性评价 [159]

（2）合理功能定位，彰显新区品质。按照九江市总体规划“西拓、南移、东延、中疏”的空间发展方向，提出“走向八里湖”时代的城市发展战略。为把八里湖片区打造为九江市的一张名片，八里湖东岸茅山头片区定位为以商务办公、文化娱乐、商业服务和居住为主的城市综合体。

（3）用地规划的优化调整（图 7-7）。按照拓展城市框架、完善基础设施、

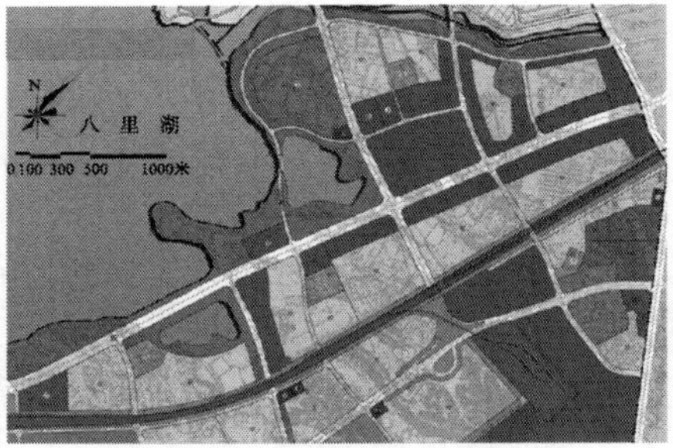

八里湖周边地区控制性详细规划用地土地利用规划图

用地统计表			
类别代码	用地名称	用地面种（公顷）	占总用地百分比（%）
R21	一类居住用地	110.07	40.32
R22	中小学用地	4.37	1.60
CR	商住混合用地	25.4	9.30
C12	非市属办公用地	20.76	7.60
C21	商业用地	13.99	5.12
C22	金融保险用地	2.15	0.79
C25	旅馆业用地	8.45	3.10
C35	影剧院用地	14.19	5.20
C36	游乐用地	20.43	7.48
G11	公园用地	23.2	8.50
G12	街头绿地	21.72	7.96
S21	交通广场用地	1.93	0.71
S22	游憩集会广场用地	0.87	9.30
S31	机动车停车场用地	5.47	2.00

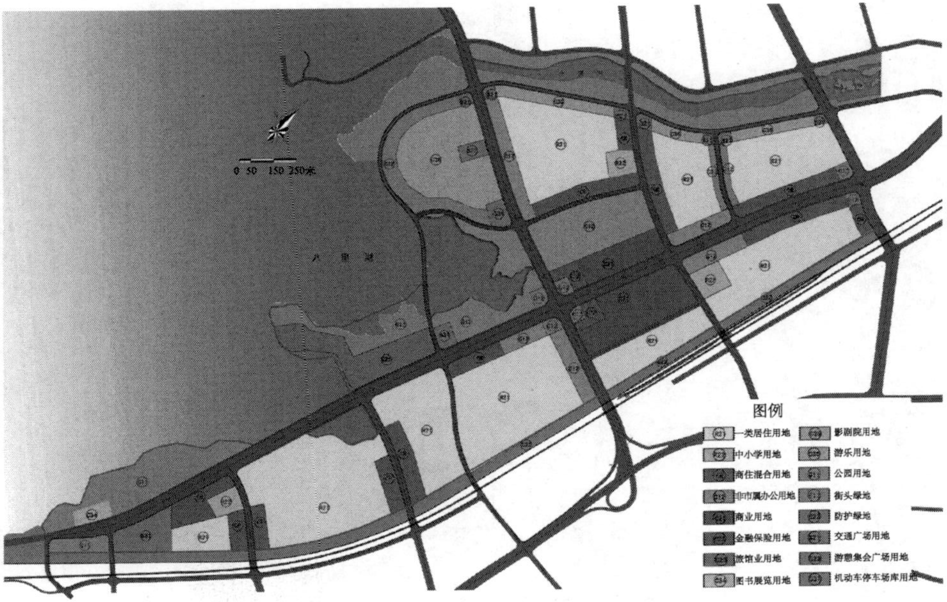

图 7-7 用地结构性调整 [159]

配套城市功能、改善人居环境、提升城市品位、彰显城市特色的八里湖新区建设目标，遵循功能合理、集约高效、保护环境、突出个性和务实有效的原则，对用地进行适当调整。长虹西大道、环湖东路、十里河南路三条主要道路上布置沿街商业和商贸办公设施。坚持保护型利用原则，环八里湖地带不做高密度、高强度利用，近水区做低层的娱乐建筑（民众乐园、小型娱乐坊、海底世界），远水区做高层观水建筑（环湖东路的东侧居住楼，调整为高层商住楼）。

2. 刺激正反馈

（1）梳理时空结构，合理布局（图 7-8）。时空要素的结构梳理包括功能结构、用地布局、敏感公共空间结构、建筑形式区划、建筑高度区划、建筑色彩区划、公共服务设施配置。把空间整体按照层次分片区分别专题讨论。最终成果以直观明确的形态模型、意向示意、指标数据来说明规划意图和规划目标。

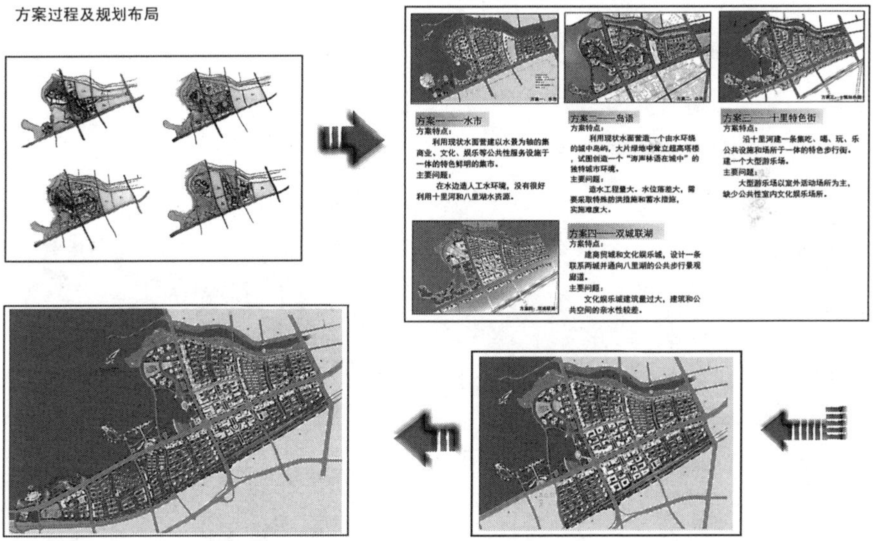

图 7-8　方案过程及规划布局 [159]

（2）小地块开发模式。地块划分和城市建筑布局划分为适应尺度的地块，便于土地出让，适应市场开发需求。这种开发模式，顺应市场经济规律，更利于土地招标出让和管理；同时，也给地块多种选择和多样功能，是地块活力的来源。

（3）强化可达性路径（图 7-9）。可达性包括行为可达和视觉可达两方面。

“行动的及视觉的可达性取决于公共空间的网络如何让地块划分为街区：街区为公共交通所包含”[152:1]。例如，把大块地块划分为适合范围的小尺度街区单元，由于深化了设计内容，给区块提供了更完善和更多的地块联通线路，从而自然地就增加了地块的可达性。通过标志性建筑、界面设计，增加公共空间参与性，更利于人们看清和认知自己所处的空间环境，增加人对环境产生感知的概率，增加了视觉可达性。

3. 遵守支配律

（1）打造网络极核（图 7-9）。九江市主城的南湖、甘棠湖片区是原来最活跃的城市中心区。城市建—设向八里湖迈进后，八里湖新区成为新生的核心区，具有明显的标志性。城市风貌时空网络形成南湖、甘棠湖和八里湖新区为媒触，环湖路—长江大道—十里大道南北轴线，胜利大道—十里河南路—长虹西大道—前进西路东西轴线的十字网络结构。八里湖新区的公共建筑、空间环境场所还在起步期，急需织补网络结构。

（2）优化网络组织关系（图 7-9）。网络是“判读”城市风貌的基本框架，网络构成的重点是具有节点意义的场域空间和具有线向意义的路径通道。通过设计优化空间网络与交通网络。

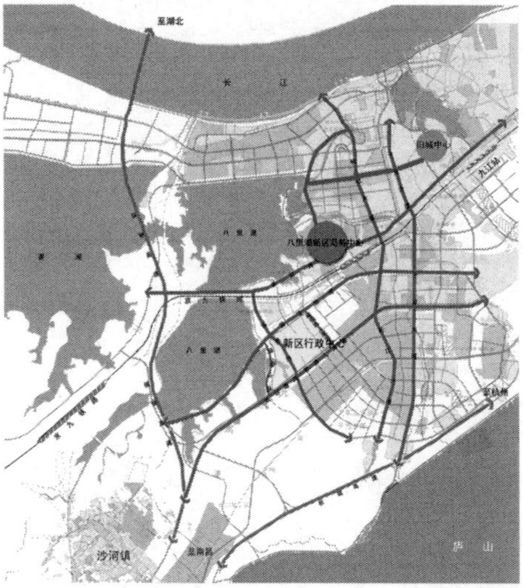

风貌核心触媒集区结构

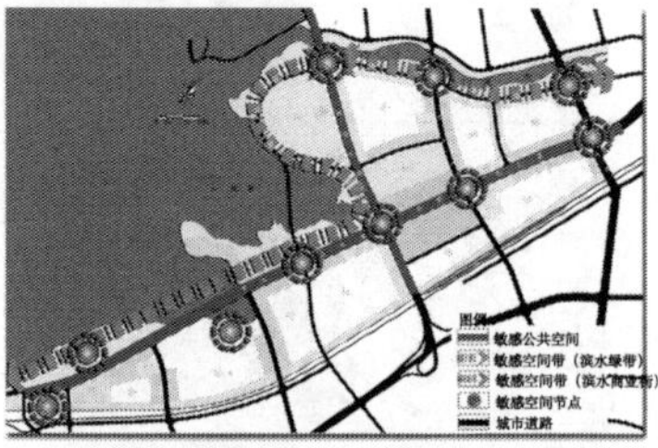

敏感公共空间结构

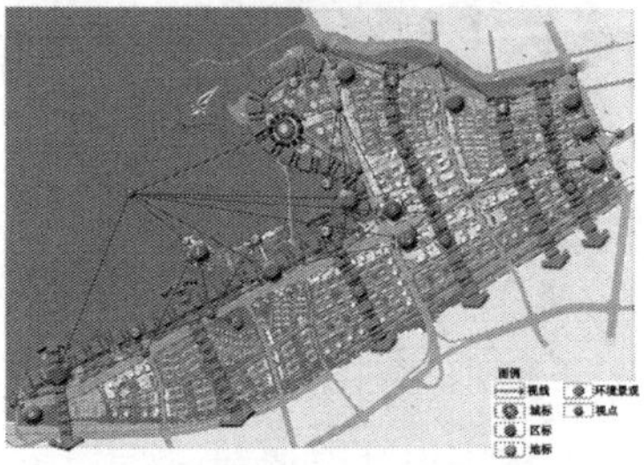

绿地及标志景观系统

图 7-9　城市风貌感知网络与可达性优化设计[159]

（3）重点要素设计导控与指引（图 7-10）。通过城市设计指引，从空间环境品质和特色角度对敏感空间和节点的建筑轮廓、色彩、形式及环境要素设计提出引导性建议和示意图。包括重要交通干道、滨水岸线的轴向设计指引，风貌敏感空间的节点设计指引及敏感空间环境要素的设计指引。

空间组织效果图

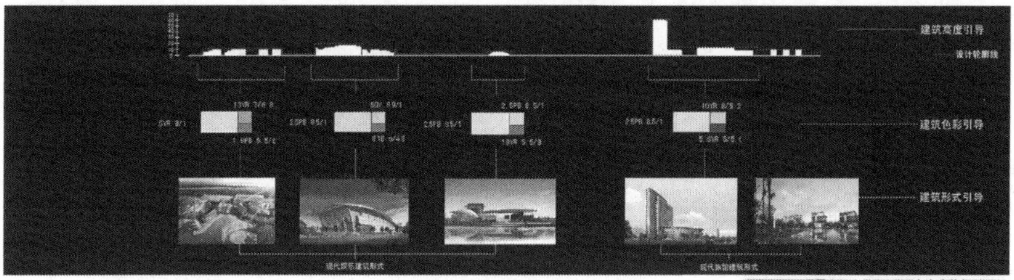

八里湖岸线设计导引

立面图

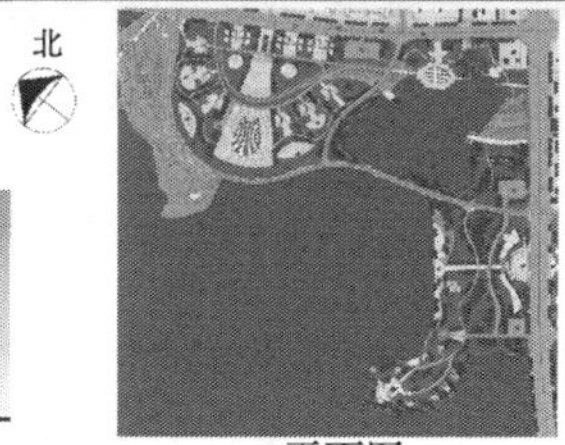

平面图

图 7-10　城市风貌空间效果与设计导控 [159]

（二）野三关镇风貌更新规划

1. 概况

野三关，鄂西巴东县的经济重镇。集镇所在地海拔 1100 米，东临宜昌，西毗恩施土家族苗族自治州府，北去神农架景区，西南与重庆黄水镇相连。宜万铁路、沪渝高速公路过境。野三关镇这座山地生态小镇，也是一座千年土家古镇。优美的自然环境和山地气候特征，使它成为消夏避暑的好去处。集镇极具地域特征的鄂西文化是它的风貌特色之源。以宋文化、土家文化、寇准文化、农耕文化为代表，其中土家傩坛戏、白虎崇拜、花灯、丧葬歌舞撒叶儿嗬等文化产品特别突出。

野三关集镇风貌存在的突出问题是：①整体风貌特色不突出，缺乏系统梳理。②镇民私房建设无章，建筑界面无序。③现代生活区整体环境品质不高，商业主街（巴鹤线）环境档次低，街景杂乱无序，不能体现集镇发展活力。④集镇公共绿地、广场等空间场所需要整体配置。道路绿化与标示系统需要完善，现状绿地、广场利用率不高。⑤地方建筑与历史街区破坏严重。千年老街（劝农亭老街）明清建筑拆毁、失修，亟待修复。

2. 集镇风貌战略性思考

编制野三关集镇风貌更新规划，在于通过对野三关的风貌特色梳理与构成体系的建构，在空间环境、建筑界面、景观标示、文化表达等方面，制定详细的规划设计目标，为野三关镇在规划设计和建设管理中妥善保护和系统更新特色风貌提供技术指导文件。通过梳理与分析，以体现集镇的自然、人文的地域特征为原则，野三关集镇风貌定位为：山形地貌、土家风情、历史感和地方格调等特征明显的鄂西集镇风貌。突出以下几个风貌主题，山形地貌、土家风情、千年历史风貌和野三关地方格调的个性特征。

3. 集镇风貌结构建构

集镇风貌的更新代谢与空间的演进直接相关，由空间斑块的功能、形态、布局的演化可以清晰地绘制出风貌更新演化的时空坐标图系（图 7-11）。野三关集镇地处山区，自然环境、交通条件是城市布局中关键的演化动力。随着交通发展，集镇生活中心由最初的施宜古道两侧农亭古街转向巴鹤公路一线的商业中心，未来规划的镇区北部开发新区将成为集镇新区。野三关集镇风貌结构很清晰，农亭老街古镇区、巴鹤线、集镇新区将是集镇风貌具代表性的展示区，应该重点打造。其他区块原则上尊重总体规划的布局结构，在建筑和空间环境上相应的整治。

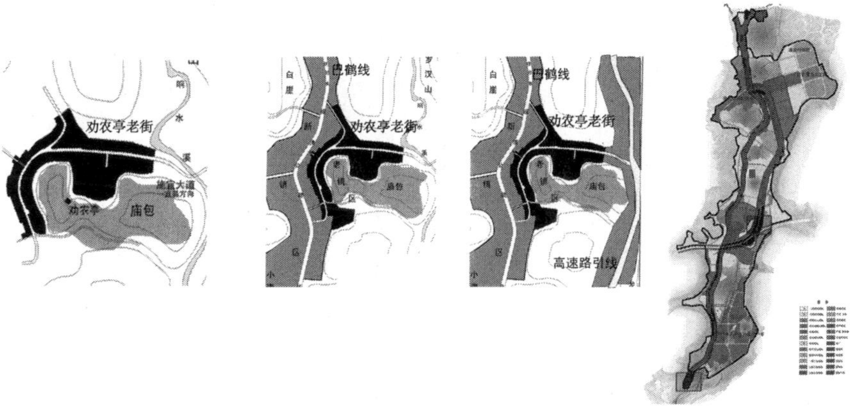

图 7-11　野三关集镇风貌空间演化与结构建构

资料来源：作者整理绘制

依托集镇空间演进脉络，确定“两线、两区、五入口”的更新详细设计范围。两线是现状商业街巴鹤线、沪渝高速入镇引线。两区为劝农亭千年古街区、集镇新区民居展示区。五入口分别是集镇四个方向的入镇门户区。巴鹤线和入镇高速引线两条线性空间是感受地域特色的两条敏感带，最直接的视觉要素是连续的街景立面，因此作为地方建筑风貌带，分别表现鄂西建筑和土家建筑。两个重点片区分别为古镇风貌区和新集镇风貌区。农亭老街一主一叉两条街，一方面保留与修复部分明清建筑和土家吊脚楼；另一方面对新建民居整治以实现风貌形制相互协调。新集镇风貌区挑选近期建设的土家巷安置住区，作为地方现代民居展示区设计。集镇入口注重空间环境整治和标志性景观设计。

4. 集镇风貌系统优化框架

基于野三关集镇的地域特征与文化价值，规划确定了渐进式开发模式（图 7-12）。改造劝农亭老街，以复兴千年老街为野三关镇风貌更新与营造的启动项目。

集镇风貌更新规划分为总体风貌规划、详细风貌规划两个层次。总体规划（图 7-13）层面的工作内容从整体视角，对野三关集镇风貌结构、建筑界面的形式、色彩和高度进行区划，为详细设计提供指导性框架。详细设计（图 7-14）层面的工作内容主要针对重点风貌展示区（场景）、节点和敏感地段做出优化设计。分别从建筑形式、建筑高度、建筑色彩、主题文化空间、风貌敏感地段、环境标示系统等要素进行整体优化设计，以形成面向操作的规划设计引导与控制图件。

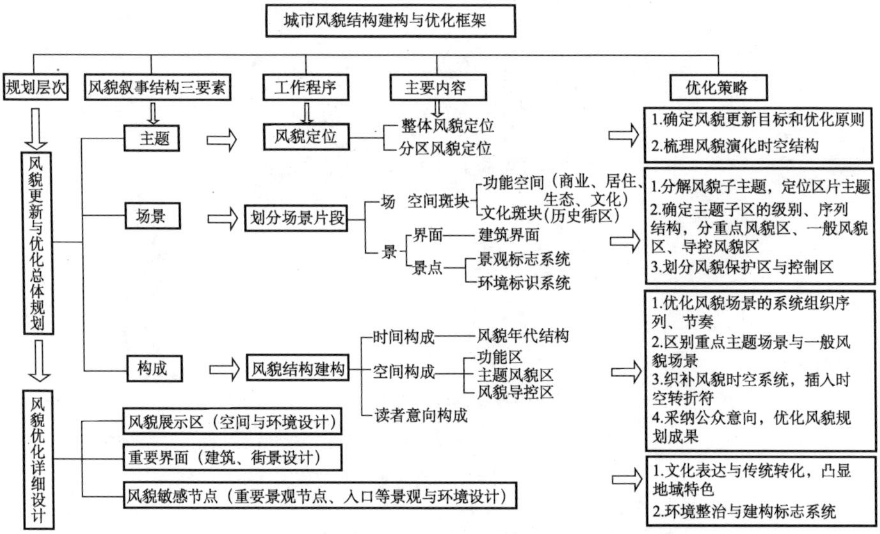

图 7-12　野三关集镇风貌结构建构与优化框架

资料来源：作者绘制

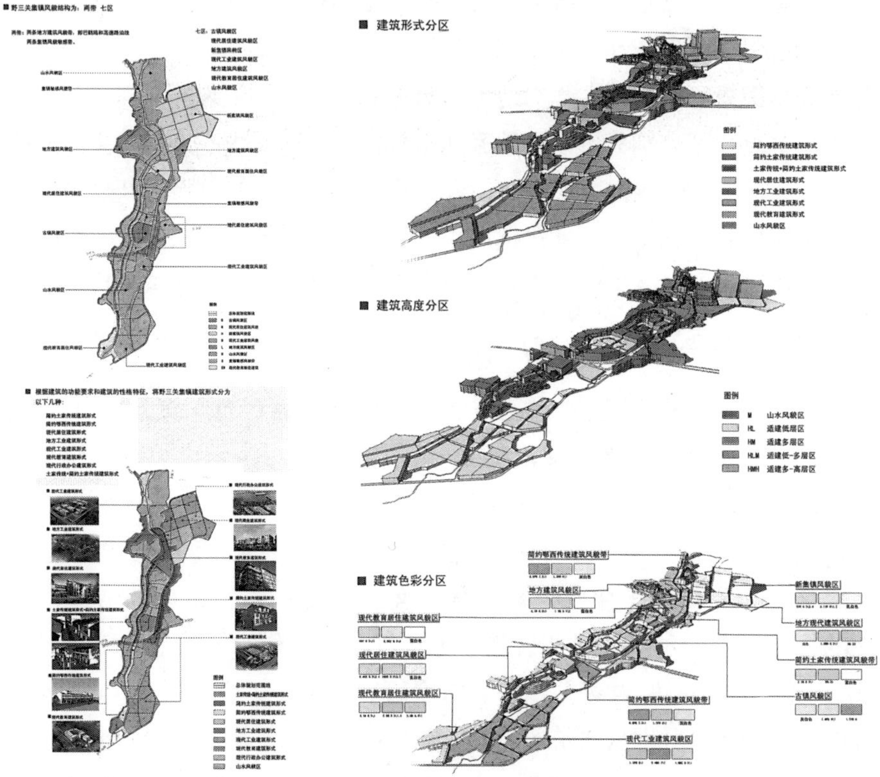

图 7-13　城市风貌更新总体规划[120]

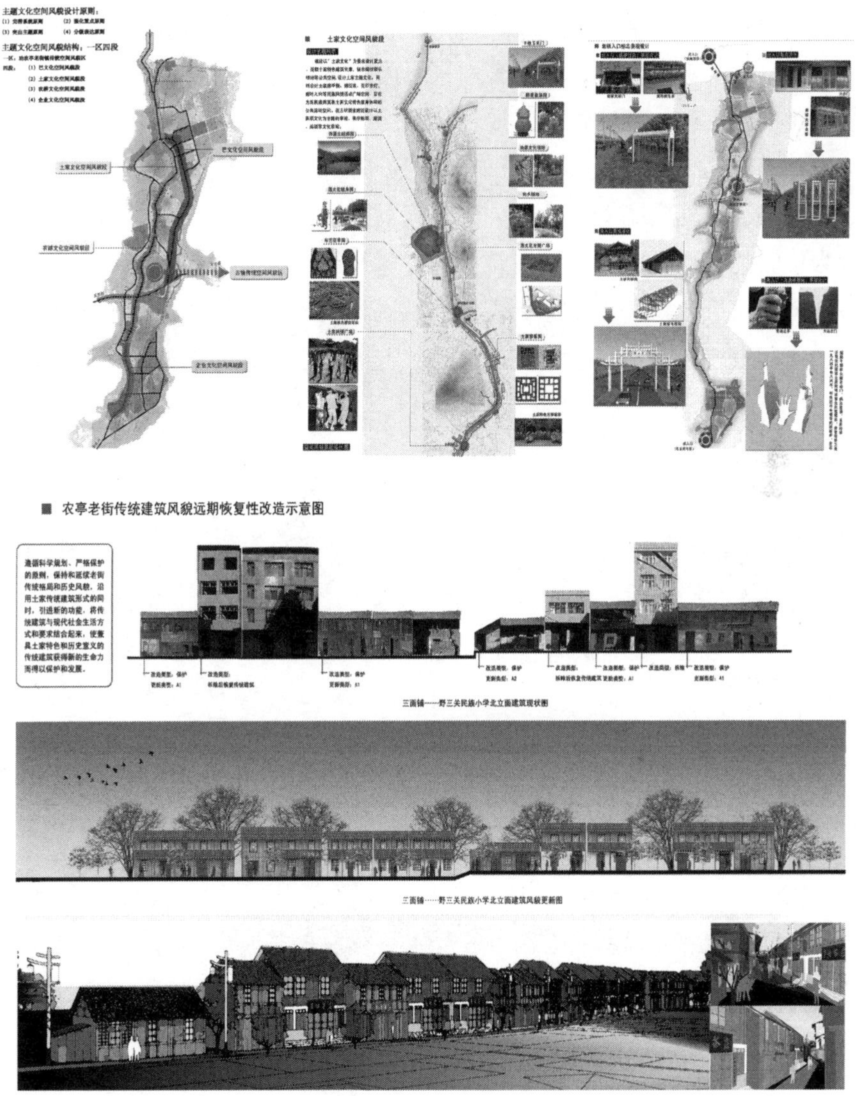

图 7-14 城市风貌更新详细规划[120]

5. 风貌更新与优化策略

（1）秉承空间环境优化理念，自然与人文环境并重。集镇健康的发展模式是在长久可持续的前提下，秉承理性开发态度，切实提升环境品质。尊重自然环境，凸显人文特色，在土地利用与空间设计时，以优化环境质量为根本，改善商业氛围、提高居住品位、打造公共空间的休憩与文化趣味，完善道路与环境标示系统。

（2）建筑语言的拓扑分析。建筑是最能承载地域文化的实体要素。建筑形式语言由传统走向现代，往往是由繁至简的演化。从地方建筑中剥离出原型的语言要素，由此构建建筑形式语言的拓扑组合形式，从而获得更为简洁抽象的地方建筑意象。在野三关建筑语言研究（图 7-15）中，我们归纳出两种地方建筑形式，以劝农亭老街为代表的土家吊脚楼风格建筑，以郑家大屋、杨家大屋为代表的鄂西天井院风格建筑。通过建筑形式特征和构件推演，最终形成两种地方建筑形式。劝农亭老街古镇风貌区建筑为坡顶批檐、熗子围廊的干栏建筑，新区及巴鹤线、高速引线两侧建筑界面以白墙青瓦花窗形式的鄂西建筑为主。

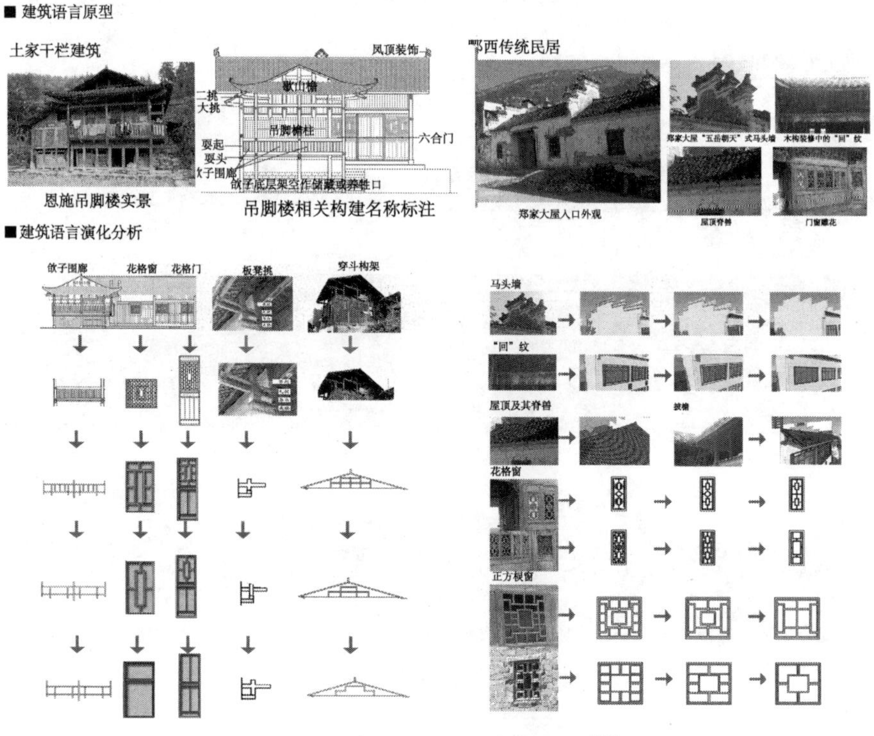

图 7-15　建筑形式语言演化分析[120]

（3）空间环境要素的文化表达。从读者角度看，实现集镇风貌的阅读和表意功能需要读者与集镇形式语言之间进行互动。怎样在规划设计中，准确选取“主题”并顺畅表达“意义”，是风貌优化不同于一般功能组织与形体设计层次的设计任务。城市风貌的场、景要素体现在不同的空间尺度与时间跨度中，织造有序的城市风貌构成，尤其需要在系统性视角下，兼顾风貌载体的功能适用、形式美感和受众的文化、情感心理三层面意义。

（4）积极维持传统风貌肌理，保护历史风貌遗存。类似野三关集镇这类中小城镇，往往具备一些未被城市化摧毁的历史风貌遗存，那些体现传统文化的风貌街区，值得以适当的开发模式进行有效保护。尊重城市的传统文脉，维持城市文化线索的连续性，对未来城市发展，不论从经济、社会、空间环境品质等方面都具有积极的效益。

（5）集镇风貌系统织补优化。城市各组成要素并不能如电影画面般灵活剪辑，我们需要依托现状脉络，织补缺失的故事情节，以优化整体故事脉络。从语义学视角，城市风貌主题是语句的中心含义，风貌场、景等构成要素分析是语句词汇的选用与组织，而结构构成性则是语句组织顺序与语法要义的总括。对城市风貌既有基础上的优化，如果按照主题、场景、构成三个层次有效地梳理提炼，对现状肌理加以适当的组织剪辑与织补，目的在于使风貌在设计手法与规划组织下构成具有逻辑叙述的完整表达文本。

参考文献

Reference

[1] 贡布里希E H.秩序感——装饰艺术的心理学研究.范景中,杨思梁,徐一维译.长沙:湖南科学技术出版社，1999.

[2] 刘易斯·芒福德.城市发展史——起源、演变和前景.宋俊岭,倪文彦译.北京:中国建筑工业出版社，2005.

[3] 王建国.城市设计.南京：东南大学出版社，1999.

[4] 吴彤.自组织方法论研究.北京:清华大学出版社,2001.

[5] 联合国人居署.和谐城市:世界城市状况报告.北京:中国建筑工业出版社，2008.

[6] 樊江涛.外国建筑师：当下中国城市千城一面令人遗憾.中国青年报，2009-10-22，青年调查版.

[7] 梁鹤年.一个现代化的中国城市风貌.城市规划,1988，(6): 13.

[8] 朱观海.环境·形态·景观——刍议山水城市风貌构成环境与形态.规划师,1995，(3): 19.

[9] 余柏椿,周燕.论城市风貌规划的角色与方向.规划师,2009，(12):22-25.

[10] 王哲,洪再生,周鲁晓，等.城市风貌规划的实践与探索.青岛理工大学学报,2007，(1):57-60.

[11] 池龙七.城市风貌中的地域建筑文化特征.地域建筑文化论坛论文集,2005.

[12] 汤因比.文明经受考验.沈辉等译.杭州:浙江人民出版社,1988.

[13] 恩斯特·卡西尔.人论.甘阳译.上海:上海译文出版社,2004.

[14] 吴伟.城市风貌学引论.城市特色研究与城市风貌规划：世界华人建筑师协会城市特色学术委员会2007年会论文集,2007.

[15] 约翰·彭特.美国城市设计指南——西海岸五城市的设计政策与指导.庞玥译.北京:中国建筑工业出版社,2006.

[16] 日本国土交通省.景观法.www.mlit.go.jp/crd/city/plan/townscape/keikan/pdf/keikan [2012-05-21].

[17] 西村幸夫，历史街区研究会.城市风景规划——欧美景观控制方法与实务.张松,蔡

敦达译.上海:上海科学技术出版社,2005.

[18] 真荣城德尚.日本《景观法》及户外广告规划管理研究.上海：同济大学硕士学位论文,2008.

[19] 宫川理香. Overview of Restrictions on Color Design for Buildings and Structures under the Landscape Act.涂料の研究，2008，(3):31.

[20] 乔恒利.法国城市规划与设计.北京:中国建筑工业出版社,2008.

[21] Tewdwr-Jones M, Bishop K, Wilkinson D. "Euroscepticism", Political Agendas and Spatial Planning: British National and Regional Planning Policy in Uncertain Times. European Planning Studies, 2000，(5): 651-668.

[22] Hills S, Worthing D. Private home, public cultural asset: the maintenance behaviour of listed building owner-occupiers. Journal of Housing and the Built Environment, 2006, (21): 203-213.

[23] Peter Wynne Rees BSC，BArch, BTP, et al. City of London Unitary Development Plan. Department of Planning and Transportation Corporation of London，2002.

[24] Powell C. Emerging approaches to entertainment: planning and licensing policies in Westminster. Journal of Leisure Property, Aug, 2002，2(3): 230-238.

[25] Department of Planning and Transportation. Golden Lane Listed Building Management Guidelines 2007.www.city of london.gov.uk/services/environment-and-planning/planning/heritage-and-design/listed-buildings/Documents/golden-lane-guideling-spd.pds[2016-12-30].

[26] 范建红，张弢，雷汝林.国外景观地理学发展的回顾与展望.世界地理研究，2007，(1)：83-84.

[27] 陈佑启.城乡交错带名辩.地理学与国土研究,1995，(01):47-52.

[28] 任荣荣,张红.城乡结合部界定方法研究.城市问题,2008,（04）:44-48.

[29] 肖笃宁,赵羿,孙中伟，等.沈阳西郊景观格局变化的研究.应用生态学报,1990,(01):75-84.

[30] 陈浮,葛小平,陈刚，等.城市边缘区景观变化与人为影响的空间分异研究.地理科学,2001,（03）:210-216.

[31] 潘竟虎,李璟.河谷型城市城乡结合部景观格局空间尺度效应分析——以兰州市西固区土地利用格局为例.生态与农村环境学报,2010,（2）:114-119.

[32] 黄宝荣,张慧智,王学志.城市扩张对北京市城乡结合部自然和农业景观的影响——以昌平区三镇为例.生态学报,2014,（22）:6756-6766.

[33] 张玉萍,李雪铭.滨海地区城乡结合部景观结构变化及驱动力分析——以大连市甘井子区为例.海洋开发与管理,2010,（3）:94-100.

[34] 张芬,吴泉源,张辉，等.基于RS和GIS的城乡结合部景观格局动态演变分析——以济南市历城区为例.安徽农业科学,2012,（9）:5382-5385，5656.

[35] 陈利顶，李秀珍，傅伯杰.中国景观生态学发展历程与未来研究重点.生态学报,

2014，34（12）：3130.

[36] 傅伯杰，吕一河，陈利顶.国际景观生态学研究新进展.生态学报，2008，(2)：798.

[37] 赵景柱.景观生态空间格局动态度量指标体系.生态学报，1990，（2）:182-186.

[38] 刘杰,吴彦明,赵羿.营口市柳树镇景观格局变异及其生态意义.农村生态环境，1993，（2）:16-20，66.

[39] 石浩朋.基于景观结构的城乡结合部区域生态风险分析——以泰安市岱岳区为例.泰安：山东农业大学硕士学位论文，2013.

[40] 郑丽娜,弓弼.杨凌示范区北部城乡结合部生态景观构建探析.北方园艺，2013，（7）:102-105.

[41] 邢忠,乔欣,叶林，等.“绿图”导引下的城乡结合部绿色空间保护——浅析美国城市绿图计划.国际城市规划，2014，（5）:51-58.

[42] 姜广辉,张凤荣.城市边缘区土地利用规划中的景观谐调问题.中国土地科学，2005，（3）:15-18.

[43] 施维克,吴启焰,孙弘.自然环境与云南历史文化城镇形象设计.人文地理，2002，（6）:62-65.

[44] 蔡云楠,郭红雨.山地城镇景观规划设计探析.重庆建筑大学学报，2000，（1）:65-70.

[45] 徐恒醇.生态美与城市景观设计.城市，2003，（3）:53-56.

[46] Swanwick C. Landscape Character Assessment：Guidance for England and Scotland . The Countryside Agency, 2002:48-49.

[47] 凯瑞斯·斯万维克.英国景观特征评估.世界建筑，2006，（7）：23-27.

[48] 鲍梓婷，周剑云.英国景观特征评估概述——管理景观变化的新工具.中国园林，2015，（3）：49.

[49] 陈慧萍，王东阳，张平.日本市民农园的发展.世界农业，2013，（6）:122-125.

[50] 陈芳，冯革群.德国市民农园的历史发展及现代启示.国际城市规划，2008，23（2）：78-82.

[51] Fábos J G. Greenway planning in the United States: its origins and recent case studies. Landscape and Urban Planning, 2004，（68）：321-342.

[52] Daniel F J, Perraud D. 2009.The Multifunctionality of agriculture and contractual policies, a comparative analysis of France and the Netherlands. Journal of Environmental Management，2009，（90）：S132-S138.

[53] Gallent N. The rural-urban fringe: a new priority for planning policy. Planning, Practice & Research，2006，21(3): 383-393.

[54] 赖特·米尔斯C .社会学的想象力 . 陈强等译.北京:生活·读书·新知三联书店，2001.

[55] 黄一龙.两头蛇：明末清初的第一代天主教徒.上海：上海古籍出版社，2006.

[56] 陈李波.城市美学四题.武汉：武汉大学博士学位论文，2006.

[57] 池泽宪.城市风貌设计.郝慎钧译.北京：中国建筑工业出版社，1989.
[58] 余柏椿."人气场"：城市风貌特色评价参量.规划师，2007，23（8）：10-13.
[59] 王建国.城市风貌特色的维护、弘扬、完善和塑造.规划师，2007，23（8）：5-9.
[60] 马武定.风貌特色：城市价值的一种显现.规划师，2009，25（12）：12-16.
[61] 金广君，张昌娟，戴冬晖.深圳市龙岗区城市风貌特色研究框架初探.城市建筑，2004，（2）：66-70.
[62] 蔡晓丰.城市风貌解析与控制.上海：同济大学博士学位论文，2005.
[63] 段进.城市空间发展论（第2版）.南京：江苏科学技术出版社，2006.
[64] 李勇.城市形象设计与城市形象表达研究.城市，2003，(2): 44.
[65] 张鸿雁.城市形象与城市文化资本论——中外城市形象比较的社会学研究.南京：东南大学出版社，2002.
[66] 余柏椿.略论城市特色审美结构及其非稳定性.城市规划学刊，2007，(1): 111.
[67] 乌杰.系统哲学.北京：人民出版社，2008.
[68] 伊利尔・沙里宁.城市：它的发展、衰败与未来.顾启源译.北京：中国建筑工业出版社，1986.
[69] Berque A.日本的风景・西欧的景观.田腾秀译.东京：講談社现代新書，1990.
[70] 汪民安，陈永国，马海良.城市文化读本.北京：北京大学出版社，2008.
[71] 王建辉，刘森淼.中国地域文化丛书：荆楚文化.沈阳：辽宁教育出版社，1992.
[72] 亚历山大・R.卡斯伯特.城市形态——政治经济学与城市设计.孙诗萌，袁林等译.北京：中国建筑工业出版社，2011.
[73] 克里尔R.城市空间.钟山等译.上海：同济大学出版社，1991.
[74] 邬建国.景观生态学——格局、过程、尺度与等级.北京：高等教育出版社，2000.
[75] Heidegger .Presence is the old word for being. 1971.
[76] 于正伦.城市环境艺术——景观与设施.天津：天津科学技术出版社，1990.
[77] 汤晓敏，王云.景观艺术学.上海：上海交通大学出版社，2009.
[78] 郁达夫.青岛、济南、北平、北戴河的巡游，屐痕处处.天津：天津教育出版社，2006.
[79] 吴伟.城市风貌规划——城市色彩专项规划.南京：东南大学出版社，2009.
[80] 凯文・林奇.城市的印象.项秉仁译.北京：中国建筑工业出版社，1990.
[81] 孙逊，杨剑龙.阅读城市：作为一种生活方式的都市生活.上海：上海三联书店，2007.
[82] 尼科斯・A.萨林加罗斯.城市结构原理.阳建强，程佳佳等译.北京：中国建筑工业出版社，2011.
[83] 程大锦(Francis D. K. Ching).建筑：形式、空间和秩序.刘丛红译.天津：天津大学出版社，2005.
[84] 西蒙兹.景观设计学：场地规划与设计手册.俞孔坚等译.北京：中国建筑工业出版社，2000.
[85] 吴晓军，薛惠锋.城市系统研究中的复杂性理论与应用.西安：西安工业大学出版

社，2007.
[86] 张斌.城市广场的叙事解读.新建筑，2006，(3):34.
[87] 章智光.社会心理学.北京:人民教育出版社，1996.
[88] 赵和生.城市规划与城市发展.南京:东南大学出版社，1999.
[89] 李道增.环境行为学概论.北京:清华大学出版社，1999.
[90] Best J B.认知心理学.黄希庭等译.北京:中国轻工业出版社，2000.
[91] 库尔特·考夫卡.格式塔心理学原理.北京:商务印书馆，1936.
[92] 叶浩生.心理学理论精粹.福州:福建教育出版社，2000.
[93] 高中羽.城视:城市视觉笔记.重庆:重庆大学出版社，2010.
[94] 彭一刚.传统村镇聚落景观分析.北京：中国建筑工业出版社，1994.
[95] 费孝通.乡土中国.上海:上海人民出版社，2007.
[96] 王建波.烟台城市空间形态的演变.上海：同济大学硕士学位论文，2006.
[97] 杜莹，张广汉，张帆.历史文化名城的多层次保护方法——以烟台名城保护规划为例.城市规划通讯，2013，10：15-16.
[98] 孙庆日.近代历史建筑的地域文化特征及再生——以烟台近代殖民建筑为例.北京：中央美术学院硕士学位论文，2013.
[99] 曲洋.烟台开埠以来的城市规划历史研究.济南：山东建筑大学硕士学位论文，2013.
[100] 郭岚生.烟台威海游记.天津：百城书局，1934.
[101] 段珊珊.城市风貌敏感空间特性研究.武汉：华中科技大学硕士学位论文，2010.
[102] 曲春梅.近代胶东商人与地方社会研究.济南：山东大学博士学位论文，2009.
[103] 武进.中国城市形态：结构、特征及其演变.南京:江苏科学技术出版社，1990.
[104] 赵燕菁.城市风貌的制度基因.时代建筑，2011，(3):10-13.
[105] 胡树志.中国近代建筑总览·烟台篇.北京:中国建筑工业出版社，2004.
[106] 烟台地区出版办公室.烟台风物志.济南：山东人民出版社，1983.
[107] 中国城市规划设计研究院.烟台市历史文化名城保护规划（2011-2020）. 2013.
[108] 江夏区建设志编纂委员会.江夏区建设志（1975-2008）.武汉:崇文书局，2009.
[109] 武汉市江夏区人民政府.区情简介.http://www.jiangxia.gov.cn/mljxqqjj/7433.html[2015-12-20].
[110] 芦原义信.街道的美学.尹培桐译.天津：百花文艺出版社，2006.
[111] 武汉市国土资源和规划局.规划武汉图集.北京：中国建筑工业出版社，2010.
[112] 赵荣，王恩涌，张小林，等.人文地理学（第二版）.北京：高等教育出版社，2006.
[113] 武汉市江夏区地方志编纂委员会.江夏区志（1980-2004）.武汉：武汉出版社，2007.
[114] 江夏区城市管理（执法）局.江夏区城市管理行政执法志（1949-2011）.武汉：长江出版社，2012.

[115] 许学强，周一星，宁越敏.城市地理学（第二版）.北京：高等教育出版社，2009.
[116] 王贵友.从混沌到有序——协同学简介.武汉:湖北人民出版社,1987.
[117] 顾朝林,甄峰,张京祥.集聚与扩散——城市空间结构新论.南京:东南大学出版社,2000.
[118] 怀特L A.文化的科学——人类与文明研究.沈原,黄克克,黄玲伊译.济南:山东人民出版社,1988.
[119] 麦肯齐A，鲍尔A S，弗迪S R.生态学（第二版）.孙儒泳等译.北京:科学出版社,2004.
[120] 华中科技大学城市与景观设计研究中心.野三关集镇风貌更新规划.2012.
[121] 陈雳.楔入与涵化——德租时期青岛城市建筑.南京：东南大学出版社，2010.
[122] 常杰,葛滢.生态学.杭州:浙江大学出版社,2001.
[123] Mercer 2011 Quality of Living Survey. Quality of Living report-2011 edition. http: //www. mercer. com/qualityofliving [2012-04-15].
[124] Mercer. 2011 Quality of Living Reports. http: //www. mercer. com/press-releases/quality-of-living-report-2011[2012-03-20].
[125] 埃德蒙·N.培根.城市设计.黄富厢，朱琪译.北京：中国建筑工业出版社，2003.
[126] 亚历山大·R.卡斯伯特.设计城市——城市设计的批判性导读.韩冬青,王正等译.北京:中国建筑工业出版社,2011.
[127] 韦恩·奥图,唐·洛干.美国都市建筑——城市设计的触媒.王劭方译.台北:创兴出版社,1995.
[128] 解学梅.都市圈协同创新机理研究:基于协同学的区域创新观.科学技术哲学研究,2011，(2):96.
[129] 栾玉广.自然科学研究方法.合肥:中国科学技术大学出版社,1986.
[130] 霍绍周.系统论.北京:科学技术文献出版社,1988.
[131] 北京大学现代科学与哲学研究中心.复杂性新探.北京:人民出版社,2007.
[132] 魏宏森,曾国屏.系统论的基本规律.自然辩证法研究,1995，(4):22.
[133] 哈肯H.协同学.徐锡申,陈式刚等译.北京:原子能出版社,1984.
[134] 杨家本.系统工程概论.武汉:武汉理工大学出版社,2002.
[135] 高隽,谢昭.图像理解理论与方法.北京:科学出版社,2009.
[136] 王其藩.高级系统动力学.北京:清华大学出版社,1995.
[137] 赫尔曼·哈肯.大脑工作原理——脑活动、行为和认知的协同学研究.郭治安,吕翎译.上海:上海科技教育出版社,2000.
[138] 哈肯H.信息与自组织.宁存政,郭治安等译.成都:四川教育出版社,1988.
[139] 恩格斯.自然辩证法.北京:人民出版社,1971.
[140] 柯林·罗，弗瑞德·科特.拼贴城市.童明译.北京：中国建筑工业出版社，2003.
[141] Haken H. Information and Self-Organization: A Macroscopic Approach to Complex Systems. Berlin：Springer-Verlag, 1988.

[142] 张勇强.城市空间发展自组织与城市规划.南京:东南大学出版社,2006.

[143] 侯鑫.基于文化生态学的城市空间理论.南京：东南大学出版社，2006.

[144] 高文豪.大系统最优化.北京:水利电力出版社,1991.

[145] 沈静珠.过程系统优化.北京:清华大学出版社,1994.

[146] 简・雅各布斯.美国大城市的死与生.金衡山译.南京:译林出版社,2005.

[147] 段进，揭明浩.世界文化遗产宏村古村落空间解析.南京：东南大学出版社，2009.

[148] 乔文黎.城市滨水区景观的评价研究.天津：天津大学硕士学位论文,2008.

[149] 黑格尔.美学(第一卷).朱光潜译.北京:商务印书馆,1979.

[150] 刘明广.复杂群决策系统协同优化方法研究.天津：天津大学博士学位论文,2006.

[151] 饶小军.环境设计评价研究.南京：东南大学出版社,1998.

[152] 伊恩・本利特，艾伦・埃尔科克，保罗・马林，等.建筑环境共鸣设计.纪晓海，高颖译.大连:大连理工大学出版社,2002.

[153] Selwood S,Institute P S.The Benefits of Public Art：the Polemics of Permanent Art in Public Places. London: Policy Studies Institute，1995.

[154] 刘延勃.哲学辞典.长春:吉林人民出版社,1983.

[155] 马克思,恩格斯.马克思恩格斯全集(第4卷).北京:人民出版社,1995.

[156] 姜涛.西欧1990年代空间战略性规划(SSP)研究——案例、形成机制与范式研究.北京:中国建筑工业出版社,2009.

[157] 金广君.美国城市设计导则介述.国际城市规划,2001,(2):7.

[158] 邓芳岩.城市规划管理价值异化与对策.城市规划,2010，(2):68.

[159] 华中科技大学城市与景观设计研究中心.九江八里湖东岸茅山头片城市设计，2012.

后 记

Postscript

城市，从来就是一个多元、复杂的研究课题。在城市学科中，从不同视角、以不同方法探讨城市的形成、发展和未来的课题，初衷在于：探索城市与人的共生关系，探索营造美好人居环境的理论和方法。小城镇风貌，也是基于这一逻辑起点，以小城镇的风貌样态为“窥豹”之一斑，相信具有健康风貌样态的小城镇是一个运转良好的有机系统。我们早已明确城镇是社会、经济、文化的组织容器，也知道它的运行遵循一定的历史发展规律和动态演进机制。小城镇风貌是附着于城镇运转的一种表现样态，它的形成与发展也不可避免地受到城镇发展的影响。同时，小城镇风貌还与自然、社会、经济、文化和人共同构成的环境密切相关。所以，营造美好人居环境的一项重要内容就是营造健康的城镇风貌。小城镇风貌不仅是满足人类对生存环境与审美心理的要求，它也被越来越提升到建构城镇形象、城镇特色及城镇文化的战略愿景的高度上。因此，小城镇风貌设计在众多城市践行。事实上，我国的城镇风貌研究并不成熟，城乡风貌规划多以城市设计为技术框架。城镇风貌的理论与实践都有待深入研究，小城镇风貌研究不应该局限在物质形态上，也不能把城镇风貌孤立于城市系统之外，而应该把城镇风貌与城市发展的联动机理作为研究重点。这就要求我们探究小城镇风貌形成与发展的基本过程，发现小城镇风貌演化机制，针对小城镇风貌的现实问题提出适应城镇发展条件又能优化城镇风貌样态的方法。简单地说，小城镇风貌的研究需要我们回答三个基本问题：小城镇风貌是什么？为什么产生城镇风貌问题？怎样优化小城镇风貌？本书基于小城镇风貌的系统优化目标，对小城镇风貌的概念、小城镇风貌的形成与发展规律、小城镇风貌的优化理念、小城镇风貌的优化设计方法等内容做了系统研究。研究围绕一个核心理念“协同”，基于小城镇风貌与物质空间、自然环境、人文环境之间的互动关系，基于小城镇风貌与主体人的判读互动关系，基于小城镇风貌秩序与城镇发展规律之间的映射关系，总之，小城镇风貌研究不能独立于城镇物质、社会、经济、文化层面之外来孤立探讨，也不能孤立于物质形态、要素形式来探讨。小城镇风貌的研究需要以一种系统的，并且是协同的理念，剖析风貌要素之间、风貌要素与环境之间、风貌对象与风貌判读主体之间的互动合作机制，建构小城镇风貌与城镇机体之间的协同关系，珍视小城镇风貌与城镇发展的协同规律，营造具有可持续发展潜力的城镇环境和城镇风貌。

在上述研究前提下，本书提出以下结论。

第一，小城镇风貌的本质与属性。

开始城镇风貌课题研究的第一步，是对“城镇风貌”的对象进行研究。首先要明确小城镇风貌是什么。关于城镇风貌课题的研究，笔者并非首创。事实上，中外学者从不同视角对风貌问题有过一些探讨。然而，城镇风貌依然没有一个明确的概念界定，更没有形成一个完整的理论体系。原因在于，城镇风貌本就是一个内涵与外延极为丰富的研究对象，不同的研究视角呈现见仁见智的认识观点。本书尝试就“小城镇风貌”问题进行系统性探讨，通过研究，本书对“小城镇风貌的本质与属性”问题得到以下结论。

（1）小城镇风貌的本质在于构成要素的组织秩序，发现秩序、尊重秩序、建构新秩序，是小城镇风貌协同优化的基本内容。小城镇风貌的物质构成要素或者非物质影响因素是在一定的规则、结构、关系或者模式的规范下相互作用而形成城镇风貌整体，这些影响小城镇风貌整体功能、样态、行为的“规则”可以概括为一个关键词，就是秩序。传统聚落呈现出某种与地域条件相适应的风貌秩序，它的风貌物质形态的空间结构和要素构成模式与地域环境的自然、社会、人文内涵规则十分契合。现代城市受到城市规划与设计行为的布局，按照城市规划的秩序组织着那些物质环境要素，因此，城市风貌更多地表现为对城镇化要求的响应及与现代生活需求的适应。我们不能否认城乡规划的主观能动性和创造性，但同样也需要尊重城镇发展要求与小城镇风貌秩序的协同性。不符合小城镇环境条件，违背小城镇风貌的协同演进规律就会导致小城镇风貌问题。解决问题的办法在于，发现小城镇风貌的演进规律，尊重这些规律，并且在城市建设活动中进行适应性优化与应用。遵循小城镇风貌的秩序本质建设城市，不仅仅是小城镇风貌的优化目标，更是建构和谐人居环境、实现人类可持续发展的基本课题。

（2）小城镇风貌是具有多属性特征的功能与意义统一体。小城镇风貌主要是系统属性，由物质要素系统与非物质因素系统共同构成。物质要素系统指构成小城镇风貌的实体要素，包括物质空间、建（构）筑物、景观与环境标识物，是小城镇风貌的视觉感知对象。非物质因素系统是主导小城镇风貌形成发展及秩序建构的隐涵影响因素，包括社会、经济、文化、技术、心理等隐性影响因子，也是小城镇风貌形成与演化的环境条件。物质要素与非物质影响因素的协同作用赋予了小城镇风貌时空功能与叙事意义。因此，小城镇风貌同时表现出自然属性、经济属性、文化属性、美学属性。也正是因为小城镇风貌是这样一个复杂多元的系统，本书提出了小城镇风貌的协同理念，表达的是小城镇风貌的实体构成与内涵意义的协调统一性。结合小城镇风貌的系统协同特性，本书给出小城镇风貌的定义为：在一定时空范围内，由建筑物、构筑物、标识物等不同类型的构成元素通过竞争、涨落、选择、适应、反馈和演进等行为长时间调适形成的具有时间脉络、空间结构、形态特征、文化属性和表意功能的小城镇视觉样态，并与自然环境、人文环境、制度环境相互适应、协同进化的有机系统。

第二，小城镇风貌的形成机制与发展规律。

（1）建构小城镇风貌的协同理念，即小城镇风貌是与外界环境不断进行信息、能量与物质流通的开放性耗散系统。它具备由无序到有序，由低序到高序的发展演化过程。小城镇风貌构成要素的相互合作，以及要素与环境的相互适应机制是小城镇风貌协同的基本理念。系统理论及协同理论，作为本书的理论基础，给予小城镇风貌协同优化研究的启示，在于探索小城镇风貌形成与演化动力机制的独特视角。把小城镇风貌作为一个有机系统，基于它的演化特性，从过程视角提出小城镇风貌形成中的内生规则与外显相态协同作用的动力机制。

（2）小城镇风貌的形成是协同进化的过程。这一观点包括两个逻辑认知：小城镇风貌协同演进的内核是秩序，小城镇风貌是两种秩序的博弈与协同结果，这两种秩序即小城镇风貌自身发展的规律和城乡规划所赋予的建构秩序。具体来说，小城镇风貌秩序表现为两种协同机制，一是与环境条件协同。这是小城镇风貌自身自长的逻辑规则。小城镇风貌的形成发展与外部环境有天然的协同关系，即适者生存，包括与地形地貌、气候、水文、地域文化、社会制度、意识价值与公众的风貌认知共性等内生秩序的适应与协同。二是与人类需求和时代发展的新条件相适应。城市发展有经济、社会、文化等效益要求，也有主体对美好城市生活的愿景要求。城乡规划为创造这些生活条件而努力改造城市环境，这种城市建设行为对小城镇风貌造成的影响与建设行为主体的设计理念有关。我们不能只追求城市的高效运转与快速城镇化，而忽视城镇风貌在这种发展过程中产生的联动效应。城乡规划行为要考虑开发建设中对城镇风貌的影响，需要在此过程中主动营造良好的城镇风貌，既满足城镇发展需要，又形成良好的小城镇风貌样态。因此，需要在城镇开发中尊重小城镇风貌形成规律，发展并建构适应现代发展要求的风貌秩序。小城镇风貌的自生机制与设计秩序的协同理念则是一种指导思路。

（3）小城镇风貌的协同演进过程表现为竞争—涨落—适应性选择—反馈—演替与进化的阶段性过程。在此过程中产生小城镇风貌协同动力机制的关键参量“序参量”，序参量主导了城镇风貌演化的适应性遗传机制、反馈性触媒机制与支配性协同机制。具体来说，小城镇风貌的协同进化表现为以下五个规律性特征：竞争动力律、涨落平衡律、自组适应律、反馈媒触律和协同进化律。这种演进规律为我们主动营造小城镇风貌提供了规则依据与切入思路。

第三，建构小城镇风貌的协同优化理论。

（1）小城镇风貌的协同优化理论是风貌的系统协同理念在小城镇风貌形成演进过程中持续性优化作用机制的阐述。着眼点在于协同小城镇风貌构成要素间的相互作用关系，这种互动合作的内生机制是实现小城镇风貌健康良性发展的重要动力机制。小城镇风貌的协同优化有两个基本理念：第一，小城镇风貌系统整体机能优化，提出小城镇风貌要素、结构、功能、意义的协同观点。小城镇风貌的空间、建筑、景观，任何一个要素都不能单独支撑一个完整的风貌样态。小城镇风貌由多要素相互支撑而形成有效运作的功能、相态、结构与意义有机整体。小城镇风貌协同优化首先要保持体系内部的运作协调性：多样统一。风貌要素保持个性与特色，在整体上又合理组织形成一个结构有序的有机体。第二，小城镇风貌演进过程的协同优化。根据小城镇风貌形成与发展的协同进化规律，统筹考虑城乡规划工作中建构的城镇风貌秩序。本书提出依据小城镇风貌演进秩序与设计构建秩序的协同优化理念。建构小城镇风貌协同动力机制是优化的重点。根据协同进化规律，协同动力机制一旦产生，系统就会走向有序的自组织演进过程。通过调控序参量，激励小城镇风貌的自适应机制和可持续演进。

（2）小城镇风貌协同优化理论实现采用层阶控制法。根据竞争激励、序参量、反馈机制、支配律等风貌协同演进规律，按照小城镇风貌形成的条件、结构、要素与动力四个优化层次，把小城镇风貌协同优化理论分解为：条件优化——功能·结构·相态·意义四元映射论；结构优化——刺激反馈论；要素优化——核心媒触论；动力优化——支配协同论四个部分。在城乡规划行为框架中，建构战略性思考、结构建构、要素设计与系统协同四个环节。形成目标与原则的条件优化，开发模式与运营策略的网络结构优化，动力机制与实施保障的媒触策动优化，功能信息软件与物质硬件的系统协同优化四个层面建构小城镇风貌协同优化的实现框架。

第四，小城镇风貌的协同优化设计方法。

小城镇风貌协同优化设计与其说是规划设计策略，不如说它是一种系统调控的规划设计理念。小城镇风貌协同优化的设计方法在于与各层面规划设计相协调、相衔接，把小城镇风貌协同优化的目标融入对空间、建筑等具有重要影响的规划设计内容。总体目标为建构风貌秩序，保证小城镇风貌的适应性和有序进化；实现机制是引进序参量，建构活结构与动态支配的全过程协同机制；落实框架为战略统筹—结构优化—要素优化—过程优化四级模式体系；主要途径为风貌战略思考—建构风貌网络结构—通过要素引导生成序参量—小城镇风貌的过程控制与系统管理四层面。小城镇风貌的协同优化规划方法的优势在于，统筹小城镇风貌主体与客体的关系，协调小城镇风貌演进与城镇发展的关系，建构小城镇风貌持续性发展动力，积极反馈小城镇风貌信息并及时有效修正城乡规划效果。这是一个系统工程，也是一个长期的渐进过程。

本书关于小城镇风貌的研究主要侧重在研究对象的系统梳理，以及对小城镇风貌设计的优化框架的探讨，提出了小城镇风貌的协同进化规律和小城镇风貌协同优化理论。在理论的操作性与理念的实施体系建构方面还有待更多实例研究，也需要更深入的理论探索与实践检验。因此对于小城镇风貌研究课题，在动力机制、运营机制、协调机制、科学分析等方面还大有深入探讨的必要。书中如有不妥之处，恳请读者提出宝贵意见。

本研究至今已历时四载，得益于教育部人文社会科学基金项目“自生与设计：小城镇风貌优化研究”（13YJC760079）、国家自然科学基金项目“江汉平原农村公共服务可达性与空间均等化研究”（41371183）、“华中师范大学中央高校基本科研业务费项目”（CCNU 14A05001;CCNU 15A06001;CCNU16A05019）的资助。从构思到成书，众多师长、专家学者、学生、朋友给予了最无私的帮助，在此对他们表示衷心的谢忱。我的导师余柏椿教授引领我进入城镇风貌的领域，在求学和研究过程中，给予了悉心的指导和帮助，本书的完成离不开老师的教导。感谢我所工作的华中师范大学城市与环境科学学院，它雄厚的地理学科背景，为本研究注入了地理视角的研究方法。罗静教授、黄翔教授不仅在工作上给予我指导，也为本研究提供了专业的建议与无私的帮助，在此深深感谢他们。我的学生陈四云、张凌羽、张璐、向清、谬雯纬、韦佳伶、陈雯等，他们参与了本研究的部分田野调查与分析工作，为本书搜集了大量资料、数据。围绕本课题，他们完成了大学生创新研究项目三项与各自的毕业论文，最终集中体现在本书第三章。2016 年，是值得记录的一年，我收获了生命中的小太阳——我的儿子饶上上于 1 月底出生。在陪伴他的过程中，我完成了本书的修改工作，我的爱人、父母给予了无言的支持。谨以此书献给他们。

作　者

2016 年 12 月

■ 英国眺望景观保护制度

- 战略性眺望景观保护
  - 国家战略性眺望景观保护
    - 视点
    - 视廊
    - 周边景观协调区
  - 地方眺望景观保护
    - 视点
    - 视线
    - 高度控制区

■ 伦敦10处战略性眺望景观

标号　眺望点（view point）	眺望景观（focal point）
1. 里士满公园（King Henry VIITs Mound,Richmond Park）	圣保罗大教堂
2. 威斯敏斯特港（Westminster Pier）	圣保罗大教堂
3. 普里姆罗斯山（Primrose Hill）	圣保罗大教堂
4. 普里姆罗斯山（Primrose Hill）	国会大厦
5. 国会山（Parilament Hill）	国会大厦
6. 国会山（Parilament Hill）	圣保罗大教堂
7. 肯伍德故居（Ken wood）	圣保罗大教堂
8. 黑石南尖岬（Black heath Point）	圣保罗大教堂
9. 亚历克山大宫（Alexandra Palace）	圣保罗大教堂
10. 格林威治公园（Greenwich Park）	圣保罗大教堂

■ 伦敦圣保罗教堂眺望景观管理图

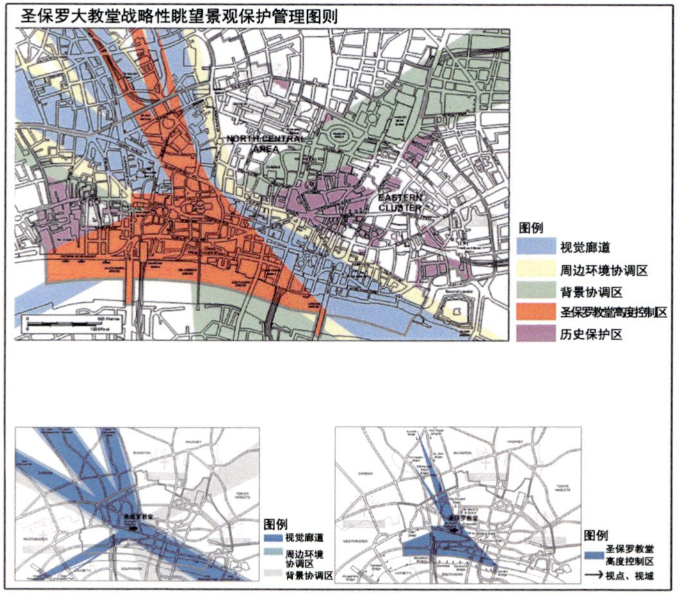

图 1-6　英国眺望景观保护制度

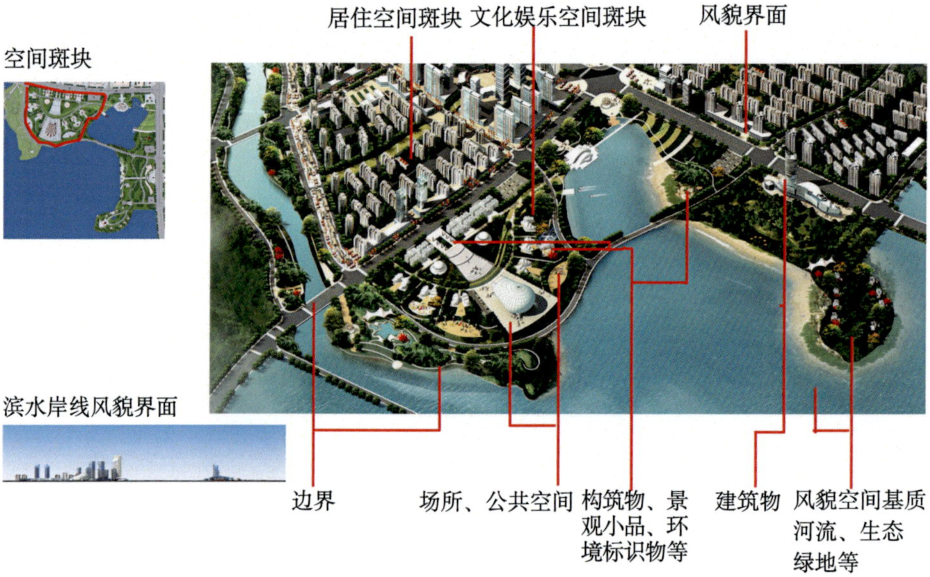

图 2-2　小城镇风貌物质要素系统示意图

(a) 城市片段：只有图形没有背景的建筑群

(b) 自然村落：建筑与山体的协调图底

图 2-6　小城镇风貌图底关系

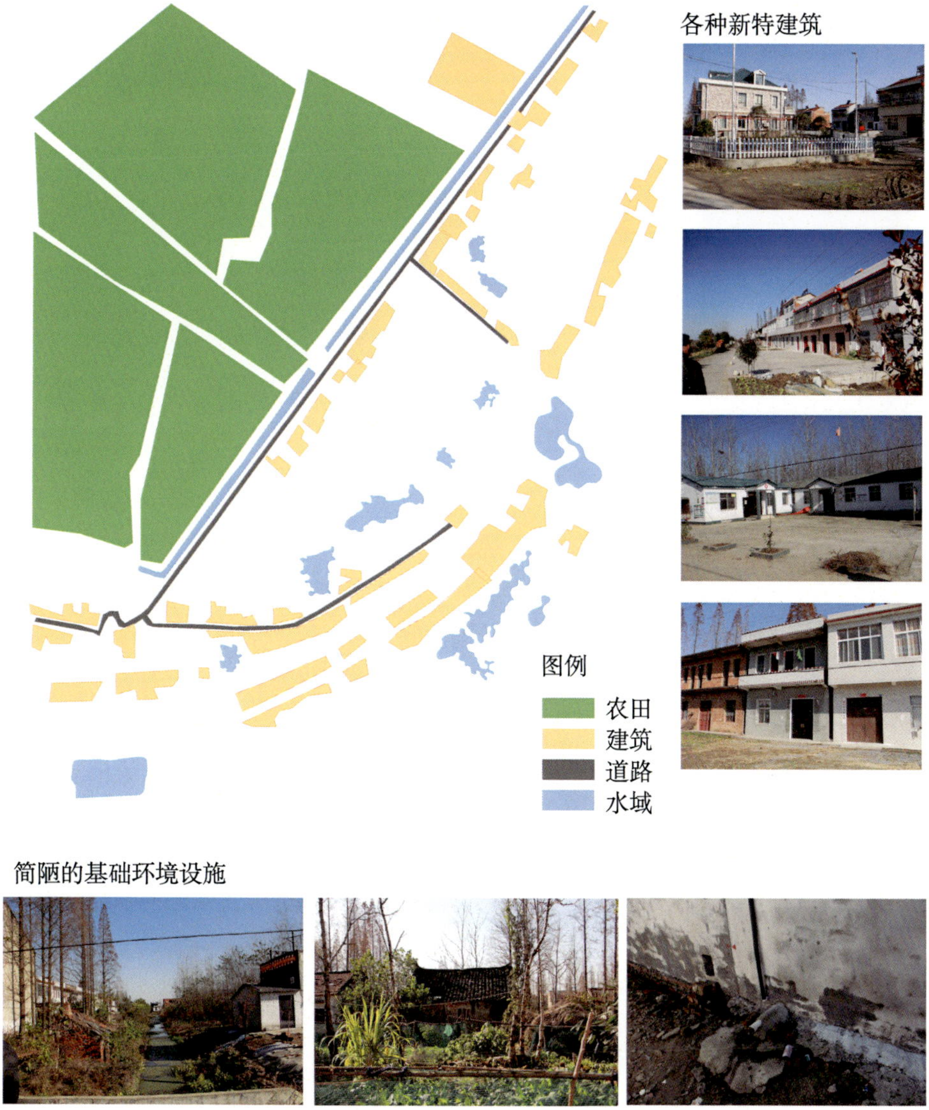

图 3-2　沙湾村景观现状示意图

图 3-3　柳家村景观现状示意图

图 3-4　敦厚村景观现状示意图

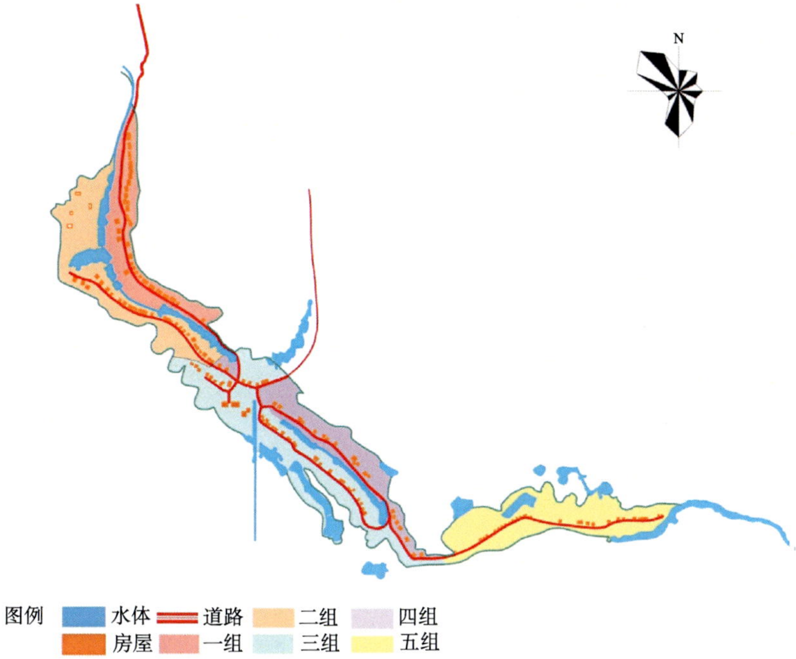

图 3-5　头潭村建成区平面图

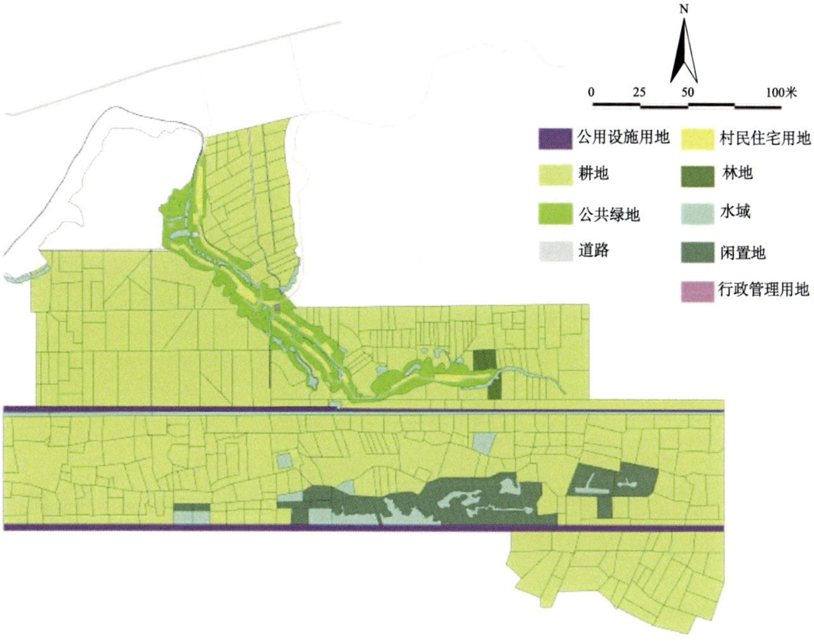

图 3-6　2015 年头潭村土地利用分类图

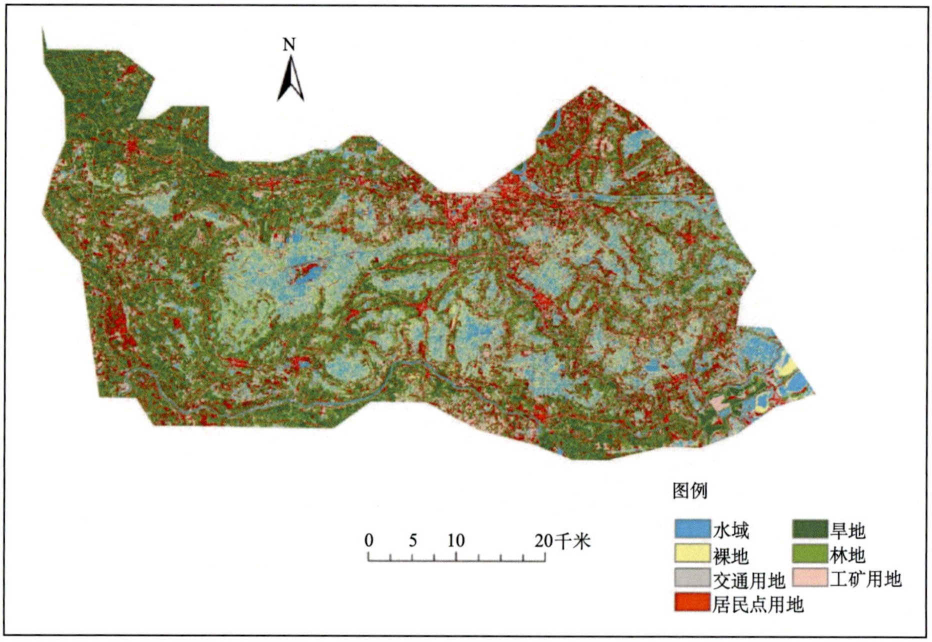

图 3-8　2016 年仙桃市土地利用分类图

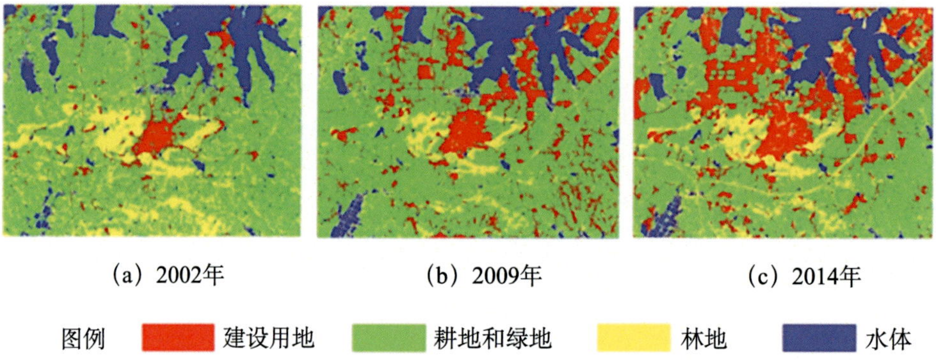

图 3-12　江夏北部近 10 多年用地类型变化

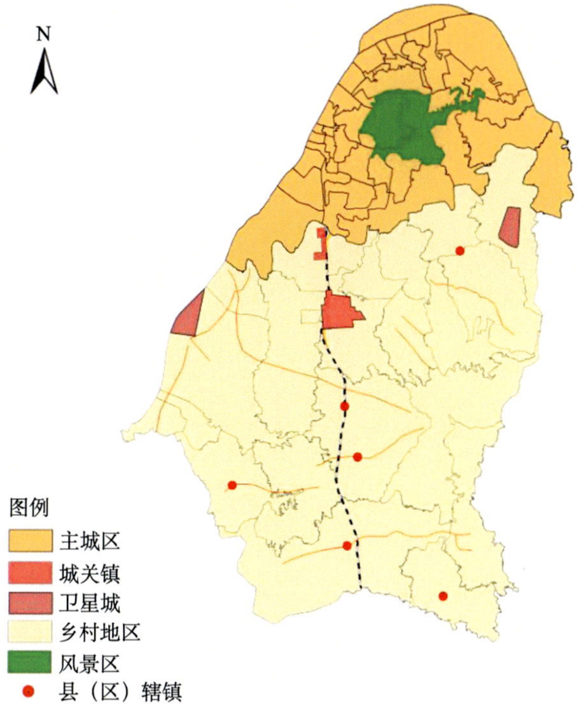

图 3-31　20 世纪 80 年代武昌县与武汉主城区的城乡格局

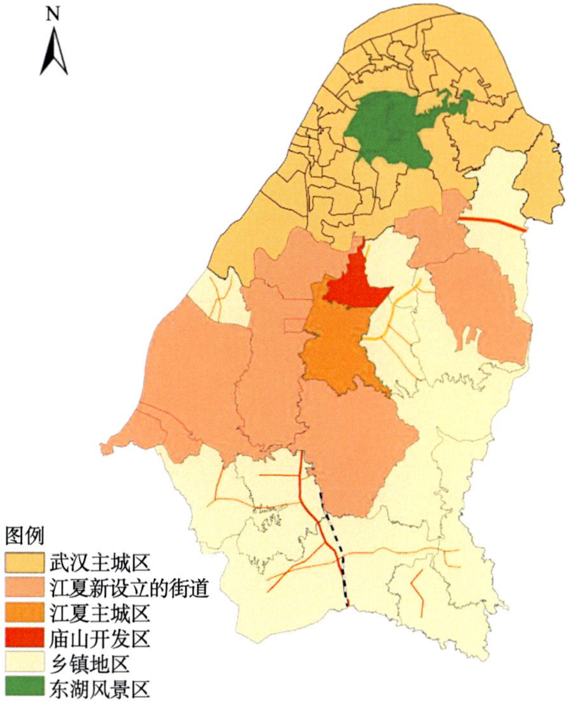

图 3-32　20 世纪 90 年代江夏与武汉主城区城乡格局

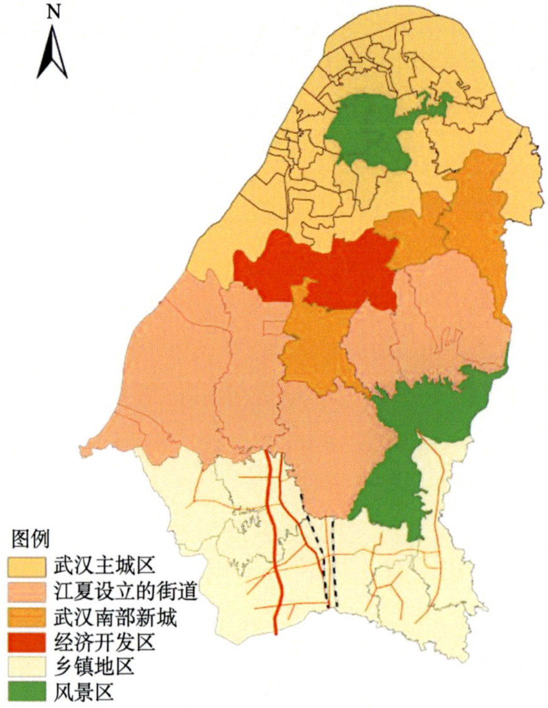

图 3-34　2000 年江夏与武汉主城区城乡格局

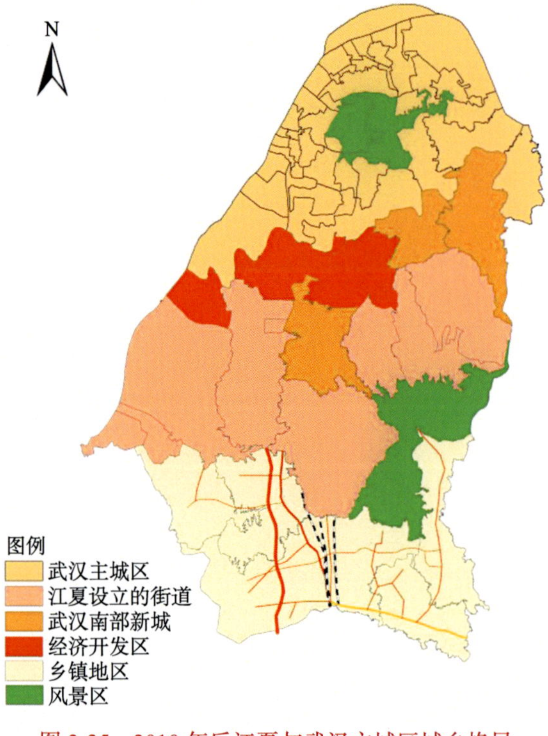

图 3-35　2010 年后江夏与武汉主城区城乡格局

■ 野三关镇丢掉老街——劝农亭老街在城镇化进程中被侵蚀，明清建筑与地方传统建筑渐渐消失，穿插了现代民居，对老街风貌形成一种干扰，破坏整体形态与特色。

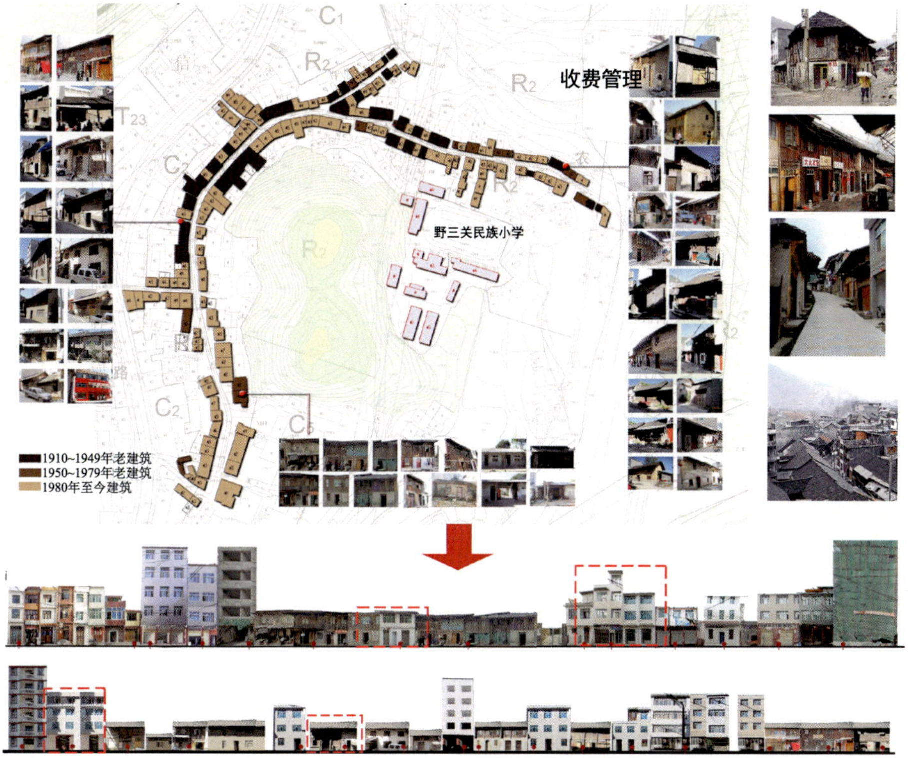

图 4-5　小城镇风貌演进中的干扰性竞争

红顶绿树的风貌特征

中西融合的建筑语言

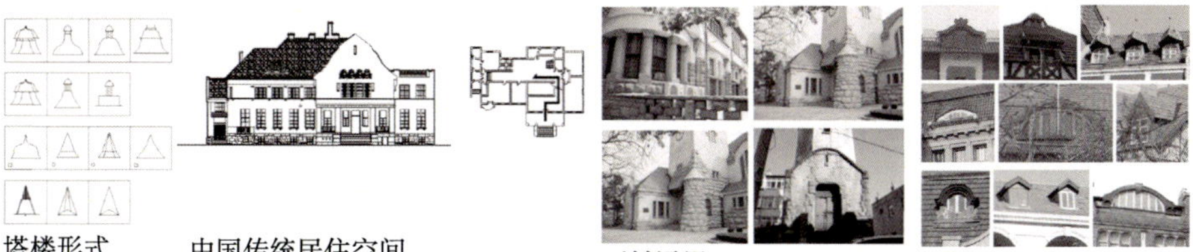

塔楼形式　　中国传统居住空间　　石材运用　　老虎窗

图 4-7　青岛的殖民建筑与城镇风貌的协同

巴东野三关镇风貌结构演化

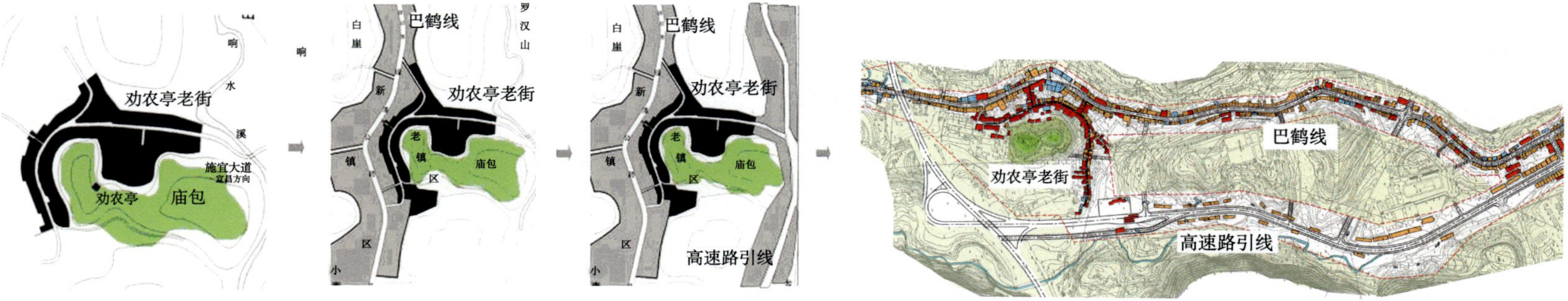

图 5-1　小城镇风貌结构演进示意图

■ 地域文化序参量，造就中外水乡城镇的决然不同的风貌样态

■ 威尼斯风貌、小巷与拜占庭风格建筑

■ 地形地貌序参量，山地城镇的典型风貌样态

■ 经济特征序参量：都市中心的现代高密度风貌样态

图 5-5　小城镇风貌序参量多样性示意图

■传统城镇的风貌空间呈现一种与环境、时代相适应的协同性，因而具有独特的风貌识别性

图 5-8　传统城镇空间风貌的适应性协同表现

■巴黎拉德芳斯，以商务办公为主，居住、购物、会展、旅游多功能一体的城市副中心

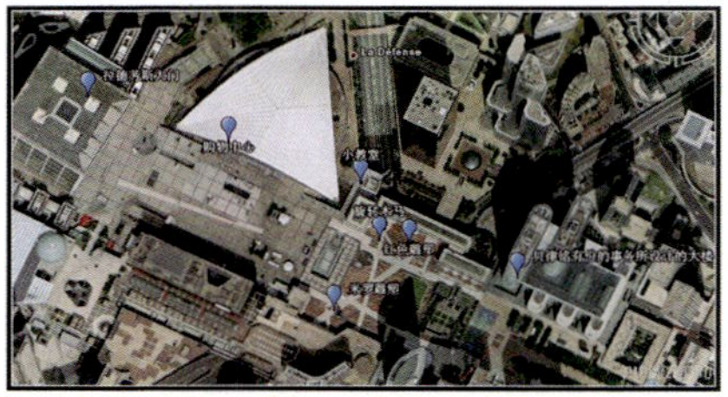

拉德芳斯实现了城市风貌的条件优化，表现在以下三个方面：

（1）功能与意义的统一。鼓励工业外迁，办公建筑开发进行限制。例如，工业占地规模不得超过现有场地面积的10%；禁止市区内建设超过1万平方米的办公大楼。加强建筑强度与密度控制。

（2）优化交通条件。交通规划严格配合城市发展，形成高架交通、地面交通与地下交通三位一体的交通系统。公共交通发达，步行空间宜人。

（3）注重风貌延续性与孤独性。保持建筑物多样性与独特性，延续城市轴线，保护历史建筑。既体现现代巴黎的商业、交通与文化中心的风貌形象，又实现了城市功能与人性化场所的完美结合。

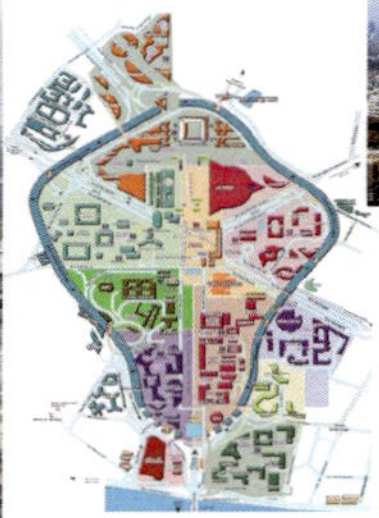

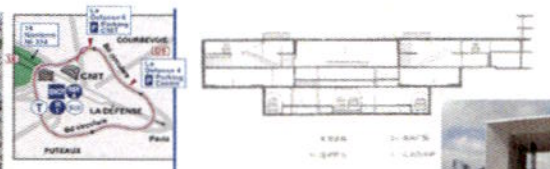

拉德芳斯地区的地下换乘枢纽

拉德芳斯商务区、公园区开发情况

	商务区	公园区	合计
先期建设面积（公顷）	160	90	250
写字楼面积（万平方米）	215	32	247
住宅套数（万套）	1.01	0.56	1.57
住宅容纳人口（万人）	2.1	1.83	3.93

图 6-2　巴黎拉德芳斯片区开发与风貌营造

■密尔顿·凯恩斯城，在城市风貌营造方面给我们的启示是：认识到城市的生命机体特征，以结构性策略鼓励城市个性发展，又有机、渐进地尊重并且控制节奏，始终保持风貌“新老并存”的长期、连贯的生命过程。

（1）建立“活”结构。弹性规划与动态规划的实践，打破城市建设终极式静态规划模式。确定城市发展目标后，提供空间发展策略性、结构性框架。空间开发以方格网模式展开，能有效复制同时也保持城市自发生长，并在外部条件改变时能相应调整。

（2）风貌要素“新陈代谢”依托现有构架，尊重历史文化、自然环境、人性需求，体现了对城市机体活性的尊重，提高了城市的吸引力、应变性和包容性。

（3）联系城市南北的公共空间，游憩场地、景观设施、主要公共建筑集中于此，提高了风貌可达性、参与性与公共性。

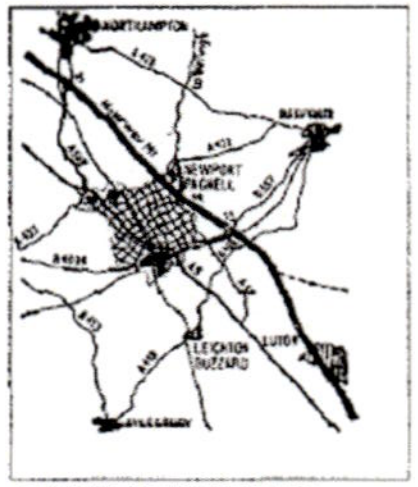

城市道路网与地区路网的关系

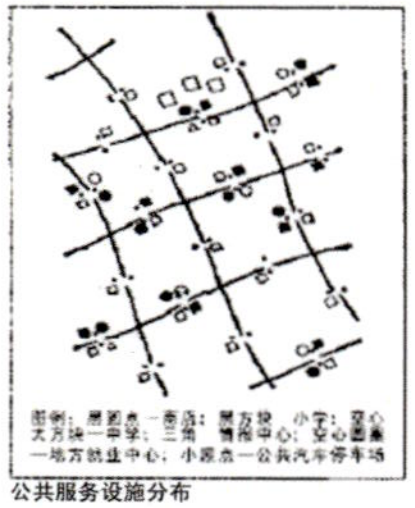

公共服务设施分布

密尔顿·凯恩斯土地利用规划图，1967

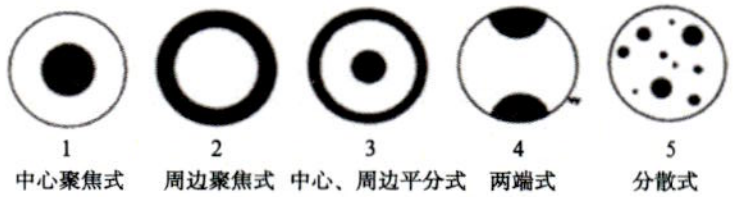

密尔顿·凯恩斯新城规划中分析的5种城市布局形态

图片来源：Hazel Evans (edited), Peter Self (introductioned), New Town —— the British Experience, the Town and Country Planning Association by Charles Knight & Co. Ltd. London, 1972

图 6-3　密尔顿·凯恩斯新城的“活”结构与风貌设计

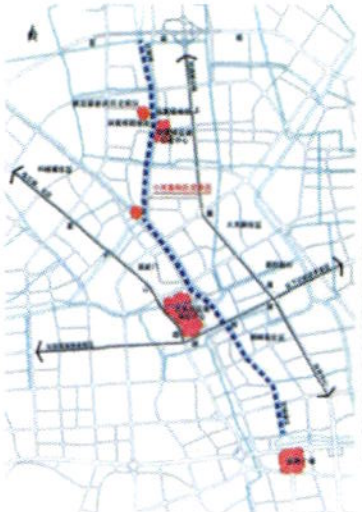

区位图

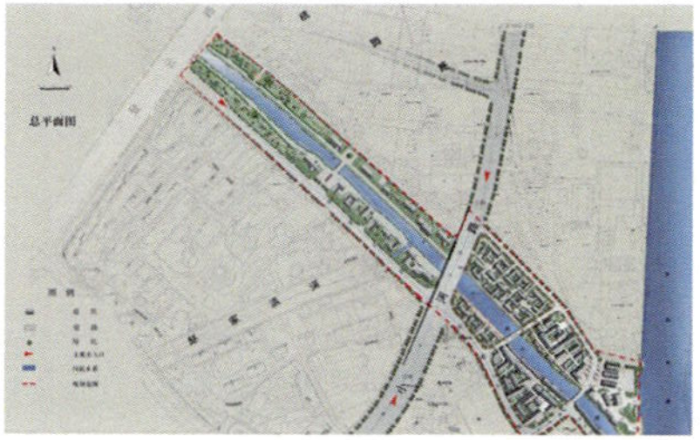

资料来源：《小河直街历史文化街区保护规划》

■ 运河传统风貌街区的保护、修缮与更新，体现了杭州市历史文化名城的一种类型风貌，通过对历史建筑与地域建筑的保护、修葺，实现街区整体的保护与更新。

（1）渐进式风貌更新方式，避免大拆大建，有力于保护街区的文化生态与风貌整体环境，可以为建设资金的筹措提供有效时间。

（2）保护历史文化遗存，根据不同的建筑现状条件，采用针对性的保护模式：原模原样型，保护极具代表性的现状条件完好的建筑；原汁原味型，保护性利用原构件、在原址复建，保持文脉连续；似曾相识型，对街区砖混结构的房屋，按照清末民居风格进行改造。

（3）改善居住条件和基础设施建设现状，在保护传统风貌的同进，提高历史街区的宜居性与活力。

小河直街居民休闲满意度统计表

休闲满意度因素	休闲动机因子	平均数	标准差	平均数排序	标准差排序
心理满意度	很感兴趣	3.69	1.11	6	4
	给我自信	3.39	1.17	10	8
	有成就感	3.14	1.31	14	15
	使用许多不同技巧与能力	2.85	1.26	15	11
教育满意度	增加对周遭事物的认知	3.54	1.30	7	14
	尝试新事物	3.40	1.35	9	16
	更了解自己	3.36	1.10	11	3
	更了解他人	3.36	1.14	11	7
社会满意度	和别人接触互动	3.83	1.29	5	13
	寻觅知己	3.19	1.17	13	8
放松满意度	放松自己	4.38	1.05	2	1
	心情愉悦	4.42	1.08	1	2
身体满意度	挑战体能	2.53	1.23	16	10
	维持身心健康	4.21	1.13	3	6
美感满意度	休闲场所环境清新干净	3.96	1.11	4	4
	休闲场所很有趣	3.43	1.27	8	12

资料来源：蒋艳，居民社区休闲满意度及其影响因素研究——以杭州小河直街历史街区为例[J]，旅游学刊，2011：，（6）：70.

图 6-4　小河直街历史文化街区保护与风貌更新

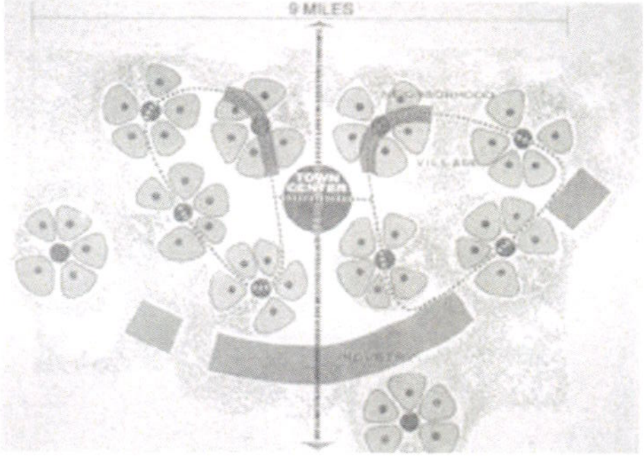

“城-小区-组团”结构体系图解

■哥伦比亚城建设的目标专注于：建设一个利于人们更好地享受生活的环境，规划设计的起点就是人类本身。这种设计理念贯穿始终，塑造了城市独特的自然环境与人文氛围，成为哥伦比亚城良好城市风貌的持续性动力。

（1）强烈的环境意识。自然环境与人文环境得到有力保护和营造，成为城市自建设至今持续性吸引力与活力之源，成为风貌系统的动力之源。严格保护林区、灌木等植被，建筑适应地形，公共空间设计结合自然。保存地区历史环境，使用原始地名，保持特色乡土建筑，现代化街区中延续乡村生活尺度，建筑材料使用当地木材，有效延续了乡村风貌与田园城市样态。

（2）公众参与，集体决策，以人为本。以城市健康运营为目标，作为规划制定的决策依据。社会、经济、文教、娱乐等各个领域的专家、市民共同谈论，确定目标实现的规划策略。完善的、高品质文教卫公共设施，保证了城市吸引力。

（3）大规模公共空间的保护保证了城市品质的持续性升值。城市风貌特色在于近在咫尺的开敞空间，自然环境资源作为城市运营资本得到极大的价值体现，全城开放空间占量38%，使整个城市具有更强的竞争力，并且有益于当地的生态环境和水源质量，形成了一个可持续的良性发展基质。这是城市风貌有机发展的动力之根本，也是城市发展的动力之本。

（4）建筑导则法，保证了社区风貌的整体性和城市发展愿景的实现。每个社区设立建筑委员会，统一管理土地建设与房地产开发，建筑导则作为法定文件延续到城市建设与管理中。

图 6-5　哥伦比亚城市发展目标与风貌营造动力协同